기업 경영에 숨겨진 101가지 진실

개정증보판 1쇄 발행 | 2018년 3월 20일
5쇄 발행 | 2023년 3월 22일

지은이 | 김수헌
펴낸이 | 이원범
기획 · 편집 | 김은숙
마케팅 | 안오영
표지 · 본문 디자인 | 강선욱

펴낸곳 | 어바웃어북 about a book
출판등록 | 2010년 12월 24일 제313-2010-377호
주소 | 서울시 강서구 마곡중앙로 161-8(마곡동, 두산더랜드파크) C동 1002호
전화 | (편집팀) 070-4232-6071 (영업팀) 070-4233-6070
팩스 | 02-335-6078

ⓒ 김수헌, 2018

ISBN | 979-11-87150-37-4   03320

기업 경영에

숨겨진 101가지

진실

김수헌 지음

개정
증보판

어바웃북

'비용'이 아닌
'투자'로서의 독서를 바라며

"선생님. 개정판 준비하셔야겠어요."

한파보다 더 맹렬한 기세로 몰아치는 일 때문에 연일 눈코 뜰 새 없이 바쁜 나날을 보내고 있던 와중에 출판사에서 연락을 받았다.

'그러고 보니 이 책을 낸 지 벌써 5년이나 지났구나.'

"아직도 이 책 찾는 사람이 있어요?"

필자가 반문했다.

"그럼요. 독자들이 꾸준히 찾습니다. 내용 수정과 함께 보강도 해 주시면 좋겠습니다."

책, 나아가 콘텐츠의 수명이 점차 짧아지는 시대에 독자가 꾸준히 찾는다는 얘기에 허투루 쓴 책이 아님을 인정받는 것 같아 감사했다.

필자는 그렇게 하겠노라고 답하고 전화를 끊었다.

'최근에 바뀐 법이나 제도 규정에 맞춰 몇 군데 수정하면 되겠지.'

고백하건대 처음 든 생각은 최대한 품을 적게 들이고 빨리 끝내자는 것이었다. 이 일이 아니어도 마감 시간을 향해 재깍재깍 초침이 돌아가는 일들이 산더미였으므로······.

그런데 막상 개정 작업에 들어가자 '사명감'과 '자존심'이 스멀스멀 올라왔다. 독자들은 필자의 책을 사는 데 돈을 쓰고, 읽으며 시간을 쓸 것이다. 독자가 투입하는 돈과 시간이 소모적 '비용'이 아니라 미래를 위한 '투자'가 되도록 해야 할 책임, 그것이 책을 쓰는 사람에게는 있어야 한다고 생각한다.

그렇게 이 책을 처음 쓸 때 가졌던 '초심'으로 돌아가 한 페이지 한 페이지 꼼꼼히 살펴봤다. 원고를 다듬는 시간이 생각보다 많이 걸렸고, 최신 사례로 교체한 부분도 예상보다 많아졌다. 그리고 새롭게 추가하는 원고도 늘어났다. 개정하는 데 시간이 오래 걸리다 보니, 독자들께는 죄송하게도 초판이 다 떨어져 몇 달간 '절판' 공지를 내걸기도 했다.

기업 경영의 핵심 정보라 할 수 있는 '공시'를 사례 중심으로 분석해 보자는 생각으로 5년 전 처음 펜을 들었을 때는 일단 무조건 쉽게 쓰는 데 주안점을 뒀다. 이번 개정판의 목표 역시 마찬가지다. 구체적인 사례에 스토리를 접목하고, 실제 공시를 보여줌으로써 기업의 경영 전략과 사업 구조 재편, 경영권과 지배 구조 변화, 자금 조달 방법 등을 독자들이 쉽게 이해할 수 있도록 돕는 데 주력했다. 사례 보강 과정에서도 전후 상황을 이해하기 쉽도록 과거에는 과감하게 생략했던 내용을 좀 더 구체적으로 서술했다.

책을 내고 지인들이 덕담처럼 이 책을 가리켜 베스트셀러라고 했다. 베스트셀러라고 불릴 정도는 아니었지만, 솔직히 말해 제법 팔렸다. 덕분에 기업의 영업양수도, 자금 조달 방법, M&A 등 더 심화된 주제의 공시를 다룬 후속작 『기업공시 완전정복』까지 출간하며, 경제경영서의 수많은 주제 가운데 하나로 '공시'를 격상시킬 수 있었다.

공시 해설서의 개척자로서, 책을 더욱 많이 팔기 위해 공시만 알면 주식투자로 큰돈을 벌 수 있다는 식으로 광고할 수도 있었다. 또 조금만 공부하면 누구나 알 수 있는 내용을 자신만의 비법인양 포장할 수도 있었다. 그러나 책 몇 권 더 팔자고 독자를 우롱할 수는 없는 노릇이다. 이 책의 필자로 드릴 수 있는 말씀은 공시를 제대로 이해하면 투자에서든 기업 경영에서든 더 나은 선택과 판단을 할 수 있게 된다는 점이다.

투자를 위해서건, 직장인으로 경쟁력과 소양을 키우기 위해서건, 취업 준비를 위해서건, 아니면 경영학도로서 학업에 도움을 받기 위해서건 이 책을 구매한 독자들의 행동이 좋은 '투자'가 됐으면 하는 게 필자의 가장 큰 바람이다.

김 수 헌

투자 전쟁에 새총을 들고 나갈 것인가,
발칸포를 들고 나갈 것인가

2012년 5월 18일 STX조선해양의 주가가 6% 가까이 급락했다. 경제 매체의 증권부장으로 있던 필자는 STX그룹의 유동성 위기설(說)이 시장에 또 다시 퍼진 것인가 하는 생각이 들었다. 그래서 STX그룹 계열사들의 주가를 살펴봤지만, 유독 STX조선해양의 주가만 폭락한 상황이었다.

좀 더 알아봤더니 사정이 있었다.

그날 오후 1시 35분쯤 한국거래소가 한 건의 '투자 유의 안내' 공시를 냈다. 공시는 STX조선해양 신주인수권증권(워런트)의 행사 기간이 오는 6월 20일자로 만료되고, 6월 21일 상장폐지될 것이라는 내용이었다.

그런데 이 공시를 본 투자자들 가운데 일부가 STX조선해양이 상장폐지되는 줄 착각하고 주식 매도에 나섰던 것이다. 일부 언론은 "한국거래소의 예고 공시를 본 일반 투자자들이 STX조선해양이 상장폐지되는 것으로 착각해 주식을 투매하는 바람에 주가가 떨어졌다"며 "애매한 공시를 한 한국거래소에 일부 책임이 있다"고 지적했다. 그러자 한국거래소가 이를 해명하는 일이 벌어졌다.

이 사건은 한마디로 해프닝이다. 분명히 공시 제목에서부터 '투자 유의 안내(신주인수권증권 상장폐지 예고 등)'라고 못 박았음에도 불구하고 STX조선해양이 상장폐지되는 줄 착각했다니, 한국거래소 입장에서는 언론의 질책이 억울했을 것이다.

이날 개인 투자자들의 주식 매각 물량 중 공시를 착각해서 매각한 물량이 얼마나 되는지, 이 물량이 주가 급락에 얼마나 영향을 미쳤는지는 정확히 알 수 없다. 만약 공시를 잘못 이해해서 주식을 던진 투자자들이 있었다는 보도가 사실이라면, 우리나라 주식 투자자들의 공시에 대한 이해력 부족이 단적으로 드러난 사례라고 하지 않을 수 없다.

LG전자가 유상증자하는 과정에서 '신주인수권'을 상장한다니까, BW(신주인수권부사채)를 발행하는 것으로 오해했다는 투자자도 있었다. 또 두산이 오래전에 매입했던 자사주를 소각해 감자한다는 공시를 보고는 두산이 재무 구조를 개선(결손금 해소)하기 위해 감자에 나섰냐고 물어보는 투자자도 있었다. 두산의 공시 제목에 '감자 결정'이라는 단어가 보이니까 깜짝 놀라 주식을 바로 매도한 투자자들은 없었을까?

이런 오해나 착각은 모두 공시를 제대로 이해하거나 파악하지 못한 데서 비롯된다. '공시(公示, disclosure)'란 상장 기업이 시시각각으로 발생하는 중요한 경영 활동 내용을 이해 관계자(주주, 채권자, 투자자)에게 공개적으로 알리는 제도다. 주식 거래와 가격에 영향을 줄 수 있는 중요 사항을 모든 사람들에게 똑같은 시간에 공평하게 알림으로써 공정한 가격을 형성하는 것이 공시 제도의 주목적이다.

그런데 투자자들 가운데 투자에 도움이 될 만한 정보를 찾아 증권가 찌라시까지 뒤지면서도 정작 공시는 외면하는 경우가 참 많다. 공시를 제대로 모르고 기업 경영을 들여다보거나 주식 투자를 한다는 것은 한마디로 총 없이 전쟁터로 나서는 것이나 다름없다.

금융감독원과 한국거래소의 전자 공시 시스템(DART)에 올라오는 공시 가운데는 순간순간 또는 단기·중장기적인 투자 판단에 영향을 미칠 수 있는 것들이 많다.

자사주 취득과 소각, 유상증자(감자), 무상증자(감자), 중요한 영업 부문의 양수(도), 기업 분할과 인수·합병(M&A), 다른 회사 지분 취득, 지주회사 전환과 주식 공개매수, 배당, 경영 실적, 신주인수권부사채(BW)나 전환사채(CB) 등 주식 연계 채권의 발행, 수주 계약 등 수많은 경영 사안들이 공시를 통해 공개된다. 이 책은 많은 공시 중에서도 기업 경영에 대단히 중대한 사안으로, 주가에 미치는 영향력이 큰 공시를 중심으로 설명한다.

공시는 그 내용 자체는 물론 이면에 담긴 의미를 파악하는 것이 중요하다. 특히 공시 내용과 주가의 상관관계를 잘 이해한다면 다른 사람들이 총 없이 전쟁터로 나갈 때 홀로 기관총이나 발칸포를 들고 나서는 것과 같다.

투자 전쟁에서 공시 이해는 기본이다. 공시를 잘 안다고 해서 반드시 투자를 잘 한다는 보장은 없다. "나는 공시를 모르지만 주식 시장에서 돈을 벌었다"라고 말하는 사람도 얼마든지 있다. 그러나 투자는 기본기가 부족하면 언제든 무너질 수 있다. 모래 위에 지은 집을 '사상누각(沙上樓閣)'이라고 한다. 사상누각은 겉은 화려하게 꾸밀 수 있을지 몰라도 태풍과 비바람을 견딜 수 없다. 투자 전쟁에서는 아는 만큼 보이고 아는 만큼 들리는 법이다. 공시를 잘 이해하고 여기에 증권, 금융, 회계 지식까지 보강한다면 남들보다 많이 볼 수 있고 많이 들을 수 있다. 그리고 그만큼 투자 전쟁에서 승리할 확률도 높아진다.

이 책은 공시와 기업 경영의 메커니즘에 익숙하지 않은 초보자들이 기본기를 닦는데 도움을 줄 것이다. 여러 가지 공시의 개념을 배우고, 이런 공시가 기업 경영에는 어떤 변화를 가져오는지, 주가에는 어떤 영향을 미치는지, 또 언론에서는 이들 공시를 어떻게 다루는지 등을 다각도로 분석하고 진단했다. 또한 셀트리온의 공매도 세력 죽이기 작전, 유상감자로 상속세를 마련한 진로발효 등 구체적인 사례를 들어 이해하기 쉽게 설명하는 데 주력했다.

끝으로 이 책의 초고를 읽고 독자의 입장에서 많은 조언을 해 준 조진형「한국경제신문」기자와 김일문「더벨」기자, 이재헌「연합인포맥스」기자, 박보희「머니투데이」기자에게도 깊은 감사를 드린다.

새해의 첫머리에서   김 수 헌

일 · 러 · 두 · 기

이 책에 실은 경제기사들은「매일경제신문」,「한국경제신문」,「머니투데이」,「더벨」,「뉴스핌」,「서울경제신문」,
「헤럴드경제」,「이투데이」,「파이낸셜뉴스」,「아시아경제」,「이데일리」,「조선일보」,「조선비즈」,「인베스트조선」,
「중앙일보」,「한겨레신문」등의 기사를 인용하거나 간략하게 요약 · 편집한 것임을 밝힌다.

공시는 '뒷북' 정보가 아니라
기업의 모든 것을 보여주는 특급 정보다!

저자와의 인연은 재정경제부(현 기획재정부)에서 금융정책 총괄 업무를 담당하던 시절로 거슬러 올라간다. 경제 정책 뿐 아니라 금융과 증권, 세제 같은 분야에 관심이 많았던 저자는 예리한 기사로 우리 조직에 긍정적인 자극을 주는 존재였다. 산업(기업)과 증권, 정부 경제 정책 등 다양한 분야를 두루 거치며 저널리스트의 길을 묵묵히 걸어 온 저자가 그동안 쌓은 현장 경험을 토대로 책을 낸다고 하니 기대감이 앞섰다.

우선은 '기업 공시'를 소재로 경영 이야기를 풀어나가는 이 책의 참신한 시도에 박수를 보내고 싶다. 기업 공시가 담고 있는 정보의 무게와 파급력에 비해 투자자들의 관심은 상당히 부족한 편이다.

이 책은 기업이 주식을 늘이거나 줄이고, 채권을 발행해 자금을 모으고, 사업 부문을 분할하거나 다른 회사와 합병해 시너지를 창출하는 등 공시를 통해 공개되는 다양한 경영 활동을 시장의 관점에서 설명하고 있다. 다시 말해 '왜 기업이 그러한 결정을 내렸는지?'와 '기업의 결정이 시장에 미치는 영향은 무엇인지?'에 대해 끊임없이 질문하고 그에 대한 해답을 찾는다.

어려운 내용을 남에게 쉽게 이해시키려면 사례를 들어 설명하는 방법이 최고다. 이 책의 가장 큰 미덕이 아닐 수 없다. 다루고 있는 주제가 제법 무게감이 있음에도 불구하고 이 책은 사례 중심으로 쉽고 재미있게 설명하고 있다. 이처럼 어려운 내용을 쉽게 풀어내는 것은 내공이 없으면 불가능한 일이다. 기자 출신 저자의 현장 경험과 시장을 보는 안목이 더해져 토대부터 튼튼한 책이 완성됐다.

금융위원회에서 일하며 일반 투자자들의 금융에 대한 이해와 지식의 정도가 지금보다 좀 더 높아졌으면 하는 바람을 갖게 됐다. 정부의 제도적 뒷받침과 지원, 금융·증권업 종사자들의 사명감, 여기에 일반 투자자들의 시장에 대한 정확한 안목이 잘 어우러진다면 우리 금융·증권 시장은 다시 한 번 제대로 도약할 수 있을 것이다. 이 책이 훌륭한 구름판이 되어줄 것이라 믿는다.

전 금융위원회 부위원장, 국회의원 추 경 호

CONTENTS ••••••

Chapter 6   118

주주에게 이익을 돌려주다, 무상증자

Chapter 7   132

보상 없이 주식을 잃다, 무상감자

Chapter 8   151

때론 대주주를 웃게 만드는 유상감자

Chapter 9

163

전환사채(CB)는 사채와 주식이 한몸인 샴쌍둥이다!

Chapter 10

181

대박을 좇는 사람들이 좋아하는 신주인수권부사채(BW)

CONTENTS

CONTENTS

기업 공시로
판도라의 상자를 열다!

SK와 금호 특종 스토리

🏢 위기에 빠진 금호그룹을 살린 의문의 흑기사

2008년 8월의 일이었다. 페이퍼컴퍼니로 추정되는 '비컨(BEACON)'
이라는 해외 투자자가 금호타이어 주식 750만 주(10.7%)를 샀다는
공시를 냈다. 이 주식은 원래 쿠퍼타이어라는 해외기업이 보유하
고 있던 물량이었다. 공시에 따르면 쿠퍼타이어는 장외 거래로 비
컨에 주식을 매각했다.

그런데 공시를 자세히 들여다보니 이상한 게 한두 가지가 아니
었다.

첫 번째는 주당 거래가격이다.
비컨은 쿠퍼타이어에게
금호타이어 주식을
주당 1만 4501원에
사들였다. 총 매입자금은 1억
695만 달러다. 당시 환율(달러당 원화
1017원)을 적용하면, 1090억 원 정도가 됐다.

▶▶ 금호타이어 주식 등 대량 보유 상황 보고서　　　　2008년 8월 5일

성명 (명칭)	변동일	취득/처분 방법	주식 등의 종류	변동 내역			취득/처분 단가(원)
				변동 전	증감	변동 후	
BEACON	2008년 8월 5일	장외 매수 (+)	보통주	0	7,500,000	7,500,000	14,501

취득 자금의 성격	금액	조성 경위 및 원천
차입금	US$ 106,950,000	① 이자율 : 연 4% ② 대출 계약 체결일 : 2008년 8월 5일 ③ 만기 : 대출계약 체결일로부터 63개월째 되는 날

　　2008년 8월 초 금호타이어의 주가는 7200~7700원대에서 움직이고 있었다. 그렇다면 비컨은 쿠퍼타이어로부터 시장가격의 두 배 수준인 1만 4501원에 금호타이어 주식을 사들인 셈이었다.

　　이런 비상식적인 거래를 한 이유는 무엇일까?

　　당시 쿠퍼타이어는 금호타이어 주식 750만 주에 대한 이른바 '풋옵션(put option)'을 보유하고 있었다. 쿠퍼는 2005년 금호타이어가 기업공개를 했을 때 전략적 투자자(SI)로 참여하면서 750만 주를 인수했다. 그리고 인수가격인 주당 1만 4501원에 금호 측에 이 지분을 되팔 수 있는 권리(풋옵션)를 확보했다.

　　금호타이어 주가가 오랫동안 맥을 못 추고, 쿠퍼타이어와 금호 간 전략적 사업관계도 흔들리자, 쿠퍼타이어 측은 3년 정도 지난 2008년 5월에 들어서면서 풋옵션을 행사하겠다는 의사를 밝히기 시작했다. 금호아시아나그룹(이하 금호) 측에 주당 1만 4501원에 주식을 되사가라고 요구하기 시작한 것이다.

금호는 몹시 당황했다. 쿠퍼타이어 측이 풋옵션 행사 의사를 밝힌 그 시점, 금호는 대우건설 문제로 골치를 앓고 있었다. 금호는 2006년 대우건설을 인수하는 과정에서 은행과 증권사, 자산운용사, 보험사, 사모펀드 등 많은 재무적 투자자(FI)를 끌어들였다. 남의 돈을 대거 이용해 대우건설을 인수한 것이다.

FI들은 자기 자금을 들여 대우건설 주식을 인수했고, 이 주식에 대한 의결권은 금호 측에 다 넘겼다. 대신 앞으로 금호 측에 대우건설 주식을 주당 3만 4000원에 되팔 수 있는 풋옵션 권리를 부여받았다.

FI들의 풋옵션 권리 행사 시점이 점점 다가오는데 대우건설 주가는 1만 2000원대에 머물러 있었다. 금호로서는 풋옵션 행사가격(3만 4000원)과 현재 주가(1만 2000원) 간의 차액을 고스란히 물어주게 생겼다. 차액 보전 비용으로 2조 5000억 원 이상의 자금이 투입될 상황에 처하게 된 것이다. 당연히 시장에 금호의 유동성 위기설이 급속하게 번졌다. 금호 계열사들의 주가도 맥을 못 췄다. 시장에서는 금호의 위기를 우려하는 목소리들이 커지기 시작했다.

이런 상황에서 뜻하지 않게 쿠퍼타이어까지 나서서 금호타이어 주식에 대한 풋옵션을 행사하겠다고 하니, 금호로서는 진퇴양난이 아닐 수 없었다. 악재는 한꺼번에 발생한다는 이야기를 입증이라도 하듯 동시다발적으로 풋옵션 리스크가 터져나온 것이다.

그런데, 저 멀리서 흑기사가 나타났다.

2008년 8월 쿠퍼타이어가 보유한 풋옵션 행사 물량을 풋옵션 행사가격 그대로 인수하겠다고 나선 이가 바로 '비컨'이다.

당시 경제 매체에서 산업부장직을 맡고 있었던 필자는 기자들에게 비컨의 정체(배후 투자 실체)를 파악해 볼 것을 지시했다. 상식적으로 납득이 잘 가지 않는 사안이라, 직접 금호 관계자들을 상대로 비컨이 시장가격의 두 배 가격으로 금호타이어 주식을 인수한 이유를 물었다.

금호 관계자들의 답변은 이랬다.

"우리도 비컨이 누군지 전혀 모른다. 이번 일은 쿠퍼타이어와 비컨 간 거래라 우리가 알 수 없다. 듣기로는 비컨 측이 금호타이어의 성장 가능성을 매우 높이 평가했다고 한다. 중국 금호타이어 공장을 직접 둘러보기도 했다고 한다. 어쨌든 금호로서는 쿠퍼타이어의 풋옵션 행사 리스크를 깔끔하게 해소했다. 시장의 우려는 이제 없어질 것이다. 대우건설 풋옵션 문제도 새로운 FI들을 구하는 방법으로 해결 가능할 것이다."

🏢 자본금이 25만 원인 회사에 1090억 원을 빌려준 통 큰 투자자는 누구?

대다수 언론이 금호의 풋옵션 리스크가 해소됐다고 보도했다. 그러나 필자는 이를 액면 그대로 받아들일 수 없었다. 비컨의 지분 인수 공시를 더 유심히 들여다봤다. 비컨은 케이만군도라는 조세 회피 지역에 만들어진 이른바 '페이퍼컴퍼니'였다. 자본금 규모는 25만 원이었고, 금호타이어 지분 인수자금 1090억 원은 전액 차입금이었다. 사실 페이퍼컴퍼니의 자본금 규모나 인수자금의 성격은 별로 중요하지 않았다.

두 번째 의문은 차입 조건에 있었다. 차입금리가 연 4%, 만기는 63개월이었다. 5년 넘게 돈을 빌리면서 당시로서는 상당히 낮은 4% 금리를 적용받은 것 또한 이해하기 어려웠다.

비상식적인 주당 거래가격과 차입 조건 이면에는 무엇인가가 숨어 있을 것이라 확신하고 본격적인 취재에 들어갔다. 하지만 잡히는 것은 거의 없었다. 한동안 취재를 접었다가 재개하기를 반복했지만 역시 소득이 없었다.

그런 와중에 금호는 서서히 무너지기 시작했다. 박삼구, 박찬구 회장 간 이른바 '형제의 난'까지 일어나 그룹이 분해될 처지에 놓였다. 주력사들의 유동성 위기가 닥치면서 대우건설과 대한통운도 다시 토해내야 했다.

2010년 들어 필자는 불현듯 잊고 있었던 비컨이 다시 생각났다. 취재를 재개했다. 당시 금호가 어려워지면서 구조 조정이 진행됐고, 자연스레 퇴직 임원들이 생겨났다. 이들을 접촉하면 뭔가 건질 수 있을 것이라 생각됐다.

기자들에게 재무 라인에 있었던 핵심 임원들과 사장급 인사들을 접촉할 것을 지시했지만, 딱 떨어지는 이야기를 듣지는 못했다. 하지만 뭔가가 있다는 확신은 더 강해졌다. 명확한 물증이 없어 고민하며 시간을 보내던 차에, 어느 날 밤늦은 시간에 금호 내부 관계자로부터 한 번 만나자는 연락이 왔다.

🏢 수년치 공시에서 찾아낸 '검은 머리 외국인'

잘 아는 사이는 아니었지만, 이전에 전화로 몇 번 접촉을 했던 인물이었다. 금호의 현재 상황에 대한 일반적 이야기를 나누다 비컨 건을 물어봤다. 그는 상당히 곤혹스런 표정을 지었다. 먼저 전화를 걸어오던 모습과는 달리 "자칫하다간 몇 사람이 다칠 수도 있는(사법 처리 대상이 될 수도 있는) 사안이라 말하기가 어렵다"고만 했다. 하지만 식사를 마치고 일어서면서 그는 "대손처리가 된 것으로 알고 있다"는 한 마디를 남겼다.

'대손처리(향후 회수할 수 없다고 판단되는 매출 채권이나 대여금 등을 회계상 손실로 처리하는 경우)가 됐다니? 금호가 비컨과 관련해서 대손처리를 할 것이 도대체 무엇이 있다는 말인가? 그렇다면 혹시 금호와 비컨 사이에 모종의 자금 거래가 있었다는 말인가?'

바로 사무실로 들어가 기자들과 금호타이어와 관련한 수년치의 각종 공시 자료를 모두 뒤지기 시작했다. 퍼즐을 맞춰가는 듯한 작업을 하면서 필자는 깜짝 놀랄만한 사실들을 알게 됐다. 퍼즐을 70%쯤 맞춘 결과, 비컨에 쿠퍼타이어의 풋옵션 인수 자금을 대준 곳이 금호라는 충격적인 사실이 드러났다.

금호타이어 공시에서 출발한 2년간의 추적 작업 결과는 다음과 같다. 비컨은 사실상 '검은 머리 외국인' 역할을 했고, 금호 측이 비컨에 자금을 대여해주는 형식으로 주식 거래를 주도했다. 결국, 금호는 비컨에게 대여해 준 자금 중 상당 부분을 대손처리해 손실로 떨어냈다는 것이다.

이 사건에서 금호가 입은 손실보다 더 큰 문제가 있었다. 비컨이 금호타이어의 성장 가능성을 믿고 시장가격의 두 배인 주당 1만 4501원에 주식을 인수했다고 알려졌을 때, 순진한 투자자들이 이를 믿고 금호타이어 주식을 샀을 것이라는 사실이다.

당시 잠깐 반짝했던 금호타이어 주가는 금호그룹 전체가 유동성 위기에 빠지자 그 영향을 받아 2008년 말 4000원대까지 추락했다. 금호는 2008년 말 금호타이어 주가가 4000원대까지 급락했을 때 비컨에 대여해준 돈을 대손처리했어야 했다. 그러나 당시 그렇게 하지 않았다. 대손처리를 하면 비컨과의 자금 거래가 노출되기 때문이었다. 이것은 분식회계다.

금호는 비컨을 불러들이고 사실상 자기 자금을 비컨 손에 쥐어주고 금호타이어 주식을 인수하게 했다. 비컨에게 대여해 준 자금의 정확한 정체는 금호 홍콩법인이 현지에서 조달한 차입금이었다. 그러면서도 금호는 비컨에 대해서는 알지 못하며, 비컨이 쿠퍼타이어가 찾아낸 순수한 투자자라고 설명했다.

시장도 속았고 금융감독 당국도 속았고 채권단도 속았다. 금호 사외이사들도 이런 사실을 자세히 알지 못했다.

금호 측은 주요 계열사들이 워크아웃에 들어가고 채권단이 회사 관리를 장악하게 되자 더 이상 이런 사실을 감추지 못했다.

투자자들은 공시를 정확하게 꿰뚫어보는 눈이 필요하다. 비단 금호 건 뿐만이 아니다. 사실은 일부 코스닥 기업이 공시를 통해 시장을 상대로 장난을 하는데도 잘 모르고 지나치는 경우가 많다.

🏢 JP모건은 왜 70% 손실을 보며 SK증권 주식을 팔았을까?

때로는 공시가 기업 경영의 '판도라 상자'를 여는 결과를 초래하기도 한다.

이런 상황을 한 번 가정해보자.

회사에 다니는 아버지가 위암에 걸렸다. 당장 수술이 시급한 상황이었다. 그러나 아버지는 병원에 갈 수가 없었다. 대학생, 중고등학생, 초등학생 등 아이들 학비로 생활비가 만만치 않았기 때문이다. 암에 걸린 사실을 숨기고 고통을 참아가며 돈을 벌어야 할 입장이었다. 갚아 나가야 할 은행 빚에, 애들 학비 대느라 여기저기 이웃들에게 빌린 돈도 많았다.

아버지가 암에 걸렸다는 사실이 알려지고 드러눕게 되면, 채권자들이 당장 내 돈부터 갚으라고 달려들 것이 뻔했다. 그런데 지금 수술을 하지 않으면 언제 암이 다른 장기로 전이될지 모른다. 수술을 하자니 당장 대책이 없고, 숨기고 회사를 다니면 암이 돌이킬 수 없는 수준까지 진행될 상황이었다.

그런데 누군가가 이 사실을 알게 됐다. 그는 아버지를 이대로 두면 2년도 채 버티기 어려울 것으로 판단했다. 아이들이 잠시 휴학을 하더라도 수술이 반드시 필요하다고 생각하고 주위 사람들에게 이를 공개했다.

아버지에게 돈을 빌려준 은행과 이웃 사람들 모두가 딱한 사정에 공감했다. 그리고 당분간 빌려준 돈의 회수를 자제하고 아버지의 수술비 일부를 지원해주기까지 했다. 아버지는 수술 경과가 너무 좋아 얼마 지나지 않아 회복했고, 위암에 걸리기 전보다 건강

한 모습으로 더 오랫동안 일을 할 수 있게 됐다. 사정을 봐준 은행과 이웃들도 이자까지 다 계산해서 빌려준 돈을 회수했음은 물론이다.

한 가정의 훈훈한 미담 같은 이야기를 장황하게 꺼내는 까닭이 있다.

16년 전 SK그룹이 이랬다.

2002년 10월 SK그룹 계열사 두 곳이 공시를 냈다. 당시 워커힐과 SK캐피탈이 SK증권 주식을 각각 2045여만 주와 360여만 주 등, 합계 2405여만 주를 매입했다는 내용이었다.

이 공시 역시 몇 가지 의문을 불러 일으켰다. 취재를 해보니 두 회사에 SK증권 주식을 매각한 쪽은 JP모건이었다. 주당 매각가격은 1535원이다.

JP모건이 주식을 사들인 것은 1999년 SK증권의 유상증자 때였다. 이 때 JP모건은 주당 4920원에 SK증권 주식을 2405만 주 인수했다(증자에 참여하게 된 복잡한 과정은 생략한다). 그런데 3년 만에 SK 측에 주당 1535원 즉, 70% 가까운 손실을 보고 되팔다니, 공시만 봤을 때는 쉽게 이해되지 않는 구석이 있었다.

성명 (명칭)	변동일	취득/처분 방법	주식 등의 종류	변동 내역			취득/처분 단가(원)
				변동 전	증감	변동 후	
JP Morgan Chase Bank	2002년 10월 15일	장내 매도(-)	보통주	24,059,044	-24,059,044	0	1,535

▶▶ SK증권 주식 등의 대량 보유(변동) 보고서   2002년 10월 15일

🏢 3년 전 이뤄진 이면 거래의 실마리를 잡다

국내 대형 증권사나 해외 증권사와 IB(Investment Bank, 투자은행) 등을 상대로 알음알음 수소문을 하는 과정에서 뭔가 이면 거래가 있었을 가능성이 높다는 이야기를 들을 수 있었다. 그러나 구체적인 내용은 확인하기 어려웠다. 그러던 중 한 금융계 인사로부터 풋옵션과 콜옵션이 연계된 이면 계약이 존재한다는 사실과 그와 관련한 내용을 상당 부분 들을 수 있었다. 전해들은 내용은 상당히 충격적이었다.

1999년 SK증권의 유상증자 당시 JP모건은 2405만 주를 주당 4920원에 인수하면서, SK 측과 이면 계약을 맺었다. 나중에 JP모건이 SK증권 주식을 SK그룹 해외법인에 주당 6070원에 되팔 수 있는 권리(풋옵션)와 SK그룹 해외법인이 같은 가격에 되살 수 있는 권리(콜옵션)를 부여했던 것이다.

결국 2002년 10월에 SK 측은 주당 1535원에 총 369억 원을 들여 JP모건과 주식을 사고판 것처럼 위장 공시했다. 하지만 사실은 이면 계약에 따라 SK글로벌(현 SK네트웍스)의 해외법인들이 옵션 행사가격(주당 6070원)으로 JP모건에 손실을 모두 보전해줬다. 즉, 국내와 해외에서 SK증권 주식을 놓고 위장 이중거래를 한 셈이었다.

이 과정에서 아무 관련이 없는 SK글로벌은 JP모건의 손실보전에 동원돼 1000억 원이 넘는 막대한 손해를 입게 됐다.

그동안 SK와 JP모건은 이면 계약 내용을 철저하게 숨겨왔고, 여러 차례 공시를 위반했을 뿐 아니라 시장을 속여 왔다.

이 같은 내용을 필자가 단독으로 보도하자, SK측은 필자를 상대로 소송을 걸겠다면서 강력하게 부인했다. 하지만 얼마가지 않아 사실을 모두 시인하기에 이르렀다.

🏢 꽁꽁 숨겨놓은 SK글로벌의 조 단위 채무

SK의 주식 위장 거래와 금호아시아나의 검은 머리 외국인을 동원한 위장 거래를 파헤친 두 건의 기사는 기자협회 기자상이라는 영광을 안겨줬다. 두 기업의 비리를 밝히는 출발점은 모두 공시였다. 의문스런 공시를 탐구하고 취재하는 과정에서 뜻하지 않은 비리의 줄기를 건져 올리게 된 것이다.

그런데, SK의 경우는 기자상 수상 이후 더 큰 충격이 다가왔다. 필자에게는 '판도라의 상자'를 여는 계기가 됐다.

어느 날 한 건의 제보가 들어왔다. JP모건과의 거래를 취재하는 과정에서 접촉했던 한 사람에게서 놀라운 내용을 듣게 됐다. SK그룹, 정확하게는 SK글로벌이 조(兆) 단위의 채무를 숨기고 있다는 이야기였다. 또한 정리해야 할 해외 부실 규모 역시 조 단위라고도 했다.

수출만이 살 길이라며 물량 밀어내기에만 집중하던 1970년대 이후부터 SK글로벌은 오랫동안 누적돼 온 부실 때문에 대규모 분식을 할 수밖에 없었고, 부실을 떠안고 갈 수밖에 없었다는 이야기였다.

이걸 해결하려면 어떻게 해야 할까? 조 단위 분식이 발생한 계열사의 문제를 해결하기 위해서는 우량한 계열사가 창출한 수익과 이익을 동원해야 한다. 정부 당국과 각종 감독기관, 채권단, 수많은 주주들, 그리고 이런 사실을 잘 모르는 내부 임직원들을 모두 속이는 수준의 작업이 동원돼야 한다.

그러나 이 같은 작업은 지뢰 수백 개가 깔려있는 지뢰밭을 무사히 건너가겠다고 하는 것과 같다. 이상한 주식 거래 공시에 대한 취재를 마무리 지었더니, 조 단위 분식회계가 덜컥 눈앞에 나타나는 엄청난 상황을 맞닥뜨렸다.

물증 없이 함부로 기사를 쓸 수 있는 사안이 아니었다. 확실한 증거와 자료, 증언이 필요했다. SK증권 주식 위장 거래를 알아볼 때처럼 드러내놓고 취재를 할 수도 없었다. 한마디로 핵폭탄을 건드리는 것과 같은 문제였다.

🏢 검찰의 압수 수색으로 밝혀진 전모

몇 달이 걸리더라도 서서히 상황 파악을 해야겠다고 생각할 무렵, 뜻하지 않은 사건이 터졌다. 검찰이 전격적으로 SK그룹 구조조정본부에 대해 압수 수색에 나선 것이다.

SK와 JP모건이 주식을 위장 거래했다는 필자의 보도에 따라 시민단체가 SK 경영진을 배임 등의 혐의로 검찰에 고발했고, 검찰이 이에 대한 확실한 물증 확보 차원에서 그룹 본부에 대한 대대적 수색에 들어간 것이다. 검찰이 그룹의 심장부를 수색함으로써 게임은 끝났다고 생각했다. 숨기고 있던 것들이 다 터져 나올 수밖에 없었다.

한 달쯤 뒤 검찰은 SK글로벌의 1조 5000억 원대 분식회계 적발을 주요 골자로 한 대대적 수사 결과를 발표했다. 금융 시장에 엄청난 후폭풍이 따랐다. 한국판 '엔론 사태(미국 최대의 회계 부정 사건)'가 터졌다고들 했다. SK그룹의 공중분해 가능성까지 제기됐다.

알고 보니, SK그룹은 오랫동안 분식과 부실 문제를 해결하기 위해 고민을 해왔다. 대외적으로 알려질 경우 그룹 차원에서 감당할 수 없는 후폭풍과 후유증이 예상되다 보니, 소수의 경영진과 임원들이 중심이 돼 내부적으로 심각한 고민을 해 온 모양이었다. 묘안이 없다보니 시간만 보내고 있었고 그러는 사이에 부실은 눈덩이처럼 커져갔다. 결국, 은행 차입금 잔고를 위조하는 식의 아주 터무니없는 수준의 분식 장난까지 치게 된 상황이었다.

결국 SK증권 문제가 고리가 돼 검찰의 압수 수색이 이어졌고, 그룹 내 암 덩어리가 만천하에 공개되면서 SK글로벌은 수술대에 올랐다. 수술 자금은 채권 은행과 당시 SK에너지 등 그룹 핵심계열사의 출자전환과 거래 지원 형태로 마련됐다. 수술은 성공적이었고 SK는 생각보다 빠른 시간 내에 회복했다.

🏢 공시에서 초대형 비리의 꼬리를 잡다!

어떤 투자자들은 공시를 예사롭게 생각한다. 하루에도 수백 건의 공시들이 쏟아지다보니 공시의 중요성에 대해 잘 인식하지 못한다. 모든 공시를 의혹의 눈초리로 볼 필요는 없다. 그렇다고 해서 의심이 가는 공시인데도 그러려니 하고 넘겨서도 안 된다.

공시를 파고들어 뜻하지 않는 사실을 파악하게 되는 경우가 적지 않다. 기업의 비리를 밝히기 위해서가 아니라, 내가 투자한 기업 또는 내가 관심을 가지고 있는 기업의 주요 경영 사항들을 그때그때 제대로 파악하고 이해하기 위해서라도 공시를 정확하게 읽어내는 눈이 필요하다.

두 건의 대형비리 사례를 프롤로그에서 거론하는 이유가 여기에 있다. 필자는 기업 비리와 관련한 '판도라의 상자'를 열어본 이후 한동안은 상당수 기업 공시를 의심스런 눈으로 보는 버릇이 생겼다. 이름을 밝히기 어려운 일부 기업들의 공시에서 의심스러운 내용들을 취재하다가 여러 가지 한계에 부딪쳐 덮어둔 내용들도 솔직히 꽤 있다. SK도 마찬가지였다. 그러나 시간이 오래 지나면서 대부분 문제가 해소됐고, 또 지금 들춰봐야 이제는 별다른 의미를 찾을 수 없는 내용들이 대부분이다. 어떤 기업들은 한때 정부에서 분식회계 등을 자백하면 처벌을 감면해 준다는 정책을 제시했을 때 자수해서 광명을 찾기도 했다.

다시 한 번 독자들에게 부탁하고 싶은 것은 기업 경영을 이해하는 첫 단계로 반드시 공시를 분석하고 이해하는 힘을 길러야 한다는 점이다. 당신이 투자한 기업의 주가를 좌지우지할 중요한 정보가 바로 공시 속에 있기 때문이다.

기업의 언어로 사고하라!

경영 전략 분석에 바로 써먹는 회계

"제가 투자한 기업이 자본잠식에서 벗어나기 위해 감자를 한다고 하는데, 감자를 하면 왜 재무 구조가 좋아지나요?"

"회사가 자본잠식 상태인지 아닌지는 어떻게 알 수 있나요?"

"이연법인세* 때문에 이익이 늘었다고 하는데요, 무슨 말인가요?"

> * 이연법인세(deferred corporate taxes) 기업회계로 산정한 과세금액과 세무회계로 계산한 과세금액이 서로 다를 때 그 차이를 처리하는 회계상의 항목.

"주식을 소각한다고 해서 감자하는 줄 알았는데, 이익 잉여금으로 소각하기 때문에 감자는 아니라고 합니다. 이게 무슨 소리인가요?"

필자는 이런 부류의 질문을 수도 없이 받아왔다. 공시와 재무제표, IR 자료 등을 열심히 보지만 회계 지식이 부족하다보니 그 의미를 제대로 이해하지 못한데서 비롯된 궁금증들이다.

회계는 기업이 투자자 등 외부 사람들과 소통하기 위해 필요한 언어라고 할 수 있다. 반드시 회계에 능통해야만 기업 공시를 잘 분석하는 것은 아니다. 하지만 기초적인 회계 지식만 정확히 이해하고 있어도, 앞으로 살펴 볼 기업의 중요한 의사 결정에 숨겨진 전략을 분석하고 주가에 미치는 효과를 예측하는데 큰 도움이 된다. 궁수가 바람을 읽고 활을 쐈을 때 과녁의 정중앙을 꿰뚫을 확률이 더 높아지는 것과 같은 이치다.

이번 장에서는 경영 전략의 근간이 되는 기본적인 회계 개념부터 정리해 보자.

🏢 주식회사 설립에 필요한 회계를 말하다

김만두와 박우동은 친구 사이다. 둘은 2005년 제빵 사업을 하기로 하고 주식회사 붕어빵이라는 회사를 창업했다. 김만두가 2억 원, 박우동이 1억 원의 설립 자금(자본금)을 댔다. 그리고 주식회사로 출발했기 때문에 출자한 자금만큼 (주)붕어빵 주식을 발행해 둘이 나눠 가졌다.

주주들의 주머니에서 발생한 돈을 통상 '납입자본'이라고 한다. 회사가 첫 출발할 때의 납입자본은 곧 자본금과 같은 말이다. 자본금은 '액면가 × 총 발행 주식 수'로 계산한다.

액면가 5000원짜리 주식을 자본금만큼 발행하므로 총 6만 주(3억 원/5000원)의 주식이 발행됐다. 김만두가 4만 주(2억 원/5000원), 박우동이 2만 주(1억 원/5000원)를 보유하게 됐다. 지분율은 김만두가 67%, 박우동이 33%다.

(주)붕어빵은 은행에서 1억 원을 빌려 부족한 사업 자금에 보탰다. 그래서 총 사업자금은 3억 원의 자본금과 1억 원의 차입금으로 구성된다. 이 돈으로 조그만 공장 건물과 제빵 기계, 컴퓨터와 집기 등을 사고, 남은 돈 5000만 원은 은행에 예금으로 넣어뒀다.

(주)붕어빵의 자산(공장 건물, 기계, 컴퓨터, 예금 등)은 모두 김만두와 박우동의 종잣돈(자본금)과 은행 대출금(부채)으로 마련한 것들이다. 그래서 (주)붕어빵의 자산은 '자본금 + 부채'가 된다.

- 자산 = 자본금 + 부채
- 자본금 = 액면가 × 총 발행 주식 수
- (주)붕어빵의 자산(4억 원) = 자본금(3억 원) + 부채(1억 원)
  (5000원×6만 주)

잉여금을 만드는 데 필요한 회계를 말하다

이렇게 출발한 (주)붕어빵은 재료비와 인건비 등을 투입해 붕어빵을 만들어 팔았다.

경영 활동에서 발생하는 이익은 수익에서 비용을 제한 금액이다(수익-비용 = 이익). 대표적인 수익 항목은 매출이다. 빵을 만들어 팔면 매출이 생긴다. 붕어빵을 만들기 위해서는 밀가루와 팥 등의 재료비, 공장 직원 인건비, 붕어빵 기계의 감가상각비, 공장 수도와 전기 요금 등이 필요하다. 이 비용을 모두 합치면 매출 원가 비용이 된다. 매출(수익)에서 붕어빵 제조에 직접 들어간 비용,

즉 매출 원가 비용을 빼면 '매출 총이익'이 나온다. 다시 매출 총 이익에서 판매관리비를 빼면 '영업이익'이 나온다.

판매관리비는 쉽게 말해 본사 직원들의 급여(공장 직원들의 인건 비는 매출 원가에 포함), 본사 건물과 시설물 감가상각비(공장 기계 감 가상각비는 매출 원가), 광고·홍보비, 마케팅비 등을 말한다.

영업이익에서 영업외 수익(이자수익, 배당수익, 유형자산 처분이익, 외환이익 등)을 더하고 영업외 비용(이자비용, 외환손실, 유형자산 처분 손실 등)을 빼면 '세전이익'을 산출할 수 있다. 다시 세전이익에서 법인세 비용을 빼면 '당기 순이익'이 된다.

- 매출 – 매출 원가 비용 = 매출 총이익
- 매출 총이익 – 판매관리비 = 영업이익
- 영업이익 + (영업외 수익 – 영업외 비용) = 세전이익
- 세전이익 – 법인세 비용 = 당기 순이익

(주)붕어빵도 이런 과정을 거쳐 매출을 올리고 이익(당기 순이익) 을 남겼다. 영업 활동으로 얻은 당기 순이익을 이익 잉여금이라고 한다. 이익 잉여금은 주주의 몫이므로 주주배당에 사용할 수 있 다. 이익 잉여금이 생기면 회사의 재무 구조가 바뀐다. 설립 초기 에는 회사 자본을 구성하는 항목이 자본금뿐이었다. 그러나 회사 에 잉여금이 생기면서, 자본은 자본금과 잉여금의 합이 된다.

자산 = 자본(자본금 + 잉여금) + 부채

(주)붕어빵이 사업 첫 해인 2005년에 1억 원의 이익을, 2006년에도 1억 원의 이익을 냈다고 하자. (주)붕어빵의 자본은 이제 자본금 3억 원과 이익 잉여금 2억 원으로 구성된다(이익 잉여금을 주주들에게 배당하지 않는다고 가정).

(주)붕어빵의 재무 상태(2006년 말)

- 자산(6억 원) = 자본(5억 원) + 부채(1억 원)
  자본금(5000원 × 6만 주 = 3억 원) + 이익 잉여금(2억 원)

사업이 잘되자 홍순대와 이덕복 등 주위에 돈 좀 있다는 지인들이 투자를 하겠다고 나타났다. 홍순대와 이덕복 입장에서 생각해 보면, (주)붕어빵이 앞으로 이익을 많이 낸다면 배당을 받을 가능성이 높아진다. 또 (주)붕어빵이 증권 시장에 상장될 경우 막대한 상장 차익과, 이후 주가가 크게 오른다면 시세 차익까지 노려볼 수 있다.

(주)붕어빵의 기업가치가 높아졌으니 이제 주식의 발행가를 액면가보다 높인다. 한 주당 7000원의 가격을 매겨 홍순대와 이덕복에게 각각 5000주를 발행해준다. 홍순대와 이덕복은 주식 대금

으로 각각 3500만 원씩, 총 7000만 원을 회사에 납입하고 주주가
됐다. 회사로서는 유상증자를 한 것이다(유상증자는 76쪽 참조).

(주)붕어빵은 이를 두고 아래와 같이 회계 처리한다.

자본금은 '액면가 × 총 발행 주식 수'라고 했으니 '주당 5000원
× 1만 주(홍순대 5000주 + 이덕복 5000주)'로 총 5000만 원의 자본
금이 늘었다. 주당 발행가격은 7000원이므로 자본금으로 편입된
액면가 5000원을 뺀 나머지 2000원은 '주당 주식 발행 초과금'이
라고 한다.

> 총 주식 발행 초과금 = 2000원 × 1만 주 = 2000만 원

액면가보다 높은 발행가격으로 유상증자를 하면 자본금이 '액
면가 × 발행 주식 수'만큼 늘어나고, 주식 발행 초과금이 생긴다.
그런데 주식 발행 초과금은 장사로 번 이익이 아니라 주식 발행
거래(자본거래)에서 발생한 이익이기 때문에 '자본 잉여금'이라는
이름을 달고 자본 항목으로 들어간다.

이제 (주)붕어빵의 자본 구성은 '자본금 + 이익 잉여금 + 자본
잉여금'으로 변한다. 이번 유상증자를 통해 자본금이 5000만 원 늘
고, 자본 잉여금이 2000만 원 생겼다. 이제 자본총계는 5억 7000만
원이 됐다. 총 발행 주식 수는 회사 설립 시 발행했던 6만 주에서
1만 주가 더해져 7만 주가 됐다. 늘어난 주식 수만큼 지분율에도
변화가 생겼다. 김만두가 57%(4만 주), 박우동이 29%(2만 주), 홍순

대와 이덕복이 각각 7%(5000주) 주주가 됐다.

(주)붕어빵의 재무 상태(유상증자 후)

• 자산(6억 7000만 원) = 자본(5억 7000만 원) + 부채(1억 원)

  자본금(5000만 원×7만 주) + 이익 잉여금(2억 원) + 자본 잉여금(2000만 원)

▶▶ **(주)붕어빵의 유상증자 전후 자본 구성**

유상증자 전
(총 발행 주식 수 : 6만 주)

자산 6억 원	부채 1억 원
	자본금 3억 원
	이익 잉여금 2억 원

자본 5억 원

유상증자
주당 7000원
×1만 주 발행

유상증자 후
(총 발행 주식 수 : 7만 주)

자산 6억 7000만 원	부채 1억 원
	자본금 3억 5000만 원
	이익 잉여금 2억 원
	자본 잉여금 2000만 원

자본 5억 7000만 원

🏢 **재무 구조 개선에 필요한 회계를 말하다**

이렇게 해서 몇 년 동안 잘 굴러가던 (주)붕어빵이 이제는 기업 공개를 하려고 한다. 달랑 네 명의 주주가 경영에 참여하는 회사를 다수 주주의 회사로 만드는 것이다. 기업공개는 주식을 증권 시장에 상장시키기 위한 사전절차다(기업공개는 53쪽 참조).

일단 상장 기업이 되면 주식 시장에서 증자(자본금 증가)나 채권 발행 등으로 자금을 모으기가 쉬워진다. 하지만 때로는 여러 가지 이유로 감자(자본금 감소)를 해야 하는 상황이 생기기도 한다.

유상증자는 주로 신규 사업 자금이나 운영 자금 등이 필요할 때 한다. 정상적인 경우라면 액면가를 초과하여 신주를 발행하기 때문에, 유상증자를 하면 자본금과 자본 잉여금(주식 발행 초과금)이 늘어난다.

무상증자를 하면 어떻게 될까? 무상증자란 신주 대금을 받지 않고 기존 주주들에게 주식을 무료로 나눠주는 것을 말한다. 발행 주식 수가 늘어나니까, 액면가에 총 발행 주식 수를 곱한 자본금은 증가한다. 그러나 실제 현금이 유입되는 게 아니므로 자본(순자산)은 증가하지 않고 그대로다. 자본금이 늘어나면 당연히 자본도 늘어나야 하는데, 자본이 그대로라니 무슨 영문일까?

예를 들어 액면가 5000원짜리 주식 100주를 주주들에게 무상으로 준다고 해보자. 발행 주식 수가 100주 늘어나므로 자본금은 50만 원 늘어나야 한다(발행 주식 수 100주 × 액면가 5000원). 그런데 주주들에게서 증자 대금으로 돈을 받지 않았으니, 잉여금에서 50만 원을 빼내서 자본금으로 이동시킨다. 무상증자를 하려면 자본(자본총계)이라는 큰 바구니 안에서 잉여금을 자본금으로 이동시킨다. 그리고 증가한 자본금만큼 주식을 발행해 나눠준다. 그래서 무상증자 결과 자본금은 늘어나지만 회사의 순자산(자본)에는 변화가 없다.

▶▶ **A사의 무상증자 전후 자본 구성 예**

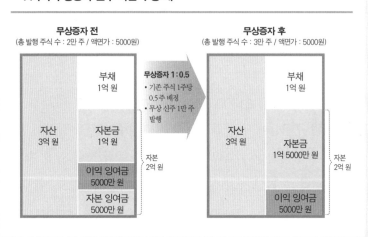

무상증자 전
(총 발행 주식 수 : 2만 주 / 액면가 : 5000원)

부채
1억 원

자산
3억 원

자본금
1억 원

이익 잉여금
5000만 원

자본 잉여금
5000만 원

자본
2억 원

무상증자 1:0.5
• 기존 주식 1주당
0.5주 배정
• 무상 신주 1만 주
발행

무상증자 후
(총 발행 주식 수 : 3만 주 / 액면가 : 5000원)

부채
1억 원

자산
3억 원

자본금
1억 5000만 원

이익 잉여금
5000만 원

자본
2억 원

그래서 무상증자는 회사에 잉여금이 있어야만 할 수 있다. 대개 자금력이 있는 우량 기업들이 무상증자를 한다. 무상증자를 할 때 보통은 '자본 잉여금'을 재원으로 활용한다. 그래서 무상증자 공시를 보면 '주식 발행 초과금'이 무상증자의 재원이라고 밝히는 경우가 많다.

자본금을 감소시키는 감자의 경우에는 무상감자가 일반적이다. 예를 들어 5대 1 무상감자라고 하면 주주들이 가진 주식 5주 가운데 4주를 회사에서 강제 소각한다는 말이다. 감자는 주주총회의 특별 결의를 거쳐야 한다. 적자 누적으로 결손금이 생겨 자본이 부분적으로 잠식된 기업, 완전히 잠식된 기업, 자본잠식이 눈앞에 다다른 기업 등이 재무 구조를 개선하기 위해 무상감자를 단행하는 경우가 많다.

우선 자본잠식에 대해 알아보자. 정상적인 회사라면 재무 상태는 '자본 = 자본금 + 잉여금'이라는 기본 구조를 갖추게 된다. 그런데 계속해서 적자가 나 결손금이 누적되면 기존의 잉여금으로 결손금을 메워야 한다.

(주)잉어빵이 '자본총계(6억 원) = 자본금(4억 원) + 잉여금(2억 원)'인 상태에서 3억 원의 적자가 발생했다고 하자.

자본총계(3억 원) = 자본금(4억 원) + 잉여금(2억 원) + 결손금(-3억 원)

= 자본금(4억 원) + 결손금(-1억 원)

정상적인 기업이라면 자본금에 잉여금을 계속 보태 나가기 때문에 자본이 자본금보다 항상 클 수밖에 없다. 그러나 이 경우에는 잉여금(2억 원)을 결손금(-3억 원) 보전에 다 사용하고도 미처리 결손금이 1억 원 남게 된다. 결국, 자본금 4억 원 중 1억 원을 갉아먹은 것이다. 자본이 오히려 자본금보다 더 적은 상태 즉, '자본잠식'이 발생했다.

자본금은 총 발행 주식 수와 액면가를 곱해 계산한 금액이다. 그래서 발행 주식을 소각해야 자본금을 감소시킬 수 있다. 결손금이 1억 원 있다고 해서 자본금이 4억 원에서 3억 원으로 변하는 게 아니다. 자본금이 4억 원인데 자본은 3억 원 밖에 되지 않으므로 1억 원의 자본잠식이 발생한 것으로 본다.

(주)잉어빵의 자본잠식률은 25%(잠식된 자본 1억 원/자본금 4억 원×100)
➡ 자본 완전잠식은 자본잠식률 100%로, 자산과 부채가 같은 상태다.

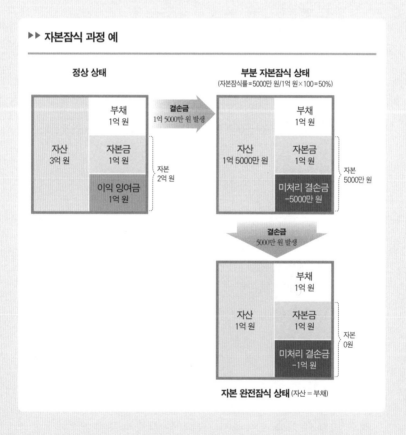

▶▶ 자본잠식 과정 예

정상 상태

부분 자본잠식 상태
(자본잠식률=5000만 원/1억 원×100=50%)

부채 1억 원
자산 3억 원
자본금 1억 원
이익 잉여금 1억 원
자본 2억 원

결손금 1억 5000만 원 발생

부채 1억 원
자산 1억 5000만 원
자본금 1억 원
미처리 결손금 -5000만 원
자본 5000만 원

결손금 5000만 원 발생

부채 1억 원
자산 1억 원
자본금 1억 원
미처리 결손금 -1억 원
자본 0원

자본 완전잠식 상태 (자산=부채)

다시 무상감자로 돌아가 보자. 기업이 무상감자를 하는 목적은 거의 대부분 결손금을 해소해 재무 구조를 개선하기 위해서다.

액면가 5000원짜리 주식 100주를 가진 주주의 지분을 5대 1로 감자해보자. 주식 5주를 같은 액면가의 주식 1주로 병합한다. 이렇게 하면 이 주주의 주식 가운데 80주가 소각된다.

없어지는(소각되는) 주식 수 만큼 자본금도 40만 원(5000원 × 80주) 감소한다. 회사 입장에서는 액면가 5000원짜리 주식 80주를 아무런 보상 없이(현금 유출 없이) 소각했으니, 40만 원만큼의 '감자차익'이 생긴다고 본다.

감자차익은 회사가 장사로 번 돈이 아니라 회사와 주주 간 자본 거래(주주로부터 주식을 무상으로 받아 강제 소각)에서 발생한 이익이기 때문에 '자본 잉여금'이 된다. 자본금이 줄어드는 만큼 감자차익(자본 잉여금)이 발생하고, 이 감자차익으로 결손금을 해소한다고 보면 된다.

결론적으로 무상감자의 목적은 결손금 해소에 있고, 감자한 금액만큼 결손금을 없앨 수 있다. 예를 들어 결손금이 3억 원 있으면, 자본금을 3억 원 감소시켜(무상감자) 결손금 3억 원을 없앤다.

만약 결손금이 3억 원인데, 자본금을 4억 원 감소시키면 어떻게 될까? 감자되는 4억 원으로 결손금 3억 원을 없애고도 1억 원이 남는다. 남은 이 1억 원은 최종적으로 감자차익으로 자본 항목에 기록된다.

┌───┐
│ **(주)붕어빵의 감자 전 재무 상태(부분 자본잠식) 가정**

• 자본(2억 원) = 자본금(5억 원) + 결손금(-3억 원)
  액면가(5000원) × 총 발행 주식 수(10만 주)
└───┘

위 상태에서 (주)붕어빵이 자본금을 3억 원 줄이기로 했다(6만 주 소각). 감소한 자본금만큼 감자차익(자본 잉여금)이 발생해 결손 해소에 활용된다.

┌───┐
│ **(주)붕어빵의 감자 후 재무 상태**

• 자본(2억 원) = 자본금(5억 원 - 3억 원) + 결손금(-3억 원 + 3억 원)
                        감자금액   감자금액
└───┘

▶▶ 무상감자로 재무 구조를 개선하는 과정 예

자본금 1억 원 중 5000만 원을 감자하는 경우

부채
1억 원

무상감자

부채
1억 원

자산
1억 5000만 원

자본금
1억 원

자본
5000만 원

자산
1억 5000만 원

자본금
5000만 원

자본
5000만 원

미처리 결손금
-5000만 원

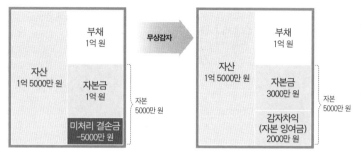

자본금 1억 원 중 7000만 원을 감자하는 경우

만약 (주)붕어빵이 총 발행 주식 수를 8만 주 줄인다면, 감자금액은 4억 원(5000원×8만 주)이 된다. 결손금 3억 원을 없애고도 1억 원이 남는다. (주)붕어빵의 자본은 '자본 2억 원 = 자본금 1억 원 + 감자차익 1억 원(자본 잉여금)'으로 최종정리된다.

결손금이 누적돼 자본잠식 상태에 있는 기업일지라도 '자본 = 자본금 + 결손금 + 기타 잉여금'의 구조를 갖추고 있는 경우가 많다. 따라서 감자로 결손금만 없애주면 자본금보다 자본이 훨씬 큰, 자본 잉여 상태로 전환할 수 있다.

감자 비율이 클수록 자본금이 더 크게 줄어들고 감자차익이 더 크게 증가하기 때문에, 재무 구조 개선이 보다 쉬워진다. 즉, 자본 잠식 상태를 자본 잉여 상태로 바꾸는 것이 가능해진다. 그렇다고 해서 무작정 감자 비율을 높일 수도 없다. 감자는 기본적으로 주주의 손실을 바탕으로 회사의 건전성을 키우는 일이기 때문이다(무상감자가 주가에 미치는 영향은 139쪽 참조). 감자는 주주들의 동의를 얻어야 진행할 수 있고, 필요한 만큼 적정한 수준에서 단행해야 한다.

Chapter 1

기업이 상장에 목매는
까닭은?

001 '중졸의 흙수저' 방준혁이 터트린 넷마블 상장 잭팟

국내 1위 게임업체 넷마블게임즈의 시가총액은 얼마나 될까? 놀라지 마시라. 2017년 12월 기준으로 16조 원에 이른다. 1600억 원도 아니고, 1조 6000억 원도 아닌 16조 원이다. 게임 업계를 통틀어서 시가총액 1위다. 코스피시장에 상장된 기업들 가운데서도 22위다.

넷마블게임즈의 대주주는 방준혁 이사회 의장으로, 그는 24.4%의 지분을 보유하고 있다. 가치로는 약 4조 원 수준이다.

잘 나가는 게임 업계 오너들은 대개 학벌이 좋은 편이다. 한게임을 창업해서 오늘날 네이버의 초석을 닦는데 기여했던 김범수현 카카오 이사회 의장은 서울대학교 산업공학과 석사 출신이다. 엔씨소프트 김택진 대표 역시 서울대학교 전자공학과 석사 출신이다. 넥슨 김정주 창업자는 카이스트 전산학 석사다. 요즘 대세

게임으로 불리는 '배틀그라운드' 개발사 블루홀의 창업자 장병규
(4차산업혁명위원회 위원장)는 카이스트에서 전산학 석사를 마치고
박사 과정을 수료했다.

'벤처 신화'를 일군 많은 창업자들은 대체로 풍족한 환경에서
자랐으며 명문대 간판을 가지고 있다. 반면 방준혁 의장은 가난한
어린 시절을 보냈다. 게다가 가정 형편 때문에 고등학교를 중퇴한
흙수저 중 흙수저였다. 중소기업을 다니며 돈을 모아 사업에 뛰어
들었다가 두 번의 고배를 마셨다. 이후 2000년 자본금 1억 원으로
설립한 게임회사 넷마블이 오늘날 시가총액 16조 원에 달하는 넷
마블게임즈의 전신이다.

방준혁은 2004년 나름 잘 나가던 넷마블을 CJ에 매각했다. 넷
마블은 CJ인터넷으로 사명을 바꾸었다. 방준혁은 CJ인터넷의 사
업전략담당 사장 자리를 맡았다. 그는 회사를 매각한 이유에 대해
"회사의 영속성에 대해 고민할 때였고, 글로벌 회사로 성장하기에
는 역량이 부족하다고 판단했다"며 "CJ 같은 대기업에서 경영을
배워보고 싶은 생각도 있었다"고 말했다.

그러나 2006년 방준혁은 건강 악화를 이유로 CJ인터넷을 떠났
다. 회사의 대표 게임인 '서든어택'과 '마구마구'가 상한가를 치
고 있을 때였다. 그가 떠난 뒤 회사는 오랫동안 정체기를 겪었
다. CJ인터넷은 CJE&M의 게임사업부문으로 편입되었다. 이후 여
러 사건으로 풍파를 겪으며 게임사업부문은 위기 상황에 몰렸다.
2011년 CJ그룹은 방준혁의 복귀를 강력하게 요청했다. 방준혁은
CJ의 제안을 받아들여 CJE&M 게임사업부문 상임고문 자격으로

회사에 복귀했다.

당시 CJ그룹은 CJE&M의 게임사업부문을 분할해서 게임 자회사(CJ게임즈)로 만들었다. 방준혁은 이때 사재를 털어 CJ게임즈 유상증자에 참여했다. 아울러 자신이 최대주주로 있던 하나로드림게임즈를 CJ게임즈에 합병시키고, CJ게임즈 주식으로 보상받았다. 이 과정에서 방준혁은 CJ게임즈의 2대 주주로 부상했다.

2014년 CJ게임즈가 중국 텐센트로부터 5300억 원 규모의 투자를 받는 과정에서 최대주주 CJE&M이 CJ게임즈 지분을 텐센트에 매각했고, 방준혁은 최대주주가 됐다. 그는 CJ게임즈의 사명을 '넷마블게임즈'로 바꾸고 CJ그룹과의 관계를 정리했다. 회사를 CJ에 매각한 지 10년 만에 다시 오너로 복귀한 셈이었다.

넷마블게임즈는 '세븐나이츠'와 '모두의 마블' 등 출시한 모바일게임이 대성공을 거두며 연 매출 1조 5000억 원 규모의 국내 최대모바일게임사로 성장했다. '폰 게임은 흥행 주기가 짧다'는 고정관념도 깨버렸다. '리니지2 레볼루션'(엔씨소프트와 온라인게임 '리니지 2'의 지식재산권 계약을 체결한 뒤 넷마블네오에서 제작하고 넷마블게임즈가 서비스한 모바일 전용 MMORPG) 등의 신작도 성공 가도에 들어서면서 넷마블게임즈는 일본과 동남아시아 등 해외시장으로 사업 영역을 넓혀갔다.

2017년 국내 게임 업계 최초로 코스피에 직상장한 넷마블게임즈는, 코스피 입성 직후 국내 게임 업계 시가총액 1위 기업으로 뛰어올랐다.

2015년 2월에는 당시 넥슨으로부터 경영권 공격을 받고 있던 엔씨소프트의 백기사로 나서기도 했다. 넷마블게임즈와 엔씨소프트는 서로 각각 3000억 원대에 이르는 자기주식(자사주)을 교환해 매입했다. 넷마블게임즈가 확보한 엔씨소프트 지분은 8.9%였다. 엔씨소프트가 보유한 자사주는 의결권이 없으므로 경영권 분쟁에서는 무용지물이었다. 그러나 자사주를 외부 우호 세력(넷마블게임즈)에게 매각하면 의결권이 살아난다. 넷마블게임즈와 엔씨소프트의 자사주 거래 이후 넥슨은 엔씨소프트에 대한 공격을 중단하고 지분을 정리한 후 떠났다.

2016년 하반기 들어 시장에서는 넷마블게임즈의 증권시장 상장을 예상했다. 넷마블게임즈는 예상대로 움직였다. 2017년 기업공개(IPO) 최대어는 단연코 넷마블게임즈였다. 넷마블게임즈는 국내 게임 업계 사상 처음으로 코스피에 직상장하는 데 성공했다. 넷마블게임즈는 5월 12일 코스피에 데뷔하면서, 단숨에 국내 게임 업계 시가총액 1위 기업으로 뛰어올랐다. 당시 LG전자를 제치고 시가총액 21위에 오르는 기염을 토하기도 했다.

넷마블게임즈는 상장 과정에서 2조 6617억 원의 공모자금을 확보했다. 주가가 상장 이후 한때 공모가(15만 7000원) 아래에서 헤매기도 했지만, 2017년 12월 현재는 18만 원대에서 움직이고 있다.

002 피땀으로 일군 회사를 왜 여럿이 나누려 할까?

기업공개(IPO : Initial Public Offering)란 회사를 설립한 개인이나

소수 주주들이 자신의 주식(구주, 舊株) 일부를 일반 투자자에게 팔거나, 일반 투자자를 대상으로 회사가 새로운 주식(신주, 新株)을 발행하고 경영 내용을 공개하는 것이다. 즉, 소수가 지배하던 회사의 지분을 분산시켜 다수 주주의 회사로 만들고 회사의 중요한 의사 결정이나 재무 상황 등을 시장에 공개하는 것이다. 기업공개는 주식을 증권거래소에 상장시켜 증권 시장에서 거래가 가능하도록 만들기 위한 사전 단계로 보면 된다. 즉, 비상장 기업이 상장기업이 되는 절차다.

기업공개에는 크게 세 가지 방법이 있다.

기업공개 방법

① 기존 주주들이 소유하고 있는 주식의 일부를 공개 매각하는 방법
　(구주 매출)

② 신주를 발행해 투자자를 공개 모집하는 방법(신주 발행)

③ 구주 매출과 신주 공모를 섞는 방법

첫 번째 방법인 구주 매출의 경우 회사로 들어오는 돈이 없어 자본이 증가하지 않는다. 하지만 지분을 일부 매각하는 기존 주주들은 상장 차익을 누릴 수 있다. (주)붕어빵의 김만두, 박우동, 홍순대, 이덕복 같은 기존 주주들은 주당 5000~7000원(액면가 5000원)에 주식을 확보했다. 공모가는 대게 이보다는 훨씬 높게 책정되기 때문에 막대한 상장 차익을 얻을 수 있다.

신주 발행이나, 구주 매출과 신주 발행을 섞는 경우에는 자본이

포스코특수강 '구주＋신주' 5000억 원 공모

기업공개를 추진 중인 포스코특수강이 신주와 구주를 섞어 5000억 원 규모의 공모를 계획하고 있다. 포스코는 하반기에 진행될 자회사 포스코특수강의 공모에서 보유하고 있는 지분 중 27%인 700만 주를 매각할 계획이다. 포스코는 포스코특수강 지분 100%(2600만 주)를 보유하고 있다.

또 포스코특수강은 포스코의 구주 매출과 같은 규모로 신주 700만 주를 모집한다. 이렇게 되면 구주와 신주를 포함해 총 1400만 주가 공모되는 셈이다. 포스코특수강의 공모가는 3만 원 후반에서 4만 원 초반대가 될 전망이다.

증가한다. 회사로 들어온 주식 대금을 신규 사업 진출 자금이나 운영 자금 등으로 사용해서 기업가치를 높이는데 활용할 수 있다.

　기업이 신규로 상장하면서 주식을 공모할 때는 공모 주식 총 수의 20% 이내에서 우리사주조합에 우선 배정한다(상장 기업이 유상증자로 신주를 발행할 때도 발행 주식의 20% 이내에서 우리사주조합에 우선 배정한다).

　상장 심사 등을 거쳐 합격 판정을 받고 기업공개가 끝나면, 기업은 주식을 증시에 상장한다. 공개된 거래소 시장에 주식을 등재시키고 거래를 시작하게 된다.

　기업들이 상장하는 이유는 공모로 신주를 발행해 대규모 자금을 확보할 수 있고, 증권 시장을 통해 지속적으로 자금을 조달하는 것이 쉬워지기 때문이다. 영업에 의한 자금 조달은 긴 시간이 필요한 반면, 일반 대중에게 주식을 공모하면 많은 자금을 더 빠르게 조달할 수 있다. 또 상장 기업이라는 것만으로 기업의 대외

신뢰도가 높아지고 이미지가 크게 좋아지는 이점도 있다. 그러나 상장 기업에는 주주 배당이나 주요 경영 사안 공시, 소액주주 보호, 주가 관리 등의 강제 또는 비강제적 의무가 생긴다.

003 투자자가 몰리는 공모가 결정의 비밀

기업공개 성공 여부는 투자자들을 얼마나 잘 끌어모으는가에 달려있다. 그러려면 공개할 기업의 주당 공모가를 합리적으로 잘 책정해야 한다. 기업은 기업공개에 앞서 기업공개 업무를 도와주고 진행해 줄 증권사와 기업공개 주관 업무 계약을 맺는다. 주관 증권사의 역할 중 가장 중요한 것이 공개할 기업의 가치를 평가하는 것이다. 증권사는 우선 기업의 사업 내용과 자산가치나 수익가치, 이미 상장돼 있는 유사 기업의 주가 수준 등을 기초로 공개할 기업의 주당 공모가 범위(밴드)를 산정한다. 예컨대 '주당 최저 1만 5000원~최고 2만 2000원', 이런 식으로 공모가의 잠정 범위를 정해놓는다.

* 기관 투자자 개인, 외국인과 더불어 증권 시장의 3대 매수 주체 가운데 하나다. 대규모 자금으로 투자 활동을 하는 투자신탁회사, 은행, 증권사, 자산운용사, 보험사, 종금사, 저축은행, 각종 연기금 등이 해당된다. 기관 투자자들은 주식 거래로 수익을 내는 것 못지않게 수요와 공급을 조절하고, 공정한 시세를 형성해야 할 책임이 있다.

그 다음 절차가 수요 예측이다. 주관 증권사와 기업이 협의해 공모가 범위를 정하면, 이를 기관 투자자*들에게 제시한다. 그리고 기관 투자자들이 어느 정도 가격에, 얼마만큼의 공모주를 받고 싶어하는지를 조사한다. 이 과정이 수요 예측이다. 주당 공모가는 수요 예측 결과를 참고해서 최종 결정한다.

　　수요 예측에 참여하는 기관이 적거나, 낮은 가격을 제시하는 기관이 많으면 공모가 범위 하단에서 최종 공모가가 결정될 가능성이 높다. 반대의 경우에는 공모가 범위 상단에서 최종 공모가가 정해질 것이다. 최종 공모가가 정해지면 이 가격에 일반 투자자를 모집한다. 그리고 청약한 일반 주주와 기관 투자자, 우리사주조합 등에 주식이 배정되면 증권 시장에 주식이 상장돼 거래된다.

004 두근두근 상장 첫날, 주가는 어떻게 결정될까?

　　(주)붕어빵 주식이 2012년 10월 5일 최초로 주식 시장에 상장돼 거래가 시작된다고 하자. 최초 상장일에 주식 시장 개장(오전 9시)과 함께 거래가 시작되는 (주)붕어빵 주식의 출발 가격(시초가)은 어떻게 결정이 될까?

　　시초가는 최초 상장일 오전 8~9시 사이에 주식 투자자들로부터 매수매도호가(이른바 동시호가*)를 받아 결정한다. 이 시간대에 매수나 매도 주문을 내는 투자자들은 공모가격의 90~200% 범위

* **동시호가(同時呼價)** 장중(場中) 주식 매매 체결은 가격, 시간, 수량 우선 원칙에 따라 진행된다. 가격 우선 원칙에 따라 '팔자' 호가는 낮은 가격이 먼저 거래되고 '사자' 호가는 높은 가격이 먼저 거래된다. 호가가 같은 주문들이 나오면 시간 우선 원칙에 따라 빠른 주문부터 체결되고, 호가가 같은 주문이 같은 시간에 나오면 수량 우선 원칙에 따라 물량이 많은 주문부터 먼저 체결된다. 그러나 장전 아침 8~9시까지, 그리고 장 마감 10분 전인 오후 3시 20분~3시 30분 사이는 '동시호가 시간대'라고 한다. 이 시간대 주문은 모두 같은 시간에 나온 것으로 간주하고 호가와 수량만을 고려해 한꺼번에 단일가로 체결한다. 동시호가 체결가격으로 아침 9시 장이 시작되고, 오후 3시 30분 장이 마감되는 것이다. 기업공개 뒤 처음 상장되는 주식은 공모가의 90~200% 사이 가격으로 아침 동시호가 시간에 주문을 받은 다음, 아침 9시 개장과 함께 동시호가 체결가격으로 출발(시초가)한다.

내에서 매수가격이나 매도가격을 제시할 수 있다. 오전 9시 개장 직전에 받은 매수매도 주문의 체결 결과에 따라 시초가가 결정된다. 아침 9시 개장과 함께 시초가에서 출발한 주가는 장중에는 하루 가격제한폭(상하 30%) 범위 내에서 움직인다.

예를 들어 (주)붕어빵의 공모가격이 1만 원이다. 상장일 시초가를 결정하기 위한 동시호가 주문은 9000원(공모가의 90%)~2만 원(공모가의 200%) 사이에서 제출할 수 있다. 이 범위 내에서 매수매도 주문을 받아 매매를 체결한 결과, 시초가가 1만 5000원으로 결정됐다고 하자. 그러면 오전 9시 개장과 함께 1만 5000원으로 출발한 (주)붕어빵의 주가는 오전 9시~오후 3시 30분 장중에는 1만 5000원의 상하 30% 내(1만 500원~1만 9500원)에서 움직인다.

경제기사로 공시 읽기 　　　　　　　　　2011년 11월 23일

YG엔터테인먼트 상장 첫날 공모가 대비 130%↑

공모 청약에서 흥행에 성공한 YG엔터테인먼트의 인기는 상장 이후에도 이어졌다. 주가는 상장 첫날 시초가와 종가(마감 가격) 모두 상한선까지 치솟았다. 공모주 청약 투자자들은 하루 사이 130%의 수익률을 올렸다.

23일 코스닥 시장에 데뷔한 YG엔터테인먼트는 공모가(3만 4000원)의 두 배인 6만 8000원(시초가)으로 첫 걸음을 내디뎠다. 시초가 범위는 공모가의 90~200%다. YG엔터테인먼트의 시초가는 3만 600원(공모가의 90%)~6만 8000원(공모가의 200%) 사이에서 제출할 수 있었다. YG엔터테인먼트의 시초가는 상한선을 찍으며 화려하게 데뷔한 것이다.

이어 증시 등장 즉시 YG엔터테인먼트 주가는 상한가로 직행했다. 개장 초 시초가에서 15%(2011년 당시 상하 한가는 15%가 한도) 오른 7만 8200원까지 올랐던 주가는 이날 장 마감까지 변함이 없었다. 공모가인 3만 4000원에 주식을 산 투자자들은 이날 하루 130% 수익률을 올린 셈이다.

GS리테일 공모가 1만 9500원

GS리테일의 상장 공모를 위한 수요 예측에서 기관들의 평가가 그다지 후하지 않았다. GS리테일의 공모가는 공모 희망 범위(밴드) 1만 8000원~2만 1000원의 중간 값인 1만 9500원으로 결정됐다. 1540만 주 모두 LG상사 보유 지분으로 공모를 진행하는 만큼(구주 매출), LG상사에 3003억 원의 자금이 유입될 것으로 보인다. GS리테일은 오는 14~15일 일반 공모를 진행할 예정이다.

GS리테일은 앞서 기관 배정 주식(924만 주)을 대상으로 수요 예측을 실시한 결과, 202개 기관이 참여해 26대 1의 청약 경쟁률을 기록했다. 기관이 신청한 가격을 보면, 밴드 상단인 2만 1000원 이상을 제시한 기관 투자자들이 전체 참여 물량의 20% 정도에 그쳤다. 반면 42%의 기관 투자자들은 2만 원 이상~2만 1000원 미만을 써냈다.

▶▶ GS리테일 수요 예측 청약 경쟁률

구분	참여 건 수 (개)	참여 수량 (단위 : 천 주)	단순 경쟁률 (%)
국내 기관 투자자	137	197,788	21.4
해외 기관 투자자	65	46,091	4.99
합계	202	243,879	26.39
구분	건 수	참여 수량	비율(%)
2만 1000원~	43	47,989	19.68
2만 원~2만 1000원	41	101,890	41.78
1만 9000원~2만 원	34	24,193	9.92
1만 8000원~1만 9000원	66	67, 995	27.88
~1만 8000원	18	1,812	0.74
합계	202	243,879	100.00

＊자료 : 금융감독원

Chapter 2

너무 높아도, 너무 낮아도
탈이 나는 공모가

005 상장 하루 만에 기업가치가
12조 원 증발한 페이스북

페이스북 주가에도 흑역사가 있었다. 바로 나스닥 상장 직후다. 페이스북은 2012년 5월 18일 미국 역사상 두 번째로 큰 규모인 160억 달러 규모의 기업공개를 진행했다. 페이스북은 당시 나스닥

주당 38달러의 공모가로 나스닥에 입성한 페이스북은 상장 5개월 만에 주가가 공모가 대비 거의 반토막 수준으로 떨어졌다. 2012년 당시에 페이스북 기업공개는 '지난 10년 사이 이루어진 최악의 기업공개'라고 평가받았다.

시장에서 주당 38달러의 공모가로 상장했다. 그런데 5개월이 지난 10월 말 페이스북의 주가는 21달러로, 공모가 대비 거의 반토막 수준이 됐다. 페이스북의 공모가는 상장 당시 상당한 거품 논란을 일으켰다. 페이스북을 믿고 주식을 대량으로 사들인 일부 기관 투자자들은 수천억 원 이상의 주식 평가손실을 입었다.

반면, 2012년 10월 10일 뉴욕 증시에 상장한 영국 프리미어리그 축구클럽 맨체스터유나이티드(맨유)는 처음부터 몸을 낮췄다. 시장에서 예상한 주당 공모가는 16~20달러였지만, 맨유는 주당 공모가를 14달러로 정했다. 맨유는 유럽 경제가 악화되는 분위기 속에서도 공모가를 유지했다.

대개의 경우 기업들은 공모가가 높게 책정되기를 원한다. 그러나 공모가에 거품이 끼었다는 인식이 퍼지면 투자자들의 청약률이 떨어진다. 이렇게 되면 기업이 예상했던 만큼 자금이 유입되지 않을 수 있다. 높은 공모가로 많은 자금이 유입된다고 해도 상장된 이후에는 주가가 떨어질 가능성이 크다. 과거에는 상장 직후 공모주의 시장가격이 많이 떨어지면 주관 증권사가 해당 주식을 사들여 주가를 떠받치는 활동(시장 조성 의무 제도*)을 해야 했다. 상장 주관 증권사는 기업의 적정한 가치를 평가해 합리적인 공모가를 결정해야 할 책임과 의무가 있기 때문이다.

그런데 상장하려는 기업은

* 시장 조성 의무 제도 기업공개 이후 공모주의 주가가 일정 기간(1~3개월) 안에 공모가 밑으로 지나치게 떨어질 경우 일반 투자자들의 피해를 막고, 엉터리 공모가를 책정한 것에 대한 징벌 책임으로 주관 증권사가 공모 주식을 매수하도록 한 제도다. 하지만 공모주의 하락을 우려한 증권사가 공모주 가격을 지나치게 낮게 평가해 공모를 통한 기업의 자금 조달 기능이 떨어진다는 이유로 2003년 9월 폐지됐다.

많은 공모 자금을 끌어오려는 속셈에서, 주관 증권사는 수수료 욕심에서(수수료는 공모가와 비례해서 책정된다) 공모가를 '뻥튀기'하는 경우가 있다. 뻥튀기 된 공모가로 출발한 기업은 상장 직후 주가가 폭락하는 바람에 낭패를 보는 사례가 적지 않다.

공모가를 낮게 책정하면 상장 첫날 '사자' 수요가 몰려 주가가 상승세를 탄다. 그러나 공모 물량을 받은 기관이나 개인들이 매매 차익을 얻기 위해 매도에 나서면 주가가 다시 떨어질 수 있다.

경제기사로 공시 읽기　　　　　　　　　　　　2009년 9월 30일

개미만 죽이는 공모가 높이기 경쟁

상장 주관 증권사들이 상장 예정 기업의 공모가를 지나치게 높게 책정해, 개인 투자자들이 속앓이를 하는 사례가 반복되고 있다.

증권사들이 공모가를 높게 책정하는 이유는 공모가가 높아야 상장 주관 업무를 따내기 쉬운데다 수수료 수입이 늘기 때문이다. 그러다 보니 공모가가 너무 높게 형성돼 상장 이후 주가가 급락하는 일이 반복되고 있다.

유가증권 시장에 상장한 S사는 상장 첫날, 시초가 공모가 1만 7500원보다 낮은 1만 5750원에 형성됐다. 이후 3.65% 급락하다가 1만 3600원에 첫 거래를 마쳤다. 공모주에 투자한 소액 주주는 앉은 자리에서 바로 22%의 손실을 봐야 했다.

E사는 공모가 5000원보다 높은 5490원에 시초가를 형성했다. 하지만 이내 매물이 쏟아지며 주가가 4670원까지 주저앉았고, 거래 이틀째도 14.99% 폭락하며 3970원에 장을 마쳤다.

코스닥 시장을 노크한 K사는 공모가 1만 1000원보다 45.5% 높은 1만 6000원에 장을 시작했지만 하한가까지 추락해, 1만 3600원에 장을 마쳤다.

이처럼 공모주가 상장과 동시에 추락하는 이유는 너무 높게 책정된 공모가 탓이다.

006 기업공개의 저주를 피하는 기업가치 평가법

비상장 회사의 기업가치는 무엇을 기준으로 어떻게 정해지는지 알아보자.

비상장 회사 (주)잉어빵은 기업공개를 준비 중이다. 상장 회사 중에서 (주)잉어빵과 유사한 기업으로 (주)붕어빵이 있다. (주)붕어빵의 주가는 3만 원, 주당 순이익은 5000원이다. 즉, (주)붕어빵의 PER*은 여섯 배(3만 원/5000원)다.

(주)잉어빵의 주당 순이익은 3000원이다. (주)잉어빵의 주당 주식가치는 얼마로 추정해 볼 수 있을까? (주)붕어빵의 PER을 비교 기준으로 삼아 (주)잉어빵의 주당 가치를 다음과 같이 산정해 볼 수 있다.

* PER(Price Earning Ratio, 주가수익비율) 주가가 주당 순이익 대비 몇 배인가를 나타내는 것이다. PER이 높으면 이익 대비 주가 수준이 높다는 뜻이다. 일반적으로 PER이 낮다는 것은 이익은 많이 내는데 주가 수준은 이에 못 미쳐 저평가돼 있는 상황으로 해석한다.

비상장 회사 (주)잉어빵의 주당 주식가치

3000원 × 6 = 1만 8000원

(주)잉어빵의 주당 순이익   상장회사 (주)붕어빵의 PER

상장 회사의 'EBITDA'와 'EV'를 이용해 비상장 회사의 주당 기업가치를 추정해 볼 수도 있다. EBITDA(Earnings Before Interest, Taxes, Depreciation and Amortization)는 이자, 법인세, 감가상각

비(무형자산 상각비 포함)를 빼기 전의 이익이다. 한 기업이 영업 활동으로 벌어들이는 현금성 이익의 수준을 보여주는 지표로 사용한다. 이자와 법인세 두 가지 요소를 빼기 전의 이익은 사실상 영업이익과 비슷하다. 따라서 EBITDA를 구하려면 영업이익에다 감가상각비만 더해주면 된다.

EV(Enterprise Value, 기업가치)는 기업의 총가치로 즉, 기업 매수자가 매수 시 지급해야 하는 금액으로 볼 수 있다. (주)붕어빵을 통째로 사서 내 회사로 만드는 데 돈이 얼마나 들어갈지 생각해보자. (주)붕어빵의 주인이 되려면 발행 주식을 모두 사야 한다. 그걸로 끝이 아니다. (주)붕어빵이 금융회사 등에 진 빚이 있다면 그 빚도 모두 갚아야 (주)붕어빵을 100% 지배할 수 있다. 주주가 회사의 주인이기는 하지만, 채권자도 회사 재산에 대해 빌려준 돈만큼 권리를 행사할 수 있기 때문이다. 그래서 완벽한 내 소유를 주장하려면 빚을 털어내야 한다.

(주)붕어빵의 시가총액(주식 총가치)이 1000만 원이고 빚이 200만 원이라고 하자. (주)붕어빵을 내 의사대로 지배하려면 모두 1200만 원이 필요하다. 그런데 (주)붕어빵이 현금과 예금, 단기금융상품 등 모두 50만 원어치의 여유자금을 보유하고 있다고 하자. 그럼 순수한 빚은 150만 원(200만 원-50만 원)이라고 할 수 있다.

(주)붕어빵의 시가총액에 순차입금(총차입금-현금, 예금, 금융상품 등)을 더한 수치를 (주)붕어빵의 EV라고 한다. 쉽게 말해 (주)붕어빵을 통째로 매입해 매수자의 완전한 지배 하에 두는 데 들어가는 비용을 그 기업의 가치로 보는 것이다.

EV를 EBITDA로 나누면 기업가치(EV)가 영업 활동을 통해 창출할 수 있는 현금성 이익(EBITDA)의 몇 배인지 알 수 있다. 통상 EV/EBITDA가 다섯 배라고 하면, 그 기업을 시장가격(EV)으로 매수했을 때 기업이 벌어들인 이익(EBITDA)을 5년간 합하면 투자 원금을 회수할 수 있다는 의미로 해석한다.

상장 회사 (주)붕어빵의 EV/EBITDA 값을 대입시켜 유사 기업인 (주)잉어빵(비상장 회사)의 주당 가치를 추정해보자.

- (주)붕어빵의 EV/EBITDA는 8이다.
- (주)잉어빵의 EBITDA는 2000만 원, 순차입금은 1000만 원이다.
- (주)잉어빵의 총 발행 주식 수는 5000주다.

(주)붕어빵의 EV/EBITDA를 대입해서 (주)잉어빵의 EV를 구한다.

① **EV = EBITDA × 8**

∴ (주)잉어빵의 EV = 1억 6000만 원(2000만 원 × 8배)

② **EV = 시가총액 + 순차입금**

1억 6000만 원 = 시가총액 + 1000만 원

∴ (주)잉어빵의 시가총액은 1억 5000만 원

③ **주당 가치 = 시가총액/총 발행 주식 수**

∴ (주)잉어빵의 주당 가치는 3만 원(시가총액 1억 5000만 원/5000주)

이처럼 비상장 회사의 주당 가치를 유사 상장 기업의 지표와 비교해 산출해 내는 방법을 '상대가치 평가법'이라고 한다.

친구 따라 주당 가치를 평가받는다!

하이마트(현재 롯데하이마트)는 2011년에 기업공개를 하면서 주당 가치를 평가할 때 유사 기업으로 롯데쇼핑, 신세계, 현대백화점 등 세 개 회사를 선정했다. 그리고 이 기업들의 2010년도 실적을 기준으로 PER 및 EV/EBITDA를 산정해서, 하이마트의 주당 가치 평가에 활용했다.

1단계 · PER을 활용해 주당 가치 구하기

2010년 말 기준으로 롯데쇼핑의 PER를 구하면 13.8이다. 주가가 주당 순이익의 13.8배라는 이야기다. 신세계의 PER은 9.2, 현대백화점은 12.3이다. 세 기업의 PER 값 평균으로 11.77(= (13.8 + 9.2 + 12.3)/3)이 나왔다.

하이마트의 주당 순이익은 4513원이다. 여기에다 유사 상장 기업의 PER 평균인 11.77을 곱하면 5만 3100원이 나온다. 즉, 유사 상장 회사의 PER을 적용해 구해본 하이마트의 주당 가치는 5만 3100원(①)이다.

2단계 · EV/EBITDA를 활용해 주당 가치 구하기

롯데쇼핑, 신세계, 현대백화점 세 기업의 EV/EBITDA를 기준으로 주당 가치를 구해보자. 롯데쇼핑의 EV/EBITDA는 11.0, 신세계는 9.8, 현대백화점은 15.1이다. 세 기업의 EV/EBITDA 평균은

11.96(=(11.0 + 9.8 + 15.1)/3)이다.

하이마트의 EBITDA는 2514억 원이다. 여기에 11.96을 곱하면 하이마트의 EV로 3조 71억 원이 나온다. EV(3조 71억 원)에서 순차 입금을 빼면 시가총액을 구할 수 있다. 시가총액을 발행 주식 수로 나누면 주당 가격을 산출할 수 있다. 이렇게 구한 하이마트의 주당 가격은 9만 1400원(②)이다.

3단계 · 최종 공모가 구하기

하이마트의 공모 기준가격은 7만 2200원이다. 'PER 비교가치' 5만 3100원(①)과 'EV/EBITDA 비교가치' 9만 1400원(②)을 더한 다음 2로 나눠 구한 값이다. 이 가격에 18.2~6.2%의 할인율(할인 율은 적절한 수준에서 정한다)을 적용해 산출한 공모가 희망 범위는 '5만 9000원(18.2% 할인 적용)~6만 7700원(6.2% 할인 적용)'이다.

한편 하이마트는 이 같은 공모가 범위를 가지고 수요 예측을 실시했다. 그 결과 최종 공모가는 공모가 희망 범위의 최하단부인 5만 9000원으로 결정됐다.

주식 시장에서 기업가치를 평가하는 방법은 앞에서 언급한 '상 대가치 평가법' 외에 '절대가치 평가법'이 있다. 절대가치 평가법 은 대표적으로 '현재가치 평가법'과 '본질가치 평가법'이 있다.

지금 1000만 원의 가치가 1년 뒤에도 그대로 1000만 원인 것 은 아니다. 연 이자율이 5%라면 1050만 원이라고 할 수 있다. 반 대로 1년 뒤에 받을 돈 1000만 원이 있다면 현재의 가치로 따지 면(연 이자율 5% 적용) 952만 원쯤 된다. 현재가치 평가법은 기업의 미래 현금 흐름을 추정하고 여기에 적정한 할인율을 적용해 현재 가치를 산출하는 방법이다. 미래 현금 흐름에는 평가자의 주관이 개입될 소지가 크다.

본질가치 평가법은 자산가치와 수익가치를 구해 이를 가중평 균하는 방법이다. 자산가치는 과거 실적을, 수익가치는 미래 예상 실적을 기초로 구한다. 이 방법 역시 평가자의 주관이 개입될 소 지와 기업가치가 높게 평가될 가능성을 배제할 수 없다(본질가치 평가법은 277쪽 '합병가치는 어떻게 산정하나?'에서 자세히 설명).

경제기사로 공시 읽기   2011년 6월 17일

하이마트 공모가, 아쉽지만 미래 위한 결정

하이마트의 공모가가 희망 공모가 범위의 하단으로 결정됐다.

관련 업계에 따르면 지난 15~16일 이틀 동안 진행된 하이마트 수요 예측 결과, 최종 공모가가 5만 9000원으로 결정됐다. 희망 공모가 범위(5만 9000원~6만 7700원)의 하단에 해당한다.

하이마트 관계자는 "처음부터 높은 공모가를 원했던 것은 아니다"라며 "낮은 공모가로 많은 투자자에게 이익을 돌려주려는 경영자의 의지도 있었다"고 전했다.

그는 "공모가가 낮은 만큼 하이마트는 향후 주식 시장에서 충분히 상승할 수 있는 여지가 있을 것으로 전망한다"고 설명했다. 주관사인 대우증권 관계자도 "최근 시장 상황을 고려해 투자자들을 배려했다"라고 강조했다.

유진기업은 하이마트 지분 38.73%를 보유한 최대주주로, 지분가치를 최대 5000억 원까지 기대했다. 그러나 이번 공모가 확정으로 지분가치가 4300억 원으로 낮아졌다.

순항하던 주가에
물량 폭탄이라는 암초가 나타나다

008 등반가의 목숨을 위협하던 오버행,
　　　투자자를 위협하다

　암벽을 등반하다보면 수직이 아닌 수평으로 매달려야 하는 코스를 만나기도 한다. 머리 위로 커다란 바위가 처마처럼 돌출되어 있을 때다. 이렇게 언제 떨어져나갈지 모르게 불안하게 돌출된 바위를 '오버행(overhang)'이라고 한다. 오버행 코스는 땅에 발을 딛지 않고 손가락에 체중을 싣고 거꾸로 기어올라야 하는 험난함 때문에 등반가의 목숨을 위태롭게 만든다.

　오버행은 주식 시장에도 존재한다. 주식 시장에서는 언제든지 매물로 쏟아질 수 있는 잠재적인 과잉 공급 물량을 오버행이라고 한다. 시장에 대량으로 쏟아지는 물량은 상승세를 타고 있던 주가의 발목을 잡는다. 상장 후 일정 기간 주식 매각을 금지하는 보호예수가 만료되거나 채권단의 출자전환 시 발효됐던 보호예수 해제 등이 오버행을 예고하는 이슈들이다.

2012년 7월, 상장 이후 주가가 공모가보다 네 배가량 올랐던 YG엔터테인먼트는 보호예수 때문에 주가가 6% 넘게 급락하기도 했다. 임직원들이 보유하고 있던 주식의 보호예수가 해제되면서 차익 실현을 노린 대규모 매매가 이루어졌기 때문이다.

한국예탁결제원은 이처럼 오버행이 주가에 미치는 영향력을 감안해 매달 보호예수 해제 종목을 발표하고 있다.

009 주식을 옴짝달싹 못 하게 감금하는 까닭은?

보호예수란 증권 시장에 새로 상장하거나 인수·합병(M&A), 유상증자가 있을 때 최대주주와 그 특수관계인* 등이 주식을 상장한 이후에 일정 기간 동안 팔지 못하도록 하는 제도다.

보호예수가 없다면 대주주 등이 상장 직후 바로 주식 매도에 나설 수 있다. 대개 대주주 등은 액면가

> * 특수관계인 오너의 영향력 하에 있는 사람과 법인을 가리킨다. ① 오너와 친인척 관계에 있는 사람(8촌 이내 친척, 4촌 이내 인척), ② 오너(또는 오너의 친인척)가 출자하고 있는 법인, ③ 자회사와 모회사가 해당한다.

수준으로 출자한 주식을 가지고 있는데, 주식이 상장되면 시장가격은 그보다는 훨씬 높게 형성되기 때문에 막대한 차익을 얻고 싶은 마음이 생기기 마련이다. 대주주 등이 상장 초기에 대규모 물량을 시장에 내놓으면 공모주를 산 일반 투자자들이 주가 하락에 따른 손실을 볼 수 있다. 그래서 대주주 등은 신규 상장일로부터 유가증권 시장의 경우 6개월, 코스닥 시장은 1년간 보호예수를 하

게 된다(코스닥 시장은 6개월이 경과하면 매월 5%에 해당하는 물량까지는 매각이 가능해진다).

공모주를 우선 배정하는 우리사주조합 물량도 보호예수 대상이다. 우리사주조합에 배정된 물량은 1년간 보호예수하는 것이 원칙이다.

오버행은 주식 시장에 언제든지 매물로 쏟아질 수 있는 잠재적인 과잉 물량 주식을 의미한다. 오버행은 암벽의 일부가 튀어나와 머리 위를 덮고 있는 듯한 형상을 뜻하는 등산 용어에서 유래됐다.

그러나 공모주를 배정받기 전에 갖고 있던 주식은 상장 이후에 즉시 매도할 수 있다.

한편 보호예수는 합병이나 주식교환, 유상증자 등이 있을 때도 최대주주에게 적용될 수 있다.

공모주에 투자를 한다면 공모 대상 기업의 보호예수 상황을 먼저 살펴볼 필요가 있다. 보호예수가 풀리는 시점에 대량 매도가 나와 주가가 떨어질 수 있기 때문이다. 보호예수에 대한 세부 내용은 공모가 시작되기 전에 공시하는 증권 신고서나 투자 설명서에 자세히 나와 있다.

010 신세계인터내셔날 주가? 최대주주에게 물어봐~

신세계인터내셔날이 공모 전 공시한 투자 설명서 자료를 보면 다음과 같이 보호예수 해제 기간과 대상, 그리고 물량을 알 수 있다.

① 최대주주와 특수관계인이 보유한 물량 68.12%가 상장 후

6개월간 보호예수 된다.

② 우리사주조합에 배정된 공모주(5.60%)의 보호예수 기간은 상장 후 1년이다.

③ 기관 투자자들에 배정된 공모 물량(5.25%)은 상장 후 1개월 간 매도가 금지된다.

▶▶ **(주)신세계인터내셔날 매도 금지 물량 및 유통 가능 물량(요약)** (단위 : 천 주)

2011년 6월 28일 투자 설명서 공시

유통 가능 여부	구분		공모 후 주식 수	지분율(%)	매도 금지 기간
보호예수 및 매도 금지 물량	최대주주 및 특수관계인	(주) 신세계	3,267	45.76	상장 후 6개월간
		정재은	1,548	21.68	
		정유경	30	0.43	
		정용진	7	0.11	
		소계	4,864	68.12	
	우리사주조합	공모분	400	5.60	예탁 후 1년간
		소계	400	5.60	
	공모주주 (기관 투자자)	공모분	374	5.25	상장 후 1개월간
		소계	374	5.25	
	소계		5,751	80.56	
유통 가능 물량	기타 구주주		158	2.22	
	우리사주조합 기존분		115	1.61	
	공모주주 (일반 투자자)		1.114	15.62	
	소계		1,388	19.44	
	합계		7,140	100.00	

　이렇게 해서 총 80.56%가 짧게는 1개월에서 길게는 1년까지 보호예수된다.

　이런 내용들을 보면 언제 대규모 물량이 보호예수에서 해제되는지, 주가 움직임에 따라 시장에 쏟아질 가능성이 있는지를 대략 짐작할 수 있다. 예컨대 상장 이후 단기간에 주가가 많이 올랐다면 당장 기관 투자자들이 보유하고 있던 공모 물량이 시장에 쏟아질 수 있다. 또 우리사주조합도 공모 물량을 많이 배정받기 때문에, 보호예수가 해제되는 시점에 주가가 많이 올랐다면 시장에 물량이 쏟아질 가능성이 크다.

경제기사로 공시 읽기　　　　　　　　　　2012년 1월 13일

신세계인터내셔날 보호예수 68% 해제, 물량 폭탄 떨어질까?

　상장 6개월을 맞은 신세계인터내셔날 주가가 물량 부담 우려에 발이 묶여 이틀째 하락세다. 오는 16일 보호예수 물량이 대거 풀릴 예정이어서 주가에 미칠 영향에 관심이 쏠리고 있다.

　13일 유가증권 시장에서 신세계인터내셔날은 오후 1시 25분 현재 전날보다 500원(0.42%) 내린 11만 9500원에 거래되고 있다. 전날 2.44% 하락한 데 이어 이틀째 지지부진한 흐름이다.

　신세계인터내셔날은 상장한 지 6개월이 되는 오는 16일, 주식 486만 6643주가 보호예수에서 해제된다. 이는 최대주주인 신세계(45.76%)를 비롯해 정재은 신세계그룹 명예회장(21.68%), 정유경 신세계 부사장(0.43%), 정용진 부회장(0.11%) 등 특수관계인 여섯 명이 보유한 주식으로, 총 발행 주식의 68.12% 규모다.

　현재 주가(약 12만 원)가 공모가 6만 5000원을 두 배 가까이 웃돌고 있는 점을 감안하면 차익 실현에 나설 공산도 있다. 하지만 회사 성장성에 대한 기대감이 커 물량을 쏟아낼 가능성은 작다는 게 업계의 대체적인 시각이다.

2010년 5월 19일 상장한 만도는 상장 일주일 만에 주가가 36% 급등하며 13만 2000원까지 치솟았으나, 이후 주가는 11만~13만 원 사이를 오가며 힘을 쓰지 못했다.

초반의 상승세를 이어가지 못했던 이유는 만도 상장 주식의

▶▶ 만도 매매 제한 주식 물량(요약)			2010년 5월 10일 투자 설명서 공시		
구분		주주명	주식 수 (천 주)	상장 후 지분율(%)	매도 금지 기간
의무보호 예수	최대주주 및 특수관계인	정몽원	1,372	7.5	상장 후 6개월
		한라건설(주)	4,091	22.5	
		(주)케이씨씨	3,107	17.1	
		(주)만도	14	0.1	
		소계	8,585	47.1	
의무예탁 주식	우리사주 조합	우리사주조합	1,200	6.6	상장 후 1년
		소계	1,200	6.6	
자진 매각 제한	기관 투자자	케이디비밸류제이호 사모투자전문회사	2,299	12.6	상장 후 3개월
		에이치앤큐엔피에스 트러스트제일호주식회사	1,080	5.9	
		MDO Investment Holdings LLC	238	1.3	
		소계	3,618	19.9	
합계			13,404	73.6	

19.9%를 보유한 기관 투자자들의 보호예수(상장 후 3개월) 해제가 임박했기 때문이었다. 이후에도 만도는 최대주주 및 특수관계인, 우리사주조합의 보호예수 해제 이슈가 있을 때마다 대규모 물량 부담 우려로 주가가 하향 곡선을 그렸다.

경제기사로 공시 읽기   2011년 5월 4일

상장 1년 된 만도, '오버행' 이슈에 주가 급락

자동차 부품 대표기업인 만도의 주가 하락이 심상치 않다.

전문가들은 만도의 상장 1주년이 다가오면서 보호예수 해제에 따른 대규모 물량 출회 우려가 주가의 발목을 잡을 것으로 풀이했다. 예상보다 부진한 1분기 실적도 차익 실현의 빌미가 되고 있다는 평가다.

만도는 4일 주식 시장에서 전일보다 5000원(2.73%) 하락한 17만 8000원에 거래를 마쳤다.

만도는 지난 26일 이후 계속해서 내리막길을 걷고 있는 상태다. 6거래일 간 주가 하락폭은 20%에 육박한다.

전문가들은 상장 1주년이 다가오면서 오버행 이슈가 부담이 되는 것으로 진단했다. 만도는 지난해 5월 19일 유가증권 시장에 상장했다. 당시 공모가는 8만 3000원. 최근 가파른 조정을 거쳤음에도, 여전히 공모가 대비 두 배 이상의 가격에서 거래되고 있다.

이런 상황에서 이달 19일로 우리사주조합이 보유한 주식의 보호예수가 해제된다는 점이 선제적인 매물 출회로 이어지고 있다는 분석이다.

이번에 보호예수가 풀리는 우리 사주 지분은 6.6%(120만 주)에 달한다.

Chapter 4

기회가 될 것인가 위기가 될 것인가, 유상증자

012 삼성중공업 유상증자가 '기습'이었다면,
현대중공업은 '공습'

2017년 12월 6일 아침 7시 59분, 삼성중공업 투자자들은 2017년 연간 실적(전망치) 공시를 보고 허탈했다. 회사가 4900억 원의 영업손실이 예상된다고 밝혔기 때문이다. 2018년 역시 2400억 원 규모의 영업손실이 날 것으로 회사는 전망했다.

이어 1분 뒤, 허탈감을 넘어 투자자들을 깜짝 놀라게 하는 공시가 추가됐다. 재무 구조 개선을 위해 1조 5000억 원의 유상증자(2018년 5월 완료 목표)를 추진하겠다는 내용이었다. 유상증자로 발행 주식이 늘면 주당 순이익과 주당 배당금의 기대치가 하락하기 때문에 일반적으로 주가에 악재로 작용한다. 엎친 데 덮친 꼴로 영업손실이 불가피하다고 발표하면서 유상증자 계획까지 밝히자 삼성중공업의 자금 사정에 대한 우려가 제기됐다. 삼성중공업 주가는 당일 하한가* 수준까지 떨어진 후 4일 연속 하락했다.

이날 시장의 관심은 현대중공업에도 쏠렸다. '현대중공업 실적은 괜찮을까?' '혹시 현대중공업도 유상증자에 나서지 않을까?' 일부 증권가 전문가들은 삼성중공업

> * 하한가 주식시장에서 지나친 가격 변동에 대한 혼돈을 막고자 하루 동안 개별 종목의 주가가 오르내릴 수 있는 한계를 정해놓은 것을 '가격제한폭 제도'라고 한다. 한국거래소는 2015년 국내 주식시장 가격제한폭을 ±30%로 정해뒀다. 가격제한폭까지 오르는 것을 상한가라고 하고, 가격제한폭까지 떨어지는 것을 하한가라고 한다.

과 같은 행보를 보이지는 않을 것이라고 봤다. 그러나 예상은 빗나갔다. 같은 달 26일 현대중공업은 2017년 연간으로 불과 469억 원의 영업이익(시장 예상은 4000억 원대)을 예상했다. 아울러 1조 300억 원 유상증자를 추진하겠다고 밝혀, 한때 시장에 큰 충격을 안겼다. 현대중공업 주가 역시 유상증자를 발표한 날 거의 하한가 수준으로 폭락했다.

013 유상증자 신주 발행가는 에누리가 된다?

증자(increase of capital, 增資)는 자본금을 늘린다는 말이다. 증자에는 유상증자와 무상증자가 있다. 이 중 유상증자는 회사가 신주를 발행해 주주(또는 투자자)들에게 주고 신주 대금을 받는 것이다. 증자를 하는 목적은 신규 사업이나 설비 투자, 회사 운영에 들어가는 자금 마련 등 다양하다. 재무 구조 개선이나 다른 회사를 인수하는데 필요한 자금을 마련하기 위해 증자를 하기도 한다.

유상증자를 할 때 신주는 시세보다 조금 할인해 발행한다. 여기

서 말하는 시세란 어떤 특정한 날의 주가를 말하는 게 아니다. 과거의 주가 흐름을 기준으로 1차, 2차 기준주가를 구한 뒤 할인율을 적용해 최종 발행가격을 확정한다.

만약 유상증자를 하면서 주식 발행가격을 시장가격과 거의 같게 한다고 해보자. 투자자 입장에서는 주식 시장에서 사면 그만이지, 번거롭게 유상증자 청약 절차를 밟아가며 주식을 받을 이유가 없다. 그래서 기업은 시장가격 대비 상당한 폭의 할인율을 적용해서 투자자들의 증자 참여를 유도한다. 할인폭을 어느 정도로 할지는, 누구를 대상으로 증자하느냐에 따라 달라진다.

014 증자 대상 선정에도 기업의 전략이 숨어 있다!

유상증자는 크게 세 가지 방식으로 나눌 수 있다.

유상증자 방식

① 기존 주주들을 대상으로 하는 주주 배정

② 기존 주주를 포함하여 일반 투자자 누구에게나 청약 기회를 부여하는 일반 공모

③ 소수 특정인이나 특정 기관을 지정해서 이를 대상으로 하는 제3자 배정

일반 공모 방식은 기준주가에서 최대 30%까지 할인해 주식 발행가격을 정할 수 있다. 그러나 주주 배정 방식은 원칙적으로 할인율에 제한이 없다. 아무리 많이 할인해줘도 회사의 주인인 기존

주주들의 권리를 침해하는 게 아니기 때문이다. 그렇다고 해서 할인율을 너무 크게 하기도 어렵다. 할인율이 기업가치와 시장 거래 질서에 미치는 영향이 크기 때문이다. 그래서 주주 배정 방식도 대개 20~30%의 할인율을 적용하는 게 일반적이다.

제3자 배정 방식의 유상증자는 할인 한도가 10%다. 제3자 배정에서 과도한 할인을 하면 기존 주주의 권리를 침해할 수 있고, 경영진이 제3자에게 특혜를 부여하는 행위가 될 수 있기 때문이다.

(주)붕어빵의 주주가 100명이고, 현재 발행된 보통주가 1만 주라고 하자. 새로 1000주를 더 찍어 주주 배정 증자를 한다면, 기존 주식 1주에 대해 0.1주의 비율로 신주가 배정된다(배정 비율은 신주 발행 물량/기존 발행 주식 수 = 1000주/1만 주). 만약 김갑돌이 주식 200주를 가진 주주라면 신주 20주를 배정받는다. 이는 김갑돌에게 20주를 살 수 있는 기회 즉, 신주를 인수할 수 있는 권리를 부여해 준다는 말이다.

기존 주주들은 유상증자 시 주당 발행가격이 충분히 메리트가 있다고 느껴지거나 앞으로 주가가 계속 오를 것이라고 예상한다면 배정받은 주식을 사면(청약하면) 되고, 아니면 포기하면 된다. 주주 배정 증자에서 기존 주주들이 배정받은 주식을 포기하는 것을 두고 '실권(失權)'이라고 한다.

회사에서는 대개 실권된 주식을 모아서 다시 공모로 일반 투자자들을 모집하거나, 제3자를 지정해 넘긴다. 대게 실권주(失權株)에 대해서는 일반 공모를 진행한다. 기존 주주가 아니어서 증자 참여 기회를 잡지 못한 사람들은 실권주 공모가 있을 때 참여하면 된다.

유상증자 일반 공모란 기존 주주건 아니건 상관없이 누구에게 나 신주에 대한 청약 기회를 부여하는 방법이다. 제3자 배정이란 회사가 사전에 투자자를 물색해 특정인이나 특정 기관 등 소수를 대상으로 증자하는 방법이다.

제3자 배정은 경영권을 이전시킬 때 사용되기도 한다. 예컨대 (주)붕어빵(총 발행 주식 수 100주)의 지분 30%를 가진 최대주주 김만두가 회사 경영권을 (주)꿀호떡에게 넘기고 싶다고 하자. 70주 유상증자를 결정하면서 (주)꿀호떡에게 제3자 배정 처리를 한다면, (주)붕어빵에 대한 (주)꿀호떡의 지분율은 41%(70주/170주)가 된다. 유상증자 전 최대주주였던 김만두의 지분율은 17.6%(30주/170주)로 떨어졌다. 결국 (주)붕어빵의 최대주주는 김만두에서 (주)꿀호떡으로 바뀌었다.

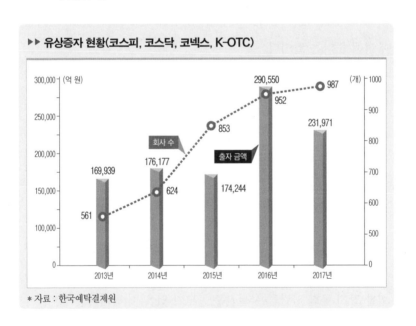

▶▶ 유상증자 현황(코스피, 코스닥, 코넥스, K-OTC)

* 자료 : 한국예탁결제원

　한국예탁결제원에 따르면 2017년 유상증자를 한 기업은 모두 987개 사다. 이 가운데 증자 건 수 기준으로 제3자 배정이 75%(747개)로 가장 많고, 그 다음으로 일반 공모(122개), 주주 배정 (118개) 순으로 나타났다.

*증거금 투자자가 주식을 매매할 때 결제를 이행하지 않는 경우를 방지하기 위해 증권회사 등에 예탁해야 하는 보증금이다.

경제기사로 공시 읽기 · 2016년 8월 4일

한솔제지 유상증자 실권주 공모청약에 1조 몰려

한솔제지는 2016년 8월 2~3일 진행한 주주 배정 후 실권주(13만 5523주) 공모 청약에 약 1조 원의 자금이 몰리면서 경쟁률이 375.70대 1을 기록했다고 공시했다.

유상증자 발행가액이 1만 9000원인 점을 감안하면 청약 증거금*으로 9674억 원이 몰린 셈이다.

앞서 한솔제지가 진행한 총 360만 주 규모의 주주 배정 유상증자 청약에서 기존 주주와 우리사주 조합이 96.24%의 청약률을 기록함에 따라 일반 투자자를 대상으로 한 실권주 공모를 진행했다.

25억 원 규모의 실권주 청약에 1조 원 가까운 자금이 몰린 것은 발행가액이 현재 주가 대비 낮아서 오는 17일 신주가 발행될 때 차익을 실현할 수 있다는 점이 투자 심리를 자극한 것으로 분석된다.

한솔제지의 실적이 크게 개선돼 주가가 오를 가능성이 높다는 점도 영향을 미쳤다. 공모 주관사인 KB투자증권의 관계자는 "신주 발행과 동시에 20% 가까운 차익 실현을 거둘 수 있다는 점이 작용한 것 같다"고 말했다.

---

015 제3자 배정 유상증자로
　　녹십자 품에 안긴 이노셀

세포 치료제를 만드는 회사인 이노셀은 운영 자금을 마련하기 위해 녹십자를 대상으로 150억 원 규모의 제3자 배정 유상증자를 결정했다고 2012년 5월 24일 공시했다. 이 유상증자로 녹십자는 이노셀 지분을 23.43%를 확보하며 최대주주로 올라섰다. 녹십자는 납입일인 6월 27일 유상증자금 전액을 납부하며 이노셀을 최종 인수했다.

▶▶ 주식회사 이노셀의 유상증자 결정
2012년 5월 24일 공시

1	신주의 종류와 수	보통주(주)	25,817,556
2	1주당 액면가액(원)		500
3	자금 조달 목적과 조달 금액	운영 자금(원)	15,000,000,000
4	증자 방식		제3자 배정 증자
5	신주 발행가액	보통주(원)	581
6	기준주가에 대한 할인율 또는 할증율(%)		10
7	납입일		2012년 6월 27일
8	신주권 교부 예정일		2012년 7월 16일
9	신주의 상장 예정일		2012년 7월 17일
10	이사회 결의일(결정일)		2012년 5월 24일

* 제3자 배정 대상자별 선정 경위, 거래 내역, 배정 내역 등

제3자 배정 대상자	(주)녹십자	증자 결정 전후 6월 이내 거래 내역 및 계획	–
회사 또는 최대주주와의 관계	없음	배정 주식 수(주)	25,817,556
선정 경위	재무 구조 개선 및 신규 사업 진출을 위한 교두보 확보	비고	보통주 발행 후 1년간 보호예수

제3자 배정 유상증자로 녹십자 식구 된 이노셀

녹십자가 면역 세포 치료 전문기업 이노셀이 실시한 제3자 배정 유상증자의 대금 납입을 모두 마치고, 이노셀 인수를 마무리 지었다. 이로써 녹십자는 이노셀 지분 23.43%를 획득(150억 원 규모), 최대주주로 올라섰다. 다만, 한국거래소는 이런 최대주주 변경을 두고 상장폐지 실질 심사 대상에 해당하는지 심사하겠다고 밝혔다.

이노셀의 유상증자를 통해 녹십자는 면역 세포 치료제라는 새로운 성장 동력을 확보하게 됐고, 이노셀은 재무적인 압박에서 벗어나게 된 것으로 평가된다. 한편 이노셀은 현재 4사업연도 연속으로 영업손실을 내는 등 재무 구조가 악화된 상태다.

한국거래소는 지난 3월부터 이노셀을 관리종목으로 지정하고 있다. 이번 최대주주 변경에 따른 상장폐지 실질 심사 대상 여부를 판단하기로 하면서 주권에 대한 매매 거래도 정지하고 있다.

016 영풍 오너家,
실권주로 계열사 경영권 강화했지만…….

유상증자 실권주가 최대주주에게 배정돼 오너의 경영권 강화에 이용되기도 한다. 유상증자 대상인 계열사(기존 주주)가 증자 참여를 포기해 실권주가 오너 일가에게 넘어가기도 하고, 대주주인 아버지가 실권해 아들에게 유상증자 신주를 넘김으로써 자연스럽게 경영권 승계 기반을 닦는 경우다.

영풍그룹 계열사인 알란텀(매연 저감 장치 제조업체)은 오너 일가가 직접 지배하고 있는 회사로, 그룹의 신성장동력으로 키우겠다는 야심 찬 계획에 따라 오너의 지배력을 강화했지만 실패한 케이스다.

알란텀은 원래 영풍그룹 계열의 고려아연과 코리아니켈이 2008년 합작해 출범시킨 회사였다. 설립 이래 여덟 차례에 걸친 유상증자로 1000억 원에 달하는 자금이 추가로 투입됐다. 이 과정에서 몇 차례 기존 주주사들이 유상증자 참여를 포기(실권)하고, 최창영 고려아연 명예회장과 그 아들인 최내현 대표가 실권주를 인수해 직접 지배 체제를 구축했다. 영풍그룹을 이끄는 두 주축은 장형진 영풍그룹 회장 일가와 최창영 고려아연 명예회장 일가다. 이 가운데 최 명예회장 일가가 알란텀 경영을 주도하면서, 알란텀을 키워 계열 분리를 할 계획이라는 소문이 돌기도 했다.

그러나 알란텀은 설립 이래 부진에서 헤어나오지 못하고 있다. 2017년 12월 현재 누적 결손금이 1000억 원에 이르러, 자본 완전잠식 상태인 것으로 알려졌다. 고려아연 등 알란텀 지분을 소유한 계열사들은 이에 따라 알란텀 지분에 대한 장부가격을 하향 조정(손상차손 비용 처리)해오다가 현재 거의 '0' 수준으로까지 떨어뜨린 것으로 알려졌다.

017 최대주주가 참여하지 않은 유상증자의 검은 내막

주주 배정 유상증자는 발행가격 결정에 제한이 없다. 그러나 2012년 금융감독원이 주주 배정 유상증자에 대한 할인율을 점검한 결과 평균 할인율은 26%로, 일반 공모 유상증자의 평균 할인율 25%와 유사한 수준으로 나타났다.

그런데 일부 기업들이 청약을 유인하기 위해 주주 배정 뒤 실권주를 일반 공모할 때 일반 공모 할인율 상한선인 30%를 초과해서 할인하거나, 실권주를 제3자에게 배정하는 과정에서 제3자 배정 상한 선인 10%를 초과해 할인하는 경우가 간혹 발생하는 것으로 조사됐다. 특히 부실 징후를 보이는 회사가 주식을 과도하게 할인 발행해서 주주들의 청약을 유인하는 경우가 있기 때문에 주의해야 한다.

주주 배정 유상증자의 경우 정작 최대주주가 증자에 참여하는 비율이 낮거나, 유상증자를 하고 난 후 1년 이내에 최대주주가 바뀌는 기업이라면 투자에 유의할 필요가 있다. 이런 기업들은 유상증자 뒤 증자 자금 횡령이나 배임, 편법적 최대주주 변경 등 악재성 증후가 발생할 가능성이 높은 것으로 나타나고 있다.

M사는 3년 연속 당기 순손실로 자본잠식률이 39%에 이르는 상태에서 2009년 10월 최대주주가 변경된 직후 주주 배정 유상증자(실권 발생 시 제3자 배정)를 위한 증권신고서를 제출했다. 할인율을 35%까지 적용해 액면가 수준까지 발행가격을 낮춰 주주 청약을 유도하면서도, 정작 최대주주는 전혀 청약하지 않았다. 실권주를 제3자에게 배정한 결과 또다시 최대주주가 바뀌었다.

이 회사는 유상증자 이후에도 경영 실적이 악화돼 자본잠식률이 76%로 확대된 상황에서, 2010년 4월 주주 배정 유상증자(실권주 제3자 배정) 증권신고서를 또 제출했다. 당시 주가가 액면가에 미달해 감자 및 액면분할*을 통해 인위적으로 주가를 끌어올려 발행가격을 맞췄다. 두 차례 유상증자에도 불구하고 M사는 재무 구조를 개선하지 못하고, 2011년 3월 경영진 횡령 사실을 공시한 직후 2011년 4월 상장폐지됐다.

* 액면분할 액면가 5000원 짜리 주식 1주를 둘로 나누어 2500원 짜리 2주로 만드는 경우가 액면분할이다. 납입자본금의 증가나 감소 없이 기존 발행 주식 수를 일정 비율로 분할해 총 발행 주식 수를 늘리는 것이다.

주식에서 파생되는 권리는 매매 체결 이틀 후부터

앞으로 다루게 될 증자나 감자, 공개매수, 주식 매수 청구권, 합병과 분할, 주식 연계 채권(BW, CB, EB) 발행 등의 공시에는 '기준일'이라는 말이 많이 나온다. '배당 기준일', '감자 기준일'처럼 말이다. 기준일을 알기 위해서는 우선 체결일과 결제일이 무엇인지부터 알아야 한다.

아울러 증자, 감자, 공개매수 같은 종류의 공시에는 '가중산술평균주가'라든가 '가중산술평균종가'라는 용어들이 종종 등장한다. 사실 일반 투자자들이 이에 대해 소상히 알 필요는 없지만, 대략적인 개념만 파악해두어도 공시를 이해하는데 큰 도움이 된다.

매매 체결일과 결제일

주식을 매매한다는 것은 주식과 현금을 맞바꾼다는 이야기다. 주식을 판 사람은 돈을 받아야 하고, 주식을 산 사람은 돈을 내야 한다. 매매자 간에 주식과 대금을 교환해 거래를 최종 완료하는 것을 두고 '주식 거래를 결제한다'고 말한다. 그런데 주식 거래는 매매자 간에 거래를 체결하는 날짜와 결제를 완료하는 날짜가 다르다.

예컨대 HTS(Home Trading System) 등을 통해 주식 거래가 체결됐다고 하는 것은 주식과 대금을 교환하기로 매수자와 매도자가 약속(약정)을 하는 것이다. 체결일을 포함해 3일째 되는 날에 주식과 대금의 맞교환이 일어나 결제가 끝난다.

만약 5월 21일 수요일 삼성전자 주식 10주를 주당 100만 원에 거래하기로 매매가 체결됐다면, 이날을 포함해 3거래일째인 5월 23일 금요일에 결제가 이루어진다. 만약 5월 23일 금요일에 매매가 체결됐다면, 토요일과 일요일을 빼고 3일째 되는 5월 27일 화요일에 결제가 이루어진다. 이를 두고 '결제는 D(거래 체결일) + 2일'이라고 표현한다.

5 May						
Sun	Mon	Tue	Wed	Thu	Fri	Sat
18 주말 휴장일	19	20	21 매매 체결	22	23 결제 (매매 체결)	24 주말 휴장일
25 주말 휴장일	26	27 (결제)	28	29	30	31 주말 휴장일

주식배당이나 증자 등의 기준일이 10월 6일(목요일)이라고 할 때, 기준일이란 결제일을 가리킨다. 그래서 10월 4일(화요일)까지 주식을 사야 10월 6일 결제가 돼 배당이나 증자 참여권을 얻을 수 있다.

가중산술평균주가, 가중산술평균종가

		종가	거래량
(주)붕어빵 주가	7월 1일	1만 원	10주
	7월 2일	2만 원	50주

(예로 든 주가 변화는 비현실적이지만 개념 이해를 위해 임의로 정했다.)

■ 가중산술평균종가(가중평균종가)

가중산술평균종가라는 말 앞에는 '거래량'이라는 단어가 생략돼 있다. 정확하게는 거래량 가중산술평균종가다. 7월 1~2일까지 이틀 동안 (주)붕어빵의 종가를 단순히 산술 평균한다면 1만 5000원((1만 원 + 2만 원)/2)이다. 그러나 각 거래일마다 거래량이 다르니 거래량에 가중치를 두고 계산해보기로 한다.

$$\text{가중산술평균종가} = \frac{(\text{각 거래일 종가} \times \text{거래량})의 \text{ 합}}{\text{거래량의 합}}$$
$$= [(1만 \text{ 원} \times 10\text{주}) + (2만 \text{ 원} \times 50\text{주})] \div 60\text{주} = 1만 8333\text{원}$$

■ 가중산술평균주가(가중평균주가)

가중산술평균주가라는 말 앞에도 역시 '거래량'이라는 단어가 생략돼 있다.

7월 1일 종가가 1만 원이라는 것은 말 그대로 1만 원으로 장을 마감했다는 말이다. 하지만 이날 거래된 주식 10주가 모두 1만 원에 거래됐다는 의미는 아니다. 예컨대 5주는 1만 원에, 나머지 5주는 1만 2000원에 거래됐다고 하자. 7월 2일 거래된 50주 중에서 20주는 2만 원에, 30주는 1만 5000원에 거래됐다고 하자. 이틀 동안의 가중평균주가를 구하려면, 이틀 간 총 거래 대금에서 이틀 간 총 거래량을 나누면 된다.

$$\text{가중산술평균주가} = \frac{\text{총 거래 대금}}{\text{총 거래량}}$$
$$= [(5\text{주} \times 1만 \text{ 원}) + (5\text{주} \times 1만 2000원) + (20\text{주} \times 2만 \text{ 원})$$
$$+ (30\text{주} \times 1만 5000원)] \div 60 \text{ 주} = 1만 6000원$$

일반 투자자라면 계산 방법을 외울 필요까지는 없다. 가중산술평균주가라는 말과 가중산술평균종가라는 말이 어떻게 다른지 정도만 이해하면 된다.

유상증자를 할 때 신주 발행가격, 신주인수권부사채(BW)와 전환사채(CB) 등 주식 연계 증권의 행사가격과 조정가격 등 기준이 되는 대부분의 가격은 가중산술평균주가를 사용해 산정한다. 그러나 합병할 때 상장 기업의 합병가액 평가 등 일부 경우에는 가중산술평균종가를 사용하기도 한다.

DR이 뭐길래,
DR 발행 후 카카오 주가가 약세일까?

미국인 마이클이 가진 삼성전자 주식소유증서가 'DR'

2017년 12월 중순 카카오가 "10억 달러 'DR'을 발행한다"고 공시했다. 'DR'이라는 단어는 들어본 것 같은데, 정확하게 어떤 것인지는 잘 모르는 사람들이 많을 것이다.

한국인 홍길동이 삼성전자 주식을 사려면 증권사를 직접 이용하거나 PC, 스마트폰에 깔아둔 주식 트레이딩시스템을 활용하면 된다. 그러나 미국인 마이클이 한국 시장에서 삼성전자 주식을 사려면 해외 증권계좌 개설, 환전, 실물 이전 등 다소 복잡한 절차를 거쳐야 하고 이에 따라서 비용도 꽤 들어갈 것이다.

삼성전자 투자에 관심 있는 마이클로서는 삼성전자 주식을 미국 주식거래소에서도 사고팔 수 있다면 얼마나 좋을까. 그래서 고안된 것이 바로 'DR(Depositary Receipts)' 즉, '주식예탁증서'라는 것이다. 주식예탁증서는 외국 기업이 발행한 주식으로 바꿀 수 있는 권리를 부여한 증권이다.

예를 들어 삼성전자가 신주 10주를 해외 금융회사를 대상으로 먼저 발행한다. 이 해외 금융회사는 신주를 기초로 해외 주식거래소에서 DR을 발행해 투자자를 끌어모을 수 있다. 삼성전자 DR은 삼성전자 주식에 대한 소유 증명서다. 마이클이 DR을 산다면 그는 삼성전자 주주가 된다. 삼성전자로서는 DR 발행 방식의 유상증자를 하는 셈이다.

삼성전자가 발행한 신주의 원주(原株)는 한국예탁결제원이 보관한다. 신주를 1차 배정받는 것은 해외 금융회사지만, 예탁결제원과 보관 계약을 체결해 원주를 맡긴다. 그리고 해외 금융회사는 원주를 근거로 해 해외 투자자들을 대상으로 DR 발행 업무를 진행한다. 삼성전자는 이 과정에서 해외 기관 투자자들을 대상으로 투자설명회(로드쇼)를 여는 등 'DR 흥행'을 위한 활발한 홍보 활동을 펼친다.

해외 투자자가 DR을 청약해 배정받으면 삼성전자 주식을 매수한 것이나 마찬가지 효과를 얻을 수 있다. DR은 국내 원주에 대한 소유권 증서이기 때문이다. DR은 언제든 국내 원주로 바꿀 수 있다.

최초 청약을 거쳐 해외 주식거래소에 상장된 DR은 투자자들 사이에서 유통·거래된다. DR 투자자 다수는 DR을 배정받은 이후 곧바로 원주로 바꿔 달라고 요구한다. 원주로 전환된 DR은 국내 거래소에서 거래된다. DR을 원주로 곧바로 전환하는 데는 여러 가지 이유가 있다. 유동성 확보가 그중 하나다.

해외 증권거래소의 DR 거래보다는 국내 거래소의 원주 거래가 더 활발하므로, 유동성과 환금성이 좋은 국내 시장에서의 거래를 선택하는 것이다.

🏢 DR로 사면 할인 혜택을 볼 수 있다!

그렇다면 왜 처음부터 국내 시장에서 원주를 매입하지 않는 걸까? 앞서 언급한 여러 가지 복잡한 절차와 비용 문제도 있겠지만, DR 발행가격이 보통 발행 시점의 주식 시세보다 일정 폭 할인(할인 한도 10%)된다는 것이 가장 큰 이유일 것 같다.

요즘은 IT 기술 발달로 해외 주식 매수가 과거보다 훨씬 편리해지고 비용 부담도 줄었다. 굳이 DR을 매입하지 않아도 해외 주식 투자를 쉽게 할 수 있는 환경이 조성돼 있다. 그렇다 해도 할인된 가격으로 한국의 우량기업 주식을 매입할 수 있다는 것은 상당히 매력적이다.

DR을 발행하려면 해외투자자들을 끌어들일 수 있을 정도로 기업의 신용도가 높아야 한다. 그리고 국내보다는 해외에서 필요 자금을 조달하는 것이 더 신속하고 더 안정적이라고 판단될 때 DR 발행에 나선다.

2017년 현재 우리나라 기업 가운데 미국, 런던, 룩셈부르크, 싱가포르 등의 해외 증권거래소에 DR을 상장한 회사는 42개 사다. 삼성전자를 비롯해 현대자동차, 포스코, 한국전력공사, LG전자, LG디스플레이, KB금융지주 등이 있다.

한편, DR과 원주는 1대 1 즉 1원주 당 1DR의 가치를 매겨 발행하기도 하고, 1원주 당 2DR 또는 5DR 비율로 발행하기도 한다. 예컨대 삼성전자 주가가 200만 원인데, DR의 달러 가격을 100만 원에 맞춰 발행한다면 '1원주 = 2DR' 비율이 적용된 것이다.

DR은 회사의 자기주식(자사주)을 기초로 발행할 수도 있지만, 대개는 신주를 발행하는 방식으로 발행한다. 신주를 기초로 DR을 발행하면 유상증자가 된다.

보통 미국시장에서 발행하는 DR은 ADR(American DR), 그 외 싱가포르, 런던, 룩셈부르크 등에서 발행하는 경우 GDR(Global DR)이라고 구별해 부른다. 해외시장에서 DR을 발행해 상장하면 회사에 신규 자금이 유입된다. 하지만 주식 발행 물량이 늘어나기 때문에 지분 희석 효과*가 발생한다.

따라서 DR 발행이 단기적으로 주가에 악영향을 미치는 경우들이 많다.

* 지분 희석 효과 새로 발행된 신주의 영향으로 기존 주주들의 지분율이 하락하는 것.

국내에서 유상증자하는 것보다는 DR을 발행해 자금을 모으는 게 기존 주주들의 반발이 덜하고 주가에 미치는 악영향도 적은 편이라고 한다. 하지만 DR 발행 규모가 클 경우에는 주가에 미치는 영향이 적지 않다.

🏙 왜 카카오는 DR을 발행한 후에 주가가 하락했을까?

2017년 12월 15일 공시된 카카오의 10억 달러 DR 발행 공시를 요약·편집한 표들을 살펴보자. 이날 공시는 네 개가 떴다.

▶▶ 2017년 12월 15일 자 카카오 공시 4건

공시 대상 회사	보고서명	제출인	접수 일자
카카오	증권 신고서(지분 증권)	카카오	2017년 12월 15일
카카오	증권예탁증권(DR) 발행 결정	카카오	2017년 12월 15일
카카오	주요 사항 보고서 (해외 증권시장 주권 등 상장 결정)	카카오	2017년 12월 15일
카카오	주요 사항 보고서(유상증자 결정)	카카오	2017년 12월 15일

먼저 'DR 발행 결정'이라는 제목이 붙은 공시를 열어보면 아래와 같은 내용이 나온다(공시 원본을 요약·편집했다).

▶▶ 카카오 DR 발행 결정 공시   2017년 12월 15일

DR 발행 형태		신주 DR	
DR 발행 총액	외화금액(통화 단위)	1,000,000,000	USD : US Dollar
신주 발행가액(원)	보통주식	–	
원주의 종류		보통주식	
1DR 당 원주 전환 비율(주)		1	
해외 상장의 경우	상장 거래소	싱가포르 증권거래소	
	상장 예정일	2018년 2월 2일	
원주 보관 기관		한국예탁결제원	
해외 예탁 기관		Citibank, N.A.	
기타 투자 판단과 관련한 중요 사항		• 제3자 배정 방식으로 발행된 신주(보통주)를 해외 예탁 기관에 예탁하고 그 예탁된 원주를 기초로 해외 DR을 발행하여 해외 기관 투자자들에게 배정하는 방식으로 진행됨. • DR 발행총액, 발행가액 및 1DR당 발행가액은 해외 기관 투자자들을 대상으로 한 수요 예측 절차(bookbuilding process)를 거쳐 추후 결정될 예정. • 자금 조달 목적은 모바일 중심 글로벌 콘텐츠·플랫폼 회사 투자, AI 등 4차 산업 관련 국내외 기업 및 기술 투자 등.	

카카오의 DR 발행 뼈대는 이 공시에 다 나와 있다. 10억 달러 DR을 발행해 싱가포르 거래소에 상장할 예정이며, 시기는 2018년 1월 말~2월 초다. 1원주 = 1DR로 발행되며, 자금 조달 목적은 '4차 산업 관련 투자용'이다.

카카오는 전량 신주를 발행해 DR 투자자를 모집하기 때문에, 10억 달러 유상증자를 하는 셈이 된다. 그래서 카카오는 다음과 같은 유상증자 공시도 동시에 냈다.

▶▶ 카카오 주요 사항 보고서(유상증자 결정) 공시   2017년 12월 15일

1 신주 종류와 수	보통주식(주)	7,546,520
	기타주식(주)	–
2 증자 방식		제3자 배정 증자
3 신주 발행가액	보통주식(원)	144,000
4 기준주가에 대한 할인(할증)율(%)		–

제3자 배정 대상자	선정 경위	배정 주식 수(주)
Citibank, N.A.	해외 DR 발행을 위한 원주 예탁기관으로 선정	7,546,520

카카오가 발행하는 신주는 모두 해외 예탁 기관인 Citibank, N.A.를 대상으로 발행할 예정이다. 따라서 '제3자 배정' 방식의 유상증자에 해당한다. 신주 발행가격 및 기준주가에 대한 할인율 등은 해외 현지에서 기관 투자자들 대상으로 진행하는 수요 예측(bookbuilding process) 결과에 따라 확정된다. 공시에 표기된 신주 발행가격 등은 DR 발행을 결의한 이사회 개최일의 전날(2017년

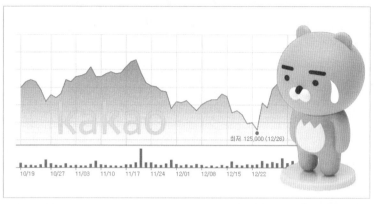

카카오 주가는 2017년 12월 15일 10억 달러 규모의 해외 DR 발행을 공시한 이후 약세를 보였다.

12월 14일) 종가를 참고로 기재해 놓은 것이다. 실제 발행가액은 2018년 1월 중순 이후에 결정되는데, 할인해 발행한다면 최대 할인 한도는 증권 관련 제도 규정에 따라 10%다.

한편 DR 발행 공시 이후 카카오 주가는 약세를 보이고 있다. 대규모 유상증자는 지분 희석 효과와 주당 가치 하락 효과가 크기 때문에 주가에 악영향을 미친다. NH투자증권은 "이번 해외 대규모 DR 발행으로 기존 주주의 지분율이 11.5% 정도 희석되기 때문에 단기 주가 조정은 불가피하다"고 분석했다. 그러나 "회사가 밝힌 유상증자의 목적처럼 글로벌 회사에 대한 투자로 이어진다면 장기적으로 주가는 긍정적일 것"이라고 분석했다. 다시 말해 유상증자로 마련한 자금을 시너지를 낼 수 있는 비즈니스에 투자한다면 유상증자 금액보다 더 큰 기업가치 상승효과를 얻을 것이라는 얘기다.

기회가 될 것인가 위기가 될 것인가, 유상증자

Chapter 5

유상증자를 포기해도
신주인수권이 있어 웃는다

<u>018</u> 주주 배정 증자를 포기하는 순간, 손짓하는 이익?

LG전자 주주 김말복은 하마터면 200여만 원을 벌 수 있는 기회를 놓칠 뻔 했다. LG전자는 2011년 말 주당 5만 1600원에 유상증자를 실시했다. 당장 신주를 인수할 돈이 없어 증자 참여를 포기했던 김말복은 친구들과의 술자리에서 '신주인수권증서'를 증권시장에서 팔 수 있다는 이야기를 들었다.

그동안 김말복은 주주 배정 증자에서 포기 의사를 밝히면 그걸로 그만이라고 생각하고 있었다. 하지만 자신에게 '신주인수권증서'라는 것이 배정됐고, 이 증서를 시장에서 매각하면 돈을 벌 수 있다는 사실을 새롭게 알게 됐다.

120주의 신주를 인수할 수 있는 권리가 있던 김말복은 신주인수권증서를 주당 1만 8000원에 매각했다. 신주인수권증서 매각으로 김말복은 216만 원이라는 적지 않은 돈을 챙겼다. 몰랐으면 그냥 공중에 날렸을 돈이다.

주주 배정 유상증자에서 증자 참여를 포기했다고 해서 모든 게 끝나는 건 아니다. 신주인수권 거래를 통해 증자 포기와 권리락으로 입은 손실을 상쇄시킬 수도 있다.

신주인수권 거래에 들어가기에 앞서 우선 유상증자에서 권리락의 개념과 권리락이 주가에 미치는 영향 등에 대해 알아보자.

019 권리가 떨어지면 주가도 떨어진다!

주주 배정 유상증자에는 배정 기준일이 있다. 예를 들어 배정 기준일이 10월 10일 목요일이라고 하면, 이날까지는 주주 자격을 갖춰야 유상증자에 참여할 수 있다. 주식은 산 날로부터 3거래일째 되는 날 결제가 이루어지기 때문에, 이 경우라면 10월 8일 화요일까지는 주식을 사야 한다. 다음날인 10월 9일에 주식을 사봐야 주주 배정 대상이 될 수 없다.

증자할 때 신주를 배정받을 권리가 없어진(떨어진) 것을 가리켜 '권리락(權利落, rights off)'이라고 한다. 위 예에서는 10월 9일이 바로 권리락일(日)이다.

시세보다 할인된 가격으로 신주를 인수할 권리가 없어진 주식의 값어치가 권리락되기 전의 주식 값어치와 같을 수는 없다. 유상증자로 싸게 할인된 가격에 발행되는

증자할 때 신주를 받을 권리가 없어지는 것을 권리락이라고 한다. 권리락일에는 증자 물량과 발행가격을 반영해 주식 시장이 개장할 때 해당 기업의 기준주가를 인위적으로 떨어뜨린다.

신주가 늘어나면, 증가한 주식 수만큼 주당 순이익 등 주식가치도 떨어지기 마련이다. 그래서 주주를 대상으로 유상증자를 할 때는 유상증자 물량과 발행가격을 반영해, 권리락이 발생하는 날(10월 9일) 주식 시장이 개장할 때 해당 기업의 기준주가를 인위적으로 떨어뜨린다. 즉, 권리락 전일(10월 8일)의 종가보다 기준주가를 낮게 책정한다.

물론 이렇게 주가를 인위적으로 하향 조정해도 기업의 펀더멘탈이 좋고 실적이 받쳐준다면 주가 흐름은 금세 이전 가격을 회복할 수 있다. 주가가 회복되면 유상증자 시 신주를 싸게 받은 주주들의 보유 주식가치가 올라간다.

(주)붕어빵은 발행 주식이 현재 20주다. (주)붕어빵은 5주를 유상증자하기로 했다. 유상증자 가격은 주당 8000원으로 정했다. 권리락 전날의 종가는 1만 원이다. 권리락 발생 당일의 개장 전 기준주가는 얼마일까?

---

① 권리락 전날의 시가총액을 구한다.

　　권리락 전날 종가 × 총 발행 주식 수 = 1만 원 × 20주 = 20만 원

② 유상증자로 발행되는 신주의 총액을 구한다.

　　유상증자 신주 발행가격 × 발행할 주식 수 = 8000원 × 5주 = 4만 원

③ ①과 ②를 더한다. 그리고 증자 후 이 회사의 총 발행 주식 수(25주)로 나눈다.

➡ 권리락 발생 당일의 개장 전 기준가격은 9600원(24만 원/25주)이다.

권리락 전날의 종가 1만 원에서 400원 빠진 9600원이 권리락일의 기준주가가 된다. 권리락일에는 이 기준주가로 장을 시작한다.

한편, 제3자 배정과 일반 공모 유상증자에는 이 같은 권리락이 없다. 제3자 배정이나 일반 공모는 주주를 우선적으로 배려해 특별히 유상증자 주식을 배정하는 게 아니기 때문이다.

경제기사로 공시 읽기   2012년 9월 10일

SKC솔믹스, 권리락 기준주가 4435원

한국거래소는 SKC솔믹스의 유상증자에 따른 권리락 기준주가가 4435원으로 결정됐다고 10일 공시했다. 권리락 실시일은 오는 11일이다. 링네트의 유상증자에 따른 권리락은 7일 실시된다. 기준주가는 4090원이다. 동부로봇의 유상증자 권리락은 기준주가 3130원에 10일 실시된다.

020 사람 봐가면서 깎아주는 유상증자 할인율

유상증자를 할 때 가격 결정 방법은 좀 복잡하다. 우선 일반 공모냐, 제3자 배정이냐, 주주 배정이냐에 따라 기준주가를 구하는 공식이 다르다. 기준주가에 할인율을 적용하면 최종 확정 발행가격이 나오는데, 이 할인율도 증자 방식에 따라 적용 비율이 다르다.

첫 번째, 일반 공모 방식의 유상증자는 할인율이 최대 30%, 제3자 배정 방식은 최대 10%다.

두 번째, 주주 배정 방식의 유상증자는 기준주가에 대한 할인율을 마음대로 정할 수 있다. 일반 공모와 제3자 배정의 경우 할인

율을 지나치게 높게 잡으면 기존 주주들이 피해를 입을 수 있지만, 주주 배정은 어차피 기업의 주인인 주주들을 대상으로 한 증자이기 때문에 할인율을 어떻게 정하든지 상관없다. 즉, (주)붕어빵이 주주들에게 유상증자 발행가격을 시세보다 50%나 할인해준다고 해서 서울 용산구에 사는 일반인 김아무개 씨가 피해를 입지 않는다는 것이다.

그렇다고 해도 기존 주주에 대해서 50~60%씩 높은 할인율을 적용할 수도 없다. 아무리 주주 대상 증자라고해도 기존 주식가치와 시장에 미치는 영향이 있기 때문이다. 대개의 경우 20~30% 정도의 범위에서 할인율을 정한다.

주주 배정이나 일반 공모 방식의 유상증자의 경우 1차 기준주가(유상증자를 결정하는 이사회 전의 주가 흐름), 2차 기준주가(청약일 전 주가 흐름)를 구하고 이 가운데 낮은 가격을 골라 할인율을 적용하면 최종 발행가액이 된다.

021 알고 보면 누이 좋고 매부 좋은 신주인수권

주주 배정 유상증자에서 기존 주주는 청약을 하지 않으면 손해를 본다. 우선 시세보다 할인된 주식도 못 받고, 권리락에 따른 주가 하락 분을 고스란히 감내해야 한다. 청약을 하면 권리락으로 주가가 다소 하락하더라도 신주를 싸게 받아 만회할 수 있다.

그렇다면 유상증자 가격이 마음에 들지 않거나 돈이 없는 등의 이유로 청약을 하지 않는 기존 주주들이 손해를 만회할 방법은 없을까?

　바로 '신주인수권증서'가 답이다. 주주 배정 방식으로 유상증자를 하는 기업은 기존 주주에게 유상으로 신주를 인수할 수 있는 권리 증서를 배정하는데, 이 증서를 증권 시장에서 매각할 수 있다. 증자에 참여할 뜻이 없는 주주는 자신에게 배정된 신주인수권을 시장에서 팔아 손실을 상당 부분 상쇄할 수 있다. 회사 입장에서 보면 기존 주주가 청약을 포기하더라도 이들이 내놓은 신주인수권을 매입한 일반 투자자가 증자 청약을 한다면 실권을 최소화할 수 있다.

　신주인수권은 기업으로서는 실권을 최대한 줄일 수 있는 장치가 될 수 있다. 또 증자에 참여하지 않은 소액주주들 입장에서는 신주 할인 발행에 따른 주가 하락 손실을 만회할 수 있는 기회를 부여받는 장치가 된다. 즉, 신주인수권은 소액주주를 보호하는 장치가 될 수 있다.

　주주 배정을 하는 상장 기업은 신주인수권을 주주들에게 발행해야 하지만 증시에 상장하는 것은 의무 사항이 아니다. 하지만 신주인수권은 증시에 상장시키지 않아도 증권사 등을 통해 제3자에게 파는 것은 가능하기 때문에, 장외시장에서 팔아 현금화할 수 있다.

....

* 유상증자 시 배정하는 신주인수권증서와 신주인수권부사채(BW)에서 설명할 신주인수권증권(182쪽) 즉, 워런트(warrant : 정해진 수량의 보통주를 일정 가격에 살 수 있는 권한)는 다르다. 혼동을 막기 위해 이 책에서는 유상증자 신주인수권증서를 신주인수권으로, BW 신주인수권증권을 워런트라고 표기하기로 한다.

신주인수권증서는 주주 배정 유상증자를 할 때 청약에 앞서 먼저 상장돼 거래된다. 거래 기간은 보통 5영업일 정도다. 주주가 아닌 사람들도 이때 신주인수권을 매입하면 증자에 참여할 수 있다. 신주인수권증서가 거래소에 상장될 경우에는 가격제한폭이나 기준가격이 없다. 그래서 가격이 심하게 등락할 수 있다.

　　(주)붕어빵 주식 1주를 5만 원에 받을 수 있는 신주인수권증서가 한 장 있는데, 현재 (주)붕어빵의 주가가 6만 원이라면, 이 신주인수권증서의 이론가격(내재 가치)은 1만 원(6만 원-5만 원)원이라고 할 수 있다. 이 경우 대개 시장에서 실제로 형성되는 신주인수권의 가격은 8000~9000원 안팎이다. 앞으로 주가가 어떻게 될지 모르는 불안감이 작용하기 때문이다. 신주인수권증서를 갖고 있는 주주들이 증서를 대량으로 시장에 내놓으면 증서 가격은 더 떨어질 수도 있다.

경제기사로 공시 읽기　　　　　　　　　　　　　2012년 9월 26일

대한전선 소액주주 위해 신주인수권 상장하기로

대한전선은 오는 12월 예정된 3500억 원 규모 유상증자 과정에서 기존 주주에게 배정되는 신주인수권을 상장하기로 했다고 정정 공시를 통해 밝혔다. 당초 대한전선은 유상증자 결의 때 신주인수권 상장을 추진하지 않았으나 소액주주를 보호하고 실권주 발생을 줄이기 위해 상장을 다시 결정했다. 유상증자 할인율 30%를 감안하면 상당 수준에서 신주인수권 시세가 형성될 가능성이 있다.

넥솔론 유상증자, 신주인수권 기피 현상

680억 원 규모 유상증자를 진행 중인 넥솔론(현재 상장폐지)의 신주인수권 거래에서도 투자자들의 태양광 기피 현상이 나타났다. 넥솔론의 신주인수권은 거래 가격이 급락해, 내재 가치의 절반도 안 되는 가격에 매매됐다.

넥솔론은 지난 7일부터 13일까지 5일간 신주인수권을 상장해 거래하도록 했다. 신주인수권 거래 가격은 5일 내내 급락했다. 351원에 거래를 시작한 신주인수권은 7일 286원으로 거래를 마쳤다. 이후 4일간 하루 평균 20%씩 가격이 급락하며 거래 마지막 날인 13일에는 장당 114원에 거래됐다.

넥솔론의 신주 예정 발행가액은 1905원이다. 13일 보통주 종가는 2155원으로 이번에 거래된 신주인수권은 250원의 내재 가치(2155원-1905원)를 가지고 있었다. 결국 내재 가치의 절반도 안 되는 가격에 거래가 이뤄진 셈이다. 증자에 참여할 의사가 없는 주주들이 싼 가격에도 아랑곳하지 않고 신주인수권을 내다 판 것은 태양광 업황에 대한 불신이 원인이라는 지적이다.

▶▶ 넥솔론 신주인수권 거래 추이

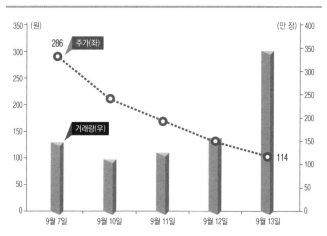

* 자료 : 넥솔론

102원에서 1원으로 급락한
현대증권의 신주인수권

현대증권(2016년 KB투자증권과 합병하여 사명이 KB증권으로 바뀜)은
2011년 10월 우선주* 7000만 주(5950억 원, 주당 8500원)에 달하는
주주 배정 유상증자를 결정했다.

우선주에는 연 배당 6.5%(주당
550원)와 3년 뒤 보통주 전환 조
건이 붙어 있었다. 우선주 1주당
보통주 1주로 전환하는 조건이
었다. 신수인수권은 12월 9일(금
요일) 상장되어 12월 15일(목요
일)까지 5영업일동안 시장에서 거래됐다.

> *우선주 보통주는 기업이 발행한 주식 중 기준이 되는 주식이다. 지분에 따라 평등하게 배당이나 잔여 재산의 분배를 받을 수 있으며, 의결권, 주주 총회 소집 청구권 등 경영에 참여할 수 있는 권리를 갖는다. 우선주는 일반적으로 보통주보다 이익배당이나 잔여 재산 분배 등 재산적 내용에 있어서 우선적 지위가 인정되는 주식이다. 하지만 그 대가로 의결권이 없다.

신주인수권 가격은 상장 첫날 102원에서 출발해 한때 290원까
지 올라가기도 했다. 그러나 이후 매물이 쏟아져 나오며 가격이
지속적으로 하락해, 거래 마지막 날인 12월 15일에는 1원에 거래
됐다.

이 날 현대증권의 종가는 8760원이었다. 행사가격(유상증자 발행
가격)이 8500원임을 감안하면 260원의 내재 가치(8760원-8500원)가
있었지만 신주인수권이 단돈 1원에 거래된 것이다. 현대증권보다
한두 달 정도 앞서 상장된 락앤락, 대우증권(2016년 미래에셋증권과
합병, 사명이 미래에셋대우로 바뀜), 우리투자증권(2014년 NH투자증권과
합병하여 사명이 NH투자증권으로 바뀜), LG전자의 신주인수권이 거래

마지막 날 각각 4805원, 1950원, 1085원, 1만 9200원 등에 거래된 것에 비하면 형편없는 가격이다.

▶▶ 신주인수권 상장 방식의 유상증자 기업

종목명	락앤락	대우증권	우리투자증권	삼성증권	LG전자	현대증권
증자 규모(천 주)	5,000	136,600	66,740	9,600	19,000	70,000
신주인수권 상장일	2011년 10월 27일	2011년 10월 10일	2011년 11월 7일	2011년 10월 8일	2011년 12월 5일	2011년 12월 9일
신주인수권 시가(원)	2,600	2,300	1,315	8,000	24,500	102
신주인수권 고가(원)	6,300	2,480	1,405	8,120	24,600	290
신주인수권 저가(원)	2,600	1,805	1,000	5,500	18,300	1
신주인수권 종가(원)	4,805	1,950	1,085	6,820	19,200	1

• 아래 기사는 신주인수권 차익 거래를 소개하고 있다. 하지만 사실상 개인들이 이러한 거래를 하기는 쉽지 않다.

경제기사로 공시 읽기　　　　　　　　　　　2011년 12월 26일

신주인수권 안정적 투자 방법은?

전문가들은 유상증자 시 신주 상장 이후의 주가를 전망하기가 쉽지 않은 만큼 '차익 거래'를 통해 안정적인 투자를 해야 한다고 조언한다.

유상증자 조건이 좋다고 판단되는 투자자는 신주인수권 매매 시장에서 이를 사들여 유상증자에 참여할 수 있다. 예를 들어 유상증자 가격이 1만 원인데 유

상증자 후 신주가 상장되면 주가가 최소 1만 5000원은 될 것이라고 생각한다면, 5000원 이하 가격에서 신주인수권을 매입할 가치가 있는 것이다.

신주인수권이 상장돼 거래되는 5거래일 동안 신주인수권을 저가에 사서 고가에 파는 것도 한 가지 방법이다. 신주인수권 거래에서 안정적인 투자 방법으

로 차익 거래도 있다. 신주인수권을 사면서 그 기업의 주식을 공매도*하는 것이다.

예를 들어 유상증자 가격이 8000원인 주식의 현재 가격이 1만 원이라고 하자. 1000원에 신주인수권을 사고 주식을 빌려서 1만 원에 파는 것이다. 그러면 손에 1만 원이 들어온다. 그리고 나중에 8000원에 유상증자에 참여해 주식을 받아 빌린 주식을 돌려준다. 그러면 신주인수권 매입에 1000원, 유상증자에 8000원 등 모두 9000원의 비용이 들어갔고, 수중에 1만 원이 들어왔으니 1000원이 남는다. 일종의 무위험 차익 거래다.

반면 신주인수권도 가격이 크게 하락할 수 있으므로 주의해야 한다.

* **공매도(空賣渡)** 현재 갖고 있지 않은 주식을 팔아서 매매차익을 보는 주식 투자 기법이다. 김바람은 씽씽자동차의 주식을 갖고 있지 않다. 그런데 씽씽자동차 주가(현재 주가 주당 50만 원)가 앞으로 떨어질 것으로 예상된다. 이럴 때 김바람은 씽씽자동차 주식을 갖고 있는 제3자에게 씽씽자동차 주식을 두 달 기한으로 100주 빌린다. 빌려온 주식은 주당 50만 원에 모두 팔았다(총 5000만 원어치를 공매도). 한 달쯤 지나 씽씽자동차 주가가 예상대로 40만 원으로 떨어졌다. 김바람은 시장에서 주당 40만 원에 씽씽자동차 주식 100주를 사서 제3자에게 모두 갚는다. 김바람은 공매도로 1000만 원(5000만 원-4000만 원)을 벌었다.

023 액면가가 0원인 주식도 있다?

2012년 4월부터 시행된 개정 상법에 따라 기업들의 무액면주식 발행이 가능해졌다. 기존 상법은 액면가가 100원 이상인 액면주식만 발행하도록 했었다. 하지만 이제 회사가 상황에 따라 액면가가 존재하지 않는 주식을 자유롭게 발행할 수 있게 됐다. 그러나 2017년 12월 현재 국내 기업 가운데 무액면주식을 발행한 기업은 없다. 국내 시장에 상장한 무액면주식은 총 12개로, 홍콩, 미국, 일본 등 무액면주식이 활성화된 국가 기업들이다.

　주가가 액면가에 못 미치는 기업은 유상증자가 쉽지 않았다. 액면가 미만으로 신주를 발행할 경우에는 주주총회의 특별 결의를 거쳐야 하거나 법원의 인가가 필요했다. 무액면주식이 도입되면 '액면가 미만 주식 발행'이라는 개념 자체가 성립하지 않기 때문에, 복잡한 절차와 과정 없이 자본 확충을 시도할 수 있다.

　무액면주식은 신주 대금의 2분의 1 이상을 자본금으로 계상하도록 규정하고 있다. 예를 들어 주당 1000원에 100주를 발행(신주 대금 총 10만 원)한다면 자본금으로 60만 원, 주식 발행 초과금(자본 잉여금)으로 40만 원을 처리하는 것은 가능하지만 그 반대로는 못한다.

　무액면주식을 도입하기 위해서는 정관을 개정할 필요가 있다. 만약 회사가 무액면주식 발행을 도입할 계획이라면, 기존에 발행했던 액면주식도 모두 무액면주식으로 전환해야 한다. 한 회사가 발행한 주식이 액면주식과 무액면주식 두 종류여서는 안 되기 때문이다.

　무액면주식을 도입하면, 주가가 액면가 미만으로 거래되던 기업들도 증자를 통한 자본 확충이 수월해져 재무 구조를 개선하기 쉬워진다. 하지만 자칫 주가가 액면가를 밑도는 한계 기업*들이 이 제도를 악용할 가능성도 높아진다.

*한계 기업 재무 구조가 부실해 어려움을 겪는 기업

024 출자전환은 부실에 대비한 예방 접종이다!

　출자전환이란 대출금을 주식으로 전환해 기업의 부채를 줄여주는 것을 말한다.

출자전환 전 재무 구조

자산 35억 원 = 자본 10억 원 + 부채 25억 원

• 자본 중 자본금은 5억 원(액면가 5000원×10만 주)
• 부채 중 은행 차입금은 20억 원

출자전환

은행 차입금 20억 원 중 10억 원을 자본으로 전환

• 주식 전환가격은 액면가인 5000원으로 가정, 20만 주 발행

출자전환 후 재무 구조

자산 35억 원 = 자본 20억 원 + 부채 15억 원

• 자본 내 자본금이 10억 원 늘어남(5000원×20만 주)
• 은행 차입금이 10억 원 감소해, 부채는 15억 원이 됨

출자전환 결과

① 부채 비율((부채/자기자본)×100)이 출자전환 전 250%에서 75%로 낮아졌다.

② 출자전환으로 은행(채권단)의 지분율이 66.7%((20만 주/30만 주)×100)가 돼, 은행이 (주)붕어빵의 최대주주가 된다. 즉, 은행이 (주)붕어빵의 경영권을 확보하게 된다.

부실 기업의 재무 구조를 개선하고 구조 조정을 원활하게 진행하기 위해서는 채권단이 경영권을 행사할 수 있는 최대주주가 될 필요가 있다. 이 경우 채권단은 출자전환을 통해 최대주주가 될 수 있다.

과거 상법에서는 기업이 법정관리(기업 회생 절차)에 들어가거나, 구조 조정 촉진법에 따른 워크아웃 과정(법정관리와 워크아웃은 135쪽 참조)에 있을 때에만 출자전환이 가능하도록 했다. 그런데 2012년 4월부터 시행에 들어간 개정 상법에서는 기업 회생 절차에 들어가지 않은 일반 기업도 채권단과 합의해서 출자전환을 할 수 있도록 허용하고 있다.

중장기적으로 봤을 때는 수익성이 좋아질 것으로 기대되지만, 현재의 과도한 차입금 이자와 상환 부담 등으로 경영에 어려움을 겪고 있는 기업이 있다고 하자. 이제는 상법 개정으로 채권단이 출자전환으로 재무 구조를 개선해 줄 수 있다.

기업 입장에서는 생존 위기가 닥치기 전에 재무 구조를 개선할 수 있다는 점에서는 다행이다. 일반 투자자 입장에서는 당장은 주식가치가 희석되지만, 중장기적으로 보면 출자전환이 투자 기업의 재무 구조를 개선해 향후 주가에 긍정적인 영향을 미칠 수 있다. 대주주 입장에서는 경영권을 채권단에 넘길 정도의 과도한 출자전환보다는, 경영권을 지키면서 재무 구조를 개선할 수 있는 수준의 출자전환을 원할 것이다.

신주 주면 뭘 줄래?
현물 출자 vs. 출자전환

🏢 신주의 대가로 무엇을 받았나?

앞서 증자는 '자본금'이 증가하는 것이라고 설명했다. 자본금이 증가하려면 신주를 발행해야 한다. 자본금은 '발행 주식 수 × 액면가'만큼 증가한다.

A기업이 대가를 받고 투자자에게 신주를 발행하여 주는 것을 유상증자라고 한다. 신주 대가는 대부분 현금이다. 그러나 투자자 B와의 사전협약에 따라 건물, 토지 등 부동산이나 기계장치 등 설비자산, 주식 같은 유가증권, 회사의 특정 영업(사업)부문 등을 현금 대신 납부할 수도 있다. 투자자 B가 현금 말고 이처럼 가치 측정이 가능한 자산을 신주 대가로 지급할 때 이를 '현물 출자'라고 한다.

이것 말고도 또 하나의 유상증자 대가 지급 방법이 있다. 바로 '출자전환'이다. A기업이 지고 있는 채무를 없애는 대신 채권자에

투자자　　　　　　　　　　　기업

유상증자 과정에서 신주를 받는 대가로 현금이나 부동산, 설비자산, 유가증권, 영업부문 같은 가치 측정이 가능한 자산을 지급하면 '현물 출자', 유상증자하는 기업의 채무를 자본(신주 발행)으로 전환시키는 것이 '출자전환'이다.

게 신주를 발행해 줄 때, 이를 출자전환이라고 한다.

　현금이건 현금이 아니 건 신주 대가가 지급되면 '유상증자 결정'이라는 제목으로 공시한다. 그런데 이런 공시는 얼핏 보면 모두 현금을 조달하는 유상증자인 것으로 착각할 수 있기 때문에, 특히 주의해서 봐야 한다.

🏢 현물 출자로 사업 재편을 단행한 화승엔터프라이즈

　2017년 8월 22일 화승그룹 계열사인 화승엔터프라이즈가 유상증자 공시를 냈다. 화승엔터프라이즈는 나이키, 아디다스 등 유명 브랜드 신발을 ODM(제조업자 개발생산방식)으로 만드는 회사다.

　다음 표는 공시의 초입부다.

	신주 종류와 수	보통주식(주)	3,338,856
2	1주당 액면가액(원)		500
3	자금 조달의 목적	타법인 증권 취득자금원)	53,087,810,400
4	증자 방식		제3자 배정 증자

　공시 앞부분만 얼핏 보면 다른 회사 지분을 매입할 자금을 마련하기 위해 제3자를 대상으로 신주(보통주) 333만여 주를 발행해주고 530여억 원을 조달하는 유상증자처럼 보인다.

　아래 표는 공시의 중반부인데, 주당 발행가액(1만 5900원)과 신주 상장 일정 등이 제시되어 있다. 그런데 여기를 잘 보면 '현물 출자가 있는지 여부'에 '예'라고 적혀있다. 즉 '현물 출자 유상증자'라는 이야기다. 현물 내용이 무엇인지는 모르겠지만, 그 가치가 530여억 원에 달하는 것임을 알 수 있다.

▶▶ **화승엔터프라이즈 유상증자 결정 공시**　　　　　2017년 8월 22일

	신주 발행가액	보통주식(원)	15,900
6	기준주가에 대한 할인율 또는 할증율 (%)		
7	현물 출자로 인한 우회상장 해당 여부		아니오
	– 현물 출자가 있는지 여부		예
	– 납입 예정 주식의 현물 출자 가액(원)		53,087,810,400

　공시 하단부로 가보면 '기타 투자 판단에 참고할 사항'이 기재

되어 있다. 아울러 '제3자 배정 대상자'와 관련한 내용도 표로 정리되어 있다.

이 표를 보면 "화승엔터프라이즈의 최대주주인 화승인더스트리가 중국 자회사와 인도네시아 자회사 지분 100%를 화승엔터프라이즈에 현물 출자하는 방식으로 유상증자를 진행한다"는 사실을 파악할 수 있다. 그런데 공시만 봐서는 왜 이런 식으로 사업 재편을 단행하는지에 대해서 자세히 알 수 없다.

▶▶ **화승엔터프라이즈 유상증자 결정 공시**   2017년 8월 22일

[제3자 배정 대상자별 선정 경위, 거래 내역, 배정 내역 등]

제3자 배정 대상자	관계	선정 경위	비고
(주)화승인더스트리	최대주주	(주)화승엔터프라이즈는 신발사업의 효율적 관리를 위해 설립된 화승인더스트리의 자회사임. 화승인더스트리가 보유하고 있는 해외 신발 제조 자회사 장천제화대련유한공사 및 PT. HWASEUNG INDONESIA의 지분 100%를 화승엔터프라이즈에 현물 출자하여, 화승엔터프라이즈의 신주 발행 주식을 배정, 교부 받음.	1년 보호예수

이 유상증자에 대한 당시 증권사의 리포트와 기사들을 찾아보면, 화승그룹의 신발 제조 법인들을 모두 화승엔터프라이즈 지배

아래 둠으로써 제조 일관 체제를 구축해 생산 효율성을 제고하려
는 전략이라는 분석들이 많았다.

🏢 어려운 자회사를 지원하기 위한 두산중공업의 현물 출자

한편, 모(母)기업이 사정이 어려워진 자회사를 지원하기 위해
현물 출자를 단행하는 경우도 가끔 있다. 수익성과 현금 흐름이
좋은 특정 사업부문을 통째로 떼어 현물 출자 방식으로 자회사에
넘겨주는 경우다.

과거 두산중공업과 두산건설 간 거래가 대표적이다. 2013년
2월 4일 두산건설은 두 건의 유상증자 공시를 냈다. 이 가운데 하
나의 공시를 보자.

▶▶ 두산건설 유상증자 결정 공시　　　　　　　　　　2013년 2월 4일

1 신주 종류와 수	보통주식(주)	211,708,624
2 1주당 액면가액(원)		5,000
3 자금 조달의 목적	운영 자금(원)	571,613,284,800
4 증자 방식		제3자 배정 증자

| 제3자 배정 대상자별 선정 경위, 거래 내역, 배정 내역 등 |

제3자 배정 대상자	회사 또는 최대주주와의 관계	배정 주식 수(주)	비 고
두산중공업(주)	최대주주	211,708,624	배정 및 인수주식 전량 1년간 보호예수 조치됨

공시를 보면 제3자 배정 방식으로 보통주 2117만여 주를 발행해 5716억 원을 조달하는 증자처럼 보인다. 액면가액이 5000원인데 신주 발행가액이 2700원이다. 이처럼 액면가 미만 가격으로 증자를 할 때는 주주총회 특별 결의를 거쳐야 한다.

그런데 이 공시를 보면 역시 '현물 출자가 있는지 여부'에 '예'라는 답변이 있다. 현금이 들어오는 것이 아니라 현물을 납입 받는 방식이라는 이야기다. 출자자는 두산건설의 최대주주인 두산중공업이라는 것을 알 수 있다. 현물의 정체는 이 공시에 기재된 내용이 없어 알 수 없다.

그런데 이날 이 유상증자와 함께 공시된 또 다른 공시 한 건에서 현물의 내용을 파악할 수 있다. 아래는 두산건설이 제출한 '주요 사항 보고서(중요한 영업양수도 결정)'이라는 제목의 공시를 요약·편집한 것이다.

▶▶ **두산건설 주요 사항 보고서(중요한 영업양수도 결정) 공시**　2013년 2월 4일

| 영업양수도의 상대방과 배경 |
당사는 재무 구조 및 사업구조 개선 필요성이 대두되어 당사 최대주주인 두산중공업(주)의 HRSG(Heat Recovery Steam Generator, 배열회수 보일러)사업부문을 양수하기로 이사회에서 결의하였습니다.

| 회사의 경영에 미치는 효과 |
현재 두산건설의 최대주주인 두산중공업은 특수관계인의 지분율을 합하여 총 78.47%(136,122,363주)를 보유하고 있습니다.
영업양수도에 따라 현물 출자 계약(두산건설 보통주 211,708,624주, 발행가액 2,700원)을 체결하였고, 현물 출자가 완료되면 두산중공업의 주식 수 및 지분율이 변동될 예정입니다.

위 공시를 보면, 두산중공업이 HRSG(Heat Recovery Steam
Generator, 배열 회수 보일러) 사업부문을 두산건설에게 양도한다고
기재되어 있다. 두산중공업은 양도 대가인 5716억 원을 현금으로
받지 않고 두산건설이 발행하는 신주를 받기로 했다. 형편이 어려
운 두산건설을 지원해주기 위해 수익성이 안정적인 HRSG 사업을
현물 출자 유상증자 방식으로 양도하는 셈이다.

이날 두산건설은 이러한 현물 출자 유상증자 공시 말고도 또 다
른 유상증자 공시도 한 건 제출했다. 주주 배정 방식(모든 주주들에
게 지분율대로 신주인수권을 부여)으로 보통주 1666만여 주를 발행
(신주 발행가 2700원)하여 4500억 원을 조달한다는 내용이다. 이것
은 주금을 납입해야 하는 즉, 현금 출자 방식의 유상증자다.

▶▶ **두산건설 유상증자 결정 공시**   2013년 2월 4일

신주의 종류와 수	보통주(주)	166,666,667
1주당 액면가액(원)		5,000
자금 조달의 목적	운영 자금(원)	450,000,000,900
증자 방식		주주 배정 증자
신주 발행가액(원, 예정 발행가)	보통주(원)	2,700

당시 두산중공업은 두산건설 지분을 72.7% 보유하고 있었기 때문에 두산건설이 유상증자로 조달할 자금 4500억 원 가운데 약 3270억 원의 증자 참여 부담을 져야 했다. 결과적으로 두산 건설은 현금 및 현물 병행 유상증자로 4500억 원의 현금 유입과 5700억 원 가치의 영업자산(HRSG 사업) 양수를 기대할 수 있게 된 것이다.

왜 대주주가 제3자가 됐을까?

한편, 화승엔터프라이즈에 대한 현물 출자자는 화승인더스트리로, 대주주다. 두산건설도 마찬가지다. 현물 출자자 두산중공업은 대주주다. 그런데 이들 대주주를 대상으로 유상증자를 하는데 왜 '제3자 배정 방식'이라고 표기했을까?

일반적으로 모든 주주들을 대상으로 공평하게 지분율대로 증자 참여권을 보장한다면 이를 '주주 배정' 증자라고 한다. 그러나 주주를 대상으로 하더라도 특정 주주 또는 복수의 특정한 소수 주주들만을 대상으로 유상증자를 시행한다면 이는 '제3자 배정'으로 분류된다.

Chapter 6

주주에게 이익을 돌려주다, 무상증자

025 셀트리온 주가 분석, 헛다리 짚은 국회의원

초보 주식 투자자 나하수는 2012년 5월 24일 오전 코스닥 대장 주격인 셀트리온의 주가를 들여다보다 깜짝 놀랐다. 셀트리온이 2만 8500원 선에서 거래되고 있었던 것이다. 평소 셀트리온 주가가 4만 원은 족히 넘는 것으로 알고 있던 나하수는 하루 전날인 5월 23일의 주가를 찾아봤다. 종가는 분명히 4만 1600원이었다. 그런데 하루만에 1만 3100원이나 떨어지다니!

어찌된 영문인지 어리둥절한 나하수는 친구인 최고수에게 물었다. 최고수는 무상증자에 따른 권리락 때문에 나타난 현상이라고 했다. "셀트리온이 공매도 세력에 대응하기 위해 잉여금을 활용해 무상증자를 단행한 것으로 보인다"는 설명도 덧붙였다.

무상증자는 유상증자와 달리 주식을 공짜로 나누어주는 것(발행 주식 수 증가)이기 때문에 무상증자 권리락일이 되면 기준주가

를 인위적으로 낮추어 거래를 시작한다. 나하수는 무상증자 권리락을 모른 채 주가 변동 폭만 가지고 호들갑떨었던 모습이 창피했다. 어찌 됐든 셀트리온 같은 기업의 주가가 2만 원 대로 떨어졌다고 하니 왠지 싸진 것 같은 느낌이 들어 100주를 매입했다.

전후 사정에 대한 이해 없이 주가만 놓고 잘못된 해석을 내놓는 것은 비단 나하수같은 초보 투자자에게만 일어나는 일이 아니다. 2012년 10월 국정감사장에서도 셀트리온 주가를 둘러싼 해프닝이 있었다.

국회 정무위원회 소속 한 국회의원이 이렇게 말했다. "셀트리온은 외국계 헤지펀드의 공매도 때문에 주가에 피해를 입은 기업이다. 올해 상반기 셀트리온 주가는 16.5%나 하락했다!"

국회의원의 말대로 셀트리온의 주가가 연초 3만 6300원에서 3만 300원(6월말 기준)으로 16.5% 하락한 것은 맞았다. 하지만 이것은 5월에 있었던 무상증자를 감안하지 않은 수치였다. 셀트리온은 5월 24일 무상증자 권리락으로 주가가 4만 원대에서 2만 원대로 떨어졌다. 국회의원이 내놓은 분석과는 달리, 무상증자를 감안하면 셀트리온 주가는 상반기 동안 24%나 올랐다.

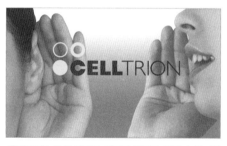

셀트리온은 악성 루머를 퍼트려 주가를 하락시키는 공매도 세력의 지속적인 공격을 받아왔다. 셀트리온은 공매도 세력이 주가 하락 시 차익을 얻는 것을 막기 위해 무상증자를 단행해 주가를 끌어올렸다.

026 먹고 살만한 회사가 무상증자도 한다

무상증자는 회사가 주식을 발행해 주주들에게 공짜로 나눠주는 것을 말한다. 대개 보통주 1주에 대해 정해진 비율(예컨대 1주당 1주, 1주당 0.5주 등)로 신주를 배정한다.

무상증자는 일반적으로 주가를 띄우는 호재로 작용한다. 무상증자를 한다는 것은 그 회사가 대가를 받지 않고 주식을 나눠줄 만큼의 재원(잉여금)이 있다는 뜻이고, 주주 가치를 높이겠다는 의지의 표현으로 여겨지기 때문이다. 무상증자로 유통되는 주식의 물량이 늘어나고 권리락이 발생해 주가가 싸 보이면, 매수세가 많이 몰릴 가능성도 있다. 그러면 권리락으로 주가가 떨어지더라도 얼마 지나지 않아 예전 주가 수준을 회복한다. 보통 무상증자는 자금에 여력이 있거나 수익성 높은 사업을 가지고 있는 기업들이 하기 때문에 증자 이후에도 주가가 탄력을 받는 경우가 많다.

027 무상증자는 주주에게 득일까 실일까?

무상증자는 회계상의 이벤트로, 이론적으로는 주주 가치에 영향을 주지 않는다고 한다. 그러나 실제로는 신주를 배정받을 권리가 없어지는 권리락 이후 주가 흐름에 따라 주주들에게 상당한 득실이 생길 수 있다.

(주)붕어빵 주식 10주를 가지고 있는 나하수 씨의 경우를 보자. (주)붕어빵은 2017년 2월 27일 무상증자 공시를 냈다.

신주 종류와 수	보통주식(주)	1,000
증자 전 발행 주식 총 수	보통주식(주)	1,000
신주 배정 기준일		2017년 3월 10일
1주당 신주 배정 주식 수	보통주식(주)	1
신주권 교부 예정일		2017년 3월 28일
신주의 상장 예정일		2017년 3월 29일

공시를 보면 (주)붕어빵은 기존 주식 1주당 신주 1주를 무상으로 주겠다고 한다. 현재 발행 주식 총 수가 1,000주인데, 무상증자하면 추가로 1,000주가 늘어난다. 신주 배정 기준일은 3월 10일(금요일)이다. 만약 (주)붕어빵의 무상증자 신주를 받고 싶은 투자자가 있다면, 3월 8일(수요일)까지는 주식을 매수해야 한다. 그래야 이틀 뒤인 10일 결제가 되어 (주)붕어빵의 주주 명부에 이름을 올릴 수 있기 때문이다.

나하수 씨는 현재 주식 10주를 보유하고 있기 때문에 신주 교부 예정일인 3월 28일 추가로 10주를 받을 것이다. 이 신주는 교부 다음날인 3월 29일 거래소에 상장되어 거래가 시작된다. 그렇다면, 이 무상증자로 인한 나하수 씨의 득실은 어떻게 될까?

3월 10일이 무상 신주 배정 기준일이기 때문에 3월 9일에는 이른바 무상증자 '권리락'이 발생한다. 3월 8일까지 매수한 주식에는 무상 신주가 배정되지만 3월 9일 매수한 주식에는 배정권이 없으므로 인위적으로 기준주가를 낮춰 거래를 시작하는 것이다. 주식이 늘어나는 만큼 주당 가치가 하락한다고 볼 수 있으므로, 권리락일에 낮춰진 주가를 기준으로 시장에서 새로운 주가 흐름이 형성된다고 생각하면 된다.

3 March						
Sun	Mon	Tue	Wed	Thu	Fri	Sat
5	6	7	8	9 무상증자 권리락 발생 →기준주가 조정	10 신주 배정 기준일	11
12	13	14	15	16	17	18
19	20	21	22	23	24	25
26	27	28 신주권 교부 예정일	29 신주권 상장 예정일	30	31	

권리락일 기준주가는 '권리락 전일의 종가'를 '1+무상증자 비율'로 나누어 결정한다. (주)붕어빵 주가는 애초 1만 원을 오르내렸는데, 2월 27일의 무상증자 공시가 호재로 받아들여져 권리락 전일인 3월 8일에는 1만 2000원까지 올랐다고 하자. 나하수 씨가 가진 10주 가치는 12만 원이 된 셈이다. 권리락일 기준주가는 공식에 따라 '1만 2000원/ (1+1)'로 계산하면 6000원이 된다. 기존 주식 1주당 신주 1주를 주는 100% 무상증자이므로, 1만 2000원의

절반인 6000원이 기준주가가 되는 것이다.

기존 주식에 무상신주를 받으면 나하수 씨의 주식은 총 20주가 되지만, (주)붕어빵 기준주가는 6000원으로 조정되기 때문에 결국 나하수 씨가 가진 주식가치는 여전히 12만 원이다. 그래서 무상증자는 이론적으로는 주주 가치에 변화를 주지 않는다고 말하는 것이다.

그러나 권리락 이후 새로 형성되는 주가 흐름에 따라 무상증자로 인한 나하수 씨의 득실이 결정된다. 권리락일 (주)붕어빵의 주가는 개장과 동시에 기준주가인 6000원에서 출발했으나 강세를 보여 이후 7000원 선에서 움직인다고 가정해보자. 시간이 흘러 3월 29일 신주 상장일에는 종가가 8000원이 되었다. 그렇다면 나하수 씨가 보유한 주식 20주의 가치는 16만 원이 된다. 무상증자 전의 12만 원보다 4만 원이 증가했다. 무상증자가 일단은 득이 되었다.

만일 불행하게도 권리락일 종가가 5000원으로 떨어졌고, 이후 주가가 계속 맥을 못 추다 3월 29일 신주 상장일에도 여전히 5000원이라고 하자. 그렇다면 나하수 씨 주식 20주의 총 가치는 10만 원으로, 무상증자 전보다 못하다. 무상증자가 오히려 손실이 됐다.

물론 주식 수가 총 20주로 증가한 상태이므로 나중에라도 주가가 충분히 오른다면 무상증자는 실이 아니라 득이 될 수도 있다. 일단 신주 상장 첫날의 상황만을 두 가지로 가정하여 보자면 이렇다는 이야기다.

한편, 앞의 (주)붕어빵의 경우 1대 1 무상증자를 해 증자 비율이 100%(기존 발행 주식 수만큼 신주 발행)가 되었다. 그러나 1대 1 증자를 하여도 증자 비율이 100%가 안 될 수 있다. 회사가 자기주식(자사주)을 보유하고 있는 경우다. 자사주에 대해서는 무상증자 신주를 배정하지 않는다. 이런 경우 1대 1 증자에도 무상증자 비율은 100%가 되지 않는다. 따라서 권리락일의 기준주가가 권리락 전일 종가의 절반보다는 더 높은 수준으로 결정된다.

다음은 빅솔론이라는 코스닥 상장사가 2017년 6월 제출한 무상증자 공시 내용이다.

▶▶ 빅솔론 무상증자 결정 공시		2017년 6월
1 신주의 종류와 수	보통주식(주)	9,038,905
2 증자 전 발행 주식 총 수	보통주식(주)	10,200,000
3 신주 배정 기준일		2017년 7월 10일
4 1주당 신주 배정	보통주식(주)	1
5 신주의 상장 예정일		2017년 8월 1일

6 **기타 투자 판단에 참고할 사항**
 – 주주의 지분율 증가(주주 가치 제고)
  자기주식 1,161,095주(무상증자 전 기준 지분율 11.38%)에 대해서는
  신주가 배정되지 않기 때문에 무상증자 후 자기주식 지분율은 감소,
  여타 주주들이 소유하게 될 지분율은 증가.

1대 1 무상증자지만, 무상증자 비율은 '9,038,905/10,200,000'을 계산하면 88.62%다. 자기주식에는 신주를 배정하지 않기 때문이다. 이 회사의 주가는 무상증자 공시 이후 1만 2000원 대에서 1만

3000원대로 상승했다. 신주 배정 기준일인 7월 10일이 월요일이므로 권리락일은 7월 7일 금요일이다.

권리락일 전일의 종가는 1만 3800원으로 결정되었다. 따라서 권리락일의 기준주가를 공식에 대입해 계산(1만 3800원/1 + 0.8862)해 보면 7320원이 된다.

7월 7일 빅솔론 주가는 기준주가보다 못한 6980원의 종가를 기록했다. 이후 주가가 6600원 대에서 움직이고 있음을 감안하면, 무상증자가 주가에 그리 긍정적인 영향을 미치지 못했다고 볼 수 있다. 만약 권리락 전에 1만 3800원 수준에서 주식을 매입했다면 무상증자 신주를 받았어도 결과적으로는 손실을 보고 있는 셈이다.

무상증자를 하면 발행 주식 수가 증가하므로 자본금이 증가한다. 하지만 회사로 실제 유입되는 현금은 없다. 그래서 자본(자본총계)은 그대로다. 무상증자는 자본 항목 내 잉여금을 슬쩍 자본금으로 옮겨주면서 숫자를 맞춰준다. 내 오른쪽 주머닛돈을 왼쪽 주머니로 옮기는 셈이다(42쪽 '재무 구조 개선에 필요한 회계를 말하다' 참조).

무상증자 시 자본금과 자본의 변화

(주)붕어빵 자본(3억 원) = 자본금(1억 원) + 잉여금(2억 원)

(액면가 5000원, 발행 보통주 수 2만 주)

⬇

무상증자 실시 : 보통주 1주당 무상 신주 1주(1대 1 무상증자)

무상증자 신주 2만 주 발행

⬇

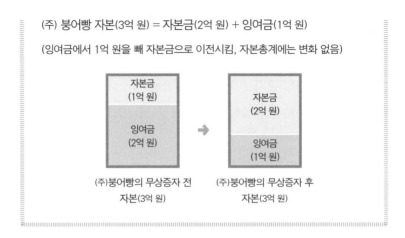

(주) 붕어빵 자본(3억 원) = 자본금(2억 원) + 잉여금(1억 원)

(잉여금에서 1억 원을 빼 자본금으로 이전시킴, 자본총계에는 변화 없음)

(주)붕어빵의 무상증자 전 자본(3억 원)

(주)붕어빵의 무상증자 후 자본(3억 원)

028 무상증자 권리락일에 주가가 대폭락한 까닭은?

(주)붕어빵이 1대 1 무상증자를 한다면 발행 주식 수를 두 배로 늘리는 것이다. 따라서 권리락 전일 종가가 2만 원이라면 권리락일 기준주가는 1만 원이 돼야 한다. 김 씨가 보유한 증자 전 2만 원짜리 주식 10주나, 권리락을 거친 후 기준주가(1만 원)를 적용한 20주나, 총 가치는 20만 원으로 같다. 따라서 권리락일 이후의 주가 흐름이 무상 신주를 받은 주주들의 손익에 영향을 미친다. 주가가 기준주가보다 더 높아져 1만 2000원이 되었다면 김씨가 보유한 주식의 총 가치는 24만 원으로 증가할 것이다.

$$무상증자의\ 권리락일\ 기준주가 = \frac{권리락\ 전일\ 종가}{(1 + 무상증자\ 비율)}$$

(즉, 무상증자 비율만큼 권리락 당일의 기준주가를 떨어뜨림)

　무상증자 비율이 가령 1대 0.5나 1대 1 수준으로 높다면 기준주가는 평소의 주가 수준보다 뚜렷하게 낮아진다. 아래의 경우 무상증자 권리락을 반영한 기준주가가 얼마나 되는지 공식에 맞춰 계산해보자.

- (주)붕어빵의 무상증자 비율은 1대 0.2(보통주 1주당 0.2주 배정)
- 권리락 전일 종가는 2만 원

　　권리락을 반영한 기준주가 = 2만 원/(1 + 0.2) = 1만 6667원

김만두가 (주)붕어빵 주식 10주를 보유한 주주라면

권리락 전 주식가치
2만 원 × 10주 = 20만 원

=

권리락 후 기준주가를
적용한 12주의 가치
1만 6667원 × 12주 = 20만 원

029 셀트리온의 공매도 세력 죽이기 작전

　코스닥의 대표주 셀트리온은 2012년 5월 9일 1대 0.5의 무상증자 계획을 발표했다. 하루 전 셀트리온은 185억 원어치의 자사주 매입 계획을 밝히기도 했다(자사주 매입은 321쪽 참조). 시장 전문가들은 셀트리온의 무상증자와 자사주 취득을 공매도 세력에 대항하기 위한 조치로 분석했다.

공매도는 A기업의 주가 하락이 예상될 때 A기업 주식을 증권사 등으로부터 빌려 미리 판 다음, 주가가 떨어지면 싼 값에 주식을 매수해 갚는 거래를 말한다.

A기업의 현재 주가가 1만 원이고 앞으로 주가 하락이 예상된다고 하자. 이 주식을 빌려 1만 원에 판다. 예상대로 주가가 8000원으로 떨어지면, 시장에서 A주식을 8000원에 사서 빌린 주식을 갚는다. 이렇게 하면 주당 2000원의 차익을 보게 된다. 만약 예상과 달리 주가가 올라 1만 1000원이 됐다면 공매도를 한 사람은 오히려 비싼 값에 주식을 사서 갚아야 하므로 손해를 보게 된다.

셀트리온은 2012년 5월 1대 0.5 비율의 무상증자와 185억 원어치 자사주 매입 계획을 발표하며 공매도 세력 죽이기에 나섰다.

A기업에 대한 공매도 세력은 주가가 하락해야 이익을 볼 수 있으므로 A기업에 대한 루머 등을 흘려 주가에 영향을 미치려 할 수 있다.

셀트리온은 공매도 세력들이 지속적으로 악성 루머 등을 흘려 주가를 떨어뜨리기 위한 시도를 해왔다고 판단했다. 이런 공매도 세력들이 차익을 얻는 것을 막기 위해 회사 측이 자사주 취득과 무상

셀트리온 무상증자에 날벼락 맞은 공매도 세력

공매도 세력의 공격에 시달려온 셀트리온이 대규모 자사주 매입에 이어 전격적인 무상증자 카드를 내세워 반격에 나섰다.

10일 셀트리온은 보통주 1주당 0.5주를 배정하는 무상증자를 결정했다. 셀트리온처럼 성장성 높은 기업의 무상증자는 가장 강력한 주가 부양 수단이다. 앞으로 공매도 세력에 주식을 빌려준 주주들의 상환 요청이 잇따를 것으로 보인다.

무상증자 전후로 회사 가치(시가총액)는 동일하기 때문에 개별 주식가치(주가)는 3분의 2만큼 기계적으로 낮아진다. 예를 들어 주당 3만 원인 셀트리온 주식 20주를 가지고 있던 주주는 주당 2만 원인 셀트리온 주식 30주를 갖게 되는 것과 같다.

성장성 높은 회사는 무상증자로 낮아진 주가가 급격하게 반등해 원래 가격대로 복귀하는 사례가 많다. 이렇게 되면 무상증자로 받은 주식이 그야말로 '덤'이 되는 구조다. 셀트리온 역시 무상증자를 결정한 이후 상한가를 기록하는 등 투자자들의 반응이 뜨겁다. 무상증자와 자사주 매입이라는 두 가지 카드가 동시에 나왔기 때문으로 분석된다.

공매도 세력은 큰 손실을 입을 위기에 처했다. 증권가에 따르면 공매도 투자자들은 지난해부터 올 초까지 3만 5000원 내외에서 셀트리온 주식을 공매도했다는 분석이 유력하다.

셀트리온은 공시를 통해 "오는 5월 25일까지 주주 명부에 등재된 주주에 대해 신주를 배정할 예정"이라고 밝혔다. 무상증자는 신주 배정 기준일 당시의 주식 보유자에게 권리가 주어진다. 주식을 남에게 빌려준 경우 이를 기준일 전까지 회수하지 않으면, 무상증자 권리는 주식을 빌려간 차입자에게 일단 넘어가게 된다. 그러나 주식을 빌려준 행위가 소유권 이전은 아니기 때문에 배당 및 증자권은 여전히 원소유자에게 귀속된다. 따라서 차입자는 주식을 상환할 때 무상증자로 받은 주식도 함께 돌려줘야 한다.

그런데 이 같은 과정이 귀찮고 복잡하다. 그래서 공매도 세력에게 셀트리온 주식을 빌려준 주주들은 25일 이전에 주식 상환(리콜) 요청을 할 가능성이 높다.

주식을 빌린 공매도 세력 입장에서는 더 큰 손실 위험을 안게 됐다. 무상증자로 상환해야 할 물량은 늘어난 반면, 주가는 올라 이중으로 손해를 봐야 하기 때문이다.

증자 등 주가 부양책을 내놓았다는 것이 시장의 해석이었다.

	▶▶ 셀트리온 무상증자 결정(정정 공시)		2012년 5월 8일
1	신주의 종류와 수	보통주(주)	57,707,412
2	1주당 액면가액(원)		500
3	증자 전 총 발행 주식 수	보통주(주)	116,869,824
4	신주 배정 기준일		2012년 5월 25일
5	1주당 신주 배정 주식 수	보통주(주)	0.5
6	신주의 배당 기산일		2012년 1월 1일
7	신주권 교부 예정일		2012년 6월 28일
8	신주의 상장 예정일		2012년 6월 29일
9	이사회 결의일(결정일)		2012년 5월 10일
10	기타 투자 판단에 참고할 사항 • 신주 배경 : 2012년 5월 25일 현재 주주 명부에 등재된 주주에 대하여 신주를 배정할 예정입니다. • 신주의 재원 : 주식 발행 초과금(28,853,706,000원)		

실제로 2012년 3월 2일부터 5월 10일까지 셀트리온의 공매도 매매 비중은 6% 이상이었고, 4월 중순에는 전체 거래량의 30% 이상이 공매도 물량으로 파악되기도 했다. 이후 악성루머(임상실험 실패설 등)가 돌면서 셀트리온의 주가는 약세를 겪기도 했다.

한편 무상증자를 단행한 기업들은 권리락 착시 효과*로 권리락일

* 권리락 착시 효과 증자를 할 때 권리락을 적용하면 주가가 평소보다 낮게 형성되기 마련이다. 이때 물량이 늘어난 것은 감안하지 않고 주가가 종전보다 싸다고 느끼게 되는 현상을 말한다.

에 주식 거래가 활발해지고 주가가 오르기도 한다. 예를 들어 모두투어는 5월 29일 시초가보다 750원(3.6%) 오른 2만 1500원에 거래를 마쳤다. 무상증자 권리락일인 이날 모두투어의 권리락 반영 기준주가는 2만 750원(전날 종가는 3만 1100원)이었다. 권리락의 영향으로 주가가 싸 보이자 매수세가 몰린 것으로 보인다.

증자를 할 때 신주를 받을 권리가 사라지는 권리락일에는 기준주가를 인위적으로 떨어트린다. 이때 평소보다 주가가 싸 보이는 '권리락 착시 효과'가 나타난다. 사진은 절세미녀만을 찾던 남자가 최면에 걸려 136kg의 여성을 날씬하다고 착각하며 벌어지는 해프닝을 그린 영화 〈내겐 너무 가벼운 그녀〉의 포스터다.

Chapter 7

보상 없이 주식을 잃다,
무상감자

030 증자 전 감자탕을 끓이는

대한전선의 서글픈 사연

'54년 연속 흑자'라는 경이로운 기록을 세운 대한전선은 한때 현금이 많기로 둘째가라면 서러운 기업이었다. 재계의 '돈줄'이라는 평가를 받기도 했던 대한전선은 그러나 여러 차례 무리한 M&A와 사업 확장에 나섰다가, 2008년 세계 금융위기 때 직격탄을 맞았다. 이후 오랜 기간에 걸쳐 자산 매각, 사업 재편 등 구조 조정을 진행했다.

2012년 7월 27일 대한전선은 두 개의 공시를 동시에 냈

감자(減資)란 '자본 감소'의 줄임말이다. 감자 방법에는 무상감자와 유상감자가 있다. 무상감자는 발행 주식 수를 줄여 자본금을 줄이는데, 줄어든 주식에 대해서는 대가를 지불하지 않는다.

다. 하나는 '무상감자', 하나는 '유상증자' 공시였다. 무상감자와 유상증자의 결합이라니, 어찌된 일일까? 여기에는 곡절이 있다.

　대한전선은 유상증자만으로 자금을 끌어모아 재무 구조를 개선하고 싶었다. 그러나 주가 수준이 유상증자를 할 여건이 못 됐다. 대한전선의 주당 액면가는 2500원, 당시 주가는 2300원 선이었다. 유상증자 때 주당 발행가격에는 시세(주가) 대비 할인율이 적용된다. 그렇다면 현 주가 수준을 감안하면 대한전선의 유상증자 발행가격은 액면가 미만이 된다. 액면가 미만 증자가 불가능한 것은 아니지만, 주주총회 특별 결의와 법인 인가 등 그 조건이 매우 까다롭다. 그래서 대한전선은 먼저 7대 1(보통주 7주를 1주로 병합)의 무상감자를 단행하기로 했다.

　무상증자를 하면 주식 수가 늘어나기 때문에 주당 가치가 떨어진다. 그래서 기준주가를 인위적으로 낮춘다(권리락). 무상감자는 이와 반대다. 주식 수를 줄이기 때문에 기준주가를 인위적으로 높인다. 예를 들어 무상감자를 단행해 대한전선 주가를 인위적으로 4000원 이상으로 맞춰놓고 유상증자를 단행하면, 액면가 보다 높은 수준에서 유상증자 발행가격을 결정할 수 있다.

　대한전선의 무상감자에는 이런 고충이 담겨 있었다. 무상감자를 단행하면 줄어드는 자본금만큼을 결손금 해소에 활용해 재무구조를 개선하는 효과가 있다. 또 무상감자 뒤 유상증자로 자금을 끌어오면 재무 구조는 한층 더 좋아진다.

　하지만 주주 입장에서는 속이 쓰리다. 감자로 주식을 소각 당하고 증자로 주식가치가 희석되는 현상까지 연달아 발생하기 때문이다. 그러나 이런 과정을 거쳐 회사가 탄탄해지면 훗날 주가로 보상받으리라는 기대감으로 주주들은 감자에 동의해주고 유상증자를 견뎌내는 것이다.

031 회사 재무 구조 개선에 특효, '감자 다이어트'

자본금(액면가 × 총 발행 주식 수)을 줄이는 방법 중 하나는 주주들로부터 주식을 받아 소각하는 것이다. 주주들의 주식을 소각할 때 주당 얼마씩 대가를 지급한다면 유상감자, 대가를 지급하지 않는다면 무상감자가 된다.

무상감자를 하면 자본금은 줄어들지만 회사 자금이 밖으로 유출되는 게 아니기 때문에 자본(자기자본)은 그대로다. 반대로 유상감자는 자본금을 줄이면서 대가를 지급하기 때문에 자금 유출에 따른 자산 감소가 수반된다.

2대 1 감자라면 기존 주식 2주를, 액면가가 같은 주식 1주로 병합한다는 말이다. 만약 액면가 500원짜리 주식 2주를 1주로 병합하면서 액면가가 두 배인 1000원으로 높아진다면, '2대 1 감자'가 아니라 '2대 1 액면병합'이 된다. 액면병합은 자본금에 변화를 주지 않는다. 액면가 500원짜리 주식 10주를 병합해서 액면가 5000원짜리 1주로 만든다면, 자

기업이 심각한 재무 위험에 빠졌을 경우 재무 구조를 개선할 방안으로 무상감자를 선택하기도 한다.

본금은 둘 다 5000원으로 변화가 없다.

감자는 같은 액면가로 주식을 병합하는 것이다.

> 액면가 500원짜리 10주를 같은 액면가 주식 1주로 합치면(10대 1 감자,
> 감자 비율 90%), 4500원의 자본금 감소가 일어난다.
> ➡ 500원(액면가) × 9주(소멸되는 주식 수) = 4500원(자본금 감소)

일반적으로 감자라고 하면 무상감자를 일컫는다. 대부분 감자는 회사가 경영난에 처해 법정관리*나 워크아웃*에 들어갈 경우, 또는 자본의 일부 또는 전부가 잠식되는 등 심각한 재무 위험에 빠졌을 때 단행한다. 이 경우 무상감자를 통해 자본잠식에서 탈피하는 등 재무 구조를 개선할 수 있다.

상장 기업의 경우 자본잠식이 발생하면(자본잠식률 50% 이상) 관리종목으로 지정된다. 자본잠식률이 2년 연속 50% 이상이거나, 자본금이 전액 잠식되면 상장폐지 대상이다.

....

* 법정관리와 워크아웃 부도 위기에 빠진 기업이 정상화하기 위해 외부(금융권)의 도움을 얻고자 할 때 선택하는 방법이다.
워크아웃은 투자해준 금융권이 이미 투자한 자금을 떼이지 않기 위해 자금을 더 빌려주거나 상환 기간을 연장해준다. 기업은 경영진 교체나 인원 감축 등 구조 조정을 진행한다.
법정관리(기업 회생 절차)는 법원이 지정한 전문가가 기업과 금융권 사이에 개입해 기업을 파산시키는 것이 나은지, 회생시키는 것이 나은지를 분석한다. 법정관리에 들어가면 채권과 채무가 모두 정지되고 경영권은 유지할 수 있다.
감면받는 채무 범위에도 차이가 있다. 워크아웃은 금융권 채무에 한정되지만, 법정관리는 일반 상거래 채무까지 감면 받는다.

이런 기업은 유상증자를 해서 자본을 확충하기도 쉽지 않다. 단, 경영권을 넘겨주기로 하고 누군가를 대상으로 제3자 배정 유상증자를 할 수는 있다. 그러나 일반 공모나 주주 배정 방식의 유상증자는 쉽지 않다. 그래서 대다수 기업들이 택하는 방법이 주주의 동의를 얻어 발행 주식 수를 줄이는 감자다.

법정관리나 워크아웃 등에 들어가면 통상 오너인 대주주와 소액주주들의 책임을 구분하기 위해 '차등 감자'를 한다. 대주주에 대해서는 기업을 재무 위험에 빠트린 책임을 묻는 차원에서 20대 1~50대 1로 감자 비율을 높여 지분율을 확 떨어뜨린다. 반면 소액주주들에 대해서는 대주주에 비해 상대적으로 낮은 2대 1~5대 1 정도 비율로 감자한다.

감자로 발행 주식 수를 줄인 이후에는 일반적으로 유상증자를 한다. 채권 은행들이 출자전환으로 대주주가 되거나 새로운 제3자가 유상증자에 참여해 지분을 확보함으로써 경영권을 인수하는 M&A가 이루어지기도 한다. 대주주가 된 채권 은행은 기업을 정상화한 다음 출자전환 지분을 매각해 자금을 회수한다(107쪽 '출자전환은 부실에 대비한 예방 접종이다!' 참조).

032 감자로 자본잠식에서 탈출하는 방법

감자로 자본잠식에서 어떻게 탈출할 수 있을까?

회사가 제대로 굴러가 이익을 내면 이익 잉여금이 생기기 때문에 자본이 자본금보다 큰 게 정상이다. 회사가 계속 적자를 내서 결손금이 누적되면, 벌어놓은 잉여금으로 결손금을 상쇄할 수밖에 없다. 잉여금이 두둑하면 당분간은 결손을 메워가면서 버틸 수도 있다(48쪽 '무상감자로 재무 구조를 개선하는 과정 예' 참조).

- (주)붕어빵 : 자본(5억) = 자본금(3억 원) + 잉여금(2억 원)

> 3억 원의 적자 결손금이 발생한다면,

- 잉여금을 결손금 보전에 다 사용해도 자본금 3억 원 중 1억 원을 갉아먹는다(잠식). 결국 자본은 2억 원이 된다.

  자본(2억 원) = 자본금(3억 원) + 잉여금(2억 원) + 결손금(−3억 원)

  = 자본금(3억 원) + 잉여금(0) + 결손금(−1억 원)
  잉여금으로 결손금을 메움

➡ 자본이 자본금보다 적은 '부분 자본잠식' 상태다.

  자본잠식률은 33.3%다(잠식된 자본금 1억 원/자본금 3억 원×100).

(주)붕어빵(액면가 5000원, 총 발행 주식 수 6만 주)이 5대 1 무상감자(감자 비율 80%)를 한다고 하자. 발행 주식 6만 주 가운데 4만 8000주를 강제 소각한다. 줄어드는 자본금은 2억 4000만 원(액면가 5000원 × 소각하는 주식 4만 8000주)이다. 동시에 주식 소각에 아무런 대가를 지급하지 않으므로, 회사 입장에서 보면 동일한 금액(2억 4000만 원)의 '감자차익'이 발생한다. 감자차익은 주식 거래(자본 거래)에서 발생한 것이므로 '자본 잉여금'이라 할 수 있다.

5대 1 감자 후 (주)붕어빵의 재무 상태

- 자본금 = 3억 원 − 2억 4000만 원 = 6000만 원
- 무상으로 소각된 주식 = 액면가(5000원)×소각하는 주식 수(4만 8000주)

  2억 4000만 원의 감자차익 발생

➡ 자본(2억 원) = 자본금(6000만 원) + 자본 잉여금(2억 4000만 원) +

  결손금(−1억 원)

(주)붕어빵은 5대 1 무상감자 후 자본보다 자본금이 컸던 구조가 바뀌면서 자본잠식에서 탈출, 자본 잉여 구조로 변했다. 줄어든 자본금(2억 4000만 원)으로 결손금(−1억 원)을 해소하고도 1억 4000만 원이 남았다. 남은 1억 4000만 원은 최종 감자차익(자본 잉여금)으로 장부에 기록된다. 무상감자는 감자하기 전과 하고난 이후 자본총계가 그대로이기 때문에 자산 규모도 변하지 않는다.

무상감자가 아니라 유상감자라도 주당 보상액이 액면가 미만이면 감자차익이 발생한다. 예를 들어 액면가 5000원짜리 주식에 대해 3000원을 보상하고 소각한다면 주당 2000원의 감자차익이 발생한다. 반대로 액면가 5000원짜리 주식에 대해 8000원을 보상하고 소각한다면

무상감자로 자본보다 자본금이 컸던 구조가 바뀌면 자본 잠식에서 탈출할 수 있다.

3000원의 '감자차손'이 발생한다.

033 주식을 소각당한 주주, 보상받을 길 있을까?

이사회에서 감자를 결정하면, 주주총회 의결 절차가 기다리고 있다. 주주총회에서 감자가 의결되면, 주주들은 구주를 제출하고 감자하고 난 이후 신주를 받는다. 신주가 상장되기 전 일정 기간 동안(15거래일)은 주식의 매매가 정지된다.

신주가 처음 상장돼 거래가 재개되는 날 아침 기준주가에는 감자 비율이 반영된다. 감자 전후(정확하게는 매매 거래 정지 직전과 매매 거래 재개 직후) 투자자가 보유한 주식의 총 가치는 변하지 않는다. 그런데 매매 거래 재개 직후에는 주식 수가 줄어 있으니, 감소한 비율만큼 주식의 기준주가를 올려서 거래를 재개한다.

2016년 한때 코스닥 시가총액 순위 2위에까지 올랐던 바이오 업체 셀루메드가 2017년 3월 3일 감자공시를 냈다. 셀루메드는 2016년도 결산 결과 자본잠식률이 44%에 이를 것으로 추정됐다. 결손금 해소를 통한 재무 구조 개선이 시급했다. 2017년 상반기에도 적자를 낸다면 상반기말 기준으로 자본잠식률이 50% 이상이 돼 관리종목에 지정될 가능성이 있었다. 다음 표를 보면 2016년 말 기준으

자본잠식 위기에 빠진 셀루메드는 10대 1 감자로 자본금을 817억 원 줄여 자본잠식에서 벗어났다.

구분(단위 : 억 원)	2016년 말
자본총계	446
・자본금	908
・자본 잉여금	503
・기타자본	(114)
・이익 잉여금(결손금)	(831)

▶▶ 셀루메드 2017년 반기 말(감자 이후) 기준 연결자본   2012년 5월 8일

구분(단위 : 억 원)	2017년 반기 말
자본총계	457
・자본금	91
・자본 잉여금	1329
・기타자본	(115)
・이익 잉여금(결손금)	(848)

로 미처리 결손금 831억 원 때문에 자본총계(446억 원)가 자본금 (908억 원)보다 훨씬 적어진 자본잠식 구조를 보여주고 있다. (연결 재무제표를 작성하는 기업의 자본잠식을 따질 때는 자본총계에서 '비지배 주주 귀속 자본'은 제외한다. 셀루메드는 비지배주주 자본이 미미하므로 여 기서는 무시한다.)

셀루메드는 결손금 해소책으로 10대 1의 감자를 선택했다. 공 시를 보면 감자를 하면 자본금이 908억 원에서 91억 원으로, 약 817억 원 줄어든다. 사실 자본금을 500억 원 정도만 줄여도 자본 금은 408억 원(908억 원 - 500억 원)이 되고, 자본 잉여금은 1003억 원(503억 원 + 500억 원)이 되며, 자본총계는 그대로 446억 원이 유

지되기 때문에 자본총계가 자본금보다 더 커지는 구조로 바뀐다. 즉, 자본잠식에서 벗어나게 된다.

그런데 셀루메드가 자본금을 817억 원이나 감소시키기로 한 것은 앞으로 손실이 크게 발생해도 자본잠식에 빠지지 않을 정도의 완충장치를 미리 마련한 것으로 볼 수도 있겠다.

셀루메드의 주가는 매매 거래 정지일(2017년 4월 28일) 직전인 4월 27일 종가 545원을 기록했다. 주주들은 가지고 있던 구주를 회사에 다 제출하고, 10대 1로 병합된 감자 신주를 받는다. 다시 거래가 재개되는 날 즉, 감자 신주가 상장 거래되는 날은 5월 25일이다.

▶▶ 셀루메드 감자 결정 공시   2017년 3월 3일

1 감자 주식의 종류와 수	보통주식(주)	163,398,462	
2 주당 액면가액 (원)		500	
3 감자 전후 자본금		감자 전(원)	감자 후(원)
		90,776,923,000	9,077,692,000
4 감자 비율	보통주식(%)	90	
5 감자 기준일		2017년 5월 2일	
6 감자 방법		기명식 보통주 액면가 500원의 주식 10주를 동일 액면금액 1주로 병합	
7 감자 사유		재무 구조 개선	
8 감자 일정	주주총회 예정일	2017년 3월 31일	
	매매 정지 기간	2017년 4월 28일~5월 24일	
	신주 교부 예정일	2017년 5월 24일	
	신주 상장 예정일	2017년 5월 25일	

바로 이날 아침에 적용되는 기준주가는 감자 비율을 적용한다. 예컨대, 매매 정지 전일 종가가 1000원이었고, 5대 1 감자를 한다고 하자. 거래가 재개되는 신주 상장일의 기준주가는 5000원(1000원 × 5)이 된다. 아침 장전 동시호가 시간에 기준주가인 5000원의 50%(2500원)~200%(1만 원)사이에서 매수매도 주문을 넣을 수 있다. 동시호가 체결 결과가 오전 9시 개장 출발가격이 되는 것이다. 셀루메드의 거래 정지 전일(4월 27일) 종가는 545원이었으니, 거래 재개일의 장전 기준가격은 10배인 5450원이 된다.

셀루메드 주주 최고수 씨가 100주를 가지고 있었다면 감자 전 총 주식가치는 5만 4500원(100 × 545원)이다. 10대 1 감자 후에는 신주 10주를 갖게 되는데, 기준주가를 적용하면 역시 5만 4500원(10 × 5450원)이니 이론적으로 감자 전후 가치 변화는 없다는 말이다.

문제는 감자 신주가 상장된 이후의 주가 흐름이다. 거래 재개일의 종가는 6460원으로, 기준가격보다는 높았다. 이후 두 차례 상한가를 기록하는 등 한때 1만 원 선을 넘기도 했다. 그러나 2017년 12월 중순 현재 셀루메드 주가는 8800~9200원 사이를 움직이고 있다. 그렇다면 최고수 씨 입장에서는 감자가 득이 됐을까? 그렇지는 않다. 왜냐하면 기준주가가 5450원이었다는 사실을 고려하면 득이 된 것으로 볼 수도 있겠다. 하지만 3월 3일 감자 공시 직전만 해도 이 회사의 주가는 1000원 선을 유지했다. 공시 이후 주가는 하락 곡선을 그렸고, 매매 거래 정지 직전에 545원까지 추락하는 바람에 기준주가가 5450원이 됐다. 이런 사실을 감안하면 감자는 오히려 손해가 됐다고 볼 수 있다.

감자로 일단 회사의 재무 구조를 개선하고 난 뒤에는 영업 역량이 뒷받침된다면 주가가 상승할 여지가 있다. 그러나 감자 자체가 회계적으로 재무 구조를 개선하는 절차이기 때문에, 뒤이어 유상증자 등으로 신규 자금이 유입되지 않을 경우 영업 실적 개선을 이뤄내기가 쉽지 않다.

감자 이후 제3자 배정 유상증자로 경영권이 새 대주주에게 넘어가면서 회사가 정상화되는 경우도 있다. 하지만 감자만으로는 주가가 오히려 후퇴하거나 횡보하는 경우가 많다.

034 한눈팔면 당하는 2~3월 공시

해마다 2~3월이면 '내부 결산 시점 관리종목 지정 또는 상장폐지 사유 발생'이라는 제목의 공시가 줄줄이 뜬다. 공시 제목에서 금세 알 수 있듯이 기업들이 전년도에 대한 결산을 마친 결과, 관리종목이나 상장폐지 종목 지정 요건에 해당하는 사안이 발생했다는 의미다.

아직 외부 감사인의 감사가 완료되기 전이라 감사 결과에 따라 상황은 달라질 수 있다. 그러나 지정 요건에 해당하지 않았던 기업이 외부 감사 결과 결산 수치가 달라져 지정 요건에 해당되는 경우는 있지만, 그 반대로 지정 요건이 해소되는 경우는 드물다.

코스닥시장 규정에 따라 기업의 재무 결산 결과 관리종목이나 상장폐지 지정 요건에 해당되는 경우를 간단하게 소개하면 다음과 같다.

첫째, 매출액이다. 매출이 30억 원 미만(별도재무제표 기준)이면 관리종목에 해당된다. 2년 연속 매출이 30억 원 미만이면 상장폐지 대상이다. 단, 지주회사의 경우에는 연결재무제표로 따진다.

둘째, 장기간 영업손실을 낸 경우다. 최근 4년간 연속으로 영업손실이 나면 관리종목, 5년 연속 시에는 상장폐지 대상이 된다. 매출액과 마찬가지로 지주회사는 연결 기준이다. 다만, 5년 연속 영업손실이 나도 상장폐지 실질심사를 거쳐 최종 상장폐지가 결정된다. 손실 사유 등에 따라 구제 가능성이 있다는 이야기지만, 일단 5년 연속 영업손실이 났다면 거의 상장폐지된다고 보는 게 맞을 것 같다.

셋째, 자본잠식이다. 사업연도말 또는 반기말 자본잠식률이 50% 이상이면 관리종목이 된다. 그 후 다시 사업연도말 또는 반기말 자본잠식률이 50% 이상이면 상장폐지로 간다.

사업연도말에 자본 완전잠식이면 곧바로 상장폐지다. 연결재무제표 작성 기업이면, 자본잠식을 따질 때 연결재무제표를 기준으로 한다. 이때 자본총계에서 '비지배주주 귀속 자본'은 빼고 계산한다. 즉 '지배주주 귀속 자본'만을 기준으로 한다는 이야기다. 회사의 연결재무제표에서 자본 항목을 보면 지배주주분과 비지배주주분을 구별해 표기해 놓았다.

넷째, 세전손실(법인세비용 차감 전 손실)이다. 자기자본의 50%를 초과하는 세전손실이 최근 3년간 2회 이상 발생하면 관리종목으로 지정되고, 그 이후 다시 세전손실이 자기자본의 50%를 넘으면 상장폐지가 된다. 세전손실은 연결재무제표 기업일 경우 연결로

따진다. 코스피(유가증권시장) 기업들은 코스닥 기업들과 기준에 약간 차이가 있는데, 자세한 내용은 한국거래소 홈페이지를 참조하면 된다.

2017년 2월 14일 코스닥 기업 이디가 공시한 내용을 보면 다음과 같은 표가 나온다. 이 회사는 최근 3년 가운데 2년 이상 세전손실(법인세비용 차감 전 계속사업손실)이 자기자본의 50%를 넘게 되어 관리종목 지정 대상이 된 사례다.

▶▶ 이디 최근 3사업연도의 법인세 비용 차감 전 계속사업손실률 (단위 : %, 원)

구분	당해 사업연도	직전 사업연도	전전 사업연도
(법인세 비용 차감 전 계속사업손실/자기자본)×100(%)	66.0	23.7	58.7
	50% 초과	–	50% 초과
법인세 비용 차감 전 계속사업손실	30,559,911,165	9,675,694,384	9,198,165,759
자기자본 (지배회사 또는 지주회사인 경우 비지배지분 포함)	46,288,719,927	40,903,364,440	15,665,710,735

이날 코스닥시장본부는 이디의 관리종목 지정이 우려된다는 내용의 공시를 냈다. 외부 감사인의 감사 보고서가 제출돼야 관리종목에 정식 지정된다. 그러나 그 이전에 회사 내부 결산 자료에 나타난 수치로 판단하건대 관리종목 지정 가능성이 크다는 의미다.

▶▶ 이디 주권 매매 거래 정지 2017년 3월 3일

1	대상 종목	(주)이디	보통주
2	정지 사유	관리종목 지정 우려	

3 정지 기간	가. 정지 일시	2018년 2월 14일	16:57:00
	나. 만료 일시		장 종료 시까지
4 근거 규정		코스닥시장 공시 규정 제37조 및 시행 세칙 제18조	
5 기타		– 관리종목 지정 우려 사유 : 최근 3사업연도 중 2사업연도 자기자본 50% 초과 법인세 비용 차감 전 계속사업손실 발생 – 동 사유가 (연결)감사보고서에서 확인될 경우 관리종목으로 지정될 수 있음 – 코스닥시장 업무 규정 시행 세칙 제26조의 규정에 의거하여 매매 거래 재개일의 개시 전 시간외 매매는 성립되지 않습니다.	

같은 날 와이디온라인이라는 기업이 낸 '내부 결산 시점 관리종목 지정 또는 상장폐지 사유 발생' 공시에는 다음과 같은 표가 담겨있다. 2017년 반기결산으로는 자본잠식률이 34.6%였으나 연간 결산으로 78.4%(50% 이상에 해당)에 달해, 관리종목에 지정될 가능성이 높아진 사례다.

▶▶ 와이디온라인 자본잠식률 (단위 : %, 원)

구분	당해 사업연도	당해 사업연도 반기
자본잠식률(%)=((자본금−자기자본)/자본금)×100	78.4	34.6
자기자본(지배회사 또는 지주회사인 경우에는 비지배지분 제외)	2,752,132,245	7,754,124,845
자본금	12,744,873,000	11,849,321,500

이런 기업들이 가장 손쉽게 재무 구조를 개선할 수 있는 방법이 무상감자다. 유상증자를 해도 자본잠식률을 떨어뜨리거나 자본잠식에서 벗어날 수 있는데, 어떤 기업들은 제3자 배정 유상증자를 통해 아예 회사 경영권을 넘기는 방법을 택하기도 한다.

에스마크라는 코스닥기업은 4년 연속 영업손실 때문에 관리종목에 지정될 전망이다. 다음과 같은 표가 담긴 공시를 했다.

▶▶ 에스마크 최근 4사업연도의 영업손실   (단위 : 원)

구분	당해 사업연도	직전 사업연도	전전 사업연도	전전전 사업연도
영업손실(지배회사인 경우에는 별도재무제표, 지주회사인 경우에는 연결재무제표)	9,185,192,135	15,207,040,920	13,852,856,429	1,946,977,183

035 대주주에게 부실 경영의 책임을 묻다, 남광토건

남광토건은 건축과 토목 사업이 주력인 건축 회사다.

2010년 10월 워크아웃을 개시했으나, 2012년 8월 유동성이 부족해 법정관리를 신청했다. 남광토건의 감자 공시에서 '감자 방법' 항목을 보면 차등 감자에 대한 내용이 있다.

• 대주주는 보통주 100주를 1주로, 소액주주는 보통주 10주를 1주로 병합한다. 대주주의 감자 비율이 소액주주보다 열 배 높다. 이는 워크아웃에서 법정관리로 이어지는 부실 경영의 책임을 대주주에게 묻겠다는 의지가 반영된 결정이라고 보면 된다.

1	감자 주식의 종류와 수	보통주(주)	32,407,820	
2	1주당 액면가액(원)		5,000	
3	감자 전후 자본금		감자 전(원)	감자 후(원)
			173,058,570,000	11,019,470,000
4	감자 전후 발행 주식 수	보통주(주)	감자 전(주)	감자 후(주)
			34,611,714	2,203,894
5	감자 비율	보통주(%)	93.63	
6	감자 기준일		2011년 2월 21일	
7	감자 방법		① 대주주는 보통주 100주를 동일한 액면주식 1주로 병합 ② 소액주주는 보통주 10주를 동일한 액면주식 1주로 병합	
8	감자 사유		재무 구조 개선	

036 무상감자로 유상증자의 발판을 마련하다

같은 날 무상감자와 유상증자 두 개의 공시를 낸, 대한전선의 공시를 살펴보자.

2012년 7월 27일 무상감자와 유상증자를 동시에 추진하겠다고 공시한 대한전선의 감자 사유는 재무 구조 개선이다. 그러나 감자로 재무 구조를 개선시키겠다는 의도도 있었겠지만, 감자를 이용해 기준주가를 올린 다음에 유상증자를 성공시켜 신규 자금을 끌어오려는 목적이 더 강했다.

▶▶ 대한전선 감자 결정 공시

정정 공시 2012년 8월 24일

1	감자 주식의 종류와 수	보통주(주)	150,820,114
2	1주당 액면가액(원)		2,500
3	감자 전후 자본금		감자 전(원) / 감자 후(원)
			439,891,997,500 / 62,841,712,500
4	감자 비율	보통주(주)	85.71
5	감자 기준일	보통주(%)	2012년 10월 22일
6	감자 방법		7 대 1 무상감자
7	감자 사유		재무 구조 개선

▶▶ 대한전선 유상증자 결정 공시

정정공시 2012년 8월 24일

1	신주의 종류와 수	보통주(주)	80,000,000
2	1주당 액면가액(원)		2,500
3	자금 조달의 목적	운영 자금(원)	149,300,000,000
		기타 자금(원)	230,700,000,000
4	증자 방식		주주 배정 후 실권주 일반 공모
5	신주 발행가액	예정 발행가	4,750
		확정 예정일	2012년 11월 19일
6	신주 배정 기준일		2012년 10월 22일
7	1주당 신주 배정 주식 수(주)		2.5706
8	신주인수권 양도 여부		예
	신주인수권증서의 상장 여부		아니오
9	이사회 결의일(결정일)		2012년 8월 24일

* 기타 투자 판단에 참고할 사항
• 신주인수권의 양도를 허용한다.
• 주주의 청구가 있을 경우에만 신주인수권증서를 발행하며, 청구 기간은 신주 배정 통지일로부터 청약 개시일 전일까지로 한다.

대한전선의 주가는 2260원(7월 30일 종가 기준)으로 액면가 (2500원) 이하다. 유상증자를 할 수 없는 상황이다. 주가가 최소한 3000원 후반에서 4000원 대는 돼야 할인율을 감안 해 유상증자를 할 수 있다. 이 때문에 유상증자에 앞 서 7대 1 감자를 단행, 주 당 가격을 올리는 작업을 하게 된 것이다.

대한전선은 7대 1 무상감자로 기준주가를 끌어 올 려 유상증자 성공의 발판을 마련했다.

경제기사로 공시 읽기   2012년 7월 27일

대한전선, 감자·유증 동시 추진 "조기 재무 정상화 목적"

대한전선이 재무 구조 정상화를 위해 7대 1 무상감자와 유상증자를 동시에 하기로 했다고 27일 밝혔다. 유상증자 규모는 대략 8000만 주를 예상하고 있 지만, 감자 후 기준주가에 따라 금액이 달라질 가능성이 있다.

대한전선은 기존 주주를 보호하기 위 해 유상증자 시 감자 대상 주주에게 신 주인수권을 부여하는 방식의 주주 배정 유상증자 방식을 추진하기로 했다.

최동희 솔로몬투자증권 전무는 "통상 적인 경우 감자라고 하면 대규모 자본 잠식이나 기업 부실 등으로 시장 퇴출 에 직면한 기업이 이를 회피하기 위한 수단이나 M&A 사전 절차 등으로 활용 하는 사례가 많다. 하지만 대한전선은 이와 달리 유상증자의 성공 가능성을 높이고, 이를 통해 조기에 기업 정상화 를 추진하기 위해서 실시하는 감자"라 고 설명했다.

Chapter 8

때론 대주주를 웃게 만드는
유상감자

037 '알박기' 1년 만에 두 배 수익,

극동전선 유상감자의 마술

2005년 6월, 극동전선의 대주주인 프랑스기업 넥상스(지분 45%
보유)가 극동전선 주식을 공개매수하기 시작했다. 나머지 소액주
주들의 지분 55%를 끌어 모아 회사를 상장폐지시킬 심산이었다
(공개매수는 302쪽, 상장폐지는 304, 418쪽 참조).

그런데 넥상스의 계획에 복병이 나타났다. 독일계 투자사인 안
홀드라는 곳이 극동전선 지분을 야금야금 사 모아 어느새 40%나
확보한 것이다. 증권 시장에서는 안홀드가 '알박기'를 하고 있는
게 아니냐는 분석이 나왔다. 일단 극동전선의 2대 주주가 돼 배당
금을 듬뿍 받고, 극동전선 주식을 넥상스에 비싼 값에 넘기려는
전략인 것 같다는 설명이었다. 시장의 예상은 맞아떨어졌다.

극동전선을 마음대로 좌지우지하고 싶었던 넥상스는 다음 해인

2006년 12월 안홀드에 유상감자를 제안했다. 주당 4만 4800원을 쳐 줄 테니 지분을 털고 나가라는 것이다. 안홀드는 주당 1만 5000원~2만 6000원 사이에 극동전선 지분을 매집했다. 그러니 주당 4만 4800원을 주겠다는 제안을 마다할 이유가 없었다. 안홀드는 투자 1년여 만에 거의 100% 수준에 육박하는 수익률을 올렸다. 극동전선이 안홀드 지분을 매입해서 소각하는 유상감자에 투입한 현금은 452억 원이다. 이 때문에 극동전선은 그 해 402억 원의 감자차손이 발생했다.

유상감자는 우리에게 좋지 않은 기억으로 남아 있다. 대표적인 사례가 론스타다. 론스타가 극동건설을 인수한 것은 2003년이다. 그 해부터 론스타는 즉각 투자 자금 회수에 들어가 영업이익(162억 원)보다 많은 240억 원을 배당받았다. 2004년에는 순이익의 51%에 해당하는 195억 원을, 2005년에는 95%인 260억 원을 배당받았다.

2003년과 2004년에 각각 유상감자도 실시해, 모두 1525억 원을 가져갔다. 그리고 2007년, 무려 6600억 원을 받고 웅진그룹에 극동건설을 팔았다. 극동건설을 인수한 웅진그룹은 결국 건설 경기 불황으로 2012년 9월 웅진홀딩스와 극동건설에 대한 법정관리를 신청하는 운명에 처했다.

우리에게 유상감자는 대주주가 회사

론스타는 2003년 1700억 원 가량을 투자해 극동건설을 인수해 상장폐지한 다음, 수차례 배당과 유상감자 등을 통해 투자금을 초과하는 2200억 원을 회수했다. 게다가 6600억 원을 받고 극동건설을 웅진그룹에 매각하며 먹튀 논란을 일으켰다.

이익을 빼가는 수단 정도로 각인돼 있다. 하지만 이것이 전부일까?

038 자본도 줄어들고 자산도 줄어드는 유상감자

유상감자는 감자 대상 주식을 소각하는 대신 회사가 대금을 지급한다. 기업 규모에 비해 자본금이 지나치게 많아 자본의 효율성이 떨어질 경우에 자본금 규모를 적절하게 줄여 기업가치를 높이거나, 유통 주식 수를 줄여 주가 상승을 꾀하기 위한 목적으로, 또는 대주주가 현금이 필요할 때 유상감자를 시행하기도 한다.

과거 론스타의 극동건설 투자 등 여러 가지 사례를 보건대 때로는 기업을 인수한 대주주가 투자 자금을 조기에 회수하거나, 오랜 시간이 걸리는 배당보다는 짧은 기간에 기업의 이익금을 빼내기 위한 목적으로 유상감자를 실시하는 경우도 있다.

무상감자는 증자 전후로 자본총계가 달라지지 않기 때문에 자산에도 변화가 없다. 그러나 유상감자는 다르다. 주주들에게 현금을 지급하기 때문에 자본이 줄어들고, 따라서 자산도 감소한다.

(주)붕어빵이 2대 1 유상감자를 한다고 하자(액면가 5000원, 총 발행 주식 수 4만 주). 감자 주식 1주당 1만 2000원을 지급하기로 했다. 액면가 5000원짜리 주식을 1만 2000원에 사들여 소각하기 때문에, 주당 7000원의 감자차손(마이너스 자본 잉여금)이 발생한다. 만일 액면가 미만으로 소각하면, 예를 들어 감자 1주당 3000원을 지급한다면 2000원의 감자차익이 발생한다.

그러나 유상감자는 과다한 자본금을 줄이거나 주주에게 돈을

1 5 3

돌려주기 위한 목적 등으로 실시하기 때문에 액면가 미만으로 소 각하는 경우는 거의 없다고 봐야 한다. 그래서 상장 기업의 유상 감자는 대부분 자본금 감소와 함께 감자차손을 수반한다.

유상감자 전 ㈜붕어빵의 자본 구조

액면가 5,000원, 발행 주식 수 4만 주

자본(5억 원) = 자본금(2억 원) + 잉여금(3억 원)

⬇

2대 1 유상감자 시행

(주당 1만 2000원 보상)

⬇

 감자로 줄어드는 주식 수가 2만 주, 2억 4000만 원의 현금 유출

자본금 감소는 1억 원(2억 원-(5000원 × 2만 주))

감자차손은 1억 4000만 원(2만 주 × 7000원)

유상감자 후 ㈜붕어빵의 자본 구조

자본(2억 6000만 원) = 자본금(1억 원) + 잉여금(3억 원)

+ <u>감자차손(-1억 4000만 원)</u>

마이너스 자본 잉여금

㈜붕어빵은 유상감자로 자본총계가 2억 4000만 원 줄었다. 자 본총계에서 줄어든 금액만큼 현금이 빠져나간 것이므로, 자산도 당연히 2억 4000만 원 감소한다. 유상감자는 무상감자와 달리 자 본과 자산에 변화를 가져온다.

한편, 유상감자는 도덕성과 불법성 논란을 자주 일으킨다.

2010년 신준호 푸르밀(옛 롯데우유) 회장 사건은 재계에서 제법 큰 이슈가 됐던 사안이다. 신준호 회장은 롯데그룹 신격호 회장의 동생이다. 신준호 회장은 2004년 시원소주로 유명한 대선주조를 600억 원에 인수했다. 그리고 4년만인 2008년 대선주조를 사모펀드인 코너스톤에 팔았다. 매각 가격은 3600억 원. 그러자 부산 지역에서는 신준호 회장이 "먹튀를 했다"는 이야기가 돌기 시작했다.

2009년에는 검찰이 신준호 회장을 조사했다. 검찰은 대선주조를 사고파는 과정에서 유상감자와 이익배당 등으로 거액의 회삿돈을 빼돌리고 회사에 손해를 끼친 혐의로 신준호 회장을 기소했다.

신준호 회장은 코너스톤에 대선주조 지분을 팔면서, 동시에 인수자인 코너스톤(정확하게는 코너스톤이 대선주조를 인수하

신준호 회장 대선주조 먹튀 사건

1997년	대선주조 사업다각화 실패로 부도
	2000억 원의 공적자금을 투입해 회생
2004년	신준호 회장 600억 원에 대선주조 인수
2008년	신준호 회장 사모펀드 코너스톤에 대선주조 매각 (매각 대금 3600억 원)
	신준호 회장 코너스톤 지분 30% 획득

기 위해 설립한 페이퍼컴퍼니*)측 지분 30% 획득했다. 이후 대선주조의 유상감자(50대 1)와 이익배당 등을 통해 3000억 원의 현금을 받아갔다.

* 페이퍼컴퍼니(paper company)
물리적으로 존재하지 않고 서류상으로만 존재하는 회사로 자회사를 통해 영업을 한다. 법적으로 자격을 갖추고 있어 유령회사와는 구분된다.

그러나 법원은 무죄를 선고했다. 재판부는 유상감자와 이익배당을 통해 대선주조의 자산을 감소시킨 행위를 주주의 정당한 권리 행사 범주에 속한다고 판결했다. 하지만 검찰은 여전히 이 사건에 대해 "기업을 인수한 다음 유상감자 등으로 자금을 빼내 부실화시킨 '기업 사냥'의 행태"라는 입장을 견지하고 있다.

한편 당시 재판부의 판시는 다음과 같다.

신준호 회장 사건에 대한 재판부 판시

① 유상감자와 이익배당이 법령과 정관의 범위 내에서 이뤄졌다. 대선주조의 당기 순이익이나 내부 잉여금 등을 감안할 때 유상감자와 이익배당 비율이 과도하지 않다.

② 유상감자 등으로 회사 자산이 감소했다고 하더라도 이는 주주의 권리에 해당하는 것이므로, 배임죄를 적용할 수 없다.

---

040 유상감자를 하면 기준주가는 어떻게 바뀔까?

유상감자를 하면 감자 이후 기준주가는 어떻게 변할까?

(주)잉어빵이 50% 유상감자를 한다고 하자. 감자되는 주식 1주

당 1만 5000원을 지급하기로 했다. 매매 거래 정지 전날 종가가 1만 원이라고 하자. 그럼 (주)잉어빵 주식 10주를 가지고 있는 주주 김말복은 감자소각되는 5주에 대해서는 시장가격(매매 거래 정지 전날 종가인 주당 1만 원)보다 더 높은 가격(주당 1만 5000원)으로 보상을 받는 셈이 된다. 따라서 남은 5주의 거래가 재개되는 날의 기준주가는 거래 정지 전날 종가보다 낮게 조정해야 한다.

감자 전후(즉 매매 거래 정지 직전과 매매 거래 재개 직후) 김말복의 주식가치는 같아야 한다. 매매 거래 정지 전 가치는 '1만 원 × 10주 = 10만 원'이다. 매매 거래 재개 후 김말복의 주식가치도 10만 원이 돼야 한다. 그런데 김말복은 10주 중 5주에 대해서는 유상감자로 7만 5000원(5주 × 1만 5000원)의 보상을 받는다. 그러므로 남은 5주의 가치가 2만 5000원이 되면, 유상감자 전과 후의 주식가치가 같다. 따라서 매매 거래 재개 당일 아침의 기준주가는 5000원(2만 5000원/5주)으로 보면 된다.

감자 전 10만 원 = 감자보상가격 7만 5000원 + (5주 × 기준주가)

5주 × 기준주가 = 2만 5000원

기준주가 = 5000원

반대로 유상감자 가격이 1만 5000원인데, 매매 거래 정지 전날 주가가 이보다 더 높은 2만 원이 됐다고 하자. 감자된 주식 5주에 대해 보상받는 가격보다 시장가격이 더 높다. 이 경우 매매 거래 재개일의 기준가격은 유상감자 가격보다 더 높게 책정돼야 한다.

041 유상감자로 상속세를 마련한 진로발효의 꼼수?

2011년 11월 18일 진로발효는 유상감자 결정 공시를 냈다. 공시에는 유상감자 사유를 '자본금 규모 적정화와 주주 가치 제고'라고 밝히고 있다. 하지만 전후 사정을 살펴보면 선대 회장으로부터 주식을 물려받은 대주주가 유상감자로 재원을 마련해서 상속세를 충당하려는 속내가 감추어져 있다.

- 진로발효는 43% 감자를 실시하면서 감자 주식 1주당 1만 1500원을 지급한다. 즉, 100주를 가진 주주라면 43주를 회사

▶▶ 진로발효 유상감자 결정 공시   2011년 11월 18일

	감자 주식의 종류와 수	보통주(주)	5,676,000	
	1주당 액면가액(원)	500		
	감자 전후 자본금		감자 전(원)	감자 후(원)
			6,822,450,000	3,984,450,000
	감자 전후 발행 주식 수	구분	감자 전(주)	감자 후(주)
		보통주(주)	13,200,000	7,524,000
	감자 비율	보통주(%)	43	
	감자 기준일	2012년 2월 2일		
	감자 방법	• 강제 유상 소각 • 총 발행 주식 수(13,200,000주)에 대해 감자 비율 43% 적용 • 유상소각 대금 : 1주당 11,500원 • 유상소각 대금 지급 예정일 : 2012년 2월 15일		
	감자 사유	자본금 규모의 적정화 및 주주 가치 제고		

에 주고, 주당 1만 1500원을 지급받는다.

- 감자 사유는 자본금 규모 적정화와 주주 가치 제고다. 하지만 공시에서 밝힌 감자 사유를 곧이곧대로 믿기에는 유상감자 타이밍이 기막히다. 최대주주였던 장봉용 회장 사망으로 지분 65.59%가 전량 가족에게 상속되면서, 최대주주 변경 공시를 한 지 일주일 만에 유상감자 공시가 있었다.

경제기사로 공시 읽기   2011년 11월 22일

유상감자, 상속세 마련 + 중소기업 혜택 '일석이조'

전통적인 코스닥 '배당 대장주'였던 진로발효가 돌연 유상감자 결정을 내려 배경이 주목된다. 1주당 1만 1500원을 지급하는 형식으로 567만 6000주 (43%)에 대한 강제 유상소각을 실시한다고 공시했다.

투자자들은 유동성을 확대하겠다며 자사주 27만 주를 처분한 지 1개월도 채 안 돼 유상감자를 실시하는 배경을 궁금해 하고 있다.

시장에서는 대주주 측의 상속세 재원 마련 목적 때문인 것으로 보고 있다. 진로발효의 최대주주였던 장봉용 회장이 지난 6월 사망함에 따라, 배우자인 서태선 씨 외 3인으로 최대주주가 변경됐으며 지분 65.59%가 전량 상속됐다. 진로발효 측은 회장 사망에 따른 최대주주 변경 공시를 한 지 일주일 만에 유

상감자를 발표했다. 진로발효 관계자는 "현재로서는 상속세 문제를 빨리 마무리하는 게 관건"이라고 말했다.

하지만 대주주의 상속세 마련을 위해 왜 회사 자금을 써야 하느냐는 시각도 있다. 이번 유상감자에 회사 측이 투입해야 하는 자금은 650억 원이 넘는다. 이에 대해 회사 관계자는 "회사의 자금이 주주들에게 공평하게 돌아가기 때문에 대주주에 대한 특혜는 아니다"면서 "특히 유상감자를 통해 주식 수가 감소해 주식의 가치가 높아질 것"이라는 입장이다.

주식 매입 단가가 1만 1500원 이상이었던 주주라면 이번 유상감자로 손실이 현실화되는 셈이다. 1만 1500원 이하에 주식을 샀던 사람이라면 차익에 대해 22%의 세금을 내야 한다.

유상감자 결정으로 상한가 친 대한통운

(현 CJ대한통운)

- 감자 비율은 43%다. 100주를 가진 주주라면 43주를 유상 소
  각한다. 유상감자 가격은 주당 17만 1000원, 감자 기준일은
  4월 21일이다.
- 자본금 규모의 적정화 및 주주 가치 제고가 감자 사유다.

2009년 2월 4일 대한통운의 유상감자 결정 공시가 나오자 주
가는 상한가로 갔다. 당시 대한통운 지분은 아시아나항공 등 금

▶▶ 대한통운(현 CJ대한통운) 감자 결정 공시			2009년 2월 4일
1 감자 주식의 종류와 수	보통주(주)	17,364,380	
2 1주당 액면가액(원)		5,000	
3 감자 전후 자본금		감자 전(원)	감자 후(원)
		200,883,620,000	114,061,720,000
4 감자 전후 발행 주식 수	구분	감자 전(주)	감자 후(주)
	보통주(주)	40,176,724	22,812,344
5 감자 비율	보통주(%)	43.22	
6 감자 기준일	2009년 4월 21일		
7 감자 방법	• 강제 유상 소각(다만, 감자 기준일 현재 회사가 보유하고 있는 자기주식에 대해서는 감자 비율에 따라 무상 소각) • 유상 소각 대금 : 1주당 171,000원 • 유상 소각 대금 지급 예정일 : 2009년 5월 4일		
8 감자 사유	자본금 규모의 적정화 및 주주 가치 제고		

호 계열사가 49.4%를 보유하고 있었다. 대한통운의 주가가 9만 1000원~9만 2000원 사이에서 움직일 때이니 17만 1000원은 충분히 매력적인 가격이었다. 매매 거래 정지 전날인 4월 16일 종가는 10만 4000원이었다. 43%의 감자 주식을 시세(10만 4000원)보다 훨씬 높은 주당 17만 1000원에 보상을 해 주니, 감자소각 되지 않고 남아 있는 주식에 대한 매매 거래 재개일 기준주가는 10만 4000원보다 훨씬 낮아진다.

5월 15일 거래가 재개되던 날 대한통운 주식의 종가는 8만 2000원이었다. 7만 8000원에 시작해 8만 9700원까지 올랐다가 8만 2000원으로 마감했다. 만일 대한통운 주식 100주를 갖고 있는 주주가 있다면, 감자하기 전과 후 수익에는 어떤 변화가 있는지 살펴보자.

▶▶ 대한통운 주주 김갑돌의 유상감자 전과 후 주식가치 변화

주주 김갑돌(보유 주식 수 : 100주)

- 유상감자 비율 : 43%
- 매매 거래 정지 전 종가 : 10만 4000원
- 매매 거래 재개일 종가 : 8만 2000원

• 감자 전 : 1040만 원

매매 거래 정지* 전 주가를 기준으로 보면 김갑돌이 보유한 주식의 가치는 1040만 원(10만 4000원 × 100주)이다.

• 감자 후 : 1202만 7000원

100주 가운데 43주는 유상감자 가격인 주당 17만 1000원에 보상을 받아, 735만 3000원(17만 1000원 × 43주, 차익에 대한 세금은 일단 계산에서 제외)을 손에 넣을 수 있다.

나머지 57주에 대해 매매 거래 재개일의 종가를 적용하면 467만 4000원(8만 2000원 × 57주)이다.

유상감자의 대가로 받은 돈과 유상감자 후 남은 주식에 매매 거래 재개일 종가를 적용하면 1202만 7000원(735만 3000원 + 467만 4000원)이다. 매매 재개일 하루의 주가만 놓고 비교해보면 유상감자 전보다 후가 더 낫다.

....

* **매매 거래 정지** 상장법인이나 상장된 유가증권이 일정한 요건에 해당하면 투자자를 보호하고 시장 관리를 위해 거래소가 해당 증권의 매매를 정지시키는 조치다. 일정한 요건이란 상장폐지 기준에 해당했을 때, 주식의 병합 또는 분할 등을 위해 주권 제출을 요구했을 때, 급격한 주가 변동 사유가 될만한 내용이 공시되었을 때 등이다. 매매 거래 중단은 매매가 폭주하는 등 이상 조짐을 보일 경우 거래소가 매매를 일시적으로 중단시키는 조치다.
관련 개념으로 서킷브레이커(circuit breaker; 주식 매매 일시 중단 제도)와 사이드카(sidecar; 프로그램 매매 호가 효력 정지)가 있다. 전기 회로에서 과열된 회로를 차단하는 장치를 가리키는 서킷브레이커는 주가 등락 폭이 갑자기 커질 경우 주식 매매를 일시 정지시키는 조치다. 사이드카는 선물 가격이 전일 종가 대비 5% 이상(코스닥은 6% 이상) 등락해 1분간 지속될 경우 프로그램 매매 호가 효력을 5분 동안 정지하는 조치다.

전환사채(CB)는 사채와 주식이
한몸인 샴쌍둥이다!

043 전환사채로 손실을 면하려던
대주주의 얄팍한 꼼수

증권선물위원회*가 2012년에 적발한 한 코스닥 기업체 사주의 부도덕 행위 사례. 코스닥 상장 법인인 H사의 최대주

* 증권선물위원회 자본 시장의 불공정 행위를 조 사하기 위해 금융위원회 에 설치된 기구.

주는 I사다. 그리고 I사의 최대주주는 A씨다. A씨는 H사의 실질적인 사주인 셈이다. A씨는 H사 대표이사로부터 경영 상황을 보고 받던 중, 2010년 반기결산 결과 H사의 자본이 완전잠식될 것이라는 사실을 알게 됐다.

A씨는 H사가 발행한 전환사채(CB)를 보유하고 있었다. 그는 H사의 자본잠식 정보가 일반 투자자들에게 공개되기 전에 전환사채를 주식으로 바꿔 시장에서 팔기로 마음먹었다. 그는 전환사채의 주식전환권 행사 기간 첫날인 2010년 7월 30일에, 보유하고

있던 H사의 전환사채를 모두 주식으로 바꿨다.

H사의 자본이 완전히 잠식될 것이라는 정보는 2010년 8월 16일에 반기 보고서가 공시되면 일반 투자자들도 다 알게 된다. 그래서 A씨는 8월 6~10일 사이에 아무것도 모르고 있던 일반 투자자들에게 H사의 주식을 매도했다. 미공개 내부 정보를 이용해서 7억 6000만 원의 손실을 회피한 것이다. 증권선물위원회는 A씨를 검찰에 고발했다.

044 전환사채에 투자하길 참 잘했어!
vs. 투자했다 망했어!

전환사채(CB : Convertible Bond)는 기본적으로는 회사채다. 회사가 투자자들로부터 돈을 빌리면서 발행해 주는 증서이기 때문이다. CB에는 만기가 있고, 회사는 투자자에게 원리금을 지급할 의무가 있다. 또 투자자는 원금을 돌려받지 않고 그 금액만큼 회사의 주식으로 전환할 수 있는 권리를 행사할 수 있다.

투자자가 주식 전환을 원할 경우 주당 얼마의 가격(전환가격)으로 발행해 줄지는 CB를 발행할 때 미리 정해 놓는다. CB는 만기 3년짜리가 많다. 대개 3개월마다 한 번씩 정해진 이자를 지급한다(표면이자). 투자자는 만기 때까지 이자를 꼬박꼬박 받아가다가 회사의 주가 추이를 봐 가며 주식 전환 여부를 결정하면 된다.

주식 전환을 요구할 수 있는 기간은 대개 CB를 발행한 날로부터 1개월 뒤부터 가능하다. 또 주식으로 전환하지 않는다고 해서 만기까지 CB를 가지고 있어야만 하는 것도 아니다. 만기 전이라도 회사에 원리금의 조기 상환을 요구할 수 있다. CB의 주식 전환과 원리금 조기 상환 요청 기간 등 세부 조건은 CB 발행 기업마다 다르다.

이렇게 좋은 CB에 투자를 하지 않을 이유가 없어 보인다. 그러나 CB에도 단점은 있다. 주식전환권이라는 메리트를 줬기 때문에 일반 회사채에 비해 이자율이 좀 낮은 편이다. 주식전환권이라는 것도 사실 주가가 시원찮으면 '꽝'이 된다.

전환가격이 주당 1만 원인 (주)붕어빵의 CB를 100만 원어치 샀다고 하자. 주가가 1만 2000원, 1만 5000원으로 쭉쭉 올라가면 주식 전환을 마다할 이유가 없다. (주)붕어빵의 주가가 1만 3000원일 때 전환가격 1만 원에 주식 100주(= 투자금 100만 원/전환가격 1만 원)를 받아 시장에서 팔면 주당 3000원, 총 30만 원이 남는다. 수익률이 30%다.

그런데 주가가 8000원, 9000원으로 전환가격보다 더 낮은 수준에서 헤매고 있다면 굳이 주식으로 전환할 이유가 없다. 시장에서 사면 주당 8000원에 살 수 있는데, 회사에 주당 1만 원에 주식을 발행해 달라고 요구할 사람은 없다. 이렇게 주가 흐름에 따라 주식전환권은 금덩이가 될 수도 있고 돌덩이가 될 수도 있다.

045 전환사채! 대체 이자를 얼마나 준다는 거야?

CB 발행 결정 공시를 보면 이자에 대한 설명이 다소 복잡하다.

CB가 기본적으로 회사채인 점을 감안했을 때 주식전환권도 중요하지만 사채 이자와 관련된 내용도 꼼꼼히 따져 볼 필요가 있다.

CB에는 '표면이자율(쿠폰금리, coupon rate)'과 '만기이자율(만기보장수익률, YTM : Yield to Maturity)'이라는 것이 있다.

예를 들어 (주)붕어빵이 발행한 만기 3년짜리 CB(2018년 10월 1일 발행~2021년 10월 1일 만기)를 샀다고 하자. 발행 조건을 보니 표면이자율이 3%(3개월마다 지급), 만기이자율이 6.5%(연복리)라고 돼 있다. '3개월마다 원금에 대해 연 이자율 3%를 적용한 이자를 지급하고, 3년 만기가 되면 또 원금에 대해 6.5%의 연복리 이자를 계산해 준다는 말일까?' 그렇지 않다.

① 3개월마다 연 3% 이자를 적용해 만기 때까지 꼬박꼬박 이자를 주는 것은 맞다. ② 3개월 단위로 지급하는 이자 말고도, 만기가 되면 원금을 내주면서 일시에 지급해주는 이자가 또 있다. ①과 ②의 이자를 더하면 3년간 6.5%의 연복리 정기예금 상품에 투자했을 때 받는 이자와 같아진다는 말이다. 그래서 만기이자율을 '만기보장수익률'이라고 표현하기도 한다.

(주)붕어빵의 CB 발행 조건

- 만기 : 3년(2018년 10월 1일 발행~2021년 10월 1일 만기)
- 표면이자율 : 3%(3개월마다 지급)
- 만기이자율 : 6.5%(연복리)
- 원금 상환 방법 : 만기일에 원금의 118%를 일시 상환
- ① 김갑돌이 (주)붕어빵의 CB에 1000만 원을 투자했다면, 연 3%의 표면

이자율에 따라 30만 원의 1/4인 7만 5000원을 석 달에 한 번씩 받
게 된다.

　➡ 3년 동안 총 12회에 걸쳐 표면이자로 총 90만 원을 수령한다.

② 만기가 되면 일시원리금을 118% 받는다.

　➡ 원금 1000만 원 말고도 일시불 이자로 118만 원을 더 수령한다.

③ 김갑돌은 CB에 1000만 원을 투자해 총 208만 원(90만 원 + 118만
원)의 이자를 받는다. 208만 원의 이자는 결국 1000만 원을 3년 만
기 6.5%의 연복리 정기예금 상품에 투자했을 때 얻을 수 있는 수익
과 같다.

만기 때 일시에 지급받는 원리금은 '만기이자율 – 표면금리'를
연복리로 계산해서 지급하는 것과 같다. 예컨대 만기이자율(만기
보장수익률) 6%, 표면금리 4%의 3년 만기 CB에 투자했을 때 만기
시점에 받는 원리금은 2%(6%-4%)의 금리로 3년 만기 복리를 계
산한 것과 같다는 말이다.

표면이자율 0%, 만기이자율 5%처럼, 표면이자를 아예 지급하
지 않는 CB도 있다. 표면이자율이 0%인 경우 이를 '제로쿠폰'이
라고 말한다. 중간 중간에 이자를 지급하지 않고 만기 때 일시에
연 5% 복리로 계산한 원리금을 지급하겠다는 뜻이다.

만기이자율은 대부분 연복리지만, 때로는 단리로 계산하는 경
우도 있다. 이런 경우에는 CB 발행 공시에 '만기이자율은 연단리
로 계산한다'고 표시한다.

어떻게 보면 표면이자율과 만기보장수익률을 따로 둔다는 것

은, 만기까지 보유한 투자자들에게는 회사가 추가 수익을 얻도록 해 준다는 뜻이 되기도 한다.

그렇다면 만기 때까지 기다리지 않고 중간에 원금의 조기 상환을 요구한다면, 표면이자만 받게 되는 것일까? 그렇지는 않다. 조기 상환을 요구한 시점까지 표면이자 외에 만기이자율을 적용해 준다. 표면이자 지급 간격은 회사가 자율적으로 정할 수 있다. 대개 1개월이나 3개월 아니면 6개월 단위다.

---

046 투자자가 '풋(put)!', 기업이 '콜(call)!'을 외칠 때

간혹 '사채 원리금 미지급 발생'이라는 제목이 붙은 공시를 볼 수 있다. 코스닥 상장 기업인 케이디씨(현재 바른테크놀로지)는 2011년 7월 6일 '사채 원리금 미지급 발생'이라는 제목의 공시를 냈다. CB 채권자의 조기 상환 요구가 있었으나, 현재 유동성으로는 상환이 불가능해 조기 상환 청구에 대한 사채 원리금을 지급하지 못하게 됐다는 내용이다. 그래서 자금 조달을 위한 여러 가지 방안을 마련하고 있으며, 자금이 조달되면 사채 원리금을 상환할 예정이라고 밝혔다.

문제가 된 것은 2010년 7월 발행한 CB(만기 3년)로, 조기 상환 청구가 들어온 금액은 121억 원(원리금 합계)이었다. 조기 상환 청구 3개월 뒤인 2011년 10월 케이디씨는 유상증자 등을 통해 마련한 자금으로 미지급된 전환사채 원리금을 갚았다.

CB에는 옵션 계약이 붙어 있는 경우가 많다. 콜옵션(call option)

과 풋옵션(put option) 둘 다 붙어 있거나 풋옵션 하나만 붙어 있는 것이 대부분이다. 콜옵션은 회사 측이 투자자의 CB를 되살 수 있는, 즉 조기 상환할 수 있는 권리다. 풋옵션은 투자자가 회사 측에 CB를 되사달라고, 즉 조기 상환을 요구할 수 있는 권리다.

기업은 부채(CB)를 빨리 갚아 재무 건전성을 높여야 할 필요가 있을 때나, 과거에 발행한 CB 금리가 너무 높아서 이자 비용 부담이 클 경우 콜옵션을 행사한다.

CB는 주식으로 전환될 가능성이 있는 잠재적인 주식 물량이다. 과거에 CB를 많이 발행한 회사는 CB가 주가 상승에 큰 걸림돌로 작용하기도 한다. 이럴 때 회사는 투자자들에게 CB를 주식으로 전환하든지 아니면 회사에 되팔라고 콜옵션을 행사할 수 있다.

특히 주가가 꾸준히 오르면 CB 투자자들의 이익 실현 욕구가 강해진다. 회사 입장에서는 빨리 CB 물량을 자본화(주식 전환)하는 것이 향후 안정적인 주가 관리 측면에서 더 좋다. 따라서 이럴 때도 콜옵션을 행사한다.

어떤 기업들은 CB를 발행할 때 콜옵션 없이 풋옵션만 보장해주는 경우도 있다. 투자자들이 풋옵션을 행사하는 경우는 주가가 지지부진해서 주식으로 전환해봐야 이익을 기대하기 어렵거나, 현금이 필요할 때, 또는 주식으로 전환했을 때 실익이 없으면서 만기 때까지 보유하기에는 위험이 크다고 판단될 때 등이다.

CB도 엄연히 회사채인만큼 회사의 경영 상태가 좋지 않다고 느끼면 풋옵션을 행사하는 것이 좋다. 투자자가 풋옵션을 행사해 만기까지 보유하지 않고 조기 상환하더라도 투자 기간에 대해서는 만

CB에서 콜옵션은 회사가, 풋옵션은 투자
자가 조기 상환을 요구할 수 있는 권리다.
풋옵션과 콜옵션은 투자자와 발행 기업이
각자 손해를 줄이기 위해 준비해 둔 안전
장치다. 내가 손해를 보지 않기 위해서는
한 발 먼저 상대의 수를 읽을 필요가 있다.

기보장수익률을 적용한다. 그러나 CB를 조기 상환하더라도 조금
이라도 더 오래 보유한 투자자에게 더 놓은 수익률을 보장해 준다.

예를 들어 2012년 3월 5일 발행한 3년 만기 CB의 만기보장수
익률이 8%라고 하자. 투자 기간이 2년된 2014년 3월 5일에 조기
상환을 요구하면 보장수익률 7%, 이로부터 여섯 달 뒤인 2014년
9월 5일에 조기 상환을 요구하면 7.5% 같은 식으로, 조기 상환 요
구 시점이 늦어질수록 만기보장수익률을 높여준다.

회사 입장에서는 될 수 있으면 상환 요구 시점을 늦추겠다는 의
도다. 그러나 투자자들이 조기 상환을 받으려고 하는 데는 그만한
이유가 있는 만큼(회사의 리스크 증가 등), 만기보장수익률만 바라보
고 일부러 상환 요청을 늦추는 경우는 별로 없다.

풋옵션이나 콜옵션은 아무 때나 행사할 수 있는 게 아니다. '발
행 후 1개월이 지난 시점부터 매 3개월마다'와 같은 방식으로 상
환 청구 방법이 정해져 있다. 상환 청구 개시일과 청구권 행사 간
격은 CB를 발행하는 회사마다 다르다. 구체적인 발행 조건은 공
시에 잘 설명돼 있다.

한편 풋옵션이 한꺼번에 많이 몰리면 기업의 현금 흐름이 급격
히 나빠진다. 몰려드는 CB 상환 자금을 마련하지 못할 경우 기업
이 무너지기도 한다.

공·시·독·해

정말 제대로 알고 있나요? – 단리와 복리

단리는 원금에 대해서만 이자를 계산하고, 복리는 원금 뿐 아니라 이미 발생한 이자에 대한 이자도 적용하는 방법이다. 1000만 원으로 3년 만기 정기예금에 가입한다고 하자. 이자율은 10%다. 원리금은 아래 표처럼 계산된다.

	단리	복리
2018년	1000만 원 × 10% = 100만 원	1000만 원 × 10% = 100만 원
2019년	1000만 원 × 10% = 100만 원	1100만 원 × 10% = 110만 원 원금이 2001년 발생한 이자를 합쳐 1100만 원이 된다.
2020년	1000만 원 × 10% = 100만 원	1210만 원 × 10% = 121만 원 원금이 2001년과 2002년 발생한 이자를 합쳐 1210만 원이 된다.
3년 후	1300만 원 원금 1000만 원+3년간 이자 300만 원	1331만 원 원금 1000만 원 + 3년간 발생한 이자 (100만 원 + 110만 원 + 121만 원)

만약 1000만 원을 10년 동안 예금해놓는다고 생각해보자. 이자율은 10%다. 단리로 계산하면 이자는 10년 × 100만 원 = 1000만 원. 원리금은 총 2000만 원이 된다. 복리로 계산해보자. 복리를 공식으로 나타내면 원리금은 '원금 × $[(1+r)^n]$'이다. r은 이자율, n는 햇수다. 이 공식에 따라 연이자율 10%와 10년을 대입하면 2593만 원(1000만 원 × $(1+0.1)^{10}$ = 2593만 원)이 나온다. 단리 때보다 복리 때 원리금이 무려 593만 원이나 더 많았다.

Chapter 9

전환사채(CB)는 사채와 주식이 한몸인 샴쌍둥이다!

- 두산건설 전환사채

- 사채 종류는 무보증 공모로, 64회째 발행되는 물량이다. 무보증 전환사채니 회사가 부도나는 등 지급 능력이 상실되면 원금을 못 찾을 수도 있다. 이번이 64회차이니 앞의 회차에서 발행한 CB들 중 상환되지 않았거나 주식으로 전환하지 않은 물량들이 꽤 있을 가능성이 높다. 이와 관련한 내용은 분기 보고서나 반기 보고서, 사업 보고서 등을 보면 알 수 있다.

- 전환가격은 5270원, 조달 금액은 1000억 원이다.

- 운영 자금을 조달할 목적의 CB 발행이다.

- 사채 이율은 표면이자율이 4%이며 만기 이자율이 7.50%다. 사채 만기가 2014년 5월 24일로 3년 만기 CB다.

- 이자 지급 방법은, 연 4%의 표면이자율을 적용해 매 3개월마다 이자를 지급한다. 총 12회에 걸친 이자 지급일이 공시에 상세히 나와 있다.

- 만기까지 보유하고 있으면 2014년 5월 24일에 원금의 111.6534%로 일시 상환한다고 돼 있다. 즉, 100만 원을 투자했다면 3년 후 111만 6534원을 준다는 말이다.

  100만 원을 투자했다면 표면이자율(4%)에 따라 3년간 받은 이자가 12만 원이다. 그리고 만기 때 돌려받는 원리금이 111만 6534원이니 이 CB 투자에서 발생한 총이자는 23만 6534원이다. 결국 연금리 7.50%(복리)를 보장하는 3년짜리

▶▶ 두산건설 전환사채권 발행 결정 공시   2011년 5월 3일

1 사채의 종류	회차	64	종류	국내 무기명식 이권부 무보증 전환사채
2 사채의 권면총액(원)				100,000,000,000
3 자금 조달의 목적	운영 자금(원)			100,000,000,000
4 사채의 이율	표면이자율(%)			4.00
	만기이자율(%)			7.50
5 사채 만기일				2014년 5월 24일

6 이자 지급 방법

이자는 '본 사채' 발행일로부터 원금 상환 기일 전일까지 계산하여 매 3개월마다 연이율의 1/4씩 후급하며 이자 지급 기일은 아래와 같다.
2011년 8월 24일, 2011년 11월 24일, 2012년 2월 24일……

7 원금 상환 방법

① 만기 상환 : 만기까지 보유하고 있는 '본 사채'의 원금에 대하여는 2014년 5월 24일에 원금의 111.6534%로 일시 상환한다.
② 조기 상환 청구권(put option) : 사채권자는 '본 사채'의 발행일로부터 1.5년이 경과하는 날의 이자 지급 기일 및 이후 매 6개월이 되는 날의 이자 지급 기일에 '본 사채'의 상환을 청구할 수 있다.
  가. 청구 비율 : 권면금액의 100%
  나. 청구 금액 : 2012년 11월 24일 105.5023%
            2013년 5월 24일 107.4770%
            2013년 11월 24일 109.5264%

8 사채 발행 방법		공모
9 전환에 관한 사항	전환 비율(%)	100.00
	전환 가액(원/주)	5,270
	전환 청구 기간	시작일 2011년 6월 24일
		종료일 2014년 4월 24일
	전환 가액 조정에 관한 사항	'본 사채' 발행일로부터 3개월 후 그리고 그 후 매 3개월마다 전환 가격을 조정한다.

정기예금에 투자한 것과 마찬가지인 셈이 된다.

- 풋옵션(조기 상환 청구권)에 대한 설명도 있다. 투자자(사채권자)가 언제 조기 상환을 청구할 수 있는지, 조기 상환을 청구했을 때 원금의 몇 퍼센트를 지급하는지 등 자세한 내용이 표시돼 있다.

048 인수자를 콕 집어 발행하는 전환사채
- 엔케이

- 4회차 엔케이 사모 전환사채권 발행 공시에서 발행 대상자명을 보면 전환사채 인수자가 부산은행임을 알 수 있다.
- 사채 발행액(권면총액)은 20억 원, 자금 조달 목적은 운영 자금 마련이다.
- 사채 이율은 표면이자율이 1%, 만기이자율이 7%이다. 전환가액은 1만 5000원이다.
- 사채 만기일이 2015년 2월 10일이다. 납입일이 2011년 8월 10일이므로 3년 6개월 만기의 CB다.
- 표면금리 연 1%를 적용해 매달 이자를 지급한다. 만기일까지 보유하고 있는 전환사채에 대해서는 표면금리 1%와 만기보장이자율 7% 간 차이인 6% 연복리 이자율을 적용한다.

  만기일에는 한꺼번에 원금의 123.175%에 해당하는 금액을 받는다. 만기 때까지 매월 받는 표면이자와 만기일에 받은 원리금(123.175%)을 다 더해보면 연복리 7%짜리 예금 상품에

3년 6개월 투자한 것과 같다.

▶▶ **엔케이 전환사채권 발행 결정 공시**   2011년 8월 11일

1 사채의 종류	회차	4	종류	기명식 사모 전환 사채
2 사채의 권면총액(원)				2,000,000,000
3 자금 조달의 목적	운영 자금(원)			2,000,000,000
4 사채의 이율	표면이자율(%)			1.00
	만기이자율(%)			7.00
5 사채 만기일				2015년 2월 10일

6 이자 지급 방법

사채 발행일로부터 상환 기일 전일까지 사채 원금에 표면금리(1.0%)를 곱한 금액의 1/12에 해당하는 금액을 매월 사채 발행일에 각각 해당 기간의 이자를 후급해 지급한다.

7 원금 상환 방법

전환하지 않은 사채는 보장금리(연 7.0%)와 표면금리(연 1.0%)의 차이인 연 6.0%를 연복리로 환산하여 만기일에 원금의 123.175%를 일시에 상환한다.

8 사채 발행 방법		사모	
9 전환에 관한 사항	전환 비율(%)	100.00	
	전환 가액(원/주)	15,000	
	전환 청구 기간	시작일	2012년 8월 10일
		종료일	2015년 1월 10일

* 특정인에 대한 대상자별 사채 발행 내역

발행 대상자명	회사 또는 최대주주와의 관계	발행권면총액(원)
부산은행	관계 없음	2,000,000,000

상장사 CB·BW 등 하반기 4843억 '상환 폭탄'

'너무 쉽게 생각했다. 주식 연계 채권이 결국 발목을 잡을 줄이야!'

꽁꽁 얼어붙은 자금 시장에서 전환사채(CB), 신주인수권부사채(BW) 등으로 연명하던 상장사들의 걱정이 커지고 있다. 최근 증시 주변 환경이 나빠지자 기업들이 과거 투자자에게 유리한 조건을 붙여 '언 발에 오줌 누기' 식으로 발행했던 주식 연계 채권이 부메랑으로 돌아오지 않을까 걱정하고 있다.

한국예탁결제원에 따르면 하반기 상환을 앞둔 주식 연계 채권(CB, BW 등)의 잔량은 4843억 원이다. 7월에 68억 원이 상환됐고 8월 731억 원, 9월 752억 원, 10월 1244억 원, 11월 718억 원, 12월 1329억 원 등의 물량이 상환을 앞두고 있다.

올해 들어 돈을 못 갚는 사례는 이달 현재 세 건이다. 지난해에는 네 개 기업이 '사채 원리금 미지급 발생'을 공시했다. 지엠피는 유동성에 문제가 발생하면서 3개월간 채권 은행의 관리 절차에 들어갔다. 지엠피는 지난달 60억 원의 사채 원리금 미지급이 발생했다고 공시했다. 자기자본 대비 26%에 해당하는 규모다. 앞서 5월에는 현대시멘트가 63억 원 규모의 사채 원리금을 갚지 못했고, 고려개발은 32억 원 규모의 사채 원리금 미지급이 발생했다.

증권업계 한 관계자는 "최근 주식형 채권을 발행하는 상장사들은 한 푼이라도 더 모으기 위해 대부분 조기 상환 조건을 붙였다"며 "회사에 유동성 악화 소문이 돌면 일시에 조기 상환 요구가 몰려 지급 불능 상태에 놓일 위험이 크다"고 경고했다.

049 전환사채도 애프터서비스가 된다? – 리픽싱

주가가 지속적으로 하락해 전환가격 아래에서 계속 머물 경우, 회사가 전환가격을 하향 조정해 줄 수 있다. 이를 '리픽싱(refixing)'이라고 한다. 리픽싱은 CB 투자자에 대한 일종의 인센티브다. 전환가격을 조정해 투자자들의 주식 전환 기회를 넓혀주면, 조기 상환 요구(풋옵션 행사)에 나서지 않도록 예방할 수 있다.

주가가 전환가격 밑에서 계속 부진한 상태로 있으면 조기 상환 욕구가 커진다. 이자가 아무리 후하다 해도 이자만 바라보고 있기에는 불안하다. 이자를 많이 준다는(발행 금리가 높다는) 것은 그만큼 발행 회사의 재무 구조나 사업성 등이 좋지 않아 투자자들을 유인하기 위한 수단으로 고금리를 제시했다는 말이 될 수도 있기 때문이다.

주가가 너무 많이 떨어져도 전환가격을 하향 조정하지만, 회사가 유상증자나 무상증자를 실시했을 때도 하향 조정한다. 유상 또는 무상증자를 하면 발행 주식 수가 늘어나는 만큼 주당 가치가 낮아진다. 실제로 기준주가가 떨어지는 권리락도 발생한다. 따라서 증자 비율을 반영해 전환가격을 낮춘다.

회사가 주주들에게 주식을 배당할 때도 마찬가지다. 주식배당으로 발행 주식 수가 늘어나기 때문이다. 주당 가치가 희석되는 만큼 전환가격을 조정해 CB 투자자들이 더 많은 주식을 확보할 수 있도록 해준다.

리픽싱을 하면 향후 CB를 주식으로 전환할 때 발행 주식 수가 늘어나기 때문에 주당 가치가 희석될 수밖에 없다. 즉, 리픽싱이 일어났다는 것은 주식 전환 대기 물량이 늘어났다는 것과

전환사채나 신주인수권부사채를 사면 정해진 기간 안에 투자한 회사의 주식으로 교환할 수 있다. 이때 해당 회사의 주가가 전환가격 밑으로 대폭 떨어지면 전환가격을 조정할 수 있는데 이를 리픽싱이라고 한다.

마찬가지이기 때문에 주가에 악영향을 끼칠 수 있다. 발행 주식 수가 늘어나면 주가에도 좋지 않고, 대주주와 주요 주주들의 지분율 하락 가능성도 있다. 그래서 전환가격 조정일이 다가오면 리픽싱을 막기 위해 기업이 주가 관리에 나서기도 한다.

050 이별 통보하기 일보 직전의 투자자를 달래는 전환가격 조정 방법

주가가 하락할 때와 유무상증자 등으로 주식가치가 희석됐을 때의 전환가격 조정 방법은 다르다. 여기서는 주가가 하락할 경우 리픽싱을 어떻게 하는지 알아보자.

젬백스&카엘이라는 코스닥 회사는 CB 발행 이후 매 3개월이 되는 시점을 전환가격 조정일로 정했다. 예컨대 2012년 1월 17일 전환사채를 발행했으면 4월 17일, 7월 17일, 10월 17일 등이 전환가격 조정일이 된다.

조정일이라고 하는 것은, 반드시 가격을 조정해야 하는 날이라는 뜻이 아니다. 주가의 흐름을 따져 조정이 필요한지 여부를 따져보는 날일뿐이다. 조정일이 되면 가중산술평균주가를 계산하는데, 기준 시점은 조정일 바로 전날이다.

- **리픽싱 1단계.** 과거 1개월 가중산술평균주가, 1주일 가중산술평균주가, 최근일 가중산술평균주가를 구한다. 이 세 가지 수치를 더해 3으로 나눠 평균값을 구한다(가중산술평균주가에 대해서는 88쪽 참조).

- **리픽싱 2단계.** 1단계에서 구한 평균값과 최근일 가술산술평균 주가를 비교하여 둘 중 높은 값을 선택한다(여기서 최근일은 조정일 전날을 말한다).

- **리픽싱 3단계.** 2단계에서 구한 값이 기존의 전환가격보다도 낮다면, 그 가격을 새 전환가격(행사가격)으로 정한다.

젬백스&카엘의 경우를 보자.

젬백스&카엘은 새로 정한 전환가격이 최초로 정한 전환가격의 60%를 밑돌지 못하도록 했다('조정 근거 및 방법' 항목에 표시). 예컨

▶▶ **젬백스&카엘 전환가액 조정 공시**   2012년 7월 27일

1 조정에 관한 사항	회차	조정 전 전환가격(원)		조정 후 전환가격(원)	
	3	38,599		33,313	
2 전환 가능 주식 수 변동	회차	미전환 사채의 권면총액 (통화 단위)		조정 전 전환 가능 주식 수(주)	조정 후 전환 가능 주식 수(주)
	3	15,000,000	USD : US Dollar	410,194	475,282
3 조정 사유	시가 하락에 따른 전환가액 조정				
4 조정 근거 및 방법					

- 1개월 가중산술평균주가(A) : 34,551원
- 1주일 가중산술평균주가(B) : 32,795원
- 최근 가중산술평균주가(C) : 32,596원
- 산술 평균(D = (A + B + C)/3) : 33,313원
- 기준주가(E = Max(C, D)) : 33,313원   C와 D 중 높은 값인 33,313원
- 조정 전 전환가격 : 38,599원
- 조정 후 전환가격 : 33,313원   E와 조정 전 전환가격을 비교했더니 E가 더 낮다. E가 새로운 전환가격(행사가격)이 된다.
- 전환가격은 최초 전환가의 60%를 하회할 수 없다.

5 조정가액 적용일	2012년 7월 27일

전환사채나 신주인수권부사채의 전환가격을 재조정할 때 전환가격의 최저 한도를 몇 퍼센트로 할지, 리픽싱을 몇 개월마다 할지는 기업이 정한다.

대 기존 전환가격이 1만 원이고 조정 후 전환가격이 5500원이 나왔다고 해도, 새 전환가격은 5500원으로 하지 못하고 6000원으로 정해야 한다.

최저 한도를 몇 퍼센트로 할지, 전환가격 재조정(리픽싱)을 몇 개월마다 할지도 기업이 마음대로 정할 수 있다. 최저 한도는 대개 60~70%다. 리픽싱은 보통 3개월 단위로 하는데, 1~2개월 단위로 하는 곳도 있다. 이런 내용들도 공시에 빠짐없이 표시돼 있다.

젬백스&카엘 공시를 보면 전환가격을 조정함에 따라 전환 가능한 주식 수가 기존 41만 194주에서 47만 5282주로 늘었음을 알 수 있다.

대박을 좇는 사람들이 좋아하는
신주인수권부사채(BW)

051 3년간 수익률 500%,
초대박을 터트린 기아자동차 BW

최고수는 2009년 3월 기아자동차가 발행한 신주인수권부사채 (BW) 700만 원어치를 샀다. 5000만 원어치를 사겠다고 청약했지만 경쟁률이 7대 1이 넘어 700만 원어치 정도밖에 구입하지 못했다.

2년여 뒤인 2011년 4월, 최고수는 BW 투자로 과연 얼마나 벌었을까? 그는 사채에 붙어 있는 신주인수권증권(워런트)을 활용해 5600만 원 가량의 차익을 얻었다. 그 뿐만이 아니다. 사채의 만기인 2012년 3월에는 투자원금 700만 원과 이자 100만 원 등 800만 원의 원리금을 찾았다. 최고수는 이렇게 총 3년에 걸친 기아자동차 BW 투자 기간 동안 약 500%가 넘는 수익률을 올렸다. 어떻게 이런 슈퍼 대박이 가능했을까?

나하수는 2011년 11월 웅진에너지가 발행한 BW를 1000만 원어치 샀다. 나하수는 이 사채에 붙어 있는 워런트 때문에 속을 끓이고 있다. 이 워런트로 나하수는 웅진에너지 신주 1주 당 4945원에 받을 수 있는 권리를 확보하고 있다. 그러나 발행 당시 5000원 대이던 주가는 1년 후인 2012년 11월 2000원 밑에서 맴돌았다. 나하수가 BW에 투자하면서 노린 것은 이자 수익(표면이자 2%, 만기 이자 4%)이 아니었다. 워런트를 활용한 시세 차익에 큰 기대를 걸었으나, 투자 성적은 실패에 가깝다.

052 BW가 CB보다 킹카 대접을 받는 이유

신주인수권부사채(BW : Bond with Warrant)에서 '부(附)'란 '붙어 있다', '부착돼 있다'는 뜻이다. 이 사채를 사면 특정 가격(사채 발행 시 정해진 가격)에 신주를 발행해 달라고 회사에 요구할 수 있는 권리(신주인수권증권)가 붙어 있다는 뜻이다(BW에서 말하는 '신주인수권증권'을 유상증자의 '신주인수권증서'와 구별하기 위해 앞으로 '워런트'라는 용어를 사용하기로 한다).

BW 역시 기본 성격은 사채이기 때문에 만기 때까지 보유했다가 원리금을 받아도 된다. 또 풋옵션이 부여돼 있다면 만기가 도래하기 전, 회사 측에 원리금 상환을 요구할 수도 있다. BW에도 풋옵션 또는 콜옵션이 있다.

BW는 1주당 특정 가격을 정해놓고 그 가격에 주식을 받을 수 있는 권리를 부여한다는 점에서 CB와 비슷하다. 그러나 공모 BW는 사채권은 그대로 두고 '워런트'만 따로 떼어 거래할 수 있다는 점에서 CB와는 차이가 있다.

예를 들어 김갑돌이 2012년 6월 1일 (주)붕어빵이 발행한 공모형 BW를 1000만 원어치 샀다고 하자. (주)붕어빵의 BW는 만기가 3년, 표면이자율이 3%(매 3개월마다 이자 지급), 만기이자율이 6%다. 워런트 행사가격은 1주당 2만 5000원이다. 즉 1주당 2만 5000원에 회사에 신주를 발행해달라고 요구할 수 있는 권리가 있다는 말이다.

김갑돌이 확보한 워런트는 400개다. 사채권면총액(1000만 원)을 행사가격(2만 5000원)으로 나누면 워런트 개수를 구할 수 있다. 워런트를 행사해 신주 400주를 받으려면 신주 대금을 회사에 내야 한다. 따로 현금을 내고 싶지 않거나 현금이 없으면 사채권으로 대납할 수 있다(사채대용납입). 만일 사채권을 신주 대금으로 활용하면, CB와 마찬가지가 된다. 회사 입장에서는 부채를 자본화하게 되는 셈이다.

(주)붕어빵의 현재 주가는 2만 3000원인데, 얼마 지나지 않아 3만 원까지 오를 기세다. 김갑돌이 보유하고 있는 워런트를 주가가 3만 원이 됐을 때 주식으로 전환한다면, 주당 5000원(3만 원-2만 5000원)의 시세 차익을 얻을 수 있다.

그러나 워런트를 행사하기보다는 당장 현금이 필요한 사람은 워런트를 시장에 내다 팔 수도 있다. 주가(3만 원)와 워런트 행사가격(2만 5000원) 간 차액이 5000원이니 워런트 한 장의 가격 역시 5000원 정도에 형성될 수 있다.

김갑돌이 시장에 내놓은 워런트를 김을동이 5000원에 샀다. 김을동은 (주)붕어빵의 주가가 3만 원을 넘길 것으로 예상하고 있다. 예상대로 (주)붕어빵의 주가가 3만 3000원이 됐을 때, 김을동은 워런트를 행사한다. 주당 2만 5000원에 받은 신주를 시장에서 3만 3000원에 팔아 주당 8000원의 시세 차익을 얻는다. 그러나 워런트를 사느라 5000원을 썼으니 최종 차익은 주당 3000원이 된다.

워런트를 매입한 김을동의 주당 최종 수익

주식 매각 가격(3만 3000원) - 워런트 행사 대금(2만 5000원) - 워런트 매입 대금(5000원) = 3000원

---

053 워런트의 '시간 가치', 덤이냐 휴지 조각이냐?

BW 발행 방식은 일반 투자자 대상의 공모형, 특정인 대상의 사모형, 주주에게 우선권을 주는 주주 우선형 등이 있다. 워런트를 따로 거래할 수 있는 BW를 분리형, 사채권과 워런트가 한 몸으로 붙어 있는 BW를 비분리형이라고 한다.

2013년 하반기 이전에 발행되어 현재 유통되고 있는 BW는 대부분 분리형이다. 그런데 2013년 9월 분리형 BW에 대한 규제 도입으로 분리형 BW 발행이 금지되었다가, 현재는 공모 방식으로 발행하는 BW에 한하여 분리형을 허용하고 있다.

사채권으로 이자를 확보해놓고 주가 흐름이 좋다면 워런트로 시세 차익을 볼 수 있으니 BW 투자는 일석이조다. 설령 워런트

행사가격이 현재 주가보다 높아도 워런트는 일정한 가격을 형성한다. 앞으로 시간이 흐르면 회사 주가가 행사가격보다 더 오를 것이라는 기대감이 반영되기 때문이다. 일종의 '시간 가치'가 워런트 가격에 반영되는 셈이다. 물론 워런트 행사 만기일이 임박했는데도 여전히 행사가격이 주가보다 높으면, 이 워런트의 가치는 제로(0)에 가까워질 것이다.

공모 BW를 산 사람 입장에서 워런트는 덤이다. 주가가 지지부진해 워런트가 휴지 조각이 되더라도 사채에서 발생하는 만기보장수익률을 챙길 수 있다. 그러나 BW가 아니라 시장에서 유통되는 워런트만 산 사람은 주가 부진으로 워런트가 휴지 조각이 되면 워런트 매입금을 전부 날리게 된다.

054 2년 후 조기 상환을 청구해도 수익률 10%, STX팬오션 BW

STX팬오션의 만기 3년 BW(공모 분리형) 발행 결정 공시를 보자.

▶▶ STX팬오션의 만기 3년 BW 발행 결정 공시		2012년 2월 22일
1 사채의 종류	회차	종류
	12	무기명식 이권부 무보증 분리형 신주인수권부사채
2 사채의 권면총액(원)		250,000,000,000
3 자금 조달의 목적	시설 자금(원)	104,730,808,200
	운영 자금(원)	145,269,191,800

4	사채의 이율	표면이자율(%)	3.0
		만기이자율(%)	5.0
5	사채 만기일		2015년 3월 2일

6	이자 지급 방법

이자는 '본 사채' 발행일로부터 원금 상환기일 전일까지 계산하고, 매 3개월마다 상기 사채의 이율을 적용한 연간 이자의 1/4씩 분할 후급한다.

＊이자 지급 기일 : 2012년 6월 2일, 2012년 9월 2일, 2012년 12월 2일…….

7	원금 상환 방법

① 만기 상환

만기까지 보유하고 있는 '본 사채'의 원금에 대한 표면이자율은 연 3.0%, 만기 보장수익률(YTM)은 3개월 복리 연 5.00%, 만기 상환 할증률은 106.4301% 로 확정됐다.

② 조기 상환 청구권(put option)에 관한 사항

'본 사채'의 조기상환수익률(YTP)은 3개월 복리 연 5.0%로 한다. 사채권자는 '본 사채'의 발행일로부터 2년이 경과하는 날의 이자 지급 기일에 '본 사채'의 상환을 청구할 수 있다.

조기 상환 청구권 행사 가능일	표면이자율 3.0%, 만기보장수익률 5.0%
2014년 3월 2일	104.1794%
2014년 9월 2일	105.2908%

8	사채 발행 방법		공모
9	전환에 관한 사항	행사 비율(%)	100
		행사가액(원/주)	6,980
		사채와 인수권의 분리 여부	분리
		신주 대금 납입 방법	현금 납입 및 사채대용납입
		권리 행사 기간 시작일	2012년 4월 2일
		권리 행사 기간 종료일	2015년 2월 2일

행사가격(신주 인수 가격)은 6980원이다. 권면총액을 행사가격으로 나누면 잠재적 신주 발행 규모를 알 수 있다.

BW 발행 한 달 뒤인 2012년 4월 2일~만기 한 달 전인 2015년 2월 2일까지 주당 6980원에 신주를 발행해 달라고 요구할 수 있다. 신주 인수 대금은 현금 또는 사채대용납입이 가능하다.

사채 이율은 표면이자율이 3.0%, 만기이자율이 5.0%다. 이자는 매 3개월마다 표면이자율을 기준으로 지급된다. 1억 원을 투자했다면 표면이자율이 3%이니 연간 이자가 300만 원이다. 석 달마다 300만 원을 4로 나눈 만큼(75만 원)의 이자를 받는다(3년간 총 12회).

만기일에는 원금 대비 106.43%에 해당하는 금액을 돌려받게 된다. 발행 이후 만 2년이 되는 시점인 2014년 3월 2일에 조기 상환을 청구하게 되면 원금 대비 104.1794%를 일시에 돌려준다. 이로부터 6개월 뒤인 9월 2일 청구하면 105.2908%를 돌려준다.

STX팬오션 BW에 100만 원을 투자했다가 2014년 3월 2일 조기 상환을 청구했다고 하자. 투자한 지 2년이 된 시점이므로 104만 1794원을 돌려받는다. 이자는 4만 1794원이 붙었다. 또 이 날까지 매 3개월마다 받은 표면이자(7500원×8회 = 6만 원)까지 더하면 10만 1794원이 된다. 100만 원을 투자했다가 이자로 받은 돈이 모두 10만 원이 넘으니 2년간의 투자 수익률은 10%를 약간 웃도는 수준이다.

한편 공시를 보면 워런트의 이론가격이 제시돼 있다. 코스피 지수의 최근 변동성(최근 6개월간)과 시간 가치 등을 활용, '블랙-숄즈 옵션가격 결정 모형*'에 대입해 나온 STX팬오션의 워런트 이

BW 발행 금리가 겨우 0.5% 라니…….

코스닥 중소형 기업이 제로에 가까운 금리로 신주인수권부사채(BW)를 발행해 관심을 끌고 있다.

외관 검사 장비 전문회사 인텍플러스가 14일 우리투자증권과 현대증권을 대상으로 각각 25억 원, 총 50억 원 규모의 5년 만기 BW를 발행한다고 밝혔다. 이 BW는 일정 기간마다 지급하는 쿠폰금리가 제로이며 만기에 연 0.5%의 금리를 주는 조건이 붙었다.

롯데쇼핑 등 우량기업들이 사실상 제로에 가까운 BW를 발행한 적이 있지만 코스닥 기업이 이 같은 저금리로 BW를 발행하는 것은 드문 일이다.

인텍플러스와 시가총액이 비슷한 바른전자의 경우 지난 10일 한국스탠다드차타드은행을 대상으로 170억 원 규모의 BW를 발행하면서 연 12%의 금리(쿠폰금리 8%)를 제시했다.

우리투자증권과 현대증권이 인텍플러스의 초저금리 BW에 투자하기로 한 것은 주가가 상승할 가능성이 그만큼 높다고 판단했기 때문이다. 인텍플러스 BW에는 2013년 8월 14일부터 2017년 7월 14일까지 주당 4073원에 신주를 취득할 수 있는 권리가 주어진다.

론가격은 1338원이다. 하지만 이건 어디까지나 이론가격이다. 공모 BW의 실제 워런트 장당 가격은 주식처럼 증권 시장에서 매수 매도 수급에 따라 결정된다.

....

* 블랙-숄즈 옵션가격 결정 모형(black-scholes model) 1973년 골드만삭스에서 일하던 피셔 블랙(Fischer Black)과 MIT의 마이런 숄즈(Myron Scholes) 교수가 제시한 주식 옵션의 공정 가격을 결정할 수 있게 해주는 이론이다.

블랙-숄즈 옵션가격 결정 모형은 파생상품 발전에 많은 영향을 미쳤다. 숄즈는 파생상품을 발전시켜 금융의 영역을 확장한 공을 인정받아 1997년 노벨경제학상을 받았다(블랙은 1995년 사망해 생존자에게만 노벨상을 수여하는 전통에 따라 수상하지 못했다).

피셔 블랙(좌), 마이런 숄즈(우)

055 '이런 대박 또 없을걸'

— 국내 첫 주주 배정 코오롱생명과학 BW

BW 워런트에 투자해서 대박친 대표적 사례로 많이 거론되는 것이 앞서 언급한 기아자동차다. 기아자동차는 2009년 3월 4000억 원의 공모 분리형 BW를 발행했다. 만기는 2012년 3월이다. 워런트 행사가격은 6880원이었다. 기아자동차 주가가 7000원대에서 움직이던 시점이었다.

기아자동차가 BW를 발행한 시점은 글로벌 금융위기 직후였다. 기아자동차는 유동성 위기설에 시달릴 정도로 자금 사정이 좋지 않은 상태에서 회사 운영 자금을 마련하기 위해 BW를 발행했다.

워런트 행사가격(6880원)이 당시 기아자동차 주가 수준보다 10% 이상 낮았고, 사채 이자 조건(만기 3년, 만기이자율 5.5%)도 나쁘지 않아서 많은 투자자들이 관심을 보였다. 기아자동차의 현금흐름이 좋지 않았지만, 성장 가능성을 믿은 투자 자금이 몰리면서 개인 투자자들의 BW 경쟁률은 7대 1에 달했다.

이 때 5000만 원을 청약했다면 경쟁률을 감안했을 때 약 710만 원어치의 BW를 구매할 수 있었고, 710만 원에 해당하는 워런트(710만 원/6880원)를 1030개 정도 확보했을 것이다. 2011년 11월 기아자동차 주가가 7만 4700원 수준에 이르렀을 때 워런트를 행사했다면, 이 사람의 투자 수익률은 980%에 달한다. 사채를 만기까지 보유했을 때 받을 수 있는 원리금 수익을 제외하고도, 워런트만으로 2년 반 만에 열 배가 넘는 수익을 낸 것이다.

2011년도의 기아자동차의 주가 흐름을 고려하면 워런트 행사 시점에 따라 적어도 다섯 배 이상의 수익 실현이 충분히 가능했을 것으로 분석된다. 당시 기아자동차 워런트의 거래 가격 자체가 6만 5000원 이상이었을 정도였다.

모든 워런트가 대박을 내거나 높은 수익을 보장해주는 것은 아니다. 앞서 언급한 웅진에너지의 경우 2012년 11월 기준으로 워런트 행사가격이 주가의 두 배가 넘었다. 웅진에너지의 주가가 계속 부진을 면치 못하면 워런트 행사가격이 조정되겠지만, 워런트 투자를 통한 높은 수익률은 기대하기 어렵게 됐다.

최근의 대박 BW 사례로 또 하나 꼽을 수 있는 것이 코오롱생명과학(코오롱생명과학은 일반 공모가 아닌 주주 배정 방식으로 BW를 발행)이다.

2012년 11월 2일 코오롱생명과학 BW(2011년 9월 발행) 워런트의 시장 거래가격은 6만 2000원이다. 즉, 워런트 한 개를 증권 시장에서 사려면 6만 2000원을 내야 한다는 말이다. 워런트가 왜 이렇게 비쌀까?

이 워런트의 신주 인수 행사가격은 2만 5670원(처음 발행 당시는 2만 6950원이었으나 2012년 3월 2만 5670원으로 조정)이다. 그런데 코오롱생명과학 주가는 8만 원대다. 당연히 워런트 값이 행사가격과 주가의 차이만큼 오를 수밖에 없다.

6만 2000원에 워런트를 사서 2만 5670원에 코오롱생명과학 신주 1주를 받으면 총 8만 7670원이 든다. 그런데 코오롱생명과학의 11월 2일 주가는 8만 5900원이다. '워런트 구매 비용 + 신주 발행가격'이 주가보다 약간 더 높다.

이 가격에 워런트를 사는 사람은 코오롱생명과학의 주가가 9만
~10만 원 이상 오를 가능성이 있다고 보고 매입하는 것이다. 코
오롱생명과학의 워런트 행사 만기는 2014년 7월이다. 따라서
2012년 말 시점에서 보면 아직 권리 행사 만기가 많이 남아 있기
때문에 남은 기간 동안 주가가 지금보다 훨씬 더 오를 기회가 있
다고 보고 워런트를 매입하는 것이다. 즉, 현재의 워런트 거래 가
격에는 시간 가치가 반영돼 있다. 반면 워런트를 파는 사람은 현
재 주가 수준에서 더 이상 주가가 오르기는 어렵다고 보고, 워런
트 가격이 많이 오른 지금이 매도하기 좋은 때라고 보는 것이다.

코오롱생명과학 워런트 거래 가격은 2012년 6월 1일만해도
2만 1200원에 불과했다. 그러나 워런트 가격은 4개월여 만에 6만
2000원까지 올랐다. 이 기간 동안 그만큼 주가 상승폭이 컸기 때
문에 워런트 가격도 크게 올랐다.

6월에 워런트를 시장에서 판 사람은 그만큼 큰돈을 벌 기회를
놓친 셈이고, 이 때 워런트를 사서
11월에 판 사람은 워런트 1개당
4만 800원(6만 2000원-2만 1200원)
의 차익을 얻게 된 셈이다.

2011년 9월 코오롱생명과학이
BW를 막 발행하던 시점의 기사를
보면, 이미 발행 당시부터 대박이
예견돼 있었음을 알 수 있다.

2009년 3월에 발행한 기아자동차 BW와 2012년
11월에 발행한 코오롱생명과학 BW는 투자자에게
원리금을 제외하고도 커다란 수익을 안겼다.

국내 첫 주주 우선 공모 '코오롱생명 BW' 대박 조짐

국내에서는 처음으로 주주 우선 방식으로 발행된 코오롱생명과학의 신주인수권부사채(BW)가 상장을 눈앞에 두고 있다. 현 주가가 워런트 행사가격을 크게 웃돌고 있어 이 회사 BW 투자자들은 상당한 수익을 챙길 것으로 보인다.

7일 금융투자 업계에 따르면 지난달 청약과 납입을 완료한 300억 원 규모의 코오롱생명과학 BW 중 워런트(코오롱생명과학 1WR)가 9일 상장된다. 이 BW는 국내 상장사 중 최초로 주주 우선 공모 방식으로 발행됐다.

주주 우선 공모는 기존 주주에게 청약할 권리를 우선 부여하고 미청약분을 일반에 공모함으로써 기존 주주의 권익을 보호하는 방식이다. 코오롱그룹은 대규모 자금을 조달하면서도 지분 희석을 방지하기 위해 이 같은 방식을 택했다.

이번 코오롱생명과학 BW의 워런트 행사가격은 2만 6950원이다. 이날 코오롱생명과학 종가가 3만 5200원인 것을 감안하면, 워런트의 가치는 상당하다. 이미 행사가격과 주가의 차이가 30% 넘게 벌어져 8250원의 차익이 생겼다. 만기도 많이 남아 있어 시간 가치도 크다. 워런트 가격은 현 주가에서 행사가격을 뺀 내재 가치와 시간 가치의 합으로 정해진다.

056 신중하게 발행하고,
신중하게 투자해야 하는 BW

BW는 사채권과 워런트를 분리해서 거래할 수 있어 사채권자와 워런트 소지자가 다를 수 있다. CB는 사채금액을 회사가 상환하면 주식전환권도 자동으로 소멸된다. 하지만 분리형 BW는 사채금액을 회사가 상환해도 워런트가 남는다. 워런트는 사채권자 본인이나 다른 사람이 가지고 있다가 행사할 수 있다. 그래서 사채

경제기사로 공시 읽기   2011년 5월 20일

채권의 안정성과 주식의 수익성을 함께 누리고 싶다면?

#1

금융회사 직원 A씨는 2009년 3월 기아자동차 BW에 청약했다. 표면금리는 연 1%였지만 3년 만기 보장수익률이 연 5.5%로 높은 데다 주가가 오르면 부수적인 주가 차익도 얻을 수 있다는 판단 때문이었다.

2년이 지난 지금, A씨는 함박웃음을 짓고 있다. 당시 7.5대 1의 청약 경쟁률로 A씨는 약 1억 원어치의 BW를 배정받았다. 그리고 2011년 5월 현재 워런트 가격이 무려 주당 6만 5000원까지 치솟아, 당장 팔아도 10억 원 가까운 차익을 낼 수 있게 됐다.

#2

직장인 B씨는 올해 4월 대한전선 BW를 청약했다. 청약률이 3대 1 정도 될 것으로 예상했지만, 예상보다 청약률이 2대 1로 낮아서 총 5000만 원어치의 BW를 배정받았다. 행사가격이 5240원인 워런트는 9541주를 받았다.

만기보장수익률이 7.5%(표면이자 3.0%)로 높은 편인데, 워런트 가격이 두 달이 안 돼 2000원을 넘었다. 워런트 가치만 계산해도 1900만 원(2000원 × 9541주)이 넘는다. 당장 BW를 할인해서 손해를 보고 팔더라도 워런트 가격이 상승한 덕분에 대략 22% 정도의 수익률을 낼 수 있다.

금액을 갚아도 앞으로 주식을 발행해야 할 일이 생길 수 있다.

만약 회사가 워런트 행사에 따른 발행 물량 증가와 그리고 이에 따른 주식가치 희석을 우려한다면 워런트를 시장에서 매입해 소각해야 한다.

공모 분리형 BW는 사채권과 워런트 모두 상장돼 있어 주식을 거래하는 것처럼 편리하게 사고 팔 수 있다.

BW 시장에서는 치고 빠지기 전략의 투자 행태가 적지 않게 나타났다. BW에 청약을 하고 워런트를 배정 받으면 채권은 손해

를 보더라도 할인해 팔아
서 일단 현금을 손에 쥔
다. 그리고는 콜옵션의 일
종인 워런트로 수익을 노리는
식이다. 그러나 2013년 하반기 이
후 사모 BW는 분리형 신규 발행이
금지됐기 때문에 이런 투자 전략은
불가능하다.

전환사채나 신주인수권부사채는 회사
채인 만큼 발행 기업이 부도나면 투자
금을 날릴 수도 있다.

    CB, BW도 채권의 일종이라 발행 기업이 부도나면 원칙적으로
투자금을 날릴 수 있다. 재무 상태가 엉망인 코스닥 업체의 BW는
투자에 주의할 필요가 있다. 재무 상태가 악화된 기업은 유상증자
가 법적으로 금지돼 있어 주식 관련 사채로 자금을 모으려는 경우
가 많기 때문이다.

Chapter 11

사채를 소각해도
워런트는 살아남는다!

057 주가의 발목을 잡는 워런트

간혹 전자 공시를 보다 보면 이런 제목을 볼 수 있다. '신주인수권부사채(해외 신주인수권부사채 포함) 발행 후 만기 전 사채 취득', '전환사채(해외 전환사채 포함) 발행 후 만기 전 사채 취득'. 글자 그대로 BW나 CB가 만기되기 전에 회사에서 투자자들로부터 다시 사들여 소각(상환)한다는 뜻이다. 투자자들이 풋옵션(조기 상환 요구)을 행사하거나 회사에서 콜옵션을 행사하는 경우다. 2013년 상반기 이전에 발행되어 아직 유통되고 있는 분리형 BW들은 회사가 조기 상환하려 할 때는 대부분 사채권만 사들인다.

사채권은 보유자가 대체로 명확해 재매입에 어려움이 별로 없다. 하지만 워런트는 시장에서 사채권과 분리돼 따로 유통할 수 있기 때문에 이를 재매입하기 쉽지 않다.

사채권만 매입해 소각하면 재무 구조 개선 효과는 있겠지만, 워런트가 살아있기 때문에 신주 발행에 따른 물량 부담이 여전히 남는다.

　대상을 지정해 발행됐던 사모 BW는 워런트를 대주주와 특수관계인, 회사 임원들이 갖고 있는 경우가 많아, 상대적으로 회사가 워런트를 취득해 소각하기 어렵지 않다.

058 물량 폭탄의 불씨를 꺼트리지 못한 갑을메탈(옛 엠비성산)

엠비성산의 2011년 8월 23일 BW 발행 공시를 보자.

▶▶ (주)엠비성산의 신주인수권부사채권 발행 결정 공시　　　2011년 8월 23일

1 사채의 종류		회차	종류
		1	무기명식 이권부 무보증 사모 분리형 신주인수권부사채
2 사채의 권면총액(원)		3,000,000,000	
3 자금 조달의 목적	운영 자금(원)	3,000,000,000	
4 사채의 이율	표면이자율(%)	2.0	
	만기이자율(%)	5.7	
5 사채 만기일		2014년 8월 24일	

* 특정인에 대한 대상자별 사채 발행 내역

발행 대상자명	회사 또는 최대주주와의 관계	발행권면총액(원)
신한캐피탈 주식회사	-	3,000,000,000

* 신주인수권에 관한 사항

가치 산정 관련 사항	이론가격(원)	83
	이론가격 산정 모델	블랙 - 숄즈 옵션가격 결정 모형
	신주인수권의 가치	신주인수권 행사가격 15.15%

신주인수권증권 매각 관련 사항	매각 계획	매각 예정일	2011년 8월 24일
		권면총액(원)	1,500,000,000
		신주인수권증권 매각 총액(원)	45,000,000
		신주인수권증권 매각 단가(원)	16
	매각 상대방		주식회사 린츠홀딩스
	매각 상대방과 회사 또는 최 대주주와의 관계		관계 없음

엠비성산이 30억 원의 BW를 사모로 발행했고, 신한캐피탈이 전액을 인수했다. 그리고 신한캐피탈은 이 가운데 사채의 권면총액 15억 원에 해당하는 워런트를 개당 16원에 린츠홀딩스라는 곳에 팔았다.

사채권면총액 15억 원에 해당하는 워런트 개수

= 273만 7226개(15억 원/행사가격 548원)

➡ 워런트 거래 금액은 약 4500만 원(273만 7226개×16원)

1년 뒤인 2012년 8월 24일 엠비성산의 공시를 보면, 사모 형태로 발행한 1회차 BW를 회사가 만기 전에 취득한다고 돼 있다. BW 취득 사유는 사채권자(투자자)가 조기 상환 청구권을 행사했기 때문이다. 회사는 BW를 되사들이면서 '원금 + 이자'를 갚아야 한다.

197

그래서 사채를 취득하는데 필요한 금액이 31억 2839만 원이다.

회사는 회사가 보유하고 있던 자금으로 채권을 사들여 소각(채권 등록 말소)할 것이라고 밝혔다. 또 사채를 소각한 후에도 워런트는 '유효'하다고 공시했다.

사채는 다 상환했지만 사채권면총액 30억 원에 해당하는 워런트는 신한캐피탈과 린츠홀딩스가 여전히 나눠 보유하고 있는 것

▶▶ (주)엠비성산의 신주인수권부사채권 발행 후 만기 전 사채 취득 공시

2012년 8월 24일

신주인수권부사채 취득		1회차
1 만기 전 취득 사채에 관한 사항	사채의 종류	무기명식 이권부 무보증 사모 분리형 신주인수권부사채
	발행 일자	2011년 8월 24일
	발행 방법	국내 발행(사모)
	주당 신주인수권 행사가액(원)	548
	신주인수권 분리 여부	해당
	만기일	2014년 8월 24일
2 사채 취득 금액(원)		3,128,384,000
취득한 사채의 권면총액(원)		3,000,000,000
취득 일자		2012년 8월 24일
3 만기 전 취득 사유 및 향후 처리 방법		조기 상환 청구 / 채권 등록 말소 예정
4 취득 자금의 원천		회사 보유 자금
5 기타 투자 판단에 참고할 사항		본 사채는 분리형으로 사채 소각 후에도 신주인수권은 유효함

으로 추정된다. 물론 신한캐피탈과 린츠홀딩스가 워런트를 다른 누군가에게 매각했다면 또 다른 투자자가 워런트를 보유하고 있을 수도 있다.

059 깔끔한 뒤처리로 후환을 없앤 신화인터텍

신화인터텍은 2011년 5월 150억 원의 BW를 사모 발행했는데, BW 전액을 오성엘에스티라는 회사가 인수했다(오성엘에스티는 나중에 신화인터텍을 인수했다가 효성그룹에 매각한다). 그리고 신화인터텍은 2012년 들어 세 차례에 걸쳐 만기 전 사채 취득을 통해(40억 원, 70억 원, 40억 원) 사채권을 모두 상환하는 한편, 동시에 워런트까지 다 매입해 소각했다.

▶▶ 신화인터텍(주) 신주인수권부사채권 발행 결정 공시		2011년 5월 18일

	사채의 종류	회차	종류
1		13	국내 무기명식 이권부 무보증 사모 분리형 신주인수권부사채
2	사채의 권면총액(원)		150,000,000,000
3	자금 조달의 목적	운영 자금(원)	10,000,000,000
4	사채의 이율	표면이자율(%)	4.0
		만기이자율(%)	7.0
5	사채 만기일		2016년 5월 27일
6	사채 발행 방법		사모
7	전환에 관한 사항	행사 비율(%)	100
		행사가액(원/주)	6,442
		사채와 인수권의 분리 여부	분리

발행 대상자명	회사 또는 최대주주와의 관계	발행권면총액(원)
오성엘에스티(주)	-	15,000,000,000

▶▶ 신화인터텍(주) 신주인수권부사채 발행 후 만기 전 사채 취득 공시   2012년 8월 22일

신주인수권부사채 취득		13회차
1 만기 전 취득 사채에 관한 사항	사채의 종류	신화인터텍 무기명식 무보증 신주인수권부사채
	발행 일자	2011월 5월 27일
	발행 방법	국내 발행(사모)
	주당 신주인수권 행시가액(원)	4,510
	만기일	2016월 5월 27일
2 사채 취득 금액		4,191,422,087
취득한 사채의 권면총액		4,000,000,000
취득일자		2012년 8월 22일
3 만기 전 취득 사유 및 향후 처리 방법	취득사유	재무 구조 개선 및 발행 가능 주식 수 축소
	향후 처리 방안	소각(말소)

신주인수권부사채 취득		13회차
1 사채 만기 전 취득한 신주 인수권 증권에 관한 사항	분리 전 사채의 종류	신화인터텍 무기명식 무보증 신주인수권부사채
	발행 일자	2011년 5월 27일
	발행 방법	국내 발행(사모)
	신주인수권증권의 권면총액(원)	4,000,000,000
	주당 신주인수권 행사가액(원)	4,510
	만기일	2016년 5월 27일

2	신주인수증권 취득 금액(원)	4,541,019,370
	신주인수증권 취득 일자	2012년 8월 22일
3	기타 투자 판단에 참고할 사항	사채 원금과 신주인수권증권을 함께 매입하여 소각함

2012년 8월 22일의 신화인터텍 공시를 보면 재무 구조를 개선하고 발행 가능 주식 수를 축소하기 위해 BW를 만기 전에 취득해 소각(말소)한다고 밝히고 있다. 발행 가능 주식 수를 축소한다는 말은 워런트를 함께 매입해 소각한다는 뜻이다.

취득한 BW의 권면총액은 40억 원, 사채 취득 금액(원금＋이자 등)은 41억 9142만 원이다. 신화인터텍이 세 차례에 걸쳐 워런트까지 쉽게 매입할 수 있었던 것은 사채권자인 오성엘에스티가 워런트를 다 보유하고 있었기 때문이다.

CB나 BW 등 주식 연계 채권은 낮은 금리로 투자자들을 쉽게 끌어 모을 수 있는 장점이 있지만, 주식 전환 시 물량 부담 때문에 주가에 부담을 준다. 주가 관리에 신경을 쓰는 기업이라면 물량 부담을 줄이기 위해 CB나 BW를 만기 전에 취득해 소각하려 한다.

CB는 상환하면 주식전환권도 자동으로 소멸된다. 그러나 분리형 BW는 사채를 상환한 뒤에도 워런트가 여전히 살아있기 때문에, 워런트까지 매입해 소각해야만 잠재적인 물량 부담을 없앨 수 있다.

CB나 BW를 회사 자금으로 조기 상환하면 부채가 없어지기 때문에 그만큼 재무 구조가 좋아질 수 있다. 하지만 현금 소진에 따라

캐시플로우가 떨어지게 된다. 차입을 해서 사채를 갚는다면 부채를 없애기 위해 새로운 부채를 발생시키는 셈이므로, 재무 구조를 개선하는 효과는 없다. 그러나 외부에서 끌어온 돈으로 투자자들에게 상환을 해주기 때문에 캐시플로우에는 영향을 미치지 않는다.

060 주가를 잡으려면 워런트부터 체포하라!
– 레드로버, 탑엔지니어링

BW로 인한 '물량 폭탄'이 주가 급락이라는 부메랑으로 돌아오기 전에 워런트 매입을 통해 적극적으로 주가 관리에 나선 기업들의 사례를 살펴보자.

경제기사로 공시 읽기　　　　　　　　　　　　　2015년 1월 13일

레드로버, 대표이사 및 임원 보유 워런트 전량 소각 결정

콘텐츠 기업 레드로버는 13일 하회진 대표이사 및 임원이 보유한 24억 원 규모의 신주인수권(워런트)을 매입해 전량을 소각하기로 했다고 밝혔다.

소각 대상 신주인수권은 2013년 6월 28일 발행된 제3회차 무보증 분리형 사모 신주인수권부사채에서 분리된 것으로, 행사 가능한 주식 수는 42만 주 규모다. 이번 조치는 작년 연말에 있었던 10% 무상증자 결정에 이은 레드로버의 주주 우선 경영의 일환으로, 주주 가치 제고를 위한 의지 표현이라고 회사 측은 설명했다.

하 대표는 "그동안 레드로버는 서툰 소통 때문에 회사 가치가 저평가됐다는 질책을 많이 받아왔다"며 "지난해 무상증자 결정과 이번 워런트 소각은 신뢰를 회복해 나가는 출발점으로, 앞으로 주주 가치 극대화를 위해 회사가 할 수 있는 모든 방법을 고민하겠다"고 말했다.

2014년 12월 23일

탑엔지니어링, 75억 원 규모 신주인수권 매입 소각

LCD 공정 장비 전문기업인 탑엔지니어링은 김원남 대표이사가 보유한 신주인수권 워런트(권면금액 25억 원)를 매입해 소각한다고 23일 공시했다.

대상이 되는 신주인수권은 2012년 9월 14일 발행된 제2회차 무보증 분리형 사모 신주인수권부사채(BW)에서 분리된 것이다. 주당 행사가격은 4045원, 행사 가능한 주식 수는 296만 주 규모다. 사채는 이미 2013년 11월 전액 조기 상환됐다.

탑엔지니어링은 지난 18일에도 사모펀드가 보유하고 있던 신주인수권 워런트(권면금액 50억 원)을 매입해 소각한 바

있다. 지금까지 총 권면금액 75억 원가량의 워런트 소각을 진행하는 셈이다.

탑엔지니어링는 두 차례에 걸친 매입을 통해 해소되는 잠재 주식 수가 약 185만여 주라며, 오버행 이슈를 상당 부분 해소해 주가 안정화와 주주 가치 제고를 실현할 수 있을 것으로 기대했다.

탑엔지니어링 관계자는 "최근 기업에서 역량을 집중하고 있는 주주 가치 제고 경영의 일환으로 이번 신주인수권 매입 및 소각이 이루어졌다"며 "경영의 내실화와 신규 사업 역량 집중으로 주주 가치를 더 높이는데 노력하겠다"고 말했다.

061 대주주의 이유 있는 워런트 편애

다음의 사례들은 금융 당국이 사모 분리형 BW가 오너의 경영권 강화에 남용되고 있다며 발행 금지 조치를 내린 이유에 대한 이해를 돕기 위해 소개한다.

로만손(현 제이에스티나)은 2010년 8월 산은캐피탈을 대상으로 사모 방식의 40억 원 BW를 발행했다. 이때 사채금액(권면금액) 32억 원에 해당하는 워런트를 이 회사 김기석 사장이 산은캐피탈

로부터 사들였다. 워런트는 주당 97원으로 계산했다. 김기석 사장이 워런트 매입에 들인 돈은 모두 1억 4400만 원이다.

이를 통해 김기석 사장은 149만 주를 주당 2082원의 행사가격에 사들일 수 있는 권리를 확보했다. 그는 2011년 11월과 2012년 7월에 일부 워런트를 행사했고, 2012년 11월 현재 55만 주에 달하는 미행사 워런트를 보유하고 있다. 이 55만 주는 2014년 8월까지 행사 가능하다.

로만손 주가가 2012년 10월 현재 1만 원을 약간 웃도는 수준에서 움직이고 있음을 고려할 때, 워런트 행사로 인한 김기석 사장의 주식 평가차익(기존 행사분과 미행사분의 합)은 120여억 원에 달하는 것으로 추정된다.

최근 국세청은 2011년 무렵부터 최대주주가 워런트를 통해 막대한 시세 차익을 남기거나, 과도하게 지분율을 확대하는 행태에 제동을 걸고 나섰다.

BW 워런트는 최대주주의 지분율을 더욱 공고히 하는 수단으로 자주 활용되어왔다. 기업이 사모 방식으로 BW를 발행하면, 최대주주는 BW 인수자로부터 워런트만 따로 매입하고, 차후 워런트 행사로 싼 값에 지분을 늘린다. 이러한 일련의 절차에 대해 국세청은 제3자에게 BW를 배정하는 방식을 빌려 최대주주가 실질적으로 이득을 보는 구조라고 판단했다. 사모 발행 BW에서 인수자가 누구인지는 공시에 나타나 있다.

만약 (주)붕어빵이 2012년 6월 10억 원의 BW를 사모로 발행하는데, 행복캐피탈이 이를 인수한다고 하자. 워런트 행사가격은 주당 1만 원이다. 그럼 행복캐피탈은 워런트 10만 개(10억 원/1만 원)를 확보할 수 있다. 그런데 (주)붕어빵과 행복캐피탈은 사전 협의해 워런트 10만 개를 (주)붕어빵의 대주주인 김만두 사장과 2대 주주인 박우동 부사장에게 모두 팔기로 한다(또는 10만 개의 절반인 5만 개만 김만두와 박우동에게 넘기기로 계약한다).

행복캐피탈로서는 사채권을 통해 이자 수익을 확보해 놓고 즉시 워런트를 팔아 수익을 얻을 수 있다. 물론 회사의 주가가 상승할 때 워런트를 통한 시세 차익은 포기하는 것이다.

김만두 사장과 박우동 부사장은 BW 발행을 통해 회사 자금을 조달하면서, 워런트를 자신들이 바로 사들임으로써 경영권을 안정적으로 유지할 수 있다. 또 향후 워런트 행사를 통해 지분율을 끌어올릴 수 있는 기반을 마련했다.

제3자가 워런트를 보유하고 있으면 물량 부담을 통제하기 어렵다. 하지만 대주주가 워런트를 보유하고 있으면 통제가 쉬워진다. 또 신주 전환 물량 부담 때문에 주가가 부진하다면, 스스로 워런트를 소각해 주가 부양에 대한 의지를 외부에 보여주는 등의 방법으로 주가를 관리할 수도 있다.

사모 BW 발행 시 워런트는 대주주나 특수관계인의 지분율 확대나 시세 차익을 위해 싼 값에 거래가 될 가능성도 있다. 그래서 때로는 편법적 특혜나 불공정, 꼼수 논란에 휘말리기도 한다.

BW를 사모로 발행하면서 최대주주가 워런트만을 싸게 매입해 주식으로 전환해 차익을 얻거나 지분율을 늘리는 일이 잦아지자, 정부가 2013년 9월 「자본시장과 금융투자업에 관한 법(자본

시장법)」을 개정해 분리형 BW 발행을 제한했다. 그러나 금융업계와 산업계 등의 요청으로 2015년 하반기부터 공모에 한해 분리형 BW 발행을 허용했다.

한편 이와는 별도로 국세청은 최대주주의 워런트 활용에 칼을 대기 시작했다. 최대주주가 워런트로 이익을 볼 경우 과세하는 사례도 나타났다.

062 이엘케이와 국세청의 'BW 워런트 증여세 6년 소송' 결론

코스닥 상장사 이엘케이의 대주주 신동혁 대표와 국세청 사이에 벌어졌던 'BW 워런트 증여세 6년 소송'은, 워런트만을 저가에 인수해 회사 지분을 늘렸던 많은 코스닥 기업 대주주들의 이목을 집중시킨 사건이었다.

국세청은 2011년 7월 터치스크린 업체 이엘케이의 최대주주 신동혁 대표에게 증여세 82억 원을 부과했다. 이엘케이는 2006년과 2008년에 증권사 등을 상대로 두 차례에 걸쳐 제3자 배정 방식으로 분리형 BW를 발행했다. 증권사 등은 일정 기간이 지난 뒤 특정 가격으로 새 주식을 인수할 수 있는 권리인 워런트만 떼어내 신 대표에 매각했고, 신 대표는 2년 뒤 이 워런트를 행사해 회사 지분을 대거 늘렸다. 국세청은 제3자를 통해 워런트를 매입한 것은 세금을 피하기 위한 꼼수라고 봤다. 제3자라는 형식을 빌렸지만, 실질적으로는 회사가 최대주주에게 직접 워런트를 넘긴 것이나 마찬가지의 연속적인 거래라는 것이다.

국세청은 이 거래에서 신 대표가 147여억 원의 이익을 챙겼다고 보고, 증여세 82억 원을 부과했다. 「상속세 및 증여세법」상 BW를 발행한 법인의 최대주주가 회사로부터 자신의 지분율을 초과하여 워런트를 인수한 경우 초과 지분에 대해 과세할 수 있다는 근거를 제시했다.

신 대표는 과세 통보를 받고 곧바로 조세심판원에 불복 심판을 청구했고, 나중에 소송을 제기했다. 회사가 아니라 투자자인 제3자로부터 워런트를 인수했기 때문에 「상속세 및 증여세법」 조항에 해당하지 않는다는 주장이었다. 증권업계에서는 "발행 시점부터 최대주주를 상대로 워런트를 발행한 구조라면 증여세를 부과할 수도 있겠지만, 제3자를 통해 인수한 경우는 회사가 직접 증여한 이익으로 보기 어렵다"는 평가들이 나왔다.

당시 많은 상장사 대주주들이 분리형 BW를 발행하는 과정에서 제3자로부터 워런트만을 인수해 지분을 늘려왔다. 신 대표와 국세청 사이의 다툼은 초미의 관심사로 떠오를 수 밖에 없었다.

대법원은 2017년 2월, 증여세 과세가 부당하다며 원심 판결을 파기 환송함으로써 신 대표의 손을 들어줬다. 앞서 고등법원은 국세청 주장을 받아들여 "실질은 최대주주가 회사로부터 직접 워런트를 취득한 것과 동일하다"며 신 대표가 증여세를

이엘케이가 국세청을 상대로 한 BW 워런트 증여세 과세 소송에서 승소했다.

내야 한다고 판결했다. 그러나 대법원은 "BW 발행부터 대주주의 워런트 취득, 그리고 워런트 행사에 따른 신주 취득까지 약 2년의 시간 간격이 있다"며 "회사가 시장가격과 워런트 행사가격(취득가격)간 차액을 대주주에게 증여한 것과 같은 연속 행위 또는 연속 거래라고 단정하기는 어렵다"고 판시했다.

063 사모 발행 BW 공시, 마지막 항목을 반드시 살펴라! - 팅크웨어

▶▶ 팅크웨어 BW 발행 결정 공시   2012년 8월 23일

1	사채의 종류		회차	종류
			1	무기명식 이권부 무보증 사모 분리형 신주인수권부사채
2	사채의 권면총액(원)		15,000,000,000	
3	사채의 이율	표면이자율(%)	0.0	
		만기이자율(%)	3.25	
4	사채 발행 방법		사모	
5	전환에 관한 사항	행사 비율(%)	100	
		행사가액(원/주)	16,931	

* 특정인에 대한 대상자별 사채 발행 내역

발행 대상자명	회사 또는 최대주주와의 관계	발행권면총액(원)
(주)아이비케이캐피탈	없음	5,000,000,000
신한캐피탈(주)	없음	4,000,000,000
(주)농심캐피탈	없음	3,000,000,000
현대증권(주)	없음	3,000,000,000

* 신주인수권에 관한 사항

신주인수권 가치 산정 관련 사항	이론가격(원)			2,234
	이론가격 산정 모델			블랙-숄즈의 옵션가격 결정 모형
	신주인수권의 가치			신주인수권 행사가액의 13.20%
신주인수권증권 매각 관련 사항	매각 계획	매각 예정일		2012년 8월 24일
		권면총액(원)		9,000,000,000
		신주인수권증권 매각초액(원)		405,000,000
		신주인수권증권 매각 단가(원)		762
	매각 상대방			유비벨록스(주)(66.66%)
				이흥복(16.66%)
				이준표(4.17%)
				김대현(4.17%)
				성득영(4.17%)
	매각 상대방과 회사 또는 최대주주와의 관계			유비벨록스(주)(최대주주)
				이흥복(대표이사)
				강정규(등기임원)
				이준표(등기임원)
				김대현(등기임원)
				성득영(등기임원)

- 150억 원의 BW를 사모 분리형(표면이자율 0%, 만기이자율 3.25%)으로 발행한다.

- 인수자는 IBK캐피탈과 신한캐피탈, 농심캐피탈, 현대증권(현 KB증권)으로 각각 50억 원, 40억 원, 30억 원, 30억 원어치를

인수한다.

- 공시의 맨 마지막 부분 '신주인수권에 관한 사항'을 보면, BW 발행권면총액 150억 원 중 90억 원에 해당하는 워런트가 2012년 8월 24일 BW 발행과 함께 매각 예정이라는 사실을 알 수 있다.

- 사채권면총액 90억 원에 해당하는 워런트는 53만 1569개 (90억 원/행사가격 1만 6931원)다.

- 워런트를 사들이는 사람들은 유니벨록스(주), 이흥복, 강정규, 이준표, 김대현, 성득영이다. 유리벨록스는 팅크웨어의 최대 주주이고, 이흥복은 대표이사, 나머지는 등기임원들이다.

- 워런트 매각 단가는 762원이다. 워런트의 이론가격은 2234원이지만 이는 어디까지나 이론가격일뿐 실제 매각 가격은 당사자 간 협의에 의해 결정된다.

- 워런트의 개당 거래 가격이 762원이므로 이번 워런트 총거래 가격은 4억 500만 원(53만 1569개 × 762원)이다.

- 워런트가 넘어간 사채권의 권면총액이 90억 원이다. 구체적으로 누가 얼마만큼의 워런트를 누구에게 넘겼는지는 2012년 8월 27일 팅크웨어의 공시(주식 등 대량 보유 상황 보고서)를 보면 알 수 있다. 이 공시를 보면 워런트 거래로 인해 앞으로 누구에게 어느 정도의 지분 변동 가능성이 있는지를 파악할 수 있다(자세한 공시 분석 방법은 358쪽 '잘 쓰면 약, 잘못 쓰면 독 '5% 룰' 지분 공시'편에서 설명한다).

064 워런트를 사들여 지분율 희석을 방어한 대주주
- 처음앤씨(현 지와이커머스)

전자결제 서비스기업인 처음앤씨는 2012년 8월 10일 70억 원의 사모 분리형 BW(3년 만기, 표면금리 0%, 만기이자율 2%)를 발행했다. 인수자는 리딩투자증권이다.

리딩투자증권은 발행권면총액 70억 원 중 절반인 35억 원에 대한 워런트를 발행 즉시 금상연 씨에게 넘겨주기로 했다. 금상연 씨는 처음앤씨 대표이사이자 최대주주다.

35억 원에 해당하는 워런트 개수는 58만 1009개(35억/행사가액 6024원)다. 워런트 개당 매각 단가가 310원이므로 거래 금액은 1억 7500여만 원(58만 1009개 × 310원) 정도다.

리딩투자증권 입장에서 보면 BW의 만기이자율(2%)이 낮기는 하지만 70억 원 중 나머지 35억 원에 대한 워런트를 여전히 확보하고 있어 향후 주가 상승에 따른 워런트 행사와 차익 실현 기회를 노릴 수 있다.

처음앤씨의 금상연 대표이사(최대주주) 입장에서 보면 BW 발행권면총액의 절반에 해당하는 워런트를 사들임으로써, 일단 추후 리딩투자증권이 BW를 주식으로 전환할 때 지분율이 희석되는 것을 방어할 수 있다. 그리고 주가가 상승하면 주식 전환을 통해 지분율을 끌어올리거나 차익을 얻을 수 있는 기회도 확보했다.

▶▶ 처음앤씨 BW 발행 결정 공시

1	사채의 종류		회차	종류
			2	무기명식 이권부 무보증 분리형 사모 신주인수권부사채
2	사채의 권면총액(원)		7,000,000,000	
3	사채의 이율	표면이자율(%)	0.0	
		만기이자율(%)	2.00	
4	사채 만기일		2015년 8월 10일	
5	사채 발행 방법		사모	
6	전환에 관한 사항	행사 비율(%)	100	
		행사가액(원/주)	6,204	

* 특정인에 대한 대상자별 사채 발행 내역

발행 대상자명	회사 또는 최대주주와의 관계	발행권면총액(원)
리딩투자증권(주)	–	7,000,000,000

* 신주인수권에 관한 사항

신주인수권 가치 산정 관련 사항	이론가격(원)		497
	이론가격 산정 모델		블랙-숄즈 옵션가격 결정 모형
	신주인수권의 가치		신주인수권 행사가격의 8.01%
신주인수권증권 매각 관련 사항	매각 계획	매각 예정일	2012년 8월 10일
		권면총액(원)	3,500,000,000
		신주인수권증권 매각총액(원)	175,000,000
		신주인수권증권 매각 단가(원)	310
	매각 상대방		금상연
	매각 상대방과 회사 또는 최대주주와의 관계		주식회사 처음앤씨 대표이사(최대주주)

때론 숨은 진주, 교환사채(EB)

065 두껍아! 두껍아! 내 주식 줄게, 돈 좀 빌려다오~

(주)붕어빵이 회사채를 발행해 투자자들에게서 10억 원을 빌렸다. 만기일에 원리금을 갚아도 되고, 투자자들이 원할 경우 (주)붕어빵이 보유한 다른 회사 주식으로 갚아도 된다고 하자. 물론 다른 회사 주식으로 상환할 경우 주당 얼마로 계산할지는 미리 정해놓는다. 이렇게 기업이 보유하고 있는 자기주식(자사주) 또는 다른 회사 주식을 특정 가격에 교환해 주기로 하고 발행한 채권이 바로 교환사채(EB : Exchangeable Bonds)다.

EB 역시 기본적으로 채권이다. 그런데 투자자들이 원금을 받지 않고 채권을 발행한 회사가 보유한 주식으로 바꿔달라고 요구할 수 있는 권리를 붙여놓았다.

회사가 보유한 주식 중 어떤 회사의 주식을 교환대상으로 할지는 미리 정한다. 과거에는 EB를 발행하는 기업이 보유한 타사 주식만을 교환대상으로 삼을 수 있었으나, 이제는 EB를 발행하는 기업의 자사주도 교환대상으로 삼을 수 있다.

(주)붕어빵은 (주)잉어빵 주식과 (주)꿀호떡 주식을 보유하고 있다. 자사주도 갖고 있다. (주)붕어빵은 10억 원어치 채권을 발행하면서 투자자들이 원할 경우 (주)꿀호떡 주식으로 바꿔준다고 약속했다. 교환가격은 주당 1만 원이다. 발행 시점의 (주)꿀호떡 주가는 9000원이다. 교환가격은 교환대상 주식((주)꿀호떡)의 발행 시점 주가보다는 약간 높게 책정된다. 투자자들은 (주)꿀호떡 주가가 1만 원을 훌쩍 넘어설 것이라는 기대를 안고 (주)붕어빵의 EB에 투자한다.

투자자 김말복은 (주)붕어빵의 EB에 1000만 원어치를 투자했다. 이후 (주)꿀호떡 주가가 계속 올라 1만 5000원이 됐다. 김말복은 원리금을 상환받는 것보다 (주)꿀호떡 주식으로 교환해 시장에서 매각하는 편이 훨씬 이익이므로 원리금 대신 (주)꿀호떡 주식을 달라고 할 것이다. 교환가격이 1만 원이니까 (주)꿀호떡 주식 1000주(원금 1000만 원/교환가격 1만 원)를 받을 수 있다. 교환받은 (주)꿀호떡 주식을 시장에서 팔면 총 500만 원의 차익을 벌 수 있다.

김말복의 (주)붕어빵 EB 투자 차익

1만 5000원(시장가격) - 1만 원(교환가격) = 5000원

총 차익 = 5000원 × 1000주 = 500만 원

만약 (주)꿀호떡 주가가 교환가격 아래에 머물러 있다면 교환해야 할 메리트가 떨어진다. 이때는 돈으로 상환받으면 된다.

만약 교환대상 주식이 (주)붕어빵의 자사주라면, EB나 BW, CB와 별반 차이가 없는 것처럼 보인다. 그렇지만 CB나 BW는 투자자의 요구가 있을 경우 주식을 새로 발행해 넘겨줘야 하기 때문에, 주식가치 희석 효과가 크게 발생한다. 반면 EB는 어차피 자사주 형태로 보유하고 있던 주식을 내주는 것이기 때문에 상대적으로 주식가치 희석 효과가 덜하다는 장점이 있다.

066 돈은 두산중공업이 빌리는데, 두산건설 주식으로 갚는다?

두산중공업의 EB 발행 결정 공시를 보자. 두산중공업이 보유하고 있는 두산건설 주식이 교환대상이다. 사채권면총액이 2200억 원, 만기는 5년이다. 두산건설 주식의 교환가격은 6000원으로 결정됐다.

교환가격은 6월 1~3일까지 즉, 3일 동안의 두산건설 가중산술평균주가를 기준주가로 해 정했다. 가중산술평균주가는 해당 기간의 총 거래 대금(9억 7033만 원)을 총 거래량(22만 1225주)으로 나누면 된다. 3일 간의 가중산술평균주가는 4386원이다. 이 기준주가가 곧바로 교환가격이 되는 것은 아니다.

공시의 '교환가액 결정 방법'에 나와 있는 산정 방법을 보자. 기준주가가 5500원 이상이면 기준주가의 110%를 교환가격으로 정

1	사채의 종류	회차	종류
		40	무기명식 이권부 무보증 교환사채
2	사채의 권면총액(원)		220,000,000,000
3	자금 조달의 목적	타법인증권 취득 자금(원)	220,000,000,000
4	사채의 이율	표면이자율(%)	1.5
		만기이자율(%)	4.5
5	사채 만기일		2016년 6월 14일

6 이자 지급 방법

이자는 '본 사채' 발행일로부터 원금 상환 기일 전일까지 계산하여 매 3개월마다 연 이율의 1/4씩 후급하며 이자 지급 기일은 아래와 같다.
* 이자 지급 기일 : 2011년 9월 14일, 2011년 12월 14일…….

7 원금 상환 방법

① 만기 상환 : 만기까지 보유하고 있는 '본 사채'의 원금에 대하여는 2016년 6월 14일에 원금의 116.7167%로 일시 상환한다.
② 조기 상환 청구권(put option) : 사채권자는 발행일로부터 3년이 지난 후 매 6개월마다 본 사채를 조기 상환할 것을 발행 회사에 청구할 수 있다.

8	사채 발행 방법	공모	
9	교환에 관한 사항		
	교환 비율(%)	100	
	교환가액(원/주)	6,000	
	교환가액 결정 방법	청약일 전 제3거래일까지의 가중산술평균주가를 기준으로 다음과 같은 방법으로 결정한다. ① 기준주가가 5,500원 미만일 경우 : 6,000원 ② 기준주가가 5,500원 이상일 경우 : 기준주가의 110%에 해당하는 가액	
	교환대상	두산건설(주) 기명식 보통주식	
	교환 청구 기간	시작일	2011년 6월 15일
		종료일	2016년 5월 14일

하기로 했다. 그리고 기준주가가 5500원 미만이면, 6000원을 교환가격으로 정하기로 했다. 두산중공업의 기준주가는 4386원으로 5500원 미만이기 때문에, 6000원을 교환가격으로 정했다.

표면이자율은 1.5%(매 3개월마다 이자 지급), 만기이자율은 4.5%로 정해졌다. 조기 상환 청구권(풋옵션)은 사채 발행일로부터 3년이 지난 뒤 매 6개월마다 청구할 수 있다고 돼 있다. 교환가격은 두산건설 주식의 가치 변동 사유가 발생하면 조정하도록 돼 있다. 두산건설이 유상증자, 무상증자, 주식배당, 주식 분할과 병합, 현금배당 등을 할 경우에 교환가격을 조정한다(투자자가 공시에 나와 있는 복잡한 교환가격 조정 공식까지 알 필요는 없다).

067 미운 오리 새끼에서 효자로 등극한 세아제강 EB

다음에 나올 기사들은 세아제강의 EB 발행과 관련해 2011년 2월과 3월, 10월에 보도된 내용들이다. 일련의 흐름을 보면서 EB에 대한 이해도를 높여보자.

EB의 교환대상이 되는 주식은 현 시세보다 대개 할증 발행된다. 예를 들어 (주)붕어빵이 (주)꿀호떡 주식을 대상으로 EB를 발행할 때, (주)꿀호떡의 현 주가가 1만 원이라면 교환가격은 1만 1500원~1만 2000원 정도로 책정될 수 있다(15~20% 프리미엄 할증). 결국 교환대상이 되는 주식의 매력도가 EB의 가치를 결정한다. EB를 발행하는 (주)붕어빵 입장에서 볼 때 (주)꿀호떡의 성장성이 좋아 앞으로 주가가 1만 3000원 이상 오를 것이라는 자신감이 있다면,

교환가격을 1만 3000원(30% 할증)으로 정할 수도 있다. 그러나 할증 프리미엄이 너무 높으면 투자자들이 선뜻 EB에 투자하려 하지 않는다.

세아제강의 EB는 할증률이 높아서인지 청약이 저조했다. 주식 연계 사채를 발행할 때 발행 기업은 발행 주관 증권사와 계약을 맺는데, 청약 미달분이 생겼을 때는 대체로 증권사가 떠안기로 한다. 세아제강 EB도 마찬가지였다. 청약 미달분은 우리투자증권(현

경제기사로 공시 읽기   2011년 2월 22일

세아제강 EB, 16% 할증 발행

세아제강 교환사채(EB)가 내세운 비교적 높은 할증률(프리미엄)의 배경에 업계의 관심이 모이고 있다. 교환대상인 세아베스틸의 자동차 부품 및 단조 분야 성장 가능성이 할증의 주요인이란 분석이다.

이달 말 세아제강이 발행할 공모 방식 EB(1524억 원 규모)의 교환가격은 5만 800원이다. 교환대상이 되는 세아베스틸의 기준주가 4만 3750원에 16%의 할증을 적용했다. 최종 교환가격은 17일 결정된다.

채권으로서 이번 EB의 투자 매력은 그리 높지 않다는 게 전문가들의 지적이다. 표면이자율이 1%, 만기이자율이 2.5%에 불과해 시중은행 금리는 물론 동일 신용등급(A) 회사채 금리보다도 낮기 때문이다. 사실상 교환대상인 세아베스틸의 주가 추이에 따라 수익률이 결정 나는 구조다.

이 때문에 세아제강이 교환가격에 할증률 16%를 적용한 것은 상당히 공격적인 발행 조건으로 받아들여지고 있다. 향후 세아베스틸의 주가가 지금보다 20% 이상 오른다는 자신감 없이는 이런 조건을 내세우기 힘들었을 것이라는 분석이다. 이런 자신감의 근거로는 우선 세아베스틸의 자동차 부품 사업 성장 가능성이 꼽힌다.

EB는 오는 22~23일 이틀간 일반 공모 청약을 거쳐 25일 발행될 예정이다.

우리투자증권·동양증권,
세아제강 EB 미달분 인수 '또 물리나'

1520억 원 규모의 세아제강 교환사채(EB) 발행을 주관한 우리투자증권과 동양증권이 175억 원 가량의 청약 미달분을 떠안았다.

3일 증권 업계에 따르면 세아제강이 지난 달 25일 1521억 원 규모의 EB 청약을 마감한 결과, 총 1346억 원어치 청약이 이뤄졌다. 청약 경쟁률은 0.886대 1로 11.4%(175억 원) 가량 미달이 난 셈이다.

미매각 물량 175억 원은 잔액 인수 계약에 따라 주관사인 우리투자증권과 동양증권이 각각 131억 원, 43억 원을 떠안기로 했다. 세아제강 EB 청약률이 1대 1에도 못 미쳤던 것은 공격적인 발행 조건이 영향을 미쳤던 것으로 해석된다.

세아제강 EB의 교환대상은 세아베스틸로 교환가격은 5만 700원이다. 최종 발행가를 결정한 지난 17일 종가가 4만 3750원이었음을 감안하면 16% 가량 할증된 수준이다.

우리투자증권 관계자는 이와 관련, "떠안은 물량이 크지 않으며 교환대상 주식의 향후 전망이 나쁘지 않아 큰 부담은 없다"고 말했다.

NH투자증권)과 동양증권(현 유안타증권) 두 곳이 떠안았다. 그러나 두 증권사는 교환대상 주식(세아베스틸)의 주가 전망이 좋기 때문에 떠안은 물량이 부담스럽지 않다고 이야기했다.

세아제강 EB 청약 미달분을 떠안았던 증권사들이 세아베스틸 주가 상승으로 돈을 벌게 됐다는 기사를 보자. 세아베스틸 주식의 교환가격은 5만 700원인데, 2011년 10월 현재 주가는 5만 9600원이다. 지금 바로 5만 700원에 세아베스틸 주식을 받아 시장에서 매각한다면 주당 8900원(5만 9600원-5만 700원)의 차익을 볼 수 있다. 투자 수익률이 17.5%(8900원/5만 700원)인 셈이다.

우리투자증권 동양종금, 세아제강 EB로 '함박웃음'

우리투자증권과 동양증권이 떠안은 세아제강 교환사채(EB)가 효자로 탈바꿈했다. 지난 2월 세아제강이 발행한 EB는 당시 할증(약 16%) 발행으로 투자자들의 인기를 끌지 못했다. 발행 주관사였던 우리투자증권과 동양증권이 각각 131억 원어치와 43억 원어치를 떠안는 신세가 됐다.

이후 세아베스틸 주가가 고공 행진을 이어가고 있다. 세아제강의 EB와 세아베스틸 주식 간 교환 가능 기간은 2011년 3월 25일부터 2014년 1월 25일까지다. 행사 기간 동안 세아베스틸의 주가는 4만 7600원을 저점으로 상승 추세에 있으며 현재는 5만 9600원(19일 종가)까지 올랐다. 교환가격 5만 700원을 기준으로 17.55%의 평가 수익률을 기록하고 있다.

068 주식 관련 사채를 고르는 기업과 투자자의 입맛은 다르다

가끔 언론에 CB나 BW 물량 폭탄 주의보 기사가 실린다. 주가가 전환가격이나 행사가격을 웃돌면 신주 발행 요구가 들어와 물량 부담이 커지고 주가의 발목을 잡을 가능성이 있기 때문이다. 주가가 지속적으로 떨어지더라도 그만큼 전환가격(또는 행사가격)이 하향 조정되면 역시 신주 발행 요구가 생길 수 있다.

그런 점에서 보면 EB는 교환대상을 타사 주식으로 정해놓았기 때문에 물량 부담으로부터 자유로울 수 있다. 만일 교환대상이 자사주라면 신주를 새로 찍어내는 것은 아니지만, 회사 내부에 잠겨 있던 물량이 시장에 새로 유통되는 것이기 때문에 역시 물량 부담

주식 관련 사채인 EB, CB, BW 중에서 투자자 입장에서는 채권 이자와 주가 차익을 동시에 노릴 수 있는 BW가, 회사 입장에서는 상대적으로 상환 부담에서 쉽게 벗어날 수 있는 CB가 가장 매력적이다.

이 발생한다.

투자자 입장에서는 BW가 가장 매력적일 수 있다. 채권 이자와 주가 차익을 동시에 노려볼 수 있기 때문이다. 공모 분리형이라면 사채와 워런트가 따로 거래 가능하다는 점도 투자자에게는 큰 매력이다. 회사 입장에서는 CB가 가장 유리할 수 있다. 물량 부담이 있기는 하지만 주식으로 전환하면 바로 부채가 없어져 상환 부담에서 해방될 수 있기 때문이다.

EB는 CB나 BW에 비해 발행 횟수나 규모가 현저하게 작다. 자사주가 됐던 다른 회사 주식이 됐건, 발행 회사가 투자자들을 끌어 모을만한 충분한 수량의 주식을 보유하고 있어야 EB를 발행할 수 있기 때문이다.

같은 그룹 계열사의 주식(예컨대 삼성물산이 보유하고 있는 삼성전자 주식 등)이라면 순환출자*나 지배 구조, 경영권 안정 등을 목적으로 보유하고 있는 경우가 많아 교환 대상으로 삼을만한 주식이 못된다.

* 순환출자 A사가 B사의 주식을 사고, B사는 C사의 주식을 사고, C사는 A사의 주식을 사들이는 식으로 셋 이상의 회사가 서로 꼬리를 물고 출자하는 형태다.
대기업이 문어발식으로 여러 업종으로 사업을 확장하고 계열사를 늘리는 수단으로 활용된다. 재벌 총수는 순환출자 방법으로 몇 개의 주요 회사 지분만 갖고 수십 개씩 되는 계열사를 좌지우지할 수 있다.

그래서 EB의 교환대상으로 삼기에 적합하지 않다. 자사주 역시 여러 가지 전략적 목적으로 보유하고 있는 경우가 많기 때문에, EB의 교환대상으로 사용하는 일은 별로 없다.

Chapter 13

"그 결혼, 나는 반대라네", 주식 매수 청구권

069 매수 청구권이 파투낸 웅진 씽크빅과 패스원 합병

2012년 7월 웅진씽크빅과 웅진패스원(현 KG패스원)은 두 회사 간 합병이 무산됐다고 발표했다. 웅진씽크빅은 초중고생 대상의 학습지 중심 교육 업체다. 웅진패스원은 각종 금융자격증 등 성인 대상 직업 교육 분야 1위 업체였다.

합병이 실패한 이유는 '주식 매수 청구권' 때문이었다. 양사의 소액주주들 중에서 합병에 반대 의사를 가진 주주들이 자기들 주식을 되사달라고 회사에 요청(주식 매수 청구)한 주식수가 527만 주에 달했기 때문이다. 금액으로는 430억 원에 달했다.

두 회사는 합병을 추진하면서 주식 매수 청구 금액이 100억 원을 넘으면 합병을 취소하기로 사전에 계약했다. 웅진씽크빅이 합병에 반대하는 소액주주들에게 주식을 되사주기로 한 가격은 주당 1만 908원이다.

합병 추진이 결정된 2012년 5월 초만 해도 주가는 1만 1000원을 웃돌았다. 주식 매수 청구권을 행사해 회사 측에 주식을 되팔아봐야 시세(1만 1000원)보다 못한 가격을 돌려받으니 주주들이 청구권을 행사할 이유가 약했다. 그러나 합병 추진이 발표되고 나서 주가가 계속 하락해 9000원대까지 떨어지면서, 시세보다 매수 청구 가격이 훨씬 더 높아졌다. 이에 따라 회사 측에 주당 1만 908원에 되사줄 것을 요구할 수 있는 유인이 커지면서 많은 주주들이 청구권 행사에 나서게 된 것이다.

070 쪼갤 때는 안 되고 합칠 때는 거부할 수 있다!

회사에 중대한 변화를 일으킬만한 사안이 발생했고, 그 사안이 주주의 이익과 밀접한 관련이 있다면 주주총회의 의결을 거쳐야 한다. 이때 그 사안에 반대 의견을 가진 주주들이 자신들이 보유한 주식을 합당한 가격으로 회사가 되사줄 것을 요구할 수 있는 권리를 '주식 매수 청구권'이라고 한다.

주주총회는 대주주를 중심으로 한 다수 주주의 의견 즉, 다수결에 따라 의결되기 마련이다. 주식 매수 청구권은 다른 생각을 가진 소수 주주들의 이익을 보호하기 위해 만들어진 제도라고 할 수 있다. 다수 주주의

주식 매수 청구권은 회사에 중대한 변화를 일으킬만한 사안에 반대 의견을 가진 주주들이 자신이 보유한 주식을 합당한 가격에 회사가 되사 달라고 요구하는 권리이다.

* **사업 양도** 주식을 양도해 회사 전체를 넘기는 것이 아니라 사업 부문 중 일부를 떼어 인력, 설비, 영업권 등을 넘기는 구조 조정 방식이다.

** **영업 양도** 물건, 권리, 관계 등 영업 재산 일체를 이전하는 채권 계약이다. 단순히 영업용 재산만 이전하는 것이 아니라, 영업의 동질성을 유지하면서 이전하는 경우에만 영업 양도라고 한다.

결정에 반대하는 소수 주주들에게 투자금을 회수할 수 있는 정당한 기회를 보장해주기 위한 조치다.

모든 주요 경영 사안에 대해 다 주식 매수 청구권이 부여되는 것은 아니다. 주로 기업 합병, 사업 양도(讓渡)* 나 양수(讓受)(영업 양도**나 양수) 등의 경우에 해당되는데, 주주총회의 특별 결의가 필요한 사안들이다.

자사 사업의 일부를 팔거나 다른 회사 사업의 일부를 사들일 때 그 금액이 최근 사업 연도 말 기준 자사의 자산 총액이나 매출액의 10%를 넘는다면 주식 매수 청구권이 발생한다. 반면 기업을 두 개 또는 그 이상으로 쪼개는 분할도 기업 경영에 중요한 영향을 미치는 사안이지만, 주식 매수 청구권이 부여되지 않는 경우가 많다. 주주 가치가 분할 전후에 그대로 유지되기 때문이다. 그러나 기업 간 합병은 주주 가치와 주주 지위에 중요한 변동이 생기기 때문에 주식 매수 청구권이 부여되는 경우가 많다('분할'은 233쪽, '합병'은 264쪽에서 자세히 설명).

예컨대 (주)붕어빵이 (주)꿀호떡을 흡수합병한다고 하면, (주)꿀호떡은 없어진다(소멸법인). (주)꿀호떡 주주들은 두 회사 간의 합병 비율에 따라 (주)붕어빵의 주식을 받게 된다. 합병 존속법인인 (주)붕어빵의 주주가 되기 싫은 (주)꿀호떡 주주들은, 부여받은 주식 매수 청구권을 행사해 (주)꿀호떡에 주식을 팔면 된다. (주)붕어빵 주주들에게도 마찬가지로 주식 매수 청구권이 부여된다.

이번에는 분할의 경우를 살펴보자. (주)맛나는 제과와 제빵 사업 부문을 가지고 있다. 제빵 사업을 분리해 (주)맛나빵이라는 회사를 새로 만든다고 하자. (주)맛나의 제빵 사업 관련 자산과 부채가 따로 떨어져 분할 신설법인인 (주)맛나빵으로 넘어간다. 그리고 (주)맛나빵이 발행하는 신주는 기존 (주)맛나 주주들에게 지분율대로 배분이 된다. 이런 분할 방식을 '인적 분할'이라고 한다.

이렇게 하면 결과적으로 분할 전 (주)맛나 주주들은 분할 비율에 따라 분할 후 존속법인인 (주)맛나(제과 사업)와 신설법인인 (주)맛나빵(제빵 사업)이라는 두 회사의 주주가 된다.

① 분할 전 김말복은 (주)맛나 주식 100주 보유
② (주)맛나와 (주)맛나빵의 분할 비율 : 0.4 대 0.6
➡ 분할 후 : 김말복은 (주)맛나 주식 40주, (주)맛나빵 주식 60주를 보유한 주주가 됨

김말복 입장에서 보면 분할 후에도 주주로서의 권리가 제과와 제빵 사업 모두에 여전히 작용하며, 분할 전후 지분율에도 변화가 없다. 분할 전 (주)맛나의 5% 주주였다면 분할 후 (주)맛나 지분도 5%, (주)맛나빵 지분도 5%라는 것이다.

위 사례에서 봤듯이 분할 전 회사의 자산과 영업을 두 개 이상으로 이렇게 단순 분할하는 것은, 주주 가치에 영향을 주지 않기 때문에 주식 매수 청구권을 부여하지 않는 것이 일반적이다.

감자의 경우도 주식 매수 청구권이 부여되지 않는다. 감자 전후 주주들이 보유한 주식의 가치에 변화가 없다고 보는 것이다.

주주 입장에서 보면 주식 수는 줄어들지만 감자 비율만큼 기준주가가 올라가고, 주당 가치가 상승하는 효과가 발생하기 때문이다.

071 합병, 일단 반기부터 들고 봐야 한다!

회사 합병을 예로 들어보자. 합병에 반대할 때 주식 매수 청구권을 행사하기 위해서는 주주총회 전에 회사에 서면으로 반대 의사를 통지해야 한다. 이를 '사전 반대'라고 한다. 주주총회일로부터 20일 이내에 자기가 소유하고 있는 주식의 종류와 수를 서면에 기재해 매수를 청구해야 한다. 사전 반대 의사 표시를 하지 않은 주주는 나중에 주식 매수 청구권을 행사할 자격이 없다.

사전 반대 의사 표시를 한 주주들은 '잠재적' 주식 매수 청구권자다. 잠재적인 존재로 보는 까닭은, 주주총회가 열리기 전에 반대 의사를 표시했다고 해서 반드시 주식 매수 청구권을 행사해야 하는 것은 아니기 때문이다.

예를 들어 사전 반대 의사를 표시했지만 이후 주가가 주식 매수 청구권 행사가격보다 더 올랐다면 청구권을 포기해도 된다. 청구권 행사가격이 3만 원인데 주가가 3만 2000원이 됐다면 차라리 시장에 바로 내다파는 것이 주주로서는 더 이익이다.

사전 반대 의사를 표시해 매수 청구 자격을 얻었지만 주주총회에서 합병 사안에 찬성표를 던졌다면, 나중에 청구권을 행사할 수 없다. 그래서 어떻게 보면 주주 입장에서는 일단 먼저 반대부터 해 놓고 향후 주가 추이를 봐 가면서 청구권 행사 여부를 결정하는 것이 나을 수도 있다.

한편 당연한 이야기지만, 이사회의 회사 합병 결의 공시가 나온 뒤 매입한 주식에 대해서는 주식 매수 청구권이 부여되지 않는다. 합병 사실을 알고 매입한 주식이기 때문이다.

072 빗발치는 매수 청구로 합병이 무산된 LG이노텍과 LG마이크론

2008년 9월 29일의 LG이노텍과 LG마이크론의 회사 합병 결정 공시를 보자.

- LG이노텍이 LG마이크론을 흡수합병하는데, 합병 비율이 1대 0.7252다. 즉, 흡수돼 소멸되는 LG마이크론 주주들에게 LG마이크론 1주당 LG이노텍 0.7252주로 바꿔준다는 뜻이다.

- 주주총회는 11월 14일 예정이며, 청구 기간은 11월 14일부터 12월 4일까지다.

- 공시를 보면 주식 매수 청구권 관련 사항이 나온다. 합병에 반대하는 LG이노텍 주주들이 행사할 수 있는 청구가는 보통주 4만 8938원이다(이날 LG마이크론의 합병 결정 공시를 보면 LG마이크론 주주들의 청구권 행사가격은 3만 6267원이다).

- 회사가 주주들에게 제시하는 매수 청구 가격은 가중산술평균주가를 사용한다(가중산술평균주가에 대해서는 88쪽 참조).

1	합병 방법	LG이노텍(주)가 LG마이크론(주)를 흡수합병
2	합병 목적	국내외 경영 환경 변화에 적극 대처하고 경영 효율성 증대 및 시너지 효과의 극대화를 통한 세계적인 경쟁력을 보유한 글로벌 부품 전문 회사로 성장하기 위함.
3	합병 비율	LG이노텍(주) : LG마이크론(주) = 1 : 0.7252187(보통주)
4	합병 일정	주주총회 예정일자 : 2008년 11월 14일
5	주식 매수 청구권 사항	합병 승인 주주총회 이전까지 합병에 대한 반대 의사를 서면으로 표시한 주주에 한하여 행사할 수 있다. 주식 매수 청구권 행사가는 보통주 48,938원(주 당)임. • 청구 기간 : 2008년 11월 14일~2008년 12월 4일
6	이사회 결의일 (결정일)	2008년 9월 29일

1	합병 방법	LG이노텍(주)가 LG마이크론(주)를 흡수합병
2	합병 목적	국내외 경영 환경 변화에 적극 대처하고 경영 효율성 증대 및 시너지 효과의 극대화를 통한 세계적인 경쟁력을 보유한 글로벌 부품 전문 회사로 성장하기 위함.
3	합병 비율	LG이노텍(주) : LG마이크론(주) = 1 : 0.7252187(보통주)
4	합병 일정	주주총회 예정일자 : 2008년 11월 14일
5	주식 매수 청구권 사항	합병 승인 주주총회 이전까지 합병에 대한 반대 의사를 서면으로 표시한 주주에 한하여 행사할 수 있다. 주식 매수 청구권 행사가는 보통주 36,267원(주 당)임. • 청구 기간 : 2008년 11월 14일~2008년 12월 4일
9	이사회 결의일 (결정일)	2008년 9월 29일

주식 매수 청구 가격 산정 방법

① 최근 2개월 가중산술평균주가(이사회 결의일 전일부터 과거 2개월간, LG이노텍은 9월 29일이 이사회 결의일이므로 7월 29일~9월 28일)

② 최근 1개월 거래량 가중산술평균주가(거래량 가중산술평균주가란 해당 기간 동안의 '총 거래 금액'을 '총 거래량'으로 나눈 값)

③ 최근 1주일 거래량 가중산술평균주가

➡ ①, ②, ③을 합해서 3으로 나눈 산술 평균 값이 주식 매수 청구 가격이다.

그런데 회사가 됐건 주주들이 됐건 매수 청구 가격이 마음에 들지 않을 수 있다. 예컨대 합병에 대한 이사회 결의 이후 주가가 너무 떨어져 매수 청구 가격을 크게 밑돌면 매수 청구가 쏟아지게 될 것이다. 회사 입장에서는 이를 받아주려면 막대한 현금이 들어가므로 매수 청구 가격을 하향 조정하고 싶은 욕구가 생길 수 있다.

또 합병에 대한 이사회 결의가 있기 전 주가 흐름이 좋지 않았다면 위와 같은 방식으로 구한 가중산술평균주가가 회사의 본질 가치(자산가치나 수익가치)보다 더 낮게 나올 수 있다. 그렇게 되면 매수 청구 가격도 당연히 낮아진다. 주주 입장에서는 매수 청구 가격이 합리적이지 못하다고 생각할 수 있다.

합병 당사 기업 또는 매수 청구 주식 수의 30% 이상이 매수가격에 반대할 경우 금융위원회 또는 법원에 조정 신청을 할 수 있다.

2008년 합병을 추진했던 LG이노텍과 LG마이크론은 두 회사에 대한 주식 매수 청구 금액이 1700억 원을 넘어서면서 합병 계약이 해지됐다.

금융위원회나 법원은 그 기업이 속한 업종의 주가 지수 흐름 등을 종합적으로 비교해 매수 청구 가격을 조정한다. 그러나 이런 경우는 드문 편이다.

합병의 경우 대개 주식 매수 청구 금액이 일정 금액을 넘어서면 합병을 취소한다는 계약을 사전에 맺는다. LG이노텍과 LG마이크론 역시 두 회사에 대한 주식 매수 청구 금액이 합산해 500억 원을 초과할 경우 합병을 취소한다고 '합병 신고서'에 명시했다.

실제로 두 회사에 대한 주식 매수 청구금이 무려 1700억 원을 넘어서면서 합병 계약이 해지됐다. 그러나 1년 뒤 두 회사는 새로운 주가 흐름을 기준으로 주식 매수 청구 가격 등을 다시 산정하고 합병을 재추진해 성공했다.

2009년 합병을 추진했던 현대모비스와 현대오토넷 역시 주가 약세로 주식 매수 청구 금액이 많이 들어와 합병을 포기했다가 나중에 합병을 재추진해 성공했다.

한편 '소규모 합병'의 경우 주식 매수 청구권이 발생하지 않는다(소규모 합병에 대해서는 268쪽 '기업의 역사를 쓴 합병'편에 자세히 설명한다). 2009년 KP케미칼과 합병을 추진했던 호남석유화학은 주식 매수 청구권이 너무 많이 들어와 합병이 무산됐다. 그러나 2012년 9월 주식 매수 청구권이 발생하지 않는 소규모 합병 방식으로 합병을 재추진해 성공했다.

경제기사로 공시 읽기   2012년 10월 12일

네오위즈게임즈와 인터넷, 5년만의 재통합 성공할까?

네오위즈가 게임과 인터넷 사업 부문을 분사시킨 지 5년 만에 다시 합병하기로 결정했다. 수익성 악화 등을 돌파하기 위한 전략적 포석으로 풀이된다.

네오위즈게임즈는 12일 이사회를 열고 네오위즈인터넷을 흡수합병하기로 결정했다고 공시했다. 양사의 합병 결의에 따른 주식 매수 청구권의 행사가격은 네오위즈게임즈가 1주에 2만 6625원, 네오위즈인터넷이 1만 5309원이다.

네오위즈게임즈는 "주식 매수 청구권 행사 때문에 지급해야 할 금액이 두 회사 합해 200억 원을 초과하는 경우 합병이 무산될 수 있다"고 명시했다. 주식 매수 청구 기간은 11월 23일부터 12월 12일까지다.

073 LG유플러스가 눈물의 자사주 소각을 결정한 까닭은?

주주가 주식 매수 청구권을 행사하면 회사는 1개월 이내에 주식을 사들여야 한다. 그리고 매수 청구 행사로 사들인 주식은 3년 이내에 다시 팔거나 소각하는 등의 처분을 해야 한다.

회사 입장에서는 이 자사주를 팔아서 자금을 마련하면 좋겠지만, 물량이 클 경우에는 적절한 가격에 사갈만한 매입자를 찾기가 어려울 수 있다. 또 물량이 시장에 나왔을 때 주가에 악영향을 미칠 수도 있다. 그래서 때로는 주주 가치 제고를 위해 매수 청구권 행사로 사들인 주식을 소각하는 경우가 있다. LG유플러스가 대표적인 사례다.

2012년 8월, LG유플러스는 2009년 LG텔레콤 LG데이콤 LG파워콤이 합병할 때 취득한 8229만여 주의 자사주 중 처분하고 남은 7818만 주(지분율 15.19%)를 소각하기로 결정했다.

경제기사로 공시 읽기

2012년 8월 31일

LG유플러스, 자사주 15% 끝내 소각

LG유플러스가 골칫덩이 자사주를 끝내 소각하기로 했다. 이는 2009년 LG계열 통신 3사 합병 때 취득한 것으로 올해 안에 처분해야 하는 물량이었다.

LG유플러스는 이사회를 열고 보유 중인 자사주 8229만여 주(15.99%) 중 7818만여 주(15.19%)를 소각하기로 결정했다. 소각 금액은 지난해 장부가 기준 6687억 원이다.

이 자사주는 지난 2009년 12월 LG텔레콤·LG데이콤·LG파워콤이 합병하면서 합병 법인인 LG유플러스가 취득한 것이다. 합병을 반대하는 각 사 주주들이 행사한 주식 매수 청구권을 받아준 것이다.

자본시장법에 따르면 합병할 때 주식 매수 청구권을 통해 보유하게 된 자사주는 취득 시점을 기준으로 3년 안에 처분하도록 돼 있다. 2009년 말 취득한 이 자사주는 올해 말까지는 모두 정리해야 한다.

쪼개고 나눠서 가치를 키우는 기업분할

074 기업을 쪼개도 주주의 지분율에는 변화가 없다

기업분할은 하나의 기업을 쪼개 둘 이상의 기업으로 만드는 것을 말한다. 분할은 주주총회 특별 결의를 거쳐야 한다. 참석 주주의 3분의 2 이상 승인, 총 발행 주식 수의 3분의 1 이상 승인 조건을 동시에 충족시켜야 한다.

상장 기업 (주)맛나에는 제과 부문과 제빵 부문이 있다. 이 중 제빵 부분을 따로 떼어내 (주)맛나베이커리라는 회사를 만든다고 하자. 이렇게 따로 독립하는 (주)맛나베이커리를 분할 신설회사라고 한다. 분할되는 회사인 (주)맛나는 분할 존속회사라고 한다.

분할 후 (주)맛나에는 제과 부문만 남게 된다. (주)맛나는 회사 이름을 그대로 유지할 수도 있고, 어차피 제과 사업만 남았으니 (주)맛나제과로 바꿀 수도 있다. 분할 존속회사인 (주)맛나는 사명을 (주)맛나제과로 바꾸기로 했다.

분할 과정은 다음과 같다.

존속법인(제과사업)과 신설법인(제빵사업)에 속하는 순자산(자산-부채)을 산출해 분할 비율을 정한다. 자본금도 이 분할 비율에 따라 나눈다. 예를 들어 제과사업 순자산이 80억 원이고, 제빵사업 순자산이 120억 원이라면 분할 비율은 0.4대 0.6이 된다. 자본금을 이 비율에 맞춰 나눠 가진다. 분할 전 (주)맛나의 자본금은 100억 원이라면, 분할 후 (주)맛나제과의 자본금은 40억 원, (주)맛나베이커리의 자본금은 60억 원으로 나누어진다. 새로 설립되는 (주)맛나베이커리가 발행하는 신주는 분할 전의 (주)맛나 주주들에게 지분율대로 배분된다. 결국 분할 전 (주)맛나 주식 100주를 가지고 있던 주주라면 분할 비율(0.4대 0.6)대로 분할 후 (주)맛나제과 주식 40주와 (주)맛나베이커리 주식 60주를 갖게 된다.

이런 식으로 분할하면 분할 전후 주주들의 지분율에 변화가 없다. 모든 주주들의 지분이 분할 비율대로 나누어지기 때문이다.

(주)맛나의 지분 10%를 가진 주주 박만두의 기업분할 전후 지분율 변화

(주)맛나 : 총 발행 주식 수 100주, 액면가 5000원, 자본금 50만 원

① 분할 비율 0.4 대 0.6 : (주)맛나제과의 자본금은 20만 원(발행 주식 수 40주), (주)맛나베이커리의 자본금은 30만 원(60주)으로 나누어진다.

② 분할 후 : 박만두가 보유한 (주)맛나제과 주식은 4주(지분율 10%)
박만두가 보유한 (주)맛나베이커리 주식은 6주(지분율 10%)

➡ 분할 전 (주)맛나 지분 10% 주주인 박만두는 분할 후 (주)맛나제과
  지분 10%, (주)맛나베이커리 지분 10%를 갖게 된다.

　이렇게 분할 전 (주)맛나의 주주들이 분할 후 (주)맛나제과와
(주)맛나베이커리 두 곳의 주주들로 쪼개지는 방식을 '인적 분할
(人的分割, spin-off)'이라고 한다.

　상장 기업을 인적 분할을 하게 되면 존속법인은 상장 기업의 지
위를 유지한다(다만 변경 상장 절차를 거쳐야 함). 분할 신설법인도
재상장하는 경우가 일반적이다. 분할 신설법인의 경우 어차피 상
장 기업 내 사업 부문이 떨어져 나온 것이기 때문에 한국거래소의
재상장 심사 절차는 까다롭지 않다.

　그러나 분할 신설법인에 대해 상장 심사를 완화해 준다는 점을
이용해 일부 기업들이 부실 사업을 분할 신설법인에 떠넘겨 재상
장하기도 한다. 또 존속법인의 변경 상장이 재상장보다 더 쉽다는
점을 악용해 부실 사업을 존속법인에 남길 가능성도 있다.

　분할 방식에는 인적 분할 이외에도 '물적 분할(物的分割, split-
off)'이 있다. 물적 분할은 분할로 떨어져 나가는 신설법인이 발행
하는 주식 전부를 존속법인이 가지는 방식이다. 즉, 존속법인과
신설법인이 100% '모회사-자회사' 구조로 바뀌는 것이다.

　앞서 예로 든 (주)맛나가 물적 분할을 한다고 해보자. 먼저 분
할 전 (주)맛나의 자산과 부채를 제과 부문에 속한 것과 제빵 부문
에 속한 것으로 나눈다. (주)맛나의 제빵 부문을 떼어내 새로 (주)

맛나베이커리를 만든다. 이때 (주)맛나베이커리가 발행하는 주식 100%를 (주)맛나가 가지는 방식이다. 인적 분할처럼 (주)맛나의 주주들에게 지분율대로 주식을 배정해주는 게 아니다.

(주)맛나는 (주)맛나베이커리의 지분 전량을 가지기 때문에 (주)맛나베이커리를 100% 완전 지배하게 된다. 기존의 (주)맛나 주주들 입장에서 보면, (주)맛나 지분만 갖고 있으면 자연스럽게 (주)맛나베이커리까지 지배하게 되는 셈이다.

단순 물적 분할은 분할 비율을 산정하지 않는다. 신설법인은 모회사의 100% 자회사가 되므로 재상장을 못하고 비상장사로 남는다.

기업분할의 경우 인적 분할보다는 물적 분할 사례가 훨씬 많다. 인적 분할은 지주회사 체제로 바꾸려는 기업들에서 많이 나타나

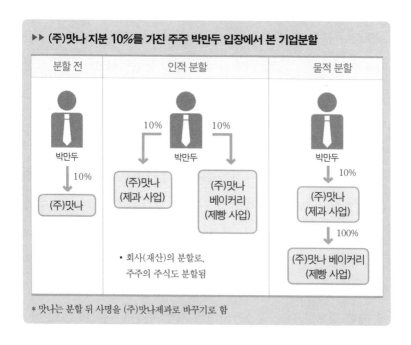

▶▶ (주)맛나 지분 10%를 가진 주주 박만두 입장에서 본 기업분할

분할 전	인적 분할	물적 분할
박만두	박만두	박만두
↓ 10%	10% ↓ ↓ 10%	↓ 10%
(주)맛나	(주)맛나 (제과 사업) / (주)맛나 베이커리 (제빵 사업)	(주)맛나 (제과 사업)
	• 회사(재산)의 분할로, 주주의 주식도 분할됨	↓ 100% (주)맛나 베이커리 (제빵 사업)

* 맛나는 분할 뒤 사명을 (주)맛나제과로 바꾸기로 함

고, 물적 분할은 사내 각각의 사업 부문을 독립 경영 체제로 바꾸려는 기업에서 많이 볼 수 있다.

075 인적 분할 시 자사주, "너의 역할이 크다!"
– 오리온

기업을 인적 분할해 지주회사 체제로 전환하려 할 때 자기주식(자사주)이 어떤 역할을 하는지 살펴보자. 앞에서 (주)맛나(제빵·제과 사업 보유)에서 제빵사업을 인적 분할하여 (주)맛나베이커리라는 회사를 새로 설립하는 방법을 알아보았다. 이번에는 (주)맛나를 인적 분할해 자회사를 관리하는 지주회사(투자회사)와 실제 사업부문(제빵·제과 사업)을 가지고 영업을 하는 회사(사업회사)로 나눠보자.

(주)맛나의 총 발행 주식 수는 200주(자본금 100만 원)이고, 이 가운데 자사주로 30주(15%)를 보유하고 있다고 하자. 대주주 A는 60주(30%), 주요 주주 B는 30주(15%), 나머지는 일반 소액주주들이다.

(주)맛나에서 제빵·제과 사업이 분할되어 신설법인이 된다. 이 신설법인은 제빵 및 제과 사업을 아우르며 사업회사 역할을 하므로 사명을 분할 전과 똑같이 (주)맛나로 한다. 그러면 존속법인 (주)맛나는 사명을 바꿔야 한다. 제빵·제과 사업이 분리되고 난 뒤 지주회사가 될 것이기 때문에 사명을 (주)맛나홀딩스로 바꾼다.

지금부터 분할 후의 사명을 가지고 설명한다. 즉 존속법인은

(주)맛나홀딩스이고 제빵과 제과 사업을 가지고 분할해 나온 회사는 (주)맛나다.

분할 비율은 (주)맛나홀딩스 0.2대 (주)맛나 0.8이다. 분할 비율대로 자본금을 나누면 분할 이후 (주)맛나홀딩스의 자본금은 20만 원(100만 원×0.2)이 되고 따라서 발행 주식 수는 40주(200주×0.2)가 된다. (주)맛나의 자본금은 80만 원(100만 원×0.8), 따라서 발행 주식 수는 160주(200주×0.8)가 된다.

분할 전 30% 대주주인 A는 분할 이후에도 (주)맛나홀딩스와 (주)맛나를 각각 30% 지배하게 된다. 분할 전 주식 60주가 분할 비율에 따라 (주)맛나홀딩스 12주(12/40 = 30%), (주)맛나 48주(48/160 = 30%)로 쪼개진다고 보면 된다. 주요주주 B도 마찬가지다. 두 회사에 대해 각각 15%의 지분율을 갖게 될 것이다. 모든 주식은 분할 비율대로 (주)맛나홀딩스와 (주)맛나 주식으로 쪼개진다.

그렇다면 자사주 15%는 어떻게 될까? 자사주는 (주)맛나홀딩스 소유로 편입이 되는데, 이 자사주 역시 분할 과정에서 ①(주)맛나홀딩스 지분 15%와 ②(주)맛나 지분 15%로 쪼개진다. 즉 자사주는 결과적으로 '①(주)맛나홀딩스가 보유한 자사주((주)맛나홀딩스의 자기 주식) 15%'와 '②(주)맛나홀딩스가 보유한 (주)맛나 지분 15%'로 변신하는 셈이다.

우리는 한 가지 결론을 얻을 수 있다. 분할 전 자사주는 인적 분할 이후에 존속회사가 신설회사에 대해 가지는 지배력(지분율)이 된다는 것이다. 만약 분할 전 (주)맛나가 자사주를 20% 가지고 있

었다면, 분할 후 (주)맛나홀딩스는 (주)맛나베이커리를 20% 지배
하게 된다.

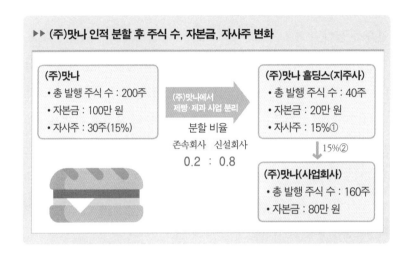

▶▶ (주)맛나 인적 분할 후 주식 수, 자본금, 자사주 변화

(주)맛나
- 총 발행 주식 수 : 200주
- 자본금 : 100만 원
- 자사주 : 30주(15%)

(주)맛나에서
제빵·제과 사업 분리

분할 비율

존속회사 신설회사
0.2 : 0.8

(주)맛나 홀딩스(지주사)
- 총 발행 주식 수 : 40주
- 자본금 : 20만 원
- 자사주 : 15%①

15%②

(주)맛나(사업회사)
- 총 발행 주식 수 : 160주
- 자본금 : 80만 원

만약 시장의 예상대로 2017년 초에 삼성전자가 인적 분할해 삼
성전자홀딩스(지주사)와 삼성전자사업회사(사업회사)로 분할했다
면, 삼성전자홀딩스가 사업회사 삼성전자를 12.8% 지배했을 것
이다. 2016년 말 기준으로 삼성전자가 보유한 자사주 지분율이
12.8%(보통주 기준)였기 때문이다. 그러나 이후 삼성전자는 시장의
예상과 달리 지주사로 전환할 의사가 없음을 공식적으로 밝혔다.
그러면서 보유 자사주를 대거 소각할 뜻을 밝혔다. 2017년 말 현
재 삼성전자의 자사주 잔여분은 보통주 기준으로 7% 남짓이다.

지주회사로 전환하려면 자사주가 많을수록 좋다. 왜냐하면 지
주회사는 상장 자회사 지분을 20% 이상, 비상장 자회사 지분을
40% 이상 확보해야 하기 때문이다. 앞의 사례에서 (주)맛나홀딩

스는 (주)맛나 지분을 분할한 후 15% 보유하므로, (주)맛나가 상장사라면 앞으로 5%의 지분만 더 확보하면 된다. 사람들은 이를 두고 '자사주의 마법'이라고 부르는데, 마법이라고까지 할 필요가 있을까 싶다.

지분을 추가 확보하는 방법도 거의 공식처럼 굳어진 방법이 있다. 이것은 오리온의 지주사 전환 사례로 설명한다.

2017년 2월 오리온은 식품 사업부문을 인적 분할해 사명을 (주)오리온으로 하고, 존속법인은 자회사 지분 관리 및 투자를 목적으로 하는 지주회사 (주)오리온홀딩스로 사명을 변경하겠다는 내용을 공시했다. 자본금 분할 비율은 존속(지주사) 0.34 대 신설(사업회사) 0.66이다.

분할 전 오리온 최대주주는 이화경 부회장(14.56%)이다. 남편 담철곤 회장 등 특수관계인 지분을 다 합하면 오너 일가 지분이 28.47%에 이른다. 따라서 분할 이후에도 오리온홀딩스와 오리온에 대해 오너 일가와 특수관계인 지분율은 각각 28.47%가 된다.

분할 후 (주)오리온홀딩스는 오리온 지분을 얼마나 갖게 될까? 그것은 분할 전 오리온이 보유한 자사주 지분율에 달려있다. 분할 전 12.07%의 자사주가 있었으므로 분할 후 (주)오리온홀딩스는 오리온을 12.07% 지배하게 된다. 오리온이 상장회사이므로 오리온홀딩스는 앞으로 7.93% 이상의 오리온 지분을 추가로 확보해야 한다(상장 자회사 지분 20% 이상 보유).

10월 초 (주)오리온홀딩스는 유상증자 공시를 낸다. 공시를 자세히 살펴보면 현금 출자 유상증자가 아니다. 즉 투자자로부터 현금을 받고 신주를 발행해주는 방식이 아니다. 오리온 주주들로부터 현물 즉 오리온 주식을 출자받고 그 대가로 (주)오리온홀딩스 신주를 발행해주는 현물 출자 방식이다. 또한 오리온 주식 매수 물량을 4209만 주로 정해놓고 10월 25일~11월 13일까지 오리온 주주들을 대상으로 응모를 받는 공개매수 방식이기도 하다.

주식교환을 위한 가치평가에서 (주)오리온홀딩스는 2만 2931원, 오리온은 9만 6524원으로 평가되었다. 주식교환 비율은 1대 4.2다. 오리온 주식 1주를 주면 (주)오리온홀딩스 주식 4.2주를 받는 식이다.

대개 일반 소액주주들은 지주사 주식으로 교환 받기를 원하지 않는다. 사업 실체가 있는 사업회사 지분을 보유하려는 경향이 있다. 물론 지주회사가 상당히 저평가되어있다고 판단한다면 교환에 적극적으로 나설 수도 있겠으나, 그런 경우는 별로 없다.

반면 오너 일가는 지주회사를 지배하는 데 목적이 있기 때문에 가지고 있는 오리온 지분을 대부분 (주)오리온홀딩스 지분으로 바꿨다. 이렇게 되면 결국 (주)오리온홀딩스에 대한 오너 일가 지분율이 크게 상승한다. 아울러 오리온홀딩스는 오너 일가가 가진 오리온 지분과 일부 소액주주들이 보유한 오리온 지분을 출자받기 때문에, 오리온에 대한 지배력도 상당히 커진다.

오너 일가는 (주)오리온홀딩스 지배력을 강화하고, (주)오리온홀딩스는 오리온에 대한 지배력을 강화하는 효과를 얻게 된다. 242쪽 표는 (주)오리온홀딩스의 유상증자가 종료된 뒤 오너 일가의 지배력 변화를 잘 보여준다. (주)오리온홀딩스에 대한 오너 일가 지분율은 28.47%에서 63.8%까지 증가했다. 한편 오리온에 대한 (주)오리온홀딩스의 지분율도 12.07%에서 37.37%까지 증가했다. 오너 일가들이 오리온 지분을 아직 일부 보유하고 있기 때문에 오리온에 대한 (주)오리온홀딩스와 오너 일가의 지분을 다 합하면 45.34%에 이른다.

▶▶ **오리온홀딩스 유상증자 전후의 주요주주 지분 변동**

주주명	관계	소유 주식 수 및 지분율			
		증자 전		증자 후	
		주식 수(주)	지분율(%)	주식 수(주)	지분율(%)
이화경	본인	2,993,488	14.57	20,441,121	32.63
담철곤	배우자	2,635,797	12.83	17,998,615	28.73
담경선	자녀	108,318	0.53	762,059	1.22
담서원	자녀	108,318	0.53	762,059	1.22
계			28.47		63.8

지주사 체제 전환 전

이화경, 담철곤 등 오너 일가
↓ 28.47%
오리온
↓
계열사들

지주사 전환 →

7.97%

지주사 체제 전환 후

이화경, 담철곤 등 오너 일가
↓ 63.8%
오리온홀딩스(지주사)
↓ 37.4%
오리온(사업회사)   계열사들
↓
계열사들

ORION

076 골칫거리 사업 매각의 전초전
  – 제이티의 물적 분할

한편, 기업의 구조 조정을 위해 물적 분할을 단행하는 경우도 있다. 부실 사업 부문을 일단 물적 분할을 해 100% 비상장 자회사로 만들어 놓고, 매수 희망자를 찾아 매각하는 방식이다.

다음은 적자 사업부를 물적 분할하는 방식으로 떼어내 매각하고 존속회사의 수익성과 경쟁력 강화를 추진하는 한 회사에 대한 기사다.

경제기사로 공시 읽기   2012년 4월 18일

제이티 적자 사업 분할, 수익성 강화 기대

제이티는 18일 SOC사업부를 물적 분할해 자본금 10억 원의 신설회사인 세인을 설립한다고 공시했다. 분할 기일은 2012년 6월 1일이며, 제이티가 신설회사인 세인의 발행 주식을 전량 취득하는 형태로 진행된다.

아울러 제이티는 물적 분할하는 세인을 연내 매각하고 제이티에서 완전히 분리한다는 계획을 세우고 있다. 회사 측은 적자 사업 부문을 분리해 수익성을 제고할 계획이다. 제이티 관계자는 "비메모리 반도체 검사 장비 수주 증가에 따라 창사 이래 최대의 실적을 달성했음에도 SOC사업부의 실적 악화로 인해 주주 가치에 부응하지 못했다"며 "주력 사업인 반도체 검사 장비 부문의 경영 효율성을 강화하고자 분할을 결정하게 됐다"고 설명했다.

박종서 제이티 대표이사는 "물적 분할은 제이티의 주주 및 기업가치 제고를 위해 힘들게 내린 결정"이라고 말했다.

한국타이어의 노림수

2012년 4월 25일 한국타이어의 분할 결정 공시를 분석해보자.

- 한국타이어의 분할 방법은 인적 분할이다. 자회사 관리 및 신규 사업을 담당하는 투자 사업 부문(지주회사)과 타이어 개발 제조 판매에 집중하는 타이어 사업 부문(사업자회사)으로 분리한다.

- 분할 신설법인(사업자회사) 이름은 '한국타이어'로, 분할 존속법인(지주회사) 이름은 한국타이어에서 '한국타이어월드와이드'로 바꾼다.

- 한국타이어월드와이드와 한국타이어의 분할 비율은 0.186 대 0.814이다. 분할 목적은 "사업 부문의 전문화를 통해 핵심 사업에 집중 투자하고 구조 조정을 용이하게 하며, 독립적인 경영 및 객관적인 성과 평가를 가능하게 함으로써 책임 경영 체제를 확립하기 위한 것"이라고 공시에서 밝혔다.

- 분할 후 존속회사의 상장은 유지를 할 것이며(변경 상장), 분할 신설회사는 재상장을 신청할 것이라고 밝혔다.

한국타이어

한국타이어월드와이드 (존속법인-지주회사) 0.186	:	한국타이어 (분할 신설법인-사업자회사) 0.814

▶▶ **한국타이어 자본금 분할 비율**

▶▶ 한국타이어 분할 결정 공시

1 분할 방법	분할되는 회사의 주주가 분할 신주 배정 기준일 현재의 지분율에 비례하여 분할 신설회사의 주식을 배정받는 인적 분할의 방법으로 분할한다. 분할되는 회사가 영위하는 사업 중 타이어 사업 부문을 분할하여 인적 분할 신설회사를 설립한다. • 분할 기일 : 2012년 9월 1일 예정	
2 분할 목적	투자 사업 부문과 타이어 사업 부문을 분리하고 향후 투자 사업 부문을 독점규제 및 공정거래에 관한 법률상 지주회사로 전환함으로써 기업 지배 구조의 투명성과 경영 안정성을 증대시키기 위함이다.	
3 분할 비율	자본금 분할 비율에 따라 분할되는 회사인 한국타이어월드와이드(주)와 분할 신설회사 한국타이어(주)는 0.1860495 대 0.8139505의 비율로 분할된다.	
4 분할 후 존속회사의 내용	회사명	한국타이어월드와이드(주)
	주요 사업	투자 사업 부문
	분할 후 상장 유지 여부	예
5 분할 설립 회사	회사명	한국타이어(주)
	주요 사업	타이어 사업 부문
	재상장 신청 여부	예
6 감자에 관한 사항	감자 비율(%)	0.8139505
7 기타 투자 판단에 참고할 사항	주주의 주식 매수 청구권 : 상법 제530조의 2에 따른 단순 분할의 경우로서 해당 사항이 없다.	

- 공시에 감자에 대한 내용이 나온다. 기업을 분할하는데 왜 감자 이야기가 나올까? 예를 들어보자.

  상장 기업 (주)맛나를 0.7대 0.3의 비율로 분할했다. 존속법인 (주)맛나(제과 사업)와 신설법인 (주)맛나베이커리가 탄생했다. 분할 전 (주)맛나는 자본금이 100만 원이었는데, 분할로 자본금이 70만 원이 됐다. 결과적으로 (주)맛나는 30%의 감자를 거친 셈이다.

  한국타이어도 마찬가지다. 존속법인 한국타이어월드와이드와 신설법인 한국타이어의 분할 비율이 0.186대 0.814다. 그러니 한국타이어월드와이드 입장에서는 81.4%의 감자를 하는 셈이다.

- 인적 분할을 할 때는 주주들의 지분율이 변하지 않는다고 했다. 분할 전 한국타이어의 최대주주는 조양래 회장으로 지분율이 15.99%다. 분할 후의 한국타이어월드와이드와 한국타이어에 대한 조양래 회장의 지분율도 각각 15.99%다.

- 한국타이어는 분할 공시를 하면서 "(존속법인인 한국타이어월드와이드가) 가까운 시일 내에 분할 신설회사의 주식에 대해 공개매수 방식에 따른 현물 출자를 실시, 지주회사 요건을 충족하겠다"고 밝혔다. 한국타이어월드와이드가 한국타이어 주식을 공개매수 방식으로 매입하되 그 대가는 현금이 아닌 한국타이어월드와이드 주식으로 주겠다는 뜻이다.

- 공시에서는 드러나지 않지만, 한국타이어가 기업분할을 단행한데는 지주사 전환이라는 목적 외에 경영권 승계 절차를 쉽

게 만들기 위한 노림수가 존재하는 것으로 전문가들은 평가한다.

지주회사로 전환하면 경영권 승계 절차가 간단해지기 때문이다. 지주회사가 아닐 경우 오너가 자녀에게 개별 계열사 지분을 각각 넘겨줘야 경영권 승계가 가능하지만, 지주회사 체제에서는 지주회사 지분만 넘겨줘도 지주회사와 함께 계열사의 최대주주가 될 수 있다.

경제기사로 공시 읽기 2012년 8월 27일

한국타이어 기업분할 가속도, 후계 구도 가시화

오는 9월 1일 기업분할을 앞두고 있는 한국타이어가 조양래 회장과 조 회장의 장남인 조현식 사장을 존속법인인 한국타이어월드와이드의 대표 이사로 선임한다고 27일 밝혔다.

또 서승화 부회장은 존속법인의 부회장직에서 물러나 신설되는 사업자회사인 한국타이어의 경영을 맡게 된다. 조양래 회장의 차남인 조현범 사장은 사업자회사의 마케팅본부장으로 일하게 된다.

이로써 한국타이어는 기업분할 이후 그룹 경영진의 틀을 갖췄다. 특히 조현식 사장이 존속법인, 조현범 사장이 사업자회사를 맡아 경영권 승계를 위한 역할 분담을 가시화했다.

지난 4월 한국타이어는 지주회사 전환을 염두에 두고 존속회사 한국타이어월드와이드와 사업자회사 한국타이어로 인적 분할을 결의했다.

업계에서는 한국타이어가 기업분할을 계기로 지주회사 전환에 한 걸음 더 다가섰으며, 조양래 회장 자녀들이 경영권을 이어받기 위한 지분 확보 작업도 보다 구체화될 것으로 보고 있다.

업계에서는 한국타이어가 인적 분할을 거쳐 다시 상장한 뒤 조현식 사장과 조현범 사장이 사업자회사의 지분을 활용해 한국타이어월드와이드의 지분을 늘릴 것으로 내다보고 있다.

동일고무벨트의 경우 인적 분할과 물적 분할을 섞어서 추진하는 경우다.

- 기존의 동일고무벨트가 세 개의 회사로 나눠진다. 인적 분할로 분할 신설회사 동일고무벨트(주)를 만들고 물적 분할로 DRB인터내셔널(주)를 만든다. 분할 존속회사 명칭은 DRB동일(주)로 바뀐다. 물적 분할 회사 DRB인터내셔널(주)에 대해서는 DRB동일(주)가 지분 100%를 가진다.

- DRB동일(주)는 지주회사가 될 예정이다. 지주회사가 되기 위해서는 동일고무벨트(주) 지분을 20% 이상을 확보해야 한다(동일고무벨트는 분할 후 재상장할 예정). 분할 전 동일고무벨트가 보유하고 있는 자사주가 있어서 분할 후 DRB동일(주)는 동일고무벨트(주) 지분을 일부 보유하게 될 것이다. 그러나 그 지분이 20%에 못 미치기 때문에, 지주회사 요건을 충족시키기

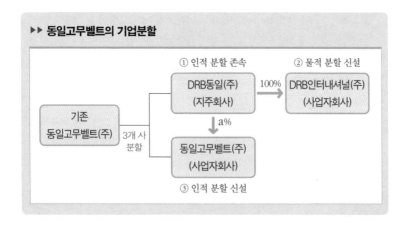
▶▶ **동일고무벨트의 기업분할**

위해서 DRB동일(주)는 동일고무벨트(주) 주식에 대한 공개매수에 들어갈 것이다(2012년 12월 현재 DRB동일(주)는 동일고무벨트(주) 주식에 대해 주당 7500원에 현금 지급 방식의 공개매수에 들어갔다).

▶▶ 동일고무벨트 회사 분할 결정 공시

1 분할 방법

분할 신설회사 내역
① 인적 분할 신설회사 : 동일고무벨트(주)(가칭)
　 분할되는 회사의 주주가 분할 신주 배정 기준일 현재의 지분율에 비례하여 신설회사의 주식을 배정 받는 인적 분할 방법으로 분할한다. 분할되는 회사가 영위하는 사업 중 산업용 고무 제품 사업을 분할하여 인적 분할 신설회사를 설립한다.
② 물적 분할 신설회사 : DRB인터내셔널(주)(가칭)
　 분할되는 회사가 설립되는 회사의 발행 주식을 취득하는 물적 분할 방법으로 분할한다. 분할되는 회사가 영위하는 사업 중 해외 자회사 관리, 투자 자산 관리, 부동산 임대 및 개발 사업을 분할하여 물적 분할 신설회사를 설립한다. 물적 분할 신설회사는 비상장 법인으로 한다.

2 분할 목적

산업용 고무 제품 사업 부문, 종합 고무 부품 사업 부문, 투자 관리 사업을 분리하여 각 사업 부문의 전문성을 제고하고 핵심 경쟁력을 강화하여 지속적인 성장의 토대를 마련하고자 한다. 분할 이후 가까운 장래에 지주회사로 전환하여 기업 지배 구조의 투명성과 경영의 효율성을 증대시킨다.

3 분할 비율

① 인적 분할 신설회사 : 순자산 비율에 따라 분할되는 회사 DRB동일(주)와 인적 분할 신설회사 동일고무벨트(주)가 0.5347076 : 0.4652924의 비율로 분할한다.
② 물적 분할 신설회사 DRB인터내셔널(주)의 경우, 설립되는 회사 주식의 100%를 분할되는 회사가 소유하므로 해당 사항이 없다.

4	분할 후 존속	회사명	DRB동일(주)
		회사의 내용	종합 고무 부품 제조 및 판매
		분할 후 상장 유지 여부	예
5	분할 설립 회사		
	회사명	① 인적 분할 신설회사 : 동일고무벨트(주) ② 물적 분할 신설회사 : DRB인터내셔널(주)	
	주요 사업	① 인적 분할 신설회사 : 동일고무벨트(주) →산업용 고무 제품 제조 및 판매 ② 물적 분할 신설회사 : DRB인터내셔널(주) → 해외 자회사, 투자 자산 관리, 부동산 임대 및 개발	
	재상장 여부	예	

반도체 회로보다 복잡한 롯데 출자구조, 분할 합병으로 깔끔하게 정리

079 삼성전자를 분할하는 세 가지 방법

2017년 4월 롯데그룹이 빅뉴스를 던졌다. 롯데쇼핑, 롯데제과, 롯데칠성음료, 롯데푸드 등 네 개 계열사를 각각 분할한 뒤 합병해 지주회사 체제로 전환한다는 공시였다. 네 개 회사를 어떻게 분할하고 어떻게 합병해 지주회사 체제를 만든다는 것일까?

'분할'은 쪼갠다는 말이다. 기업도 쪼갤 수 있다. 기업이 가진 여러 사업 부문 가운데 하나 이상의 사업을 따로 떼 새로운 회사를 만들면 된다.

삼성전자를 예로 들어보자. 사업 부문을 크게 봐서 반도체, 휴대폰, 소비자 가전 등 세 개로 분류할 수 있다고 하자. 반도체 사업을 분할해 '삼성반도체'라는 새 회사(신설법인)를 만들 수 있다. 삼성전자의 반도체 사업에 속하는 자산과 부채를 분할 신설법인인 삼성반도체로 이전하면 된다. 반도체가 떨어져 나간 이후 삼성전자(존속법인)는 휴대폰 및 소비자 가전 사업체가 된다. 아니면, 반도체와 휴대폰 사업 부문을 따로따로 분할할 수도 있을 것이다. '삼성반도체'와 '삼성휴대폰'이라는 두 개의 회사를 신설하는 방법이다. 이 경우 존속 삼성전자는 소비자 가전 사업체가 된다.

또 이런 경우도 가능하다. 삼성전자의 반도체, 휴대폰, 소비자 가전 등 세 개 사업 부문을 묶어 분할해 새 회사를 만든다. 신설회사는 삼성전자의 반도체, 휴대폰, 소비자 가전 사업에 속하는 자산과 부채를 모두 가지고 간다. 이 경우 존속 삼성전자에는 무엇이 남을까? 그리고 어떤 사업을 하게 될까?

존속 삼성전자는 분할 전 삼성전자가 보유하고 있던 삼성그룹 계열사 주식을 소유한다. 삼성전자가 보유한 주요 계열사 지분은 삼성SDI(19.6%), 삼성전기(23.7%), 삼성중공업(16.9%), 제일기획(25.2%), 삼성디스플레이(84.8%), 삼성SDS(17.1%), 삼성바이오로직스(31.5%), 삼성메디슨(68.5%) 등이다. 이런 형태로 분할한다면 존속 삼성전자는 자회사 관리와 투자사업을 하는 지주회사로 변신할 가능성이 높다.

기업은 왜 이렇게 회사를 분할할까? 이유는 다양하다. 전문화로 사업 경쟁력을 키우고 책임 경영 체제를 구축하기 위한 것일 수도 있고, 구조 조정을 하기 위한 목적일 수도 있다. 앞에서 말했듯 지주회사 체제로 전환하기 위해 분할하는 사례도 많다.

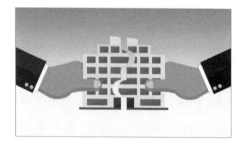

080 기업분할이 주주 가치에 미치는 영향

그렇다면 주주 입장에서 볼 때 기업을 분할하면 주주 가치 또는 지배력에 어떤 변화가 생길까? 답을 미리 이야기하자면 이론적으로 주주의 지배력에는 아무런 변화가 없다.

김갑수 씨가 삼성전자 지분 3%를 보유하고 있다고 하자. 그는 삼성전자의 반도체, 휴대폰, 소비자 가전 사업 각각에 대해 3%의 지배력을 보유하고 있다고 말할 수 있다.

삼성전자에 반도체사업을 분할해 신설법인을 만들어보자. '인적 분할'을 한다면 김 씨는 존속회사 삼성전자(휴대폰 + 소비자 가전) 및 신설회사 삼성반도체에 대해 각각 3%의 지분을 가진 주주가 된다. 다시 말해 분할 전후 김 씨의 지배력에는 변화가 없다고 봐도 무방하다. 왜 그럴까?

분할로 새로 만들어진 삼성반도체는 주식을 발행해야 한다. 이 주식은 김 씨와 같은 기존 삼성전자의 주주들에게 배정되는데, 기존 지분율에 비례해 분배된다. 따라서 김 씨는 분할 이후 두 개 회사 모두에 대해 3% 주주가 된다. 이렇게 신설법인이 발행하는 주식을 기존 주주들에게 배정하는 방법을 인적 분할이라고 설명한 바 있다.

그렇다면 이 경우 존속회사와 신설회사는 전혀 지분관계가 섞이지 않은 별도의 회사가 되는가? 분할 전 삼성전자가 자기주식(자사주)을 보유하고 있었느냐 여부에 따라 달라진다. 예를 들어 분할 전 삼성전자가 자사주를 10% 보유하고 있었다면, 분할 이후

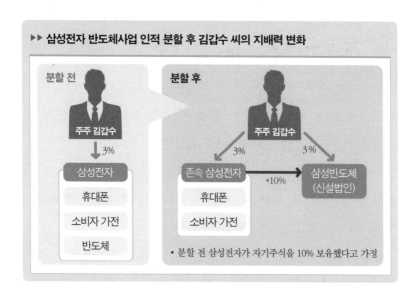

분할 전

분할 후

주주 김갑수

주주 김갑수

3%

3%

3%

삼성전자

존속 삼성전자

삼성반도체
(신설법인)

휴대폰

휴대폰

*10%

소비자 가전

소비자 가전

반도체

• 분할 전 삼성전자가 자기주식을 10% 보유했다고 가정

존속 삼성전자는 신설 삼성반도체 지분을 10% 보유하게 된다. 그 원리에 대해서는 앞에서 설명한 대로다. 만약 분할 전 삼성전자가 자사주를 가지고 있지 않았다면, 분할 직후 존속법인과 신설법인 간에 지분 관계도 없다.

다음으로, 이런 문제를 한번 생각해보자. 분할 신설회사가 발행하는 주식은 기존 주주들에게만 배정될 수 있을까? 그건 아니다. 주주가 아니라 존속 삼성전자라는 회사에 주식 전량이 배정될 수 있다. 즉, 존속 삼성전자가 삼성반도체를 100% 자회사로 두게 되는 것이다. 이러한 분할 방법을 '물적 분할'이라고 한다.

삼성전자가 물적 분할을 하면 김 씨의 지배력은 어떻게 될까?

김 씨가 3% 지배하고 있는 존속 삼성전자가 삼성반도체를 100% 완전지배한다면, 김 씨는 삼성반도체에 대해서도 3% 지배력을 가지고 있는 것으로 볼 수 있다. 물적 분할 이후에도 반도체, 휴대폰,

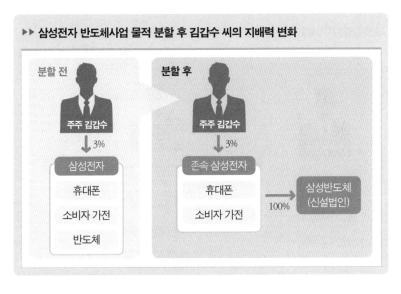

▶▶ 삼성전자 반도체사업 물적 분할 후 김갑수 씨의 지배력 변화

소비자 가전 사업에 대한 김 씨의 지배력에는 변화가 없는 셈이다. 일반적으로 기업분할의 경우 주주에게 '주식 매수 청구권'을 부여하지 않는다. 회사는 주주 이익에 큰 영향을 미치는 의사결정을 할 때가 있다. 다른 회사와의 합병이나 회사의 주요 영업 부문 매각 등이 그 예다. 이에 반대하는 주주들은 회사 측에 자신이 보유한 주식을 공정한 가격으로 매수해 달라고 요구할 수 있는데, 이것이 주식 매수 청구권이다. 분할은 분할 전후 주주 가치와 주주 지배력에 영향을 주지 않는다고 보기 때문에 이러한 권리를 부여하지 않는다.

256쪽 그림은 삼성전자의 사업 부문들을 묶어서 떼어내 신설법인을 만들고, 존속법인은 계열회사 지분만 보유하는 형태로 분할하는 상황을 가정한 것이다. 이런 분할 방법은 지주회사 체제로 전환할 때 흔히 사용한다.

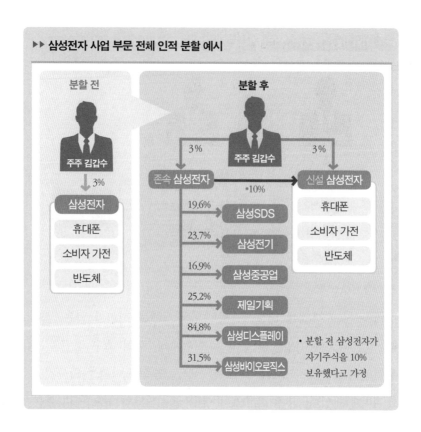

▶▶ 삼성전자 사업 부문 전체 인적 분할 예시

분할 전

분할 후

주주 김갑수

주주 김갑수

3%

3%

3%

존속 삼성전자

*10%

신설 삼성전자

삼성전자

휴대폰

소비자 가전

반도체

19.6% → 삼성SDS

23.7% → 삼성전기

16.9% → 삼성중공업

25.2% → 제일기획

84.8% → 삼성디스플레이

31.5% → 삼성바이오로직스

휴대폰

소비자 가전

반도체

• 분할 전 삼성전자가
자기주식을 10%
보유했다고 가정

---

081 신세계의 인적 분할,
다른 기업과 무엇이 달랐나

시곗바늘을 2011년으로 한번 돌려보자. 그 해 2월 신세계는 기업분할을 발표한다. 당시 신세계 사업 부문은 크게 백화점과 대형마트 등 두 개였다. 대형마트 사업을 인적 분할해 (주)이마트라는 회사를 새로 만들겠다는 계획이었다. 사업별 전문성 제고, 사업 부문 특성에 맞는 신속하고 유연한 의사결정체제를 만들기 위

▶▶ 신세계 분할 전(2011년)

이명희	17.30%
정용진	7.32%
정유경	2.52%
*일반 주주	72.86%

신세계(주)
백화점 사업
대형마트 사업

* 기관·개인 소액주주

- 63.6% → 신세계인터내셔널
- 10.4% → 광주신세계
- 98.8% → 조선호텔
- 52.1% → 신세계푸드
- 32.4% → 신세계건설
- 50.0% → 스타벅스커피코리아

▶▶ 신세계 분할 직후(2011년)

이명희	17.30%
정용진	7.32%
정유경	2.52%
*일반 주주	72.86%

SHINSEGAE

분할 비율 0.26 대 0.74

존속회사 (주)신세계
백화점 사업

신설회사 (주)이마트
대형마트 사업

- 신세계인터내셔널
- 광주신세계

- 조선호텔
- 신세계푸드
- 신세계건설
- 스타벅스커피코리아

* 기관·개인 소액주주

한 분할이라고 신세계는 밝혔다. 일단 분할 전과 분할 후의 구조는 257쪽 그림과 같다.

분할 전 신세계의 대주주 일가 지분은 27.14%였다(이명희 17.3%, 정용진 7.32%, 정유경 2.52%). 자사주는 없었다. 그러니 분할 이후에 신세계와 이마트 간 지분 관계도 전혀 없었다.

분할 과정에서 마트 사업에 속하는 자산과 부채들은 신설회사 이마트로 이전되기 때문에 존속회사에는 백화점 사업에 속하는 자산과 부채가 남는다. 계열회사 지분 같은 투자 주식 자산들은 어떻게 될까? 존속회사가 지주회사가 되기로 예정됐다면, 계열회사 지분들은 모두 존속회사로 편입시켰을 것이다. 그러나 신세계의 분할은 지주회사 전환을 위한 것은 아니었기 때문에 계열회사 지분들은 사업 관련성에 따라 분할 이후의 신세계와 이마트로 나뉘었다.

신세계인터내셔널(63.6%), 광주신세계(10.4%)는 신세계 소유로 넘어갔다. 조선호텔(98.8%), 신세계푸드(52.1%), 스타벅스커피코리아(50.0%), 신세계건설(32.4%) 등은 이마트 소유로 정리됐다.

이후 정용진(현 신세계 부회장)이 가진 신세계 지분과 정유경(현 신세계백화점 총괄사장)이 가진 이마트 지분을 맞교환함으로써, 각각 마트 사업과 백화점 사업을 도맡아 경영하는 것으로 후계 구도가 정리됐다.

만약 신세계가 당시에 사업 분야별 전문화보다 지주회사 전환을 목적으로 기업분할을 단행했다고 가정해보자. 요즘 인적 분할하는 회사들은 대부분 지주회사 전환이 목적이다. 지주회사는 일반적으로 다른 회사 주식을 소유함으로써 다른 회사의 사업 활동을 지배 또는 관리하는 것을 주 사업으로 한다.

따라서 사업 부문(백화점 사업과 마트 사업)을 가지는 신설회사를 만들고, 존속회사는 투자 부문(주요 계열사 지분 보유)을 가지는 식으로 분할하는 것이 일반적이다. 이렇게 본다면 아마 광주신세계나 스타벅스커피코리아 지분 정도만 사업회사 아래로 넣고, 나머지 계열사 지분들은 모두 지주회사 아래로 몰아넣었을 것이다.

082 롯데쇼핑 주주, 분할 합병 후 어느 회사 주식을 몇 주나 갖게 될까?

롯데그룹 같은 경우 일반적인 기업분할 방법을 활용해서 지주회사 체제로 전환하기는 곤란하다. 워낙 계열사 간 지분 관계가 복잡하고 순환출자 고리도 많기 때문이다. 롯데그룹은 네 개 주력계열사를 분할하고 합병하는 방법을 동원하기로 했다. 그 개요를 간단하게 그림(260쪽)으로 먼저 살펴보자.

인적 분할을 하는 주력 네 개사는 롯데쇼핑, 롯데칠성음료, 롯데푸드, 롯데제과다. 쇼핑, 음료, 푸드의 세 개사는 각각 투자 부문(계열사 지분 보유)을 따로 떼어내고, 사업 부문(영업 부문)은 회사명을 유지한 존속회사가 된다. 롯데제과는 그 반대다. 제과사업을 떼어내 신설회사로 만들고(사명은 롯데제과로 유지), 투자 부문은 존속회사(나중에 롯데지주회사가 됨)로 만든다. 그리고 세 개사에서 분할시킨 투자 부문들을 롯데제과의 투자 부문(존속회사)으로 흡수

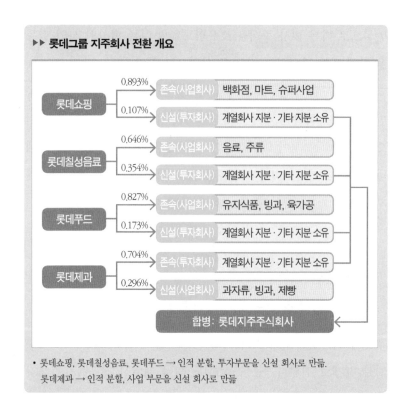

합병시킨다. 이 합병 회사가 바로 '롯데지주주식회사(이하 롯데지주회사)'가 된다.

이렇게 하면 네 개사가 보유한 롯데그룹 계열사들의 지분들을 롯데지주회사로 끌어모을 수 있다. 물론 이 네 개사가 보유한 롯데그룹 계열사 지분들이 모두 롯데지주회사로 모이는 것은 아니다. 다음 페이지에 나오는 롯데쇼핑이 분할하기 전과 후의 지분 관계를 비교한 그림을 보자.

롯데쇼핑이 분할하기 전에 보유하고 있던 계열사 지분들 가운데 일부는 존속회사(사업회사)가, 일부는 분할하는 투자 부문이 나

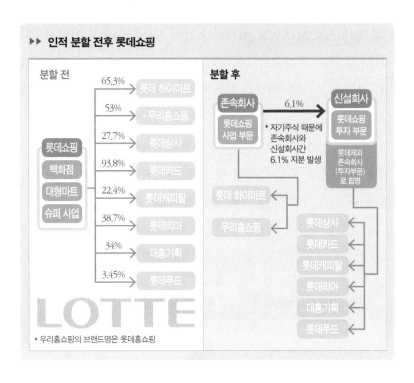

▶▶ 인적 분할 전후 롯데쇼핑

분할 전

롯데쇼핑
백화점
대형마트
슈퍼 사업

65.3% → 롯데 하이마트
53% → •우리홈쇼핑
27.7% → 롯데상사
93.8% → 롯데카드
22.4% → 롯데캐피탈
38.7% → 롯데리아
34% → 대홍기획
3.45% → 롯데푸드

LOTTE

* 우리홈쇼핑의 브랜드명은 롯데홈쇼핑

분할 후

존속회사
롯데쇼핑
사업 부문

6.1%

신설회사
롯데쇼핑
투자 부문

* 자기주식 때문에
존속회사와
신설회사간
6.1% 지분 발생

롯데제과
존속회사
(투자부문)
로 합병

롯데 하이마트 ←
우리홈쇼핑 ←

롯데상사
롯데카드
롯데캐피탈
롯데리아
대홍기획
롯데푸드

누어 가진다. 분할하기 전에 보유한 지분 중 롯데상사(27.68%), 롯데카드(93.78%), 롯데리아(38.68%), 롯데캐피탈(22.36%), 롯데푸드(3.45%), 롯데로지스틱스(4.64%), 대홍기획(34%) 등은 투자 부문이 가진다. 그리고 이 투자 부문은 이들 계열사 지분을 보유한 채 곧바로 롯데제과 투자 부문(존속회사)에 합병되는 것이다.

한편 분할 전 롯데쇼핑이 보유한 지분 가운데 백화점, 마트, 슈퍼사업 등과 관련 있는 롯데하이마트 65.25%와 우리홈쇼핑(브랜드명 롯데홈쇼핑) 53.03%, 그리고 해외의 판매·생산법인 지분 등은 존속회사(사업회사)로 편입한다.

롯데제과의 경우도 마찬가지다. 보유 지분 가운데 롯데칠성음료, 롯데푸드, 롯데쇼핑, 롯데리아 등의 지분은 대부분 롯데지주회사가 될 존속 투자회사(롯데지주)로 넘길 것이다. 그러나 제과사업과 관련 있는 일부 계열사 지분은 신설 사업회사(롯데제과)로 편입시킬 것이다.

이영순 씨가 롯데쇼핑 주식을 100주 가지고 있었다고 하자. 이같은 조건으로 분할 합병이 완료된 이후 이 씨가 갖고 있던 주식들은 어떤 회사 주식 몇 주로 변해 있을까?

롯데쇼핑 사업 부문(존속회사)과 투자 부문의 분할 비율은 0.893 대 0.107이다. 이 씨는 일단 롯데쇼핑 사업존속회사 주식 89주(100주×

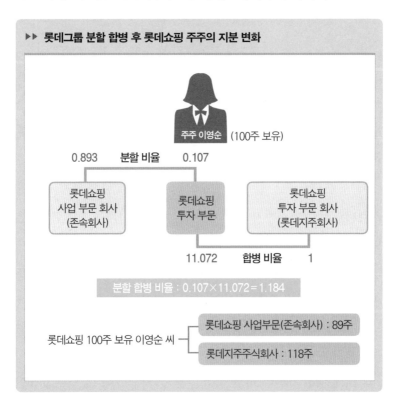

▶▶ **롯데그룹 분할 합병 후 롯데쇼핑 주주의 지분 변화**

주주 이영순 (100주 보유)

0.893 　**분할 비율**　 0.107

롯데쇼핑
사업 부문 회사
(존속회사)

롯데쇼핑
투자 부문

롯데쇼핑
투자 부문 회사
(롯데지주회사)

11.072 　**합병 비율**　 1

분할 합병 비율 : 0.107×11.072＝1.184

롯데쇼핑 100주 보유 이영순 씨 ─

롯데쇼핑 사업부문(존속회사) : 89주

롯데지주식회사 : 118주

0.893)를 받게 된다. 분할로 떨어져나온 롯데쇼핑의 투자 부문은 롯데제과의 투자 부문 즉 롯데지주주식회사로 흡수합병된다. 그렇다면 이 씨는 롯데쇼핑 투자 부문이 롯데지주주식회사로 합병당하는 데 대한 대가로 롯데지주주식회사 주식으로 보상을 받아야 한다. 몇 주를 받을 수 있을까? 롯데쇼핑 투자 부문이 합병될 때의 합병 비율을 곱해주면 된다. 즉 분할 합병 비율을 구해주면 된다. 롯데제과 존속회사(롯데지주주식회사)와 롯데쇼핑 투자사업이 합병 비율은 1대 11.072다. 그렇다면 분할 합병 비율은 '0.107 × 11.072 = 1.184'가 된다.

이 씨는 롯데지주주식회사 주식을 118주(100주 × 1.184) 받게 된다는 이야기다. 결국 이 씨가 보유하고 있던 분할 전 롯데쇼핑 주식 100주는 롯데쇼핑 존속회사 주식 89주와 롯데지주주식회사 주식 118주로 바뀐다. 나머지 롯데칠성음료, 롯데푸드의 주주들도 각각 분할 비율과 분할 합병 비율에 따라 존속회사 주식과 롯데지주주식회사 주식을 보유하게 된다.

기업의 역사를 쓴
합병

083 비상장사라 안 팔려? 합병해서 팔면 되지!

　－STX중공업

STX그룹의 주력은 조선과 해운이었다. 그런데 조선업과 해운업 경기 침체가 오랫동안 이어지면서 STX그룹은 유동성에 어려움을 겪기 시작했다.

STX그룹은 유동성 확보를 위한 방안 중 하나로 선박용 엔진과 산업 플랜트를 만드는 STX중공업의 지분을 매각하는 방안을 검토했다. STX중공업 지분은 STX조선해양(57%), (주)STX(35%) 등 STX그룹 계열사들이 100% 보유하고 있기 때문에 그룹 유동성 확보에 직접적으로 도움이 된다.

그러나 문제는 STX중공업이 비상장 회사라는 점이다. 일반적으로 비상장 회사 주식은 환금성이 떨어져 지분 매입자를 구하기가 쉽지 않다. 그래서 대개의 경우 비상장 회사 지분을 대량으로 팔 때는 사는 측에 여러 가지 인센티브를 부여해 준다.

예를 들어 언제까지 이 비상장 회사를 상장시키겠다고 약속하기도 한다. 지분 매입자 측에서 보면 비상장 회사 지분을 미리 보유하고 있다가 상장이 되면 상당한 상장 차익을 챙길 수 있다는 메리트가 있다. 파는 쪽에서는 만약 약속한 시일까지 상장하지 못할 경우에 대비한 보상책도 제시한다. 사는 측이 지분 매입에 투입한 금액에 대해 연복리로 몇 퍼센트의 이자를 붙여 지분을 다시 매입하겠다고 약속해 주는 경우도 많다. 일종의 풋백옵션(지분을 산 쪽이 판 쪽에 일정 시점에 다시 매각할 수 있는 권리)을 보장해 주는 셈이다.

그러나 STX그룹은 이런 인센티브까지 부여해 가며 STX중공업의 지분을 매각하는데 부담을 크게 느꼈다.

STX중공업을 증시에 상장하는 방안도 검토했다. 하지만 이 방법을 택했을 때는 시일이 오래 걸리는 게 문제였다. 증권 시장이 STX그룹에 대해 느끼는 불안감을 고려할 때 유동성 확보와 재무구조 개선이 시급한 상황이었다. 증시 상장 카드는 여러모로 부적절했다.

STX그룹이 최종적으로 선택한 것은 STX중공업을 상장사인 STX메탈(엔진 부품 및 모듈 제조 업체)에 합병시키는 방안이었다. 합병 상장사의 지분 매각은 상대적으로 쉽다. 또 두 회사를 합병했을 경우의 시너지 효과도 기대됐다.

기업의 역사는 M&A의 역사라 할 수 있을 만큼 M&A가 빈번히 발생하고 있다. 최근 들어서는 기업 구조 조정과 재무 구조를 개선하는 방법의 일환으로 M&A가 부쩍 증가하고 있다.

STX그룹은 2012년 9월 24일 두 회사의 합병을 발표했다. STX 메탈의 주당 합병가치는 1만 6318원으로 산정됐다. STX중공업은 5527원이다. 따라서 합병 비율은 1대 0.3387로 정해졌다. STX메탈의 주당 합병가치가 STX중공업의 세 배 정도로 산정된 셈이다. STX그룹은 이에 대해 "STX메탈 소액주주들을 배려한 결정"이라고 밝혔다. STX중공업은 STX그룹 계열사들이 지분을 100% 보유하고 있는 반면, STX메탈은 소액주주 비중이 50%나 되기 때문에 소액주주들에 대한 보상의 의미도 담고 있다고 설명했다.

STX메탈이 STX중공업보다 합병가치가 훨씬 높게 산정된 것이 소액주주들에게 어떤 영향을 미치는 것일까?

084 흩어지면 죽고 뭉치면 산다!

합병이란 두 개 이상의 기업들을 하나의 기업으로 합치는 것이다. 합병의 방법에는 흡수합병과 신설합병이 있다. (주)붕어빵이 (주)잉어빵을 합병하면서 (주)잉어빵이 없어진다면 (주)붕어빵은 존속회사, (주)잉어빵은 소멸회사가 된다. 그리고 이러한 형태의 합병을 '흡수합병'이라고 한다. 그러나 두 회사가 모두 소멸되고 새로운 회사 (주)최고빵이 생긴다면 '신설합병'이 된다.

대개의 합병은 흡수합병 방식이다. (주)붕어빵이 (주)잉어빵을 흡수합병하면, (주)잉어빵(소멸회사) 주주들은 보유했던 (주)잉어빵 주식이 없어지는 대신 (주)붕어빵(존속회사) 주식을 받는다. (주)붕어빵 입장에서 보면 (주)잉어빵 주주들에게 합병 대가를 지불하는 것이다. 상장 기업 (주)붕어빵이 상장 기업 (주)잉어빵을 흡수합병한다고 하자. (주)붕어빵의 시가총액은 100만 원, 발행 주식 수는 100주다. (주)잉어빵의 시가총액은 50만 원, 발행 주식 수는 100주다.

(주)붕어빵은 (주)잉어빵의 시가총액만큼 (주)붕어빵 주식을 발행해 (주)잉어빵 주주들에게 배분해줘야 한다. 즉, (주)잉어빵의 주주들이 가진 주식의 총 가치(50만 원)만큼 신주를 발행해야 한다.

그런데 (주)붕어빵의 주당 가치는 1만 원(100만 원/100주), (주)잉어빵의 주당 가치는 5000원(50만 원/100주)으로 두 배 차이가 난다. 따라서 (주)붕어빵은 신주를 50주(50만 원 가치)만 발행하면 된다. (주)잉어빵 주주들의 입장에서 보면, (주)잉어빵의 주당 가치가 (주)붕어빵 주당 가치의 2분의 1 밖에 안 되기 때문에 (주)잉어빵 주식을 100주 내놓고(소멸), (주)붕어빵 주식 50주로 바꿔가는 셈이다.

만일 'A와 B 두 회사의 합병 비율이 1 대 0.2'라고 하자. A가 존속회사이고 B가 소멸회사다. A의 주당 가치를 1로 봤을 때, B의 주당 가치는 0.2라는 말이다. 따라서 B의 주주들은 B 주식 1주당 A 주식 0.2주 비율로 교환하는 것이다.

상장 회사 (주)붕어빵은 주당 합병가치가 2만 원, 비상장 회사 (주)잉어빵은 5000원이라고 하자(주당 합병가액 산정 방법은 277쪽에서 자세히 설명). 두 회사의 합병 비율은 1대 0.25다. (주)잉어빵 주식 100주를 가진 김말복은 합병이 되면 (주)붕어빵 주식 25주를 받는다. 100주를 소멸시키고 25주를 받았지만 주당 가치가 네 배 큰 (주)붕어빵의 신주를 받았으므로, 합병 전후 김말복이 보유한 주식가치는 같다.

■ 소규모 합병

합병을 하는 회사가 피합병 회사 주주들에게 지급해야 하는 합병 대가가 총 발행 주식 수의 10%를 넘지 않으면 '소규모 합병'이라고 한다. 총 발행 주식 수의 10%라는 말은 시가총액의 10%라는 말과 같다. 따라서 존속회사의 시가총액(비상장사라면 평가에 따른 주식 총 가치)이 소멸회사의 시가총액보다 열 배 이상 크면 소규모 합병이 된다.

(주)붕어빵이 존속회사이고 (주)잉어빵이 소멸회사라고 하자. (주)붕어빵은 (주)잉어빵의 주주들이 손해를 보지 않게끔 그들이 가진 주식 총 가치(상장 법인이라면 시가총액)만큼 신주를 발행해 줘야 한다. 이렇게 (주)붕어빵이 발행해주는 신주의 총액이 (주)붕어빵 주식 총 가치의 10% 이하라면 소규모 합병이다.

소규모 합병일 경우, 존속회사는 자사 주주에게 주식 매수 청구권을 부여하지 않아도 된다. 기존 상법에서는 존속회사가 발행하는 신주 비율이 기존 주식 총 수의 5% 이하일 경우에만 소규모 합병에 해당했다. 그러나 2012년 4월부터 적용된 개정 상법에서는 이 비중이 10%로 확대됐다. 앞으로 기업들은 상법 개정으로 주식 매수 청구권 부담 없이 간편하게 이사회 결의만으로 합병을 할 수 있는 길이 확대됐다.

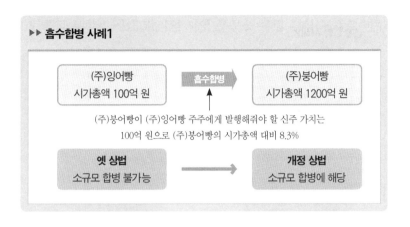

▶▶ 흡수합병 사례1

(주)잉어빵
시가총액 100억 원

흡수합병

(주)붕어빵
시가총액 1200억 원

(주)붕어빵이 (주)잉어빵 주주에게 발행해줘야 할 신주 가치는
100억 원으로 (주)붕어빵의 시가총액 대비 8.3%

옛 상법
소규모 합병 불가능

개정 상법
소규모 합병에 해당

(주)붕어빵이 (주)잉어빵을 흡수합병하는데, 두 기업의 시가총액이 1200억 원과 100억 원이라고 하자. (주)붕어빵이 합병 대가로 (주)잉어빵 주주들에게 지불해야 할 신주 발행 총액이 100억 원이다. 이는 (주)붕어빵의 시가총액 대비 8.3%(100억 원/1200억 원 × 100)다. 과거 상법으로는 소규모 합병(5% 이하)에 해당하지 않지만, 개정 상법(10% 이하)은 소규모 합병으로 인정한다.

이번에는 (주)붕어빵이 (주)잉어빵의 지분을 30% 보유하고 있는 상태에서 흡수합병을 한다고 하자. (주)붕어빵의 시가총액은 1000억 원, (주)잉어빵의 시가총액은 120억 원이다.

(주)붕어빵은 (주)잉어빵에 대한 보유 지분 30%를 제외한 나머지 70%의 (주)잉어빵 주주들에게만 합병 대가를 지불하면 된다. 신주 발행 총액은 84억 원(120억 원 × 70%)이다. (주)붕어빵의 시가총액 대비 8.4%(84억 원/1000억 원 × 100)다.

과거 상법 기준으로 보면 소규모 합병에 해당하지 않아 주주총회 의결을 거쳐야 하고 주식 매수 청구권도 발생한다. 그러나 개

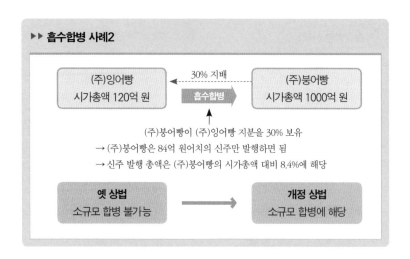

▶▶ 흡수합병 사례2

(주)잉어빵
시가총액 120억 원

←···· 30% 지배 ····

흡수합병 →

(주)붕어빵
시가총액 1000억 원

(주)붕어빵이 (주)잉어빵 지분을 30% 보유
→ (주)붕어빵은 84억 원어치의 신주만 발행하면 됨
→ 신주 발행 총액은 (주)붕어빵의 시가총액 대비 8.4%에 해당

옛 상법
소규모 합병 불가능

→

개정 상법
소규모 합병에 해당

정 상법의 적용을 받게 되면 소규모 합병에 해당, 주주총회 의결 없이 이사회 의결만으로 합병이 가능하다. 또한 (주)붕어빵은 자사 주주들에게 주식 매수 청구권을 부여하지 않아도 된다.

■ 간이합병

합병을 하는 회사가 피합병회사 총 발행 주식 수의 90% 이상을 보유하고 있거나, 피합병회사 총 주주가 합병에 동의한다면 이를 '간이합병'이라고 한다. 간이합병 조건이 되면 소멸회사 주주들에게 주식 매수 청구권이 부여되지 않는다.

소규모 합병은 존속회사가, 간이합병은 소멸회사가 적용 대상이다. A가 B를 흡수합병할 때 A(존속회사)에 대해서는 소규모 합병에 해당하는지를 따져 A의 주주들에게 주식 매수 청구권을 부여할지 여부를 결정한다. 그리고 B(소멸회사)에 대해서는 간이 합병에 해당하는지를 따져 B의 주주들에게 주식 매수 청구권을 부여할지 여부를 결정한다.

(주)붕어빵의 시가총액은 1000억 원, (주)잉어빵의 시가총액은 120억 원이다. (주)붕어빵이 (주)잉어빵의 지분을 보유하고 있지 않은 상태에서 흡수합병한다고 하면 신주 발행 총액은 120억 원이 될 것이다. (주)붕어빵의 시가총액 대비 10.2%(120억 원/1000억 원×100)가 되어 소규모 합병에 해당하지 않는다.

이렇게 본다면 지분 관계가 없는 두 기업이 합병을 할 때 시가총액 규모가 10대 1 정도라면 소규모 합병이 될 수 있다. 그러나 존속회사가 소멸회사 지분을 일부 가지고 있는 경우라면 시가총액 차이가 10대 1 이내더라도 소규모 합병이 가능하다.

존속회사 주식 총 가치가 100억 원, 소멸회사 주식 총 가치가 20억 원

주식 총 가치 비율이 10대 2이므로, 소규모 합병이 되기는 어렵다 (20/100×100 = 20%).

그러나 존속회사가 소멸회사 지분을 60% 보유하고 있다면

존속회사가 소멸회사의 나머지 40% 주주에 대해서만 신주를 발행해 주면 되기 때문에(20억 원×40% = 8억 원), 소규모 합병(8억/100억× 100 = 8%) 요건을 충족한다.

롯데쇼핑, 알짜 자회사 '롯데미도파' 합병

롯데쇼핑이 롯데미도파를 합병한다. 롯데가 법정관리 중인 미도파를 인수한지 정확히 10년 만에 한 회사가 되는 셈이다.

롯데쇼핑과 롯데미도파는 18일 각각 이사회를 열고 합병을 결의했다. 양사는 오는 11월 28일 롯데쇼핑 이사회와 롯데미도파 주주총회를 거쳐 합병을 최종 승인할 예정이다(저자 주 : 롯데쇼핑은 소규모 합병에 해당하므로 이사회만, 롯데미도파는 간이합병에 해당하지 않기·때문에 이사회 외에 주주총회까지 열어야 한다).

이번 합병은 롯데미도파의 시가총액이 롯데쇼핑의 10%를 넘지 않는 소규모 합병에 해당한다. 따라서 롯데쇼핑은 이사회 결의만으로 합병을 진행할 수 있다. 합병 기일은 내년 1월 1일이며, 합병 비율은 1대 0.037(롯데미도파 보통주 1주당 롯데쇼핑 보통주 0.037주 교부)이다.

두 회사의 합병으로 롯데쇼핑의 백화점 시장점유율(판매액 기준)은 기존 45%에서 48% 정도로 높아질 전망이다.

롯데쇼핑은 특히 이번 합병으로 재무적으로 얻게 되는 효과가 클 것으로 기대하고 있다. 롯데미도파는 지난 2007년 이후 사실상 무차입 경영을 유지하는 등 재무 안정성이 우수한 기업에 속한다. 지난해 말 현재 부채 비율이 26.2%에 불과하다. 또 매년 500억 원 전후의 잉여 현금을 창출하는 등 캐시카우* 역할을 하고 있다.

다만 합병 과정에서 롯데쇼핑의 일시적인 자금 부담은 불가피할 전망이다. 현재 롯데미도파의 지분 21%는 소액주주들이 보유하고 있다. 롯데쇼핑이 합병을 하려면 신주를 발행해 소액주주들에게 나눠주거나, 이들이 보유한 롯데미도파 지분을 사야 한다. 롯데미도파의 소액주주 지분 전체를 사는 데는 1725억 원(주당 1만 2619원)이 들어간다. 이에 따라 양사는 소액주주들의 주식 매수 청구액이 1000억 원 이상이면 합병 계약을 해지할 수 있는 조항을 뒀다.

....

* 캐시카우(cash cow) 우리말로 바꾸면 현금을 짜내는 젖소다. 즉, 회사에 안정적으로 많은 이익을 가져오는 제품이나 사업 분야를 의미한다.

086 호남석유화학, 재수 성공 비결은 소규모 합병

호남석유화학(현 롯데케미칼)은 원래 2009년 KP케미칼 합병을 시도했다가 주식 매수 청구 금액이 너무 과도하게 몰리는 바람에 합병을 포기했다. 호남석유화학이 발행해야 할 신주 총액은 8.2% 정도였다. 당시 상법 기준으로 보면 소규모 합병에 해당하지 않아 주식 매수 청구권이 부여됐다.

이후 2012년 개정 상법이 시행되면서 시장 전문가들은 호남석

▶▶ **호남석유화학 회사 합병 결정 공시**	2012년 8월 14일
1 합병 방법	호남석유화학 주식회사(존속회사)가 주식회사 케이피케미칼(소멸회사)을 흡수합병(소규모 합병)
2 합병 목적	합병을 통해 자산 규모 확대, 사업 다각화, 영업 현금 흐름 확대 도모
3 합병 비율	호남석유화학(주) : (주)케이피케미칼 = 1 : 0.0510252
4 합병 비율 산출 근거	• 합병 기일(2012년 12월 27일 예정) 현재 피합병 회사 (주)케이피케미칼의 주주 명부에 기재되어 있는 보통 주주에 대하여 (주)케이피케미칼의 보통주식(액면금액 5,000원) 1주당 합병 회사 호남석유화학(주)의 보통주식(액면금액 5,000원) 0.0510252주를 교부 • 호남석유화학(주)가 보유하고 있는 (주)케이피케미칼 주식(51,000,000주)에 대해서는 합병 시 호남석유화학(주)의 주식을 발행하지 않음
5 주식 매수 청구권 사항	상법 제 527조의 3에 따른 소규모 합병이므로 호남석유화학(주)의 주주에 대해서는 주식 매수 청구권이 인정되지 않는다.
6 기타 투자 판단에 참고할 사항	본 합병은 소규모 합병으로 추진하는 바, 상법 제 527조의 3 제1항에 의해 주주총회의 승인을 이사회의 승인으로 갈음한다.

유화학이 소규모 합병 방식으로 합병을 재추진할 것으로 예상했다.

2012년 4월 기준 호남석유화학의 시가총액은 10조 4000억 원, KP케미칼은 1조 5000억 원이다. KP케미칼 시가총액이 호남석유화학의 10분의 1 수준을 살짝 넘지만, 호남석유화학이 KP케미칼 지분을 52%나 보유하고 있다. 합병 과정에서 호남석유화학은 KP케미칼의 나머지 48% 주주 지분에 대한 신주만 발행하면 된다. 즉, 7200억 원(1조 5000억 원 × 48%) 어치의 신주 발행이 예상된다. 이 물량은 호남석유화학 시가총액의 10% 미만이기 때문에 소규모 합병에 해당한다.

- 2012년 8월 14일 호남석유화학은 자회사 KP케미칼을 흡수합병하기로 이사회에서 결의했다고 공시했다. 목적은 사업 다각화, 영업 현금 흐름 확대, 신규 사업 통합 운영, 경영 효율성 증대 등을 통한 주주 가치 제고 등이다.

- 합병 비율은 호남석유화학 대 KP케미칼이 1대 0.0510이다. 소멸하는 KP케미칼 주식 1주당 호남석유화학 주식 0.0510주로 바꿔준다는 이야기다.

  그런데 호남석유화학은 KP케미칼 주식 5100만 주를 가지고 있는 대주주다. 그렇다면 호남석유화학이 보유한 KP케미칼 주식에 대해서도 0.0510의 비율로 호남석유화학 주식이 발행될까? 이 지분에 대해서는 합병 신주를 발행하지 않는다.

- 호남석유화학은 공시에서 '소규모 합병'에 해당하므로 자사 주주들에게 주식 매수 청구권을 부여하지 않는다고 밝혔다. 반면 KP케미칼은 공시에서 간이합병에 해당하지 않아 자사

주주들에게 주당 1만 2836원의 주식 매수 청구 가격을 제시
했다고 밝혔다.

• 호남석유화학과 KP케미칼은 KP케미칼 주주들의 주식 매수
청구권 행사가액이 2000억 원을 넘는 경우 합병을 취소할 수
있도록 했다.

▶▶ KP케미칼 회사 합병 결정 공시		2012년 8월 14일
1	주식 매수 청구권 사항	• 합병 계약서 승인 주주총회 이전까지 합병에 대한 반대 의사를 서면으로 표시한 주주에 한하여 행사할 수 있으며, 주식 매수 청구권 행사가는 보통주 1주당 12,836원이다. • 청구 기간 : 주주총회 결의일로부터 20일 이내 (2012년 11월 21일~12월 10일)
2	기타 투자 판단에 참고할 사항	합병 회사인 호남석유화학(주)가 주식 매수 청구로 인하여 지급해야 할 금액(합병 회사에 대하여 주식 매수 청구권이 인정되는 경우에 한함) 또는 피합병 회사인 (주)케이피케미칼에 주식 매수 청구권이 행사된 주식에 대한 매수가액이 2,000억 원을 초과하는 경우 양사는 협의하여 합병 계약을 해제할 수 있다.

087 합병 비율 1대 0의 대가 없는 합병

합병 비율이 1대 0인 경우도 있다. 다시 말해 소멸회사 주주에
게 존속회사 주식을 한 주도 주지 않는다는 뜻이다. 100% 자회사
를 흡수합병하는 경우가 여기에 해당한다.

롯데쇼핑은 100% 자회사인 롯데스퀘어를 합병했다. 롯데쇼핑
은 롯데스퀘어의 지분 100%를 가진 단독 주주이므로 합병 신주

를 찍을 필요가 없다.

하이트진로의 하이스코트 합병도 마찬가지다. 하이트진로는 합병 공시에서 다음과 같이 설명했다. "하이트진로(주)가 하이스코트(주)를 흡수합병하면서 합병 비율의 기준이 되는 두 회사의 주당 평가액은 각각 2만 5000원, 15만 2603원(1대 6.10412)으로 산출됐다. 그러나 하이트진로(주)가 하이스코트(주)의 발행 주식을 100% 소유하고 있기 때문에, 주식 발행의 실질적인 효과가 없다. 또 하이트진로(주)의 소액주주를 보호하는 측면도 고려해 주식을 추가적으로 발행하지 않는 무증자 방식에 의한 1대 0의 합병을 진행한다."

지금까지 살펴본 내용을 바탕으로 264쪽에서 언급한 STX그룹 이야기를 마저 해보자.

합병 존속법인인 STX메탈이 신주를 발행해 합병 소멸법인인 STX중공업 주주들에게 나눠줘야 한다. 그런데 STX중공업은 비상장사로, 주주가 모두 STX 계열사들이다. 반면 STX메탈은 상장사로 소액주주들이 많다. 이들 소액주주들 입장에서는 STX메탈이 될 수 있으면 신주를 적게 발행하는 방식으로 합병을 하는 게 좋다. 그러려면 STX메탈의 주당 합병가치가 STX중공업보다는 월등하게 높은 것이 좋다.

상장회사(STX메탈)와 비상장회사(STX중공업)를 합병할 때 주당 합병가액은 상장회사의 경우 기준주가, 비상장회사는 자산가치와 수익가치를 가중평균하여 산출한 수치를 사용한다. 이때 상장회사의 경우 기준주가가 자산가치보다 낮다면, 자산가치를 합병가액으로 선택할 수도 있다. 과거 합병 사례들을 보면, 기준주가가 자산가치보다 낮아도 기준주가를 합병가액으로 정하는 경우들이 있다. 합병 목적이나 지배 구조 등을 전략적으로 고려해 선택하는 것으로 해석된다.

STX 사례의 경우 소액주주를 고려한다면 STX메탈의 합병가액이 높게 나오는 것이 좋으므로, 회사는 기준주가(5000원대)가 아닌 자산가치(1만 6318원)를 선택했다. STX 측이 합병 비율을 놓고 "소액주주를 보호하기 위한 조치"라고 설명한 데는 이런 배경이 있었다.

088 합병가치는 어떻게 산정하나?

합병하는 두 회사의 합병 비율을 산정하기 위해서는 두 회사의 주당 합병가액을 산출해야 한다.

■ 상장 회사 vs. 상장 회사 합병

상장 회사끼리의 합병에서 주당 합병가액 평가는 '기준주가'를 적용한다. 기준주가는 가중산술평균종가를 사용해 계산한다.

(주)붕어빵의 8월 1일과 8월 2일 이틀간 가중산술평균종가(87쪽 참조)를 구해보자.

- 8월 1일 종가 1만 원, 거래량 100주
- 8월 2일 종가 1만 1000원, 거래량 500주
- ① 이틀 동안의 단순평균종가(산술평균종가)

= (1만 원 + 1만 1000원)/2 = 1만 500원

② 이틀 동안 거래량을 감안한 가중산술평균종가

= (1만 원 × 100주 + 1만 1000원 × 500주)/600주 = 1만 833원

주당 합병가액은 다음과 같은 방식으로 구한다.

주당 합병가액

A. 최근 1개월 가중산술평균종가

B. 최근 1주일 가중산술평균종가

C. 최근일 종가(최근일은 대개 합병 결정 이사회 전날)

'(A + B + C)/3의 값'과 'C의 값' 중 낮은 값이 기준주가
즉, 주당 합병가액이다.

이 방법으로 호남석유화학의 주당 합병가액을 구해보자.

• A. 최근 1개월 가중산술평균종가 : 24만 3072원

• B. 최근 1주일 가중산술평균종가 : 25만 3235원

• C. 최근일 종가 : 25만 1500원

(A + B + C)/3 = 24만 9269원으로 C(최근일 종가)보다 더 낮다. 호남석유화학의 주당 합병가액은 24만 9269원이다. 이런 식으로 구한 KP케미칼의 주당 합병가액은 1만 2719원이다. 따라서 두 회사의 합병 비율은 1대 0.0510이다.

■ 상장 회사 vs. 비상장 회사 합병

2012년 5월 웅진씽크빅(영유아 및 초중고 학습지 업체)은 웅진패스원(성인 교육 업체)을 흡수합병한다고 밝혔다. 웅진씽크빅은 상장 회사다. 상장 회사는 기준주가를 주당 합병가액으로 삼는 게 원칙이다. 그러나 상장 회사와 비상장 회사 간 합병에서는 상장 회사의 기준주가가 자산가치(주당 순자산가치)에 미치지 못하면 자산가치를 주당 합병가액으로 해도 된다.

웅진씽크빅의 기준주가는 9480원으로 나왔다. 이에 비해 자산가치는 9917원이다. 웅진씽크빅의 기준주가가 자산가치에 미치지 못하자, 주당 합병가액을 자산가치 9917원으로 정했다. 이런 경우 회사의 전략적 선택에 따라서 기준주가를 고집할 수도 있다.

자산가치는 '순자산가치/발행 주식 수'로 구한다. '순자산'은 '자산−부채' 즉, 자기자본을 말한다. 하지만 순자산가치를 구할 때는 무조건 재무제표상 자기자본을 사용하지는 않는다. 자기 주식은 더해주고 실질 가치가 없는 무형 자산이나 회수 가능성이 없는 채

▶▶ 웅진씽크빅과 웅진패스원 합병가액

합병법인 : 웅진씽크빅(상장 회사)

구분	금액(원)
A. 기준주가	9,480
B. 자산가치	9,917
C. 합병가액	9,917

피합병법인 : 웅진패스원(비상장 회사)

구분	금액(원)	비고
A. 본질가치	5,458	$[(a \times 2) + (b \times 3)] \div 5$
a. 자산가치	3,668	
b. 수익가치	6,651	
B. 상대가치	4,272	
C. 합병가액	4,865	$[A + B] \div 2$

권은 빼는 등 일부 조정을 거쳐야 한다.

웅진패스원은 비상장 회사다. 상장 회사와 합병하는 비상장 회사의 주당 합병가액은 자산가치, 수익가치, 상대가치 세 가지를 이용해 구한다.

- **1단계. 자산가치 구하기** … 순자산가치를 발행 주식 수로 나눈 웅진패스원의 자산가치(주당 순자산가치)는 주당 3668원이다.

- **2단계. 수익가치 구하기** … 수익가치는 앞으로 얼마나 돈을 벌어들일지를 따져 구한다.

  회사의 미래 수익과 현금 흐름을 추정하는 과정에서 회사의 주관이 개입될 소지가 강하다.* 웅진패스원의 주당 추정 이익

  > * 비상장 법인에 대한 상속세나 증여세를 책정하기 위해 수익가치를 평가할 때는, 불명확한 주관이 개입되지 않도록 미래 추정 이익이 아닌 지난 3년간의 실제 손익계산서를 기준으로 한다.

  은 665원으로 나왔다. 여기에 자본환원율(282쪽 참조)을 10% 적용하면(665원/10%) 수익가치는 약 6651원이 된다.

- **3단계. 본질가치 구하기** … 자산가치와 수익가치를 합쳐 평균한 값을 '본질가치'라고 한다. 본질가치는 산술 평균하지 않고 3대 2의 비율로 가중평균한다. 자산가치보다는 수익가치에 비중을 더 둔다.

웅진패스원의 본질가치는

[(3668원 × 2) + (6651원 × 3)]/5 = 5458원이다.

- **4단계. 상대가치 구하기** ··· 상대가치는 웅진패스원과 유사한 사업을 하는 상장 회사들의 주가와 이익 수준, 주당 순자산 등을 종합적으로 고려해 산출한다. 코스닥 상장 기업인 정상제이엘에스, 메가스터디, 청담러닝, 디지털대성 등 네 개사를 활용해 구한 웅진패스원의 상대가치는 4272원이다. 상대가치를 구할만한 비교 대상 기업이 없다면 생략하기도 한다.

- **5단계. 본질가치와 상대가치의 평균 구하기** ··· 마지막으로 본질가치와 상대가치를 단순 평균할 차례다. 두 값의 단순 평균은 4865원[(5458원 + 4272원)/2]이다. 이 수치가 비상장 법인 웅진패스원의 주당 합병가액이다.

  ➡ 다섯 단계를 거쳐 도출한 웅진씽크빅과 웅진패스원간 합병비율은 0.49(= 4865원/9917원) 즉, 1 대 0.49다. 흡수되는 웅진패스원 주식 1주당 웅진씽크빅 0.49주가 배정된다는 뜻이다.

한편 웅진씽크빅과 웅진패스원 간 합병은 주식 매수 청구 금액이 많이 들어와 결국 무산됐다. 두 회사는 합병 계약을 하면서 웅진씽크빅과 웅진패스원에 대한 주식 매수 청구 금액이 합산해서 100억 원을 넘으면 합병 계약을 취소하기로 약정했다.

연 10억 원의 이익을 내는 기업의 가치는 얼마일까?

1년에 5000만 원의 임대 수익을 안겨주는 건물이 있다면 이 건물의 가치는 얼마 짜리로 볼 수 있을까? 만약 시중 이자율이 10%라고 하자. 시중 이자율을 적용해 본다면 건물은 5억 원의 가치를 가지고 있다고 말할 수 있을 것이다. 은행에 5억 원을 넣어놓고 이자율 10%를 적용하면 1년 뒤 5000만 원의 이자 수익을 받을 수 있기 때문이다.

시중 이자율은 10%

1년 후 임대 수익 5000만 원

건물

5억 원이 예치된 통장

1년 후 이자 5000만 원

가치 같음

1억 원을 은행에 예금할 때 금리가 연 10%라면 1년 뒤 받게 되는 이자는 1000만 원(1억 원 × 10%)이다. 세금 등은 가정하지 않는다.
반대로 만약 1년 뒤 1000만 원을 이자로 받으려면 통장에 예금이 얼마나 들어있어야 할까? 이자로 얻을 수익 1000만 원 나누기 10%를 하면 된다. 이렇게 계산한 금액이 1억 원이다.

즉, 이자 1000만 원을 받기 위한 원금 액수는 이자 1000만 원을 이자율 10%로 할인해 보면(이자 금액/이자율) 구할 수 있다. 이때의 이자율을 자본환원율과 비슷한 개념으로 보면 된다. 연 1000만 원의 이자 수익을 나에게 가져다주는 통장의 가치(통장에 들어 있는 원금)는 1억 원(1000만 원/10%)이다.

연 10억 원의 이익을 내는 회사의 가치는 어떻게 계산할 수 있을까? 자본환원율(이익환원율, 할인율)은 10%로 한다. 역시 방법은 같다. 10억 원/10% = 100억. 100억 원짜리 기업이 된다.

만약 이 기업에 대해 자본환원율을 10%에서 5%로 낮추면 어떻게 될까? 10억 원/5% = 200억 원짜리 기업이 된다. 자본환원율을 낮추니 기업가치가 더 높아졌다.

자본환원율은 통상 자금 조달 비용이라 할 수 있다. 자본환원율이 높아지면 기업가치가 떨어진다. 자본환원율은 비상장 기업의 수익가치를 평가할 때 사용된다. 1주당 500원의 이익을 나에게 안겨주는 주식의 수익가치가 얼마냐고 묻는다면(자본환원율은 10%), 5000원(500원/10%)이라고 말할 수 있다.

자금 조달 비용이라고 할 수 있는 자본환원율이 높아지면 기업가치가 떨어진다.

Chapter 17

분할 후 재상장할 때
가치 평가 방법

089 현대중공업 분할,

"지주사 체제에서 전문기업으로 각자도생하라"

2016년 11월 현대중공업이 4개 사로 분할하겠다는 계획을 전격 공시했다. 분할 소문은 이미 이전부터 있었다. 회사의 주력 사업인 조선·플랜트 사업이 해외 공사 부실로 대규모 적자에 시달리는 상황이었다. 조선업의 전망도 불확실했다. 그러다 보니 건설장비, 전기전자, 로봇 등 사내 비조선 사업 부문을 따로 떼어내 각자 전문기업화를 도모할 것이라는 전망이 제기되어왔다.

예상에 부합하듯 현대중공업은 조선·플랜트를 제외한 다른 사업들을 분할해 3개 회사를 신설하겠다고 발표했다. 존속 현대중공업과 신설 3개 사 등 4사 체제로 변신한다는 이야기였다. 1차 목표는 여러 개 전문기업으로 나누어 각자도생하는 것이지만, 궁극적 지향점은 지주회사 체제 전환이다.

▶▶ 현대중공업 기업분할

구분	사명	사업 내용
존속회사	현대중공업	조선 · 해양플랜트, 엔진
신설회사	현대로보틱스	로봇사업, 투자사업
신설회사	현대일렉트릭앤에너지시스템	전기, 전자 사업
신설회사	현대건설기계	건설장비

　　분할의 핵심은 분할 전 현대중공업이 가진 자기주식(13.37%)을 신설법인인 현대로보틱스로 넘겼다는 점이다. 현대로보틱스를 앞으로 지주회사로 만들 계획이었기 때문이다. 일단 기업분할 전후에 지배 구조가 어떻게 변했는지부터 살펴보자.

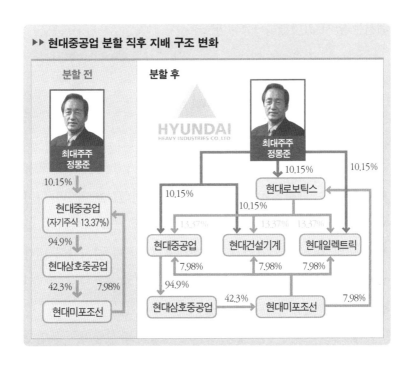

▶▶ 현대중공업 분할 직후 지배 구조 변화

그림을 보면, 분할 전 현대중공업은 최대주주 정몽준이 10.15%, 현대미포조선이 7.98%를 지배했다. '현대중공업 → 현대삼호중공업 → 현대미포조선 → 현대중공업'으로 연결되는 순환출자 고리가 있다. 인적 분할을 했기 때문에 분할 이후 4개 사에 대해 정몽준이 각각 10.15%를, 현대미포조선이 각각 7.98%를 지배한다. 그리고 분할 전 현대중공업이 가지고 있던 자사주(13.37%)는, 분할하는 과정에서 모두 현대로보틱스가 가져갔다. 따라서 이 자사주는 투자주식으로 전환된다. 즉 현대로보틱스가 현대중공업, 현대건설기계, 현대일렉트릭 등 3개 상장사에 대해 각각 13.37%의 지분을 보유하게 되었다. 앞으로 지주회사가 될 기반을 마련한 셈이다. 자사주가 투자주식으로 변신하는 원리에 대해서는 앞서 설명했다(237쪽 참조).

090 현대중공업의 지주사 전환 9부 능선, 증손회사 지분 처리

지주회사 체제로 전환하기 위해서는 몇 가지 중요한 단계를 거쳐야 한다. 그중 하나는 지주회사가 될 현대로보틱스가 나머지 3개 상장사에 대해 20% 이상의 지분을 확보하는 것이다. 앞서 설명한 내용을 기억해 보자. 현대로보틱스가 단기간에 대량으로 3개 상장사 지분을 추가로 확보하기 위해 공개매수 방식의 현물 출자 유상증자에 나설 것을 예상할 수 있다.

현대로보틱스는 시장 예상보다 훨씬 빨리 유상증자에 돌입했다. 2017년 6월 현대로보틱스는 〈유상증자 및 공개매수〉 공시를 내고 "3개사 주주들로부터 각사 주식을 현물 출자 받고, 현대로보틱스 신주를 발행해준다"고 밝혔다.

공개매수로 주식을 교환한 후로도 지주회사 체제를 완성하기 위해서는 해결해야 할 몇 가지 중요한 과제들이 있다. 공개매수 후 현대삼호중공업은 지주회사(현대로보틱스)의 손자회사(자회사의 자회사)가 되고, 현대미포조선은 증손회사(손자회사의 자회사)가 된다. 지주회사 관련 법 규정에 따르면 손자회사는 증손회사 지분을 100% 소유해야 한다. 아니면 아예 지분을 전량 매각해야 한다. 즉, 현대로보틱스의 손자회사인 현대삼호중공업이 현대미포조선 지분을 57.7%(현재 보유 지분 42.3% + 57.7% = 100%) 더 확보하거나, 보유 중인 지분 42.3%를 모두 정리해야 한다.

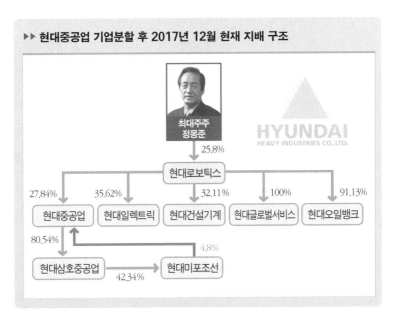

▶▶ 현대중공업 기업분할 후 2017년 12월 현재 지배 구조

또한 지주회사 관련 법은 증손회사가 국내 계열회사 주식을 소유하지 못하도록 하고 있다. 따라서 현대미포조선이 보유한 현대로보틱스, 현대중공업, 현대건설기계, 현대일렉트릭 지분도 다 매각해야 한다. 2017년 12월 중순 현재 현대미포조선은 이 가운데 현대중공업에 대한 지분 말고는 다 정리를 한 상태다. 287쪽 그림이 지주회사 전환 작업을 진행하고 있는 현대중공업의 2017년 12월 현재 지배 구조다.

091 현대로보틱스가
발행 주식 수는 적게, 시가총액은 많이 배분받은 비결

이제 현대중공업이 4개사 체제로 분할하는 과정에서 분할 전후 기업가치 변화에 대해 한번 알아보자. 이해를 돕기 위해 예시로 든 사례의 숫자를 단순하게 하고, 복잡한 내용은 최대한 생략한다.

먼저, 피자 사업과 치킨 사업을 하고 있는 상장회사 (주)좋은식품이 있다고 가정해보자. 치킨 사업을 분할 신설해 (주)꼬끼오를 만들기로 했다. 피자 사업만 남은 존속회사는 사명을 (주)바삭피자로 바꾸기로 했다. (주)바삭피자는 원래 피자와 치킨 등두 개 사업을 하다가 치킨 사업이 분리되어 나간 존속회사이기 때문에 증권시장에 '변경 상장'을 하면 된다.

그리고 (주)꼬끼오는 상장회사에서 떨어져 나온 사업을 가지게 된 신설회사이기 때문에 '재상장'을 하면 된다. 현대중공업의 기업분할은 엄밀하게 보자면 분할 이후 존속회사 현대중공업은 변경 상장을 하고 나머지 3개 사는 재상장을 한 것이다. 재상장이나 변경 상장을 통틀어 편의상 '재상장'이라고 표현하기도 하기도 한다. 재상장은 신규 상장보다 훨씬 쉽다.

(주)좋은식품은 2016년 11월 이사회에서 기업분할 결정을 하고, 2017년 3월 30일부터 5월 9일까지 40일간 주식 매매 정지 기간을 거쳐 5월 10일 두 개의 회사(바삭피자, 꼬끼오)로 재상장할 예정이다. 이사회 당시 (주)좋은식품의 발행 주식 수는 10만 주이고, 시가총액은 100억 원(주당 가치 10만 원 = 100억 원 ÷ 10만 주)이다. 분할 비율은 0.4(존속) 대 0.6(신설)으로 정해졌다. 그럼 바삭피자의 발행 주식 수는 분할 비율에 따라 4만 주(= 10만 주 × 0.4)가 되고, 꼬끼오의 발행 주식 수는 6만 주(= 10만 주 × 0.6)가 된다.

만약 (주)좋은식품의 시가총액 100억 원을 이사회에서 결의한 분할 비율대로 나눈다면 바삭피자가 40억 원, 꼬끼오는 60억 원이 된다. 바삭피자와 꼬끼오의 주당 가치는 당연히 각각 10만 원이 될 것이다. 시가총액을 분할 비율대로 나누고, 발행 주식 수도 분할 비율대로 나눴기 때문이다.

이 10만 원이 재상장 기준주가다. 5월 10일(재상장일) 개장(오전 9시) 전 동시호가(오전 8~9시)에서 투자자들은 이 기준주가의 50~200% 범위(5만~20만 원) 안에서 주문을 낼 수 있다. 동시호가 주문 체결 결과에 따라 재상장일의 시초가가 정해지고, 오전 9시부터는 매수와 매도 주문 체결에 따라 주가가 변화한다.

그런데, 사실 분할 재상장 기준주가는 이사회 결의(2016년

11월)가 있던 당시의 재무제표에 기초한 분할 비율에 따라 정해지는 것이 아니다. 분할 기일(2017년 4월 1일)의 순자산 비율에 따라 정해진다. 분할을 결정한 이사회 개최일(2016년 11월)과 분할 기일(2017년 4월) 간에는 수개월의 시차가 있기 때문에, 이사회와 분할 기일 시점의 재무제표 수치가 같을 수 없다.

만약 분할 기일을 기준으로 했을 때 존속회사 대 신설회사 간 재무제표 상 순자산 비율이 0.5 대 0.5로 변했다고 하자(이사회 때는 0.4대 0.6). 매매 정지 직전의 시가총액은 그대로 100억 원이라고 하자. 그럼 바삭피자와 꼬끼오의 시가총액은 각각 50억 원으로 나눠진다. 여기에 발행 주식 수를 대입하면 바삭피자의 주당 가치는 12만 5000원(50억 원/4만 주), 꼬끼오는 8만 3333원(50억 원/6만 주)이 된다.

바삭피자는 분할 비율(0.4)보다 시가총액 분배 비율(0.5)이 더 올라갔고, 꼬끼오는 떨어진 셈이다(0.6 → 0.5). 이 가격이 재상장

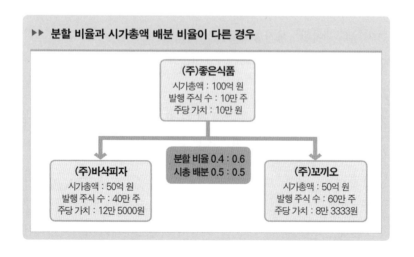

▶▶ 분할 비율과 시가총액 배분 비율이 다른 경우

(주)좋은식품
시가총액 : 100억 원
발행 주식 수 : 10만 주
주당 가치 : 10만 원

(주)바삭피자
시가총액 : 50억 원
발행 주식 수 : 40만 주
주당 가치 : 12만 5000원

분할 비율 0.4 : 0.6
시총 배분 0.5 : 0.5

(주)꼬끼오
시가총액 : 50억 원
발행 주식 수 : 60만 주
주당 가치 : 8만 3333원

일 동시호가 시간에 적용될 기준주가가 된다. 바삭피자와 꼬끼오의 주가가 기준주가보다 오른다면 분할해 재상장한 두 회사의 시가총액 합이 (주)좋은식품 시절의 시가총액보다 더 커지는 셈이 된다. 실제로 분할 기준주가는 자기주식과 비지배 주주 지분 등을 따져야 하므로 계산이 이보다는 좀 더 복잡하다. 그러나 어떻게 분할 재상장일 기준주가가 정해지는지에 대한 원리 정도는 이해하자.

현대중공업 분할의 경우, 현대로보틱스는 분할 비율(0.158)보다 시가총액 분배 비율(0.251)이 좀 더 높아졌다. 최초 분할 비율 즉, 분할 전 현대중공업의 발행 주식 수를 나눌 때는 0.158이었는데, 시가총액을 분배할 때는 0.251 수준까지 올라갔다. 발행 주식 수는 적게, 시가총액은 상대적으로 많이 분배받았다. 따라서 분할 재상장 기준주가도 다른 회사보다 월등하게 높은 26만 2000원으로 정해졌다는 것을 알 수 있다.

▶▶ **현대중공업 분할 후 4개 사의
자본금과 시가총액 분할 비율, 분할 재상장 기준주가**

사명	분할 결정시 자본금 분할 비율 (발행 주식 수 × 분할 비율)	분할 기일 기준으로 정한 시가총액 (12조 5400억 원) 분배 비율	분할 재상장 기준주가
현대중공업(존속회사)	0.746	0.659	14만 6000원
현대로보틱스(신설회사)	0.158	0.251	26만 2000원
현대일렉트릭(신설회사)	0.049	0.045	15만 3000원
현대건설기계(신설회사)	0.047	0.044	15만 5000원

상장하고 싶다면
나를 사뿐히 즈려밟고 가시오

092 스팩을 등에 업고 우회상장한 알톤스포츠

알톤스포츠는 국내 자전거 시장의 30%를 점유한 업계 2위 기업이다. 2010년에는 업계 3위 코렉스자전거를 인수했다. 알톤스포츠는 2011년 8월 '신영스팩1호'라는 회사와 합병했다. 신영스팩1호는 코스닥 시장에 상장된 일종의 '페이퍼컴퍼니'로, 오로지 우량 비상장 기업과 합병할 목적으로 만들어진 회사다.

신영스팩1호가 알톤스포츠를 흡수합병하는 형태로 두 회사 간 합병이 진행됐다. 합병이 완료된 후 신영스팩1호는 알톤스포츠로 이름을 바꾸어 코스닥 시장에서 거래되고 있다.

알톤스포츠 입장에서는 신영스팩1호를 통해 코스닥 시장에 우회상장한 셈이다. 알톤스포츠는 합병을 통해 현금성 자산이 41억 원에서 242억 원으로 증가하고, 유동 비율도 111%에서 245% 수준으로 늘어났다. 신영스팩1호의 주주들 입장에서는 우량 중소기업과의 합병을 통해 수익 사업을 확보함으로써, 신영스팩1호가 출범할 때 투자했던 자금을 회수할 수 있는 기회를 만든 셈이 됐다.

093 먹이를 찾아 주식 시장을 헤매는 페이퍼컴퍼니

'스팩(SPAC : Special Purpose Acquisition Company)'이란 간단하게 말해 주식 시장에 상장된 페이퍼컴퍼니라고 할 수 있다. 우리나라에서는 2009년 12월에 도입됐다. 수익을 낼 수 있는 실질적인 사업도 없는 스팩을 시장에 상장시켜 무엇을 하려는 걸까?

비상장 기업 중 유망한 회사를 찾아 M&A하는 것이 스팩의 역할이다. 즉, 스팩이 우량 비상장 기업의 우회상장 통로가 돼주는 것이다.

스팩과 비상장 기업이 합병할 때, 형식상으로는 스팩이 상장 회사이므로 존속법인이 되고 비상장 기업이 소멸법인이 된다. 그러나 스팩은 수백억 원의 현금(스팩 투자자들의 출자금)만 보유하고 있는 서류상 회사이기 때문에 껍데기나 다름없다. 실질적으로는 비상장 기업이 스팩을 흡수합병한다고 보면 된다. 알맹이는 비상장 기업이다.

스팩의 주주들은 합병이 성공해 비상장이던 우량 기업이 상장되면, 가격이 오른 주식을 팔아 투자 수익을 얻는다. 그동안 M&A 시장은 고액 투자자나 기관들만 참여했지만, 스팩이 도입되면서 개인도 소액으로 투자할 수 있게 됐다. 인수를 당한 비상장 회사 입장에

서는 자금 조달이 한결 수월해진다. 기업을 상장하려면 절차가 까다
로운 반면 스팩과 합병을 하면 간단하게 상장할 수 있기 때문이다.

094 결혼 못 한 '스팩'은 가차 없이 폐기된다!

스팩은 다른 말로 '기업 인수 목적 회사'라고 한다. 주로 증권사
등의 금융회사가 스팩을 설립한다. 회사 이름도 '엔에이치 기업
인수 목적 12호 주식회사(엔에이치 스팩 12호)', '미래에셋대우 기업
목적 1호 주식회사(미래에셋대우 스팩 1호)'와 같은 식으로 짓는다.

회사를 설립한 뒤에는 대규모 자금을 모집하기 위해 기업공개
(IPO)와 공모, 상장 절차를 거친다. 그리고 설립 목적에 맞는 인수
합병 대상(비상장 우량기업)을 찾아다닌다. 스팩 공모에 참여해 주
주가 된 개인 투자자는 간접적으로 M&A 시장에 뛰어든 것이나
마찬가지다.

스팩은 상장한 뒤 3년 내에 우량 비상장 기업과 합병하지 못하
면 상장폐지를 거쳐 자동 청산한다. 공모 자금을 쓸 일이 없어진
것이다. 일부 사업 비용을 제외한 공모 자금을 대부분 외부 신탁
기관에 맡겨 놓았기 때문에 합병에 실패하더라도 투자자들은 원
금 정도는 건진다.

동부자산운용(현 DB자산운용)이 최대주주인 '히든챔피언 제1호
기업 인수 목적 회사(이하 히든챔피언 제1호)'가 2012년 7월 하순
슬러지 자원화 전문업체인 엔바이오컨스와의 합병을 이사회에서
결의했다.

상장 회사와 비상장 회사 간 합병이므로 히든챔피언 제1호는 기준주가로 주당 합병가액을 산정한다(기준주가가 자산가치에 미달하면 자산가치를 합병가액으로 할 수도 있다). 비상장 회사인 엔바이오컨스는 수익가치, 자산가치, 상대가치를 종합해 주당 합병가액을

▶▶ 히든챔피언 스팩 1호 회사 합병 결정 공시　　　2012년 9월 19일

1	합병 방법	히든챔피언 제1호 기업 인수 목적 주식회사(존속회사)가 주식회사 엔바이오컨스(소멸회사)를 흡수합병한다.
2	합병 비율	1 : 3.3492865
3	합병 비율 산출 근거	

주권 상장 법인과 주권 비상장 법인 간의 합병 시 주권 상장 법인의 합병가액은 기준주가로 결정한다. 하지만 기준주가가 자산가치에 미달하면 자산가치로 결정할 수 있다. 이에 따라 본 합병 시 존속회사의 합병가액은 자산가치를 적용했다.

소멸회사의 합병가액
아래와 같은 사항을 반영하여 소멸회사의 합병가액을 산정했다.
① 본질가치의 산정 : 자산가치와 수익가치를 각각 2.5와 7.5의 비율로 가중산술평균한 가액으로 했다.
② 상대가치의 산정 : 유사 회사가 없어 상대가치를 적용하지 않았다.
③ 합병가액의 산정 : 주권 비상장 법인의 합병가액은 본질가치와 상대가치를 산술평균한 가액을 하되, 상대가치를 산출할 수 없는 경우 본질가치를 합병가액으로 하도록 하고 있다. 이에 따라 본질가치를 합병가액으로 했다.

산출 결과
합병 당사 회사의 합병 비율은 1:3.3492865로 평가됐다.

4	합병 상대 회사	회사명	주식회사 엔바이오컨스
		주요 사업	하수 슬러지 건조 연료화 사업 및 광해 방지 사업 등 환경 에너지 사업
5	주식 매수 청구권 사항		협의를 위해 회사가 제시한 주식 매수 청구 가격 : 2,000원

산출한다. 히든챔피언 제1호의 기준주가는 9775원, 자산가치는 9923원이 나왔다. 주당 합병가액은 9923원으로 정해졌다. 엔바이오컨스의 주당 합병가액은 3만 3236원이 나왔다. 따라서 합병 비율은 1대 3.349다. 존속법인인 히든챔피언 제1호가 엔바이오컨스 주주들에게 1주당 히든챔피언 제1호 주식 3.349주를 발행해주는 구조다. 합병이 완료 뒤 회사 이름은 엔바이오컨스로 바뀔 예정이었다. 그러나 2012년 11월 말 히든챔피언 제1호 스팩은 내부 주주 간 이견으로 합병 계획을 부결시켰다.

유니맥스정보시스템, 스팩합병 주총 통과 3월 코스닥 상장

유진에이씨피씨 스팩 2호(유진ACPC 스팩 2호)가 31일 임시주주총회를 열고 유니맥스정보시스템과 합병을 원안대로 가결했다. 이번 주주총회 합병 결의에 따라 유진ACPC 스팩 2호의 사명은 유니맥스정보시스템으로 변경된다. 상장 예정일은 오는 3월 23일이다.

한글과컴퓨터그룹 계열사인 유니맥스정보시스템은 유도미사일체계, 항공전자체계 등 국방·항공용 방산 장비에 탑재되는 부품을 생산한다. 유도무기의 핵심인 항법컴퓨터(GCU)를 자체 개발해 군의 유도미사일 개발사업의 협력 업체로 선정되기도 했다.

앞서 유니맥스정보시스템과 스팩 간 합병 비율 산정에서 유니맥스의 합병가액은 최초 산정시보다 하향 조정됐었다. 이에 따라 합병 비율은 1 : 100.6에서 1 : 68.6으로 변경됐다. 유니맥스정보시스템이 합병 비율을 30% 가량 하향 조정한 이유는 2017년 예상 실적이 합병 추진 당시 추정치에 미치지 못할 것으로 예상했기 때문이다. 2017년 매출액을 208억 원, 영업이익을 23억 원으로 전망했지만, 추정치를 매출액 195억 원, 영업이익 18억 원으로 변경했다. 유니맥스정보시스템이 새로 제시한 합병 비율에 따른 상장 뒤의 예상 시가총액은 363억 원이다. 지난해 예상 실적 기준 PER(주가수익비율)은 약 23.9배다.

주춤했던 스팩 합병상장, 코스닥 붐 타고 기지개 켜나

코스닥시장에서 스팩(기업인수목적회사)과의 합병 상장이 다시 기지개를 켤 조짐이다. 올 들어 잇단 상장 심사 미승인 등으로 스팩 합병 상장이 주춤하는 모습을 보이다가 4분기 들어 코스닥 랠리가 이어지면서 증시 문을 두드리는 기업이 늘어나고 있는 양상이다. 다만 스팩 자체 매력이 크게 낮아진 만큼 성급한 투자는 유의해야 한다는 지적도 나오고 있다.

13일 한국거래소 전자공시시스템에 따르면 최근 두 달간(10월 13~12월 13일) 비상장 기업과 합병을 결정하고 상장 예비 심사 청구서를 접수한 스팩은 신영스팩3호(유에스티), 하이제3호스팩(러셀), 동부스팩3호(한송네오텍) 3개다.

올해 하반기 합병 상장을 위한 예비 심사 청구 건수(9개)는 지난해 하반기(13개)보다 44%나 줄었다. 올해는 합병 시도가 적었을 뿐 아니라 심사 문턱을 넘지 못하는 곳도 속출했다. 하지만 10월부터 코스닥 지수가 크게 올라가기 시작해 한때 800선을 넘기기도 하는 등 시장 호황이 계속되자 다시 스팩과의 합병 시도가 증가하는 것으로 풀이된다.

내년에도 코스닥시장 랠리가 이어진다는 예상이 나오는 가운데 IPO 비수기인 연말 연초 스팩 합병 상장이 늘어날지 관심을 모은다.

---

095 '하유미 팩'은 왜 스팩의 손길을 거부했을까?

비상장 회사는 스팩의 우회상장 제안을 항상 '달콤한 유혹'으로 느낄까?

화장품 제조업체 제닉의 사례를 보자.

제닉은 TV홈쇼핑에서 이른바 '하유미 팩'으로 유명세를 탄 피부관리용 마스크팩 제조업체다. 2010년 매출 818억 원에 영업이

교보KTB스팩은 제닉과 합병하기로 했다는 공시를 냈지만 제닉 측 일부 주주의 반대로 이사회가 결렬되면서 합병이 무산됐다. 교보KTB스팩은 합병 공시를 낸 당일에 취소 공시를 내는 망신을 당했다.

익이 122억 원(영업이익률 15%)에 이를 정도로, 높은 성장성으로 주목 받는 회사였다. 2011년 교보KTB스팩이 제닉에 손을 내밀었다. 제닉은 한때 직접 상장을 검토하기도 했지만, 스팩을 통한 우회상장 제안에 귀가 솔깃했다. 드디어, 2011년 3월 30일 교보KTB스팩이 제닉을 흡수합병하기로 했다고 공시했다.

주당 합병가치는 교보KTB스팩이 3927원, 제닉이 2만 82원으로 평가됐다. 따라서 합병 비율은 1대 5.11이다. 즉, 교보KTB스팩(존속법인)이 제닉(소멸법인)을 흡수합병하되, 제닉 주주들에게 제닉 주식 1주당 교보KTB스팩 주식 5.11주를 발행해주는 방식이었다. 그리고 교보KTB스팩은 합병 이후 회사 이름을 제닉으로 바꿀 예정이었다.

그런데 합병 공시가 나간 직후 제닉 측에서 합병에 반발하는 '이상한' 일이 벌어졌다. 제닉은 "회사 주주들에게 합병 동의를 받고 있었는데, 스팩 측에서 갑자기 합병 결정 공시를 내 당황스럽다"고 주장했다. 교보KTB스팩 측은 실무자의 실수가 있었음을 인정하고, "제닉 측에서 주주 동의를 이끌어내지 못한 것 같다"며 합병 취소 공시를 냈다.

사건의 전모는 이러하다. 당시 제닉에 투자하고 있던 일부 기관 투자자들은 스팩이 제안한 합병 조건을 탐탁지 않게 여기고 있었다. 기관 투자자들은 제닉의 향후 성장성 등이 합병가치 평가에 제대로 반영되지 않아 주당 합병가치가 낮게 산정됐다고 느꼈다. 제닉의 기관 투자자들이 합병 반대 의사를 피력하고 있는 와중에, 마음이 급했던 스팩 측에서 미리 공시를 내보낸 것이다.

제닉의 기관 투자자 입장에서 스팩의 제안은 결코 달콤하지 않았던 것이다. 결국 제값받기에 나선 제닉은 코스닥 직접 상장 쪽으로 방향을 틀었다. 스팩과 합병이 무산된 다음 달인 2011년 4월 제닉은 코스닥 상장 예비 심사 청구서를 제출했다. 그리고 7월에 기업공개를 앞두고 공모가를 확정지었다.

수요 예측에 참여한 투자자들이 써낸 가격은 2만 2000원~2만 5000원 사이다. 제닉은 공모가를 2만 2000원으로 최종 결정했다. 제닉의 주가는 2011년 8월 3일 상장 첫날 4만 900원을 기록하며 공모가보다 85.9% 급등했다. 그러나 제닉은 이후 홈쇼핑 판매 부진과 중국 사업 침체 등을 겪으며 주가도 하락, 2017년 12월 현재 1만 2000원 안팎에서 거래되고 있다.

만천하에 공개하고 주식을
사들이는 까닭은?

096 물거품이 된 비스티온의

한라공조 상장폐지 시나리오

2012년 7월 5일, 당시 한라공조(현 한온시스템)가 산업계의 큰 이슈로 떠올랐다. 자동차 부품 기업인 한라공조의 대주주인 외국인 투자자 '비스티온'이 한라공조 주식을 증권 시장에서 공개매수하겠다고 공시한 것이다.

비스티온이 가진 한라공조 지분은 69.99%다. 소액주주들이 가진 지분을 사들여 지분율을 95% 이상 끌어올리고, 상장폐지하는 것이 비스티온의 목표였다. 대주주 지분율이 95%가 넘으면 상장폐지가 가능하다. 비스티온은 '의사 결정의 효율성과 경영 활동의 유연성을 높이기 위해' 한라공조를 상장폐지하겠다고 밝혔다.

하지만 시장에서는 비스티온이 한라공조를 상장폐지시킨 뒤 고배당 등을 통해 이익 빼먹기에 나서거나 중장기적으로는 한라공조를 매각할 뜻을 가지고 있는 것으로 추측했다.

공개매수가격은 1개월 치 가중평균종가에 26% 프리미엄이 적용된 2만 8500원이었다. 비스티온은 응모 주식이 목표치(지분 25.1% 이상)에 못 미칠 경우, 응모 물량 전체를 매수하지 않겠다고 밝혔다. 공개매수는 결과적으로 목표치를 미달하고 실패로 끝났다.

공개매수가 성공하기 위해서는 한라공조 지분 9.8%를 보유하고 있는 2대 주주인 국민연금이 공개매수에 응해야 했다. 하지만 국민연금은 공개매수를 거부했다. 국민연금은 "공개매수에 응할 경우 단기 수익은 낼 수 있겠지만, 회사의 성장성 등을 고려할 때 장기 보유하는 것이 수익률을 더 높일 수 있다는 결론을 내렸다"고 밝혔다.

비스티온의 공개매수가 실패로 돌아간 이후, 증권가에서는 한라공조의 기술력과 수익성, 높은 배당 등을 고려할 때 비스티온이 제시한 공개매수가격이 낮았다는 평가가 나왔다. 그래서 비스티온이 주당 매수가격을 더 올려 2차 공개매수에 나설 가능성이 제기됐다. 하지만 비스티온은 2015년 한라공조를 사모펀드 한앤컴퍼니와 한국타이어 컨소시엄에 매각했다.

한편, 공개매수 파동 와중에 한라그룹이 한라공조 되찾기에 나서겠다는 뜻을 밝혀 이목을 끌었다. 1999년 외환위기 당시

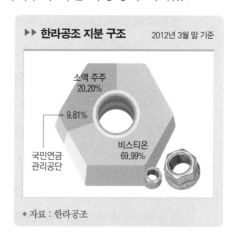

▶▶ **한라공조 지분 구조**   2012년 3월 말 기준

소액 주주
20.20%

9.81%

국민연금
관리공단

비스티온
69.99%

＊자료 : 한라공조

한라그룹은 유동성 위기에 몰리자 한라공조를 외국계 자본에 팔았다. 그런데 한라그룹이 이번 공개매수 파동을 계기로 주력 계열사인 만도 등을 동원해 한라공조를 되사거나 아예 비스티온을 인수하는 방법을 검토 중이라고 밝혔다. 그 조치의 하나로, 만도는 국민연금이 보유하고 있는 한라공조 지분에 대한 우선 매수권을 확보했다. 국민연금이 한라공조 주식을 팔 때는 우선적으로 만도에 매입 의사를 타진하기로 양자가 합의한 것이다. 그러나 한라공조를 되찾겠다는 만도의 꿈은 이뤄지지 못했다.

공개매수란 무엇이며, 기업은 어떤 목적에서 공매매수를 할까? 이번에는 다양한 공개매수 사례를 중점적으로 살펴보자고 한다. 특히 기업이 지주회사 체제 전환을 위해 기업을 분할한 뒤 공개매수에 나서는 속내를 들여다보자.

097 왜 대놓고 주식을 사들이는가?

공개매수란 상장 회사 주식을 일정한 가격에 사겠노라고 선언하고 시장 밖에서 주식을 사들이는 것을 말한다. 대개 현 시세에 일정한 프리미엄을 붙여 공개매수가격으로 제시한다.

공개매수의 목적은 크게 봐서 네 가지 정도다.

첫째, 회사를 M&A하기 위해서다. 공개매수는 적대적 M&A 시도인 경우가 많다. 그러나 사전에 최대주주 측과 협의해 진행하는 우호적 M&A도 공개매수를 활용하기도 한다.

둘째, 앞서 살펴본 비스티온과 한라공조 사례처럼 대주주가 상장폐지를 목적으로 자사 지분을 추가로 사 모으기도 한다.

셋째, 지주회사 요건을 충족시키기 위해서다. 지주회사는 자회사가 상장 회사일 경우 자회사 지분을 20% 이상(비상장 회사는 40% 이상) 가져야 한다.

넷째, 대주주 측 지분이 약할 경우, 공개매수로 단기간에 지분을 취득해 경영권 안정을 꾀하기도 한다. 대주주가 직접 자기자금을 들이기보다는 회사로 하여금 자사주를 매입하게 하는 경우가 대부분이다. 자사주는 의결권이 없지만 경영권 분쟁이 발생했을 때 우호적 제3자에게 넘겨 의결권을 살릴 수 있다(53쪽 넷마블과 엔씨소프트의 자사주 교환 사례 참조).

(주)잉어빵의 지분 10%를 보유하고 있는 (주)붕어빵은 (주)잉어빵의 경영권을 인수하고 싶다. 그러나 (주)잉어빵 지분 30%를 가진 최대주주는 회사를 넘길 뜻이 없다. 이럴 때 (주)붕어빵은 (주)잉어빵 주식에 대한 공개매수를 선언하고 여타 개인 주주와 기관 투자자들의 지분을 끌어모아 경영권 획득을 추진할 수 있다.

일종의 적대적 M&A다. (주)잉어빵의 주가가 2만 원이라면 20~30% 프리미엄을 얹은 2만 4000원~2만 6000원 대의 가격으로 대량 공개매수에 나선다.

공개매수를 할 때 매수자 측은 공개매수에 응한 물량이 목표 물량에 못 미쳤을 경우, 응모 물량을 어떻게 처리할지에 대해서도 공시에 밝혀야 한다.

(주)붕어빵의 (주)잉어빵에 대한 공개매수 목표 물량이 100만 주라고 하자. 다음 중 한 가지 방법으로 응모 물량을 처리할 수 있다.

① 목표 수량 100만 주가 공개매수로 다 채워지지 않을 경우 응모 물량 전량을 매입 취소할 수 있다.

② 공개매수 목표가 다 안 채워져도 응모 물량만을 전량 매수할 수 있다.

③ 목표 수량인 100만 주 넘게 응모 청약이 들어왔다면, 이때는 대개 안분비례 매수로 처리한다. 10주를 공개매수할 예정인데 A주주가 6주, B주주가 4주, C주주가 10주 등 총 20주가 공개매수에 응하기로 했다고 하자. 청약 경쟁률은 2대 1이다. 이때 회사가 각 주주의 응모 물량 중 경쟁률에 따라 절반씩 즉, A 3주, B 2주, C 5주씩 매입해 주는 것이 안분비례 매수다.

④ 응모 물량이 목표치를 넘더라도 전량 매입하는 경우다. 그러나 목표치를 넘으면 예상치 못한 현금 유출이 생기므로 안분비례 매수로 처리하는 것이 일반적이다.

098 상장에 목매던 기업이 스스로 상장폐지에 나선 까닭은?

때로는 자발적 상장폐지를 위해 공개매수를 단행하기도 한다. ㈜붕어빵의 최대주주는 지분 70%를 보유하고 있다. 그런데 주가 관리와 공시 의무 등 상장 상태를 유지하기 위한 비용이 많이 들자, ㈜붕어빵을 비상장 기업으로 전환하려고 한다. 이럴 경우 ㈜붕어빵의 최대주주가 지분 25%를 공개매수해서 지분율을 95% 이상으로 높인 다음, 자진해서 상장폐지를 추진할 수 있다.

기업이 자발적 상장폐지에 나서는 이유는 여러 가지다. 상장 기업의 의무가 부담스러운 경우도 있고, 기업가치에 비해 현재 주가가 너무 낮다고 판단하는 경우도 있다. 후자의 경우 상장폐지 후 일정 시간이 지난 뒤 다시 상장해 시장의 재평가를 받거나 해외 등 다른 거래소에 상장을 추진하는 게 더 나을 수도 있다.

대부분 자발적으로 상장폐지하는 기업들은 자금 여력이 충분해 증시에서 주식 연계 채권(BW, CB, EB 등)을 발행하거나 유상증자 등을 통해 자금을 조달할 필요성을 느끼지 못한다. 이런 기업들 중에는 기관 투자자나 소액주주들의 경영 간섭, 사업과 관련한 경영 내용 공시 의무, 경쟁사에 경영 정보가 공개되는 불편함, 주가 관리 비용 등에 부담을 느껴 상장폐지하는 경우가 더러 있다.

일부 기업들은 자발적 상장폐지 이후 배당률을 전보다 크게 높이는 수순을 밟기도 한다. 대개 외국인이 대주주인 기업들이 상장폐지를 한 뒤 고배당으로 전환하는 경우가 있다.

공개매수가 끝나 상장폐지가 되어도 이후 6개월간은 소액주주가 주식을 되사달라고 요청하면 공개매수가격에 사줘야 한다. 소액주주를 보호하기 위한 규정이다.

---

099 공개매수로 지주사 전환

공식을 따른 한국콜마와 삼양사, 공식을 깬 예스코

■ 한국콜마의 사례

지주회사인 ㈜맛나홀딩스가 사업자회사인 ㈜맛나밀가루의

대주주와 특수관계인만을 대상으로(일반 소액주주는 배제) 한 지분 스왑(주식교환)에 나서면 어떻게 될까? (주)맛나밀가루의 대주주인 박우동과 그 친인척들이 보유한 지분을 (주)맛나홀딩스가 걷어들이고, 대신 (주)맛나홀딩스 신주를 발행해주는 구조이기 때문에 '(주)맛나홀딩스가 제3자 배정 방식으로 현물 출자 유상증자를 했다'고 할 수 있다.

한국콜마가 그런 경우다. 한국콜마는 기업분할로 지주회사 체제로 전환했다. 존속회사(지주회사)는 한국콜마홀딩스, 화장품 의약품 제조 사업을 하는 신설회사는 한국콜마로 나눴다. 분할 공시에서 다음과 같은 내용을 밝혔다.

- 한국콜마홀딩스(존속회사)는 가까운 시일 내에 한국콜마(신설회사)의 최대주주 및 특수관계인이 보유한 주식에 대하여 제3자 배정 방식의 현물 출자를 실시할 계획이다.
- 현물 출자는 한국콜마홀딩스가 최대주주 및 특수관계인이 보유한 한국콜마의 보통주를 취득하면서 그 대가로 한국콜마홀딩스 보통주를 발행하는 방식이다.
- 한국콜마홀딩스는 이후 한국콜마의 지분 21.44%를 보유하게 되며, 한국콜마는 공정거래법 규정(상장 회사의 경우 지분 20% 이상 보유)에 따라 한국콜마홀딩스의 자회사로 편입될 예정이다.

■ '공식'을 깨뜨린 예스코의 지주사 전환과 자사주 공개매수 사례

2018년 1월 15일 도시가스회사 예스코가 지주사로 전환할 것

이라면서, 회사 분할과 자기주식(자사주) 공개매수 공시를 냈다. 분할과 자사주 공개매수, 그리고 지주회사 전환에는 어떤 관련이 있을까?

지주사 전환을 위한 기업분할은 대부분 인적 분할로 진행된다. 분할 이후 적절한 시점에 지주사가 사업자회사 주주들로부터 공개매수 방식으로 주식을 넘겨받고, 그 대가로 지주사 신주를 발행해 준다. 이 과정에서 오너 일가는 사업자회사 지분을 대거 지주사 주식으로 교환해 지주사에 대한 지배력을 강화하고, 지주사는 넘겨받은 사업자회사 지분으로 인해 자회사에 대한 지배력을 확대하는 방법이 거의 공식처럼 진행된다.

그런데 예스코는 도시가스 사업 부문을 '물적 분할(100% 자회사화)'하겠다고 했다. 분할 후 존속회사 예스코에 대한 최대주주의 지분율이 충분히 높다면, 물적 분할을 통한 지주회사 전환도 전혀 문제가 없다. 최대주주 구자은 LS엠트론 회장을 포함한 구씨 오너 일가 지분율은 38.7%다. 게다가 예스코는 자사주를 이미 15.8%나 가지고 있다. 자사주는 의결권이 없기 때문에 이를 감안한 최대주주 일가의 의결권 기준 지분율은 46%에 이른다. 과반은 아닐지라도 안정적으로 경영권을 유지하는 데는 전혀 문제가 없는 수준이다.

그런데, 예스코는 분할과 함께 또 자사주를 공개매수한다고 밝혔다. 공시 전 종가보다 15% 가량 높은 4만 5000원에 180만 주(지분율로는 무려 30%)를 사들이겠다는 것이었다.

지주회사에 대한 오너 일가의 지배력을 한층 강화하겠다는 의도로 해석된다. 예스코 측은 공개매수 이유에 대해 "기업 구조 개편에 따른 주주 권익 보호"라고 밝혔다. 회사의 실질 사업인 도시가스 부문이 신설회사가 되어 지주사 예스코의 완전 자회사로 바뀌기 때문에, 이 같은 지배 구조 개편이 내키지 않는 주주들에게는 15%의 프리미엄을 받고 떠날 수 있는 기회를 부여하겠다는 뜻이다.

만약 예정대로 공개매수 물량을 확보한다면 구 씨 일가와 자사주 지분을 합친 지분이 85% 수준에 육박한다. 그래서 한때 시장에서는 예스코를 상장폐지하려는 의도가 있다는 소문이 돌기도 했다. 그러나 회사 측은 "공시대로 공개매수가 다 되어도 유통 주식 수가 10%를 넘고 주주도 200명을 크게 넘기 때문에 상장폐지 요건에 해당되지 않는다"며 "회사를 상장폐지할 의사가 없다"고 밝혔다.

한편, 공개매수 결과는 어떻게 되었을까? 예스코는 목표치(180만 주, 30%)에 크게 못 미친 78만 주(13%)의 자사주를 확보했다. 공개매수 발표 이후 주가가 매수 예정 가격 수준으로 급등하면서 개인 투자자들의 공개매수 참여 동기가 실종되었기 때문으로 보인다.

예스코 오너 일가 지배력은 이번 자사주 공개매수로 의결권 기준 지분율이 55% 수준까지 상승해 과반을 넘어섰다. 회사 측은 공개매수가 끝난 뒤에도 추가 공개매수는 없다며 상장폐지설은 사실무근이라고 다시 한 번 강조했다.

■ 삼양사의 사례

삼양사는 2012년 6월 4일과 18일 지주회사 체제 완성을 위한 공개매수 공시를 냈다.

▶▶ **삼양사 공개매수 신고서(요약 정보)**

1 공개매수자		성명 : (주)삼양홀딩스	
2 공개매수 대상 회사명		(주)삼양사	
3 공개매수 목적		• 지주회사 요건 충족 • 내용 : '독점규제 및 공정거래에 관한 법률'상 지주회사의 자회사 주식 소유 요건을 충족	
4 공개매수 대상		주식 등의 종류	(주)삼양사 기명식 보통주식
		매수 예정 수량(비율)	2,500,000주(총 발행 주식 수의 58.66%)
		매수가격	50,537원
5 공개매수 조건		• 공개매수에 응한 (주)삼양사 기명식 보통주식 주주에게 현금을 지급하는 '현금 매수 방식'이 아니다. 응모 주주에게 (주)삼양홀딩스 기명식 보통주식을 발행해 교부하는 '현물 출자 신주 발행 방식'이다. • 응모 주식의 총수가 매수 예정 주식 수에 미달할 경우 전부 매수, 초과할 경우 안분비례 매수한다.	
6 공개매수 기간		2012년 6월 20일~7월 10일 (결제일 : 2012년 7월 12일)	
7 보유 주식 등	신고서 제출일 현재	보유 수량	642,324주
		보유 비율	15.07%
	공개매수 후 (예정)	보유 수량	3,142,324주
		보유 비율	73.73%
8 사무 취급자		우리투자증권(주)	

삼양사는 지주회사 체제 전환을 위해 2011년 11월 지주회사 삼양홀딩스(자회사 관리 및 무역·임대 사업 등 담당)와 사업자회사 삼양사로 인적 분할을 했다.

기존 삼양사에서 사업자회사를 떼어내 신설하고, 존속회사를 지주회사로 전환하는 방식이었다.

분할 후 삼양홀딩스가 가진 삼양사 지분은 14.5%정도였다. 지주회사 요건을 충족하는데 지분이 5.5% 부족했다. 그래서 삼양홀딩스는 지주회사 요건을 충족하는 한편 지배력 강화를 위해 공개매수에 나섰다. 공개매수에 응한 삼양사 주식에 대해서 현금이 아닌 삼양홀딩스 주식으로 바꿔주기로 했다.

삼양사 주식에 대한 공개매수가격(현물 출자 가격)은 주당 5만 537원이다. 이사회 결의일 전일을 기준으로 1개월과 1주일, 최근일 가중평균종가를 기준으로 구한 값이다. 삼양홀딩스의 주당 발행가격은 5만 626원이다. 따라서 삼양사 대 삼양홀딩스 교환 비율은 5만 537원/5만 626원 = 0.9982다. 삼양사 1주를 주면 삼양홀딩스 0.9982주로 바꿔준다는 말이다. 거의 1대 1 교환인 셈이다.

7월 12일 '공개매수 결과 보고 공시'에 따르면 목표치에는 미치지 못했지만 195만 2333주가 응모했고, 삼양홀딩스는 이를 전량 사들였다. 공개매수 전 삼양홀딩스의 삼양사 지분은 15.07%에서 공개매수 후 60.88%로 크게 늘어났다. 삼양홀딩스에 대한 오너 일가 지분도 37.2%에서 48.2%로 증가했다.

삼양그룹, 지주사 전환 마지막 퍼즐 맞췄다

삼양홀딩스의 삼양사 주식 공개매수 이후 삼양사에 대한 지분율이 15.07%에서 60.88%로 크게 높아졌다.

김윤 회장 등 삼양그룹 오너 일가의 지배력도 더 강화됐다. 오너 일가 대부분이 삼양사 지분을 삼양홀딩스 지분으로 맞바꾼 것으로 추정된다. 지주사 요건 충족이란 명분이 붙기는 했지만, 이번 공개매수는 오너 일가의 지분 확대가 더 큰 목적이란 게 증권 업계의 시각이다. 공개매수 전 오너 일가가 보유한 삼양홀딩스 지분은 37.21%에 이르지만 개개인의 지분은 미미했기 때문이다. 김윤 회장은 삼양홀딩스 보유 지분율이 4.05%에 불과했다. 김원 부회장(4.59%), 김량 부회장(2.98%), 김정 사장(4.05%) 등도 지분이 5% 미만이었다. 이들 오너 일가가 삼양사 보유 주식을 삼양홀딩스 주식으로 모두 전환하면 지분이 상당 폭 늘어나게 된다.

증권 업계 관계자는 "이번 공개매수를 통해 삼양그룹은 지주사 체제 전환 완성과 오너의 지배 구조 강화란 두 마리 토끼를 모두 잡았다"고 평가했다.

100 적대적 M&A 세력 죽이기에서 영업 비밀 보호까지, 각양각색 공개매수 이유

■ 텔코웨어

이동통신 솔루션 업체인 텔코웨어는 주주 가치를 높이겠다는 목적으로 자사주 공개매수를 실시한 경우다.

이 회사는 2012년 4월 공개매수를 실시하면서 매수하는 주식 수량만큼 유통되는 주식 수가 줄어 순자산가치를 포함한 주당 가치가 상승하게 될 것이라고 밝혔다.

텔코웨어는 매수가격이 주당 8000원, 매수 예정 수량이 100만 주, 공개매수 기간이 2012년 4월 30일~5월 21일이라고 밝혔다.
공개매수 결과 총 127만 5120주가 응모했다. 청약 물량에 안분비
례를 적용, 텔코웨어는 목표로 했던 100만 주를 매수했다.

▧ 한국개발금융

2012년 3월 공개매수 대상이 된 한국개발금융은, 대주주인 화
인파트너스라는 회사가 한국개발금융의 상장폐지를 목적으로 공
개매수에 나선 경우다.

▶▶ 화인파트너스 공개매수 신고서(요약 정보)		
1 공개매수자	성명 : 주식회사 화인파트너스	
2 공개매수 대상 회사명	한국개발금융 주식회사	
3 공개매수 목적	• 상장폐지 • 내용 : 유가증권 시장에서 유상증자 등의 방법을 통한 자본 조달 실적이 없는 등 한국개발금융의 주권 상장 유지의 실익이 없다고 본다. 대상 회사 발행 주식을 상장폐지해 비상장 회사로 전환함으로써 경영 활동의 유연성, 의사 결정의 신속함을 확보해 대상 회사의 경쟁력을 지속적으로 유지, 발전시키고자 한다.	
4 공개매수 대상	주식 등의 종류	공개매수 대상 회사의 보통주식
	매수 예정 수량 (비율)	최대 2,031,068주 (총 발행 주식 수의 21.33%)
	매수가격	주당 23,000원
5 공개매수 조건	공개매수자는 응모 주식 수 전부를 매수할 예정	
6 공개매수 기간	2012년 4월 2~23일(22일) (결제일 : 2012년 4월 30일)	

7 보유 주식 등	신고서 제출일 현재	보유 수량	7,492,146
		보유 비율	15.07%
	공개매수 후 (예정)	보유 수량	최대 9,523,214
		보유 비율	최대 총 발행 주식 수의 100.00%
8 사무 취급자		대우증권주식회사	

화인파트너스는 "한국개발금융 지분 78.67%를 보유하고 있는 상태이며, 한국개발금융이 유상증자 등의 방법으로 자본 조달을 한 실적이 없는 등 상장 유지의 실익이 없어 상장폐지를 위한 공개매수에 나선다"고 밝혔다.

화인파트너스는 한국개발금융 1주당 2만 3000원을 현금으로 지급해, 지분을 최대 203만 1068주(21.33%)까지 늘릴 예정이었다. 이렇게 되면 한국개발금융의 지분을 100% 확보하는 셈이다.

하지만 화인파트너스는 목표 수량에 훨씬 못 미친 63만 9966주를 확보해, 지분율을 85.47%까지 끌어올리는데 그쳤다.

■ 샘표식품

샘표식품은 2012년 2월 주주 가치 제고와 경영권 안정을 이유로 자사주 공개매수 공시를 냈다. 최대 120만 주를 주당 2만 5000원에 매입하겠다고 밝혔다.

샘표식품은 2012년 2월 27일~3월 19일까지 22일 동안 공개매수를 시행했다. 공개매수 결과 응모 주식 수(161만 3418주)가 목표 주식 수(120만 주)보다 많아 안분비례로 120만 주를 매수했다.

샘표식품은 이번 공개매수 성공으로 사모펀드 '마르스 1호'와의 6년에 걸친 대립에 종지부를 찍었다. 샘표식품을 적대적 M&A 하려던 '마르스 1호'는 공개매수 전까지 샘표식품 주식을 24.1% 보유하고 있었다.

▶▶ 샘표식품 공개매수 신청서(요약 정보)		2012년 2월 27일
1 공개매수자	성명 : 샘표식품 주식회사	
2 공개매수 대상 회사명	샘표식품 주식회사	
3 공개매수 목적	• 경영권 안정 • 내용 : 본 공개매수를 통해 주주 가치를 제고하고, 경영 안정을 도모하고자 한다.	
4 공개매수 대상	주식 등의 종류	공개매수자의 기명식 보통주식
	매수 예정 수량 (비율)	1,200,00주 (총 발행 주식 수의 27.00%)
	매수가격	주당 25,000원
5 공개매수 조건	• 현금매수 방식 • 응모 주식수가 매수 예정 수량에 미달할 경우, 전부 매수 • 응모 주식 수가 매수 예정 수량을 초과할 경우, 안분비례 매수	
6 공개매수 기간	2012년 2월 27일~3월 19일(22일) (결제일 : 2012년 3월 23일)	

경제기사로 공시 읽기   2012년 3월 19일

샘표식품 '판정승', 마르스는 실리 선택

샘표식품의 경영권 분쟁이 6년 만에 종식됐다. 경영권을 공격한 우리투자증권의 사모펀드(PEF) '마르스 1호'가 샘표식품의 자사주 공개매수에 참여하는 형태로 지분을 대부분 넘기기로 결정했기 때문이다.

증권업계에 따르면 샘표식품의 자사주 공개매수에는 약 162만 주가 참여했다. 회사가 당초 매입하려고 계획한 120만 주를 웃돌았다. 경쟁률은 약 1.35 대 1을 기록했다. 샘표식품은 경쟁률을 감안, 매입 수량을 안분배정할 예정이다. 공개매수에 응한 162만 주 중 90%가 넘는 146만 주(지분율 33%)가 '마르스 1호'의 지분이다. 경쟁률을 감안하면 '마르스 1호'는 공개매수가 끝난 뒤에도 38만 주를 보유하게 된다. '마르스 1호'에 정통한 증권업계 관계자는 "마르스 1호가 샘표식품에서 완전히 손을

떼기로 결정한 만큼 남은 주식도 장내에서 조금씩 매각할 계획인 것으로 안다"고 말했다.

마르스 1호는 2006년 9월 샘표식품 지분 24.1%를 취득하며 적대적 M&A를 선언한 이후, 지난 6년간 박진선 현 샘표식품 대표와 대립해왔다.

유동 주식이 거의 없는 상태에서 '마르스 1호'는 지분을 늘리기도 어려웠다. 적대적 M&A는 어렵고, 지분 매각에 나서자니 받아줄 곳도 없는 '진퇴양난'의 상황에 처했다. '마르스 1호'는 이번 공개매수 참여로 퇴로를 찾았다.

▓ 넥스콘테크놀러지

넥스콘테크놀러지의 대주주인 유니슨캐피털 측은 2012년 6월 40%가 넘는 지분에 대한 공개매수를 진행해, 넥스콘테크놀러지를 상장폐지할 것이라고 밝혔다. 상장폐지 이유로는 '영업 비밀의 보호'를 들었다.

경제기사로 공시 읽기   2012년 6월 27일

넥스콘테크 공개매수, 상장폐지 추진

글로벌 사모펀드(PEF)인 유니슨캐피털이 코스닥 상장사인 넥스콘테크놀러지 유통 주식을 최대 41.5%까지 공개매수 형태로 매입한다. 공개매수에 성공할

경우 넥스콘테크놀러지를 상장폐지할 예정이다.

유니슨캐피털의 특수목적회사(SPC)인 넥스홀딩스는 27일부터 내달 20일까지 24일 동안 넥스콘테크놀러지 유통 주식을 최소 638만 7675주(전체의 36.5%)에서 최대 726만 2431주(41.5%)까지 공개매수 형태로 매입한다고 공시했다. 매수가격은 주당 1만 6500원이다. 이전 한 달 동안의 평균 종가에 33%의 프리미엄을 적용했다.

유니슨캐피털은 김문환 대표 등 넥스콘테크놀러지 대주주 일곱 명이 보유한 지분 44.22%(811만 941주)도 인수한다고 밝혔다. 173만 4321주는 현금으로 매입하고, 나머지 637만 6620주는 대주주들이 현물 주식을 넥스홀딩스 신주와 1 대 1로 교환하는 현물 출자 방식으로 취득한다.

공개매수와 대주주 지분 취득이 마무리되면 넥스홀딩스는 넥스콘테크놀러지 지분 87.9%를 보유하는 최대주주가 되며 넥스콘테크놀러지를 상장폐지시킬 예정이다. 유니슨캐피털 측은 "주력 사업인 배터리 시장에서 중국과 대만 기업들과의 경쟁이 갈수록 치열해지고 있다"며 "새 기술이나 제품에 대한 공시 의무 때문에 영업 기밀을 보호하기 힘들어 상장폐지를 결정했다"고 설명했다.

유니슨캐피털은 넥스콘테크놀러지의 기존 경영진과 회사를 공동 경영하기로 합의하는 등 적대적 목적의 공개매수가 아니라고 밝혔다.

101 세 차례 집요한 공개매수 공격에 백기를 든 에스디

2009년 국내 증시의 이목을 집중시킨 공개매수가 있었다. 글로벌 진단시약 업체인 인버니스가 국내 진단시약 업체인 에스디에 대해 M&A를 시도하면서 단행한 공개매수였다.

공개매수는 총 세 차례에 걸쳐 진행됐다. 처음에는 적대적 M&A 형식으로 진행됐으나, 중간에 우호적 M&A로 바뀌었다. 결국 에스

디의 주식을 99.4%까지 인수하며 경영권을 확보한 인버니스는 에
스디를 상장폐지했다.

 1차 공격 적대적 M&A를 위한 공개매수

〈에스디에 대한 공개매수 신고서 공시〉 (2009년 8월 5일)
인버니스의 계열사로 알려진 메디컬이노베이션스SK가
에스디의 지분을 최대 40%(323만 6000주) 공개매수하겠다고 공시했다.
공개매수가격은 주당 3만 원이다.

〈인버니스의 공개매수에 대한 에스디 경영진의 의견 표명서 공시〉

(2009년 8월 11일)

• 공개매수에 반대하는 이유
① 공개매수자가 대주주 및 현 경영진과 사전 합의 없이 일방적으로 공개매수를 진행
하는 것은 적대적 M&A로 판단된다.
　특히 (주)에스디의 주식을 한 주도 보유하지 않은 상태에서 40% 지분을 일시에
보유하여 1대 주주가 되겠다는 것은 '무례한 침탈'이라고 볼 수밖에 없다.
② (주)에스디의 2009년 상반기 실적을 근거로 주가수익비율(PER) 15~20배를 감
안하면 (주)에스디 주식은 4만 2000~5만 6000원의 주당 가치가 있다.
　그런데 주당 3만 원에 공개매수하는 것은 회사를 터무니없이 저평가하고, 공개매
수라는 혼란을 일으켜 저가에 매수하려는 속셈이라고 판단한다.

　그러나 인버니스의 1차 공개매수 시도는 실패로 끝났다. 2009년
8월 28일의 '공개매수 결과 보고서 공시'를 보면 응모 주식 수가
제로(0)다. 낮은 공개매수 가격이 실패 요인으로 분석됐다. 인버니

스는 주당 3만 원에 공개매수를 선언했지만 에스디 주가는 공개매수 기간 중 4만 1150원까지 치솟았다.

경제기사로 공시 읽기　　　　　　　　2009년 8월 5일

에스디, 美 의료기기 업체와 경영권 분쟁 조짐

바이오기업 에스디가 경영권 분쟁에 휘말렸다. 글로벌 진단시약업체 인버니스의 계열사 인버니스 메디칼이노베이션SK는 5일 에스디 주식 323만 6000주(40%)를 주당 3만 원에 공개매수할 것이라고 밝혔다.

에스디는 이에 대한 기대감으로 상한가를 기록하고 있다.

인버니스 측은 "(공개매수에 성공해도)인버니스는 에스디 경영진을 교체할 의도를 갖고 있지 않다"며 "우호적으로 지분 인수를 진행할 것"이라고 전했다. 하지만 에스디 측 입장은 다르다. 에스디 관계자는 "인버니스 측에서 지분 매각을 제안한 적은 있지만, 거절 의사를 분명히 밝혔다"고 말했다.

변수는 기관 투자자들이다. 한국투자밸류자산운용과 세이에셋코리아자산운용은 에스디 주식 8.21%와 6.32%를 보유하고 있다. 기관 투자자들이 인버니스 손을 들어주면 소액주주들의 심리에 영향을 미칠 수 있다.

2차 공격　우호적 M&A를 위한 공개매수

인버니스는 공개매수에 실패한 지 5개월만인 2010년 1월 11일, 2차 공개매수에 나섰다. 공개매수 목표 수량은 최소 30.1%에서 최대 75.79%였다. 주당 매수가격은 4만 원이다. 1차 때보다 주당 1만 원이 더 올랐다.

그런데 이번 공개매수는 그 전과 달리 조영식 에스디 대표와 사

전 협의해 진행하는 우호적 M&A였다. 조영식 대표 역시 본인 소유 주식 235만 5694주 중 72만 주에 대해 공개매수에 응한다고 밝혔다.

2차 공개매수는 성공했다. 2월 8일 '공개매수 결과 보고서 공시'를 보면 476만 7025주가 응모했고, 인버니스는 이를 전량 매수했다.

인버니스, 에스디 공개매수 성공! 자진 상장폐지 여부 관심

인버니스가 에스디에 대한 공개매수에 성공했다. 에스디의 자진 상장폐지 여부에 관심이 쏠리고 있다.

공개매수 업무를 맡은 대우증권은 "공개매수에 응한 총 주식 수량은 의결권 있는 발행 총 주식 수의 약 61.9%인 476만 7025주로 잠정 집계됐다"고 밝혔다.

인버니스는 지난달 10일 에스디에 대해 공개매수 신청 공고를 냈으며 에스디 최대주주인 조영식 대표도 본인 지분 일부에 대해 공개매수에 응했다. 공개매수 뒤 인버니스와 조영식 대표의 합산 지분은 총 83.2%다.

만일 에스디가 자진 상장폐지를 추진하면 소액주주들이 보유한 잔여 주식(16.8%)을 다시 한 번 공개매수해야 한다.

 상장폐지를 위한 공개매수

상장폐지를 위한 인버니스의 공개매수는 집요하게 계속됐다. 2차 공개매수가 끝난 지 불과 한 달여 뒤인 2월 23일 인버니스는 또 다시 공개매수 신고서를 냈다. 3차 공개매수에 나선 것이다.

주당 4만 원에 소액주주들이 보유한 주식 16.2%를 공개매수하며 응모 물량이 목표에 미치지 못하더라도 전량 매수하겠다고 밝혔다. 3차 공개매수에 성공하면서 에스디는 결국 자진 상장폐지의 길로 들어섰다.

경제기사로 공시 읽기   2010년 6월 1일

에스디 결국 상장폐지, 6개월간 추가 매수

인버니스에 인수된 에스디가 결국 상장폐지된다.

에스디는 1일 공시를 통해 "지난달 27일 임시 주주총회에서 특별 결의로 코스닥시장 상장폐지 결의안이 가결됐다"며 "이에 따라 한국거래소에 자진 상장폐지 신청서를 제출했다"고 밝혔다.

회사 측은 "소액주주 보호를 위해 한국거래소의 상장폐지 승인 후 정리매매* 기간과 상장폐지 후 6개월 동안 소액주주의 주식을 매수하기로 했다"고 공시했다.

이에 따라 상장폐지가 승인된 이후 7일간 정리매매가 진행되며, 기간 중 매수 가격은 4만 원이다. 인버니스는 또 상장폐지 후 6개월 동안 같은 가격에 소액주주들의 주식을 매입한다.

....

* 정리매매 상장폐지같은 상황에 놓은 기업의 주식을 마지막으로 거래할 수 있도록 하는 제도. 자세한 내용은 423쪽 참조.

살 때도 팔 때도 전천후 다목적 카드, 자기주식(자사주)

같은 자사주 소각인데, 두산과 삼성이 왜 달라?

나수익은 금융감독원 전자 공시 시스템(DART)에서 공시를 들여다보다 깜짝 놀랐다. 나수익이 300주를 보유하고 있는 ㈜두산 이름으로 '감자 결정'이라는 제목의 공시가 떴기 때문이다.

감자라면 부실 기업들이 재무 구조를 개선하기 위해 가장 손쉽게(?) 택하는 방법이라고 알고 있었던 나수익은 얼른 공시 내용을 확인했다. 주주 가치 제고를 위해 회사가 기존에 보유하고 있던 자사주를 소각하는 방법으로 감자를 한다고 돼 있었다.

㈜두산의 감자에 대한 언론 기사를 검색해보니, 자사주 소각으로 주당 가치 상승이 예상된다는 식의 긍정적 평가들이 많았다. 그제야 나수익은 놀란 가슴을 쓸어내렸다.

이번에는 삼성카드가 자사주를 매입해 소각한다는 이야기를 들었다. 그런데 삼성카드의 자사주 매입 소각 공시에는 '이익소각'

이라는 제목이 붙어 있었다. 같은 자사주 소각인데, 한쪽은 감자 결정이고 다른 한쪽은 이익소각인 이유는 무엇일까? 나수익은 헷갈리기만 했다.

(주)두산은 과거에 매입해서 회사가 보유하고 있던 자기주식(자사주)을 소각했다. 그리고 '소각 주식 수 × 액면가'만큼의 자본금 감소로 처리했다. 그러니 '감자소각'이라고 공시했다.

예전에 회삿돈으로 샀던 자사주를 시장에 다시 내다팔 수도 있을 텐데(재발행), 그러지 않고 소각해버렸으니 미래의 잠재적 유통 주식 수가 줄어드는 효과가 발생한다. 소액주주들에게는 좋은 일이다.

앞서 살펴본 무상감자도 감자소각의 일종이다. 하지만 무상감자는 결손금 해소를 통한 재무 구조 개선 등의 목적으로 회사가 주주들에게 아무런 대가를 주지 않고 주식을 걷어 들여 소각한다는 점에서, 두산의 감자소각과는 다르다.

한편 삼성카드는 자사주를 매입한 뒤 즉각 소각하고, 자본총계 내에서 이익 잉여금을 그만큼 줄이게 된다. 자본금에는 변화를 주지 않고 주주에 대한 배당 재원인 이익 잉여금을 활용하기 때문에, 자본금 감소를 의미하는 감자가 아니다. 그래서 특별히 '이익소각'이라고 공시한 것이다(327쪽 참조). 대부분의 자사주 매입 소각은 이익소각으로 봐도 된다.

자사주(자기주식)를 취득한다는 것은, 기업이 주식 시장에 유통되고 있는 자기 회사 주식을 자기 돈으로 사들인다는 말이다. 자사주를 처분한다는 것은, 사들인 자사주를 다시 시장에 내다 팔거나 자사주를 직원들에게 성과급으로 지급하는 경우, 아니면 다른 회사를 인수·합병하면서 그 대가로 지급하는 경우 등을 모두 지칭한다.

　과거 상법에서는 몇 가지 특별한 경우를 제외하고는 기업의 자사주 매입을 원칙적으로 금지했다. 기업의 주인은 주주인데, 기업이 자사주를 사들이면 주식을 발행하는 기업 스스로 주인이 되는 모순이 발생한다. 뿐만 아니라 회사가 발행 주식을 되사들이는 것은 자본 충실의 원칙*에도 맞지 않는다는 등의 이유가 크게 작용했다.

　그러나 2012년 4월부터 시행에 들어간 개정 상법은 자

> * **자본 충실의 원칙** 주식회사가 항상 법적 자본금에 상당하는 재산을 보유해 채권자를 보호하고 자본의 충실을 기해야 한다는 상법상의 규정이다. 이 원칙에 따라 자본잠식 상태에서 배당 금지, 주식 할인 발행 금지, 이익배당 제한 등의 조치가 법으로 규정돼 있다.

사주 취득과 처분을 이사회 결의만으로 자유롭게 할 수 있도록 규정을 완화했다.

103 왜 기업 스스로 자기주식을 사는가?

　자기주식(자사주)을 사들이는 목적은 여러 가지다.

　우선은 주가를 떠받치려는 목적이 있다. 주가는 곧 기업가치다. 주가가 기업가치에 비해 너무 떨어졌다고 판단되면 자사주 매입에 나선다. 기업가치에 대한 시장 평판을 개선하고 주주들을 배려한다는 목적이다.

　기업이 자사주를 대량으로 사들이면 주식 유통 물량이 줄어들

어 주당 순이익 등이 상승하는 효과가 발생한다. 회사가 자금을 투입해 고수익을 창출할만한 새로운 투자 기회가 없다면 자사주 매입으로 주가를 높여 회사 이익을 환원하는 것이 더 좋을 수도 있다.

통상 증시에서는 어떤 기업이 자사주를 매입할 경우 이를 그 기업이 주가를 열심히 관리하겠다는 뜻으로 받아들인다. 그리고 주가가 저평가된 것으로 회사가 판단하고 있다고 해석되기 때문이다. 자사주 매입 공시는 주가에 호재로 작용하는 경우가 많다. 그러나 자사주 매입 공시 약발은 하락장에서는 잘 먹히지 않는 경우가 많다.

자사주를 통한 주가 안정 또는 주가 부양 효과는 자사주를 매입한 뒤 소각하겠다고 할 때 크게 나타난다. 자사주가 다시 시장에 나올 가능성을 없앴기 때문이다.

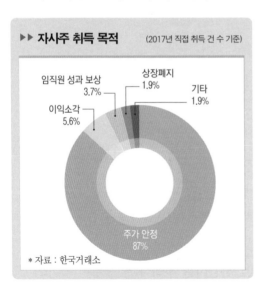

▶▶ **자사주 취득 목적**   (2017년 직접 취득 건 수 기준)

임직원 성과 보상
3.7%

상장폐지
1.9%

기타
1.9%

이익소각
5.6%

주가 안정
87%

* 자료 : 한국거래소

(주)붕어빵은 발행 주식 수가 1만 주이고, 올해 당기 순이익이 10억 원으로 예상된다고 하자. 발행 주식이 모두 유통되고 있다고 가정하면, 주당 순이익은 10만 원이다. 만약 (주)붕어빵이 자사주 2000주를 매입 소

각한다고 하면, 총 주식 수가 8000주로 줄어 주당 순이익이 12만 5000원으로 올라간다. 주식 수가 줄면 주당 배당 증가에 대한 기대도 커진다.

합병 등 기업 구조 변화 과정에서 자사주를 사들여야 하는 경우도 있다. 바로 주식 매수 청구권 때문이다.

경영권을 방어하기 위해 자사주를 매입할 수도 있다. 대주주 지분이 약한 회사 중에 자사주를 매입하는 경우가 많다. 자사주 자체는 의결권이 없지만, 경영권 분쟁이 생기면 우호적 제3자에게 자사주를 넘겨 의결권을 부활시키는 방법으로 경영권 보호에 나설 수 있다.

회사가 자사주를 취득하면 대주주의 의결권 지분율이 높아지는 효과도 발생한다. 예를 들어 총 발행 주식 수가 100주인 A사는 대주주가 40주, 일반주주가 60주를 보유하고 있다고 하자. 회사가 일반주주로부터 시장에서 자사주를 20주 매입하면 의결권을 기준으로 한 대주주 지분율은 40%에서 50%(40주/80주)로 높아진다.

한국거래소가 코스닥 상장사만을 대상으로 분석한 자료에 따르면,

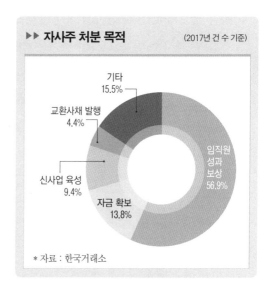

▶▶ 자사주 처분 목적 (2017년 건 수 기준)

기타 15.5%
교환사채 발행 4.4%
신사업 육성 9.4%
자금 확보 13.8%
임직원 성과 보상 56.9%

* 자료 : 한국거래소

2017년 자사주 취득 기업(직접 취득 + 신탁 취득)은 139개사였다 (전년 대비 12% 감소). 취득 금액은 5464억 원으로, 전년 대비 53% 나 감소했다.

2016년 아트라스BX가 자진 상장폐지를 위해 매입한 3714억 원어치의 자사주를 제외하면 금액 감소율은 32%다.

취득 기업과 금액이 감소한 이유는 2017년 코스닥 주가가 큰 폭으로 상승해 주가 안정 목적의 자사주 취득이 줄었기 때문으로 분석됐다.

자사주를 취득한 목적(직접 취득 54건 기준)을 보면, 주가 안정인 경우가 87%로 압도적이다(2016년에는 83%). 그다음으로 이익소각 (5.6%), 임직원 성과 보상(스톡옵션 포함)(3.7%), 상장폐지(1.9%), 기타(1.9%) 순이다.

자사주 처분 목적(181건 기준)은 임직원 성과 보상이 56.9%였고, 자금 확보가 13.8%, 신사업 육성이 9.4%로 나타났다.

한편, 자사주 취득 회사의 주가는 취득 공시 이후부터 1개월 동안 초과수익률*을 기록함에 따라, 자사주 취득이 주가에 호재로 작용한 것으로 나타났다고 한국거래소는 분석했다(초과 수익률 = 자사주 취득 기업의 주가 수익률 평균 - 코스닥 지수 수익률 평균).

---

* **초과수익률** 기업에는 규모와 업종 등에 따라 다르지만 전형적인 이익률인 '정상이익'이 존재한다. 정상이익을 초과하는 이익을 초과이익이라고 하고, 초과이익을 발생시킬 수 있는 능력을 초과수익률이라고 한다. 자사주 취득 기업의 초과수익률은 '(자사주 취득 기업의 주가 수익률 - 시장지수 수익률)'로 구한다.

회사가 자사주를 소각해 발행 주식 수를 줄이면 감자(자본금 감소)가 된다. 일반적으로 주주들이 가지고 있는 주식을 회사가 무상으로 소각하거나(무상감자), 일정 금액을 주고 주식을 걷어 들여 소각하는 경우(유상감자) 감자에 해당한다.

그런데 회사가 주주에게 배당 가능한 '이익 잉여금'을 감소시키는 방식으로 자사주를 매입해 소각하면, 자본(이익 잉여금 감소)과 자산(현금)의 감소는 일어나지만 자본금에는 변화가 없다. 이를 '이익소각'이라고 한다.

상법 개정으로 이사회 결의만으로 자사주를 시장에서 사들이고, 이를 소각하거나 재매각(재발행)하는 일이 가능해졌다. 이익소각을 하려면 주주에게 배당할 이익으로 자사주를 소각할 수 있다는 내용을 회사 정관에 미리 정해놓아야 한다.

(주)붕어빵

- 자본 150만 원 = 자본금 50만 원 + 잉여금 100만 원
- 총 발행 주식 수 : 100주
- 액면가 : 5000원

① 감자소각 : 10 대 1 감자(90주는 소각)를 할 경우,

➡ 자본금은 50만 원에서 5만 원으로 감소(발행 주식 수↓, 자본금↓)

➡ 자본(150만 원) = 자본금(5만 원) + 감자차익(자본 잉여금 45만 원

발생) + 잉여금(100만 원)

※ 줄어드는 자본금만큼 감자차익이 발생해 자본총계는 변화 없음.

② 이익소각 : 주식 시장에서 한 주당 1만 원에 20주를 사서 소각할 경

우(이익 잉여금 활용),

➡ 자본(130만 원) = 자본금(50만 원) + 잉여금(100만 원-20만 원 =

80만 원)

※ 이익소각을 하면 발행 주식 수는 줄어들지만(100주 → 80주), 자본금

은 그대로(50만 원)이기 때문에 발행 주식 수와 액면가를 곱한 금액

(80주 × 5000원)이 자본금(50만 원)과 일치하지 않게 됨

무상감자를 하면 발행 주식 수가 줄어들면서 자본금이 감소하지만, 자본총계는 그대로 유지(자본금 감소분만큼의 감자차익 발생)된다. 따라서 자산총계도 그대로다.

이익소각을 하면 발행 주식 수는 줄어들지만 자본금은 그대로 유지된다. 하지만 이익 잉여금을 주식을 사는데 사용했으므로 자본총계가 감소하고, 자본이 감소한 만큼 자산도 감소한다(현금 자산 유출).

기업이 이익소각으로 볼 수 있는 효과가 몇 가지 있다.

첫째, 기업의 이익을 중장기적으로 주주에게 돌려줄 수 있다. 당장은 이익 잉여금을 자사주 매입에 사용하지만, 그 결과 주주들이 보유한 주식가치가 올라간다.

또 주주들의 보유 지분율이 상승하며 미래에 배당금이 증가하

회사에 잉여금이 너무 많아 자본 과잉 문제가 있는 기업은 이익 잉여금으로 자사주를 매입해 소각함으로써 재무 구조를 개선하기도 한다. 기업이 이익소각을 하면 자기자본이 줄어들면서 자기자본이익률, 총자산이익률 등 자본 효율성을 나타내는 지표를 개선할 수 있다.

는 효과를 기대해 볼 수 있다.

그러나 회사가 설비 투자나 신규 사업 등 중장기적 수익 창출에 사용할 수 있는 자금을 주로 단기적 주가 상승 효과를 기대할 수 있는 자사주 매입에 투입한다는

점에서 논란의 여지가 있기는 하다.

둘째, 자본 항목인 이익 잉여금이 감소하므로 자본(자기자본)이 줄어 자기자본이익률(ROE = 당기 순이익/자기자본)이나 총자산이익률(ROA = 당기 순이익/총자산)이 높아지고, 주당 순이익(EPS = 당기 순이익/주식 수)이 증가한다. 자기자본이익률, 총자산이익률, 주당 순이익이 높아지면 자본의 효율성이 높아진다. 다만, 부채를 자본으로 나눈 부채 비율이 올라가는 현상도 일어난다.

경제기사로 공시 읽기   2012년 9월 6일

주주 가치 높인 '착한 주식', 수익 좋네

상증자, 자사주 취득, 이익소각 등 주주 가치 제고에 나서는 '착한 주식'들의 주가가 상승세를 타고 있다.

5일 금융감독원에 따르면 하반기 들어 무상증자를 실시했거나 추진 중인 상장사는 여섯 곳이다. 이들 회사의 주가

는 대부분 상승세를 보이고 있다. 성우 전자의 이날 종가는 무상증자 권리락일(8월 14일) 기준가격보다 11.42% 상승하며 같은 기간 코스닥 지수 상승률(5.12%)을 앞질렀다.

이엠텍 파인테크닉스의 주가도 무상증자 권리락일의 기준가격보다 각각 3.43%와 8.22% 상승했다.

하반기 들어 자사주를 취득하겠다고 공시한 여덟 개 종목 중 여섯 개 종목의 주가도 공시 직전 거래일 주가보다 상승했다. 유가증권 시장의 한샘과 한국내화, 코스닥 시장의 삼천리자전거, 드래곤플라이, 에이치알에스, 어보브반도체가 주인공이다.

자사주 취득은 회사 돈으로 자기회사 유통 주식을 사는 것을 말한다. 유통 주식이 줄어들면 주주들의 주식가치가 올라가기 때문에 주가에 호재로 꼽힌다. 드래곤플라이(9.96%), 삼천리자전거(22.22%)와 한국내화(5.33%), 한샘(6.25%)은 공시 직전 거래일 이후 주가가 상승세를 타고 있다.

대형주들은 최근 '이익소각'으로 주가 부양에 나서고 있다. 지난달 말 삼성카드와 LG유플러스는 각각 이익소각을 결정한 뒤 공시 직전일 대비 주가가 각각 19.27%, 2.25% 올랐다.

최대주주의 자사주 보유량으로 주가를 점친다

최대주주의 지분율과 자사주 보유량을 통해 주가를 예측해볼 수도 있다.

> 최대주주의 지분율이 높고, 자사주를 많이 보유하고 있다면,

최대주주가 경영권을 유지하기 위해 더 이상 자사주를 보유할 필요가 없다. 그래서 자사주를 소각이나 매각, 전략적 지분 교환 등 다양한 용도에 사용할 가능성이 있다.

자사주를 소각하면 주가에 긍정적 영향을 미친다. 반면 매각하면 일반적으로 주가에 부정적 영향을 미친다. 전략적 제휴 등에 따라 자사주를 외부에 넘겨줄 경우에도, 자사주가 잠재 매물이 되므로 주가에 부정적인 영향을 미칠 수 있다.

> 최대주주의 지분율이 낮고, 자사주를 많이 보유하고 있다면,

최대주주의 입장에서는 경영권 유지에 자사주가 절대적으로 필요하다. 그래서 매각, 전략적 지분 교환 등에 자사주를 활용할 가능성이 낮다. 오히려 배당 가능 이익이 발생하면 자사주를 더 많이 매입해 경영권 강화와 주주 가치 제고에 활용할 가능성이 높다.

자사주를 매입·소각할 때
재무 상태에 생기는 변화

🏢 자사주 매입 약발이 신통치 않은 까닭은?

회사가 자기주식(자사주)을 증권시장에서 사는 경우가 있다. 그리고 샀던 자사주를 소각하기도 하고, 자금이 필요할 경우 시장에 다시 매각하기도 한다. 스톡옵션(주식매수요구권)을 가진 직원들이 스톡옵션 권리를 행사할 때 자사주가 있는 회사들은 이 자사주를 직원들에게 지급하기도 하고, 직원들에 대한 보너스로 자사주를 주기도 한다. 다른 회사를 인수할 때, 자사주를 활용할 수도 있다. 예를 들어 A사가 B사 대주주 지분 30%를 인수해 B사 경영권을 확보하려고 할 때, B사 대주주에게 A사가 자사주를 지급하는 방식으로 주식교환을 할 수도 있다. M&A(인수·합병)에 자사주를 활용하는 것이다. 이처럼 자사주의 활용처는 다양하다.

그렇다면 자사주를 매입하는 경우와 소각하는 경우, 회사의 재무 구조에 어떤 변화가 일어나는지 살펴보자.

자사주를 회사가 시장에서 매입하는 경우에는 '자기주식 취득 결정'이라는 제목으로 공시한다. 매입하여 보유하고 있던 자사주를 소각하는 경우에는 보통은 '주식 소각 결정'이라는 제목으로 공시한다. 자사주를 소각하지 않고, 성과급으로 지급하거나 다른 투자자에게 매각해 현금화하는 등 소각 외 방법으로 처분할 때는 대개 '자기주식 처분 결정'이라는 제목으로 공시한다.

▶▶ 자사주 매입 · 소각 관련 공시 예

번호	공시대상회사	보고서명	제출인	접수일자	비고
1	유 예스코	주요사항보고서(자기주식취득결정)	예스코	2018.01.15	
2	코 블루콤	주식소각결정	블루콤	2017.12.19	코
3	코 메디톡스	주요사항보고서(자기주식처분결정)	메디톡스	2017.12.27	

회사가 자사주를 매입하는 것은 일반적으로 주가에는 호재다. A사의 발행 주식 수가 1000주이고, 모두 시장에서 유통되고 있다고 하자(유통 주식 수에는 대주주가 보유한 300주도 포함되어 있다). 회사가 시장에서 자사주를 100주 매입하면 그만큼 유통 주식 수가 줄어든다. 이 자사주에 대해서는 나중에 배당이 지급되지 않기 때문에 주주들이 보유한 주식의 주당 가치가 상승하는 효과가 생긴다. 가령 회사가 당기 순이익 가운데 10만 원을 배당하기로 했다고 하자. 유통 주식 수가 1000주일 때는 주당 100원이 돌아가지만, 유통 주식 수가 900주로 줄어들면 주당 111원의 배당금을 받을 수 있다.

그렇지만, 나중에 회사가 이 자사주를 다른 투자자에게 매각하회사가 자사주를 매입하면 주가에 긍정적 영향을 미친다. 그러나 자사주 매입으로 유통 주식 수가 줄었다고 해도 자사주를 소각하지 않는 한 언제고 다시 시장에 유통될 가능성이 있기 때문에, 자사주 매입 약발이 오래가긴 어렵다.

면 유통 주식 수는 다시 제자리로 돌아올 것이다. 자사주 매입은 주가에 긍정적 영향을 미치지만, 그 약발이 오래가지 못하는 경우가 많다. 왜냐하면 회사가 이 자사주를 다시 다른 투자자에게 넘겨 유통 주식으로 전환할 가능성도 있기 때문이다. 그래서 어떤 회사들은 자사주를 매입할 때, "이 주식은 매입이 끝나면 바로 소각하겠다"는 뜻을 밝힌다. 즉, 자사주가 다시 유통될 가능성을 원천봉쇄함으로써 주주 가치 제고와 주주 환원에 회사가 강한 의지를 가지고 있음을 보여주는 것이다.

자사주를 소각하는데, 왜 '감자 결정'이라고 공시할까?

앞에서 설명했듯 자사주를 소각할 때는 보통 '주식 소각 결정'이라는 제목으로 공시한다. 그런데 자사주를 소각하면서 공시 제목을 '주식 소각 결정'으로 하지 않고, '감자 결정'이라고 하는 경

자사주를 소각할 때 자본금의 감소(감자)가 발생하는 것으로 회계 처리하는 것을 '감자소각', 자본금은 변하지 않고 잉여금이 감소하는 것으로 회계 처리하는 것을 '이익소각'이라고 한다.

우가 있다. 투자자들은 감자할만한 회사가 아닌데 갑자기 '감자 결정' 공시가 나오면 당황하는 경우가 있다.

자사주를 소각할 때, 어떤 경우에는 '감자 결정'이라고 하고 어떤 경우에는 왜 '주식 소각 결정'이라고 할까? 결론부터 말하면, 자사주를 소각할 때 어떤 경우에는 자본금의 감소(감자)가 발생하는 것으로 회계 처리하고, 어떤 경우에는 자본금은 변하지 않고 잉여금이 감소시키는 것으로 회계 처리하기 때문이다.

과거에는 잉여금을 감소시키는 방식으로 자사주를 소각하는 경우에 '이익소각'이라는 제목으로 공시했다. 그러나 이제는 '이익소각'이라고 공시 제목을 달지 않고 '주식 소각 결정'이라는 제목을 붙인다.

그럼 지금부터 자사주를 소각하면서 감자소각과 이익소각으로 회계 처리할 때, 회사 재무 구조에는 어떤 변화가 생기는지 살펴보자. 회계나 상법 교과서식으로 설명하면 내용이 길어지고 이해하기 쉽지 않을 수 있으므로, 계정 이름이나 법률 용어 사용은 최대한 줄여 설명한다.

A사가 있다. 자본(자본총계라고도 하지만, 여기서는 그냥 자본으로 통일한다)은 500만 원이다. A사의 자본은 자본금 200만 원, 잉여금 300만 원으로 구성된다.

A사의 현재 주가는 2만 원이다. A사는 현금 100만 원을 들여 자사주 50주를 증권시장에서 매입했다. 그러면 자본 수치는 100만 원만큼 줄어든다. A사가 과거에 발행해 시장에 유통한 주식은 A사의 자본 형성에 기여했다. 그런데 그 주식을 다시 회사가 거둬들였기 때문에 자사주 매입금액만큼을 자본에서 빼주는 것으로 생각하면 된다. 즉 자사주 매입은 자본에 마이너스로 작용한다. 그래서 A사의 자본 구조는 다음과 같이 바뀐다. 자본이 500만 원에서 400만 원으로 바뀌었다.

▶▶ **A사 자사주 50주 매입 후 자본 구성**

자본(자본총계)	500만 원
자본금	200만 원
잉여금	300만 원

자사주 50주 매입 ▶

자본(자본총계)	400만 원
자본금	200만 원
잉여금	300만 원
자기주식	(100만 원)

* ( )는 마이너스라는 의미다.

부채 규모는 그대로인데 이렇게 자본이 400만 원으로 감소했기 때문에 자사주를 매입하면 부채 비율이 올라갈 수 있다. 가령 부채가 400만 원만큼 있었다면 자사주 매입 전에는 부채 비율이 80%(400만 원/500만 원)이지만, 매입 후에는 100%(400만 원/400만 원)가 된다.

이 자사주를 나중에 소각한다고 하자. 주식을 새로 찍으면 자본금이 증가하므로 '증자'가 된다. 자본금은 '발행 주식 수 × 액면가'만큼 늘어난다. 그런데 발행된 주식을 소각하면 '감자'가 된다. '소각 주식 수 × 액면가'만큼 자본금이 감소한다.

A사의 자본에서 자본금은 얼마나 줄어들까? 당연히 '소각 주식 수 50주 × 액면가 5000원 = 25만 원'이다. 이렇게 자사주를 소각함으로써 자본금 감소가 발생하는 것이 '감자소각'이다. 공시는 '감자 결정'이라는 제목으로 나간다. 회계 처리가 여기서 끝나지 않는다.

나머지 75만 원은 어떻게 처리될까? A사가 100만 원에 매입한 자사주는 나중에 매입 가격 그대로 외부에 되팔면 100만 원을 받을 수 있다. 그런데 이것을 소각해 없애버리는 바람에 자본금이 25만 원 줄었다. 그리고 나머지 75만 원은 회사가 손해를 본 것으로 간주해 '감자차손'으로 처리한다고 생각하면 된다. 감자차손은 당연히 자본에 마이너스 작용을 한다.

정리하면 이렇게 된다. 자본에 마이너스 100만 원으로 작용하고 있던 자사주를 소각했다. 자본에서 마이너스 자사주 100만 원이 없어지니 자본이 100만 원만큼 증가하는 효과가 발생한다. 그러나 자사주 소각 과정에서 자본금이 25만 원만큼 줄고 감자차손이 75만 원만큼 발생한다. 결론은 감자소각을 해도 자본에는 변화가 없다는 것이다.

그림으로 나타내면 다음과 같다.

▶▶ **A사 자사주 50주 감자소각 후 자본 구성**

자본(자본총계)	400만 원
자본금	200만 원
잉여금	300만 원
자기주식	(100만 원)

자사주
50주
감자소각
➤

자본(자본총계)	400만 원 (변화 없음)
자본금	175만 원
잉여금	300만 원
자기주식	0만 원
감자차손	(75만 원)

* ( )는 마이너스라는 의미다.

🏢 자사주를 살 때는 자본이 감소하는데, 소각할 때는 자본에 변화가 없는 까닭

그럼 이제 자사주를 매입한 뒤 이익소각을 하면 어떻게 되는지 한번 보자. 100만 원어치 자사주를 매입하였으니, 자사주 매입금액만큼이 자본에 마이너스 작용을 해 자본은 '500만 원 – 100만 원 = 400만 원'으로 감소한다. 자본이 감소하니 부채 비율은 좀 올라갈 것이다.

이익소각은 기업이 이익 잉여금으로 자기주식을 취득해 일정

▶▶ **A사 자사주 50주 이익소각 후 자본 구성**

자본(자본총계)	500만 원
자본금	200만 원
잉여금	300만 원

자사주
50주
매입
➤

자본(자본총계)	400만 원
자본금	200만 원
잉여금	300만 원
자기주식	(100만 원)

자사주
50주
이익소각
➤

자본(자본총계)	400만 원
자본금	200만 원
잉여금	200만 원
자기주식	0

기간 내에 자기주식을 소각하는 것이다.

즉, A사가 자사주 100만 원어치를 소각하고, 대신 자본을 구성하는 항목 중 이익 잉여금을 100만 원 감소시키는 방식으로 대응한다고 생각하면 된다. 이것을 두고 "배당 가능 이익을 재원으로 자사주를 소각한다"고 표현한다.

이익소각을 하면 감자소각과 마찬가지로 자본 수치에는 변화가 없다. 자본 안에서 마이너스(-100만 원) 작용을 하고 있던 자사주를 없앴으니, 자본이 100만 원 증가하는 효과가 생긴다. 그러나 자본 안에 쌓여 있는 이익 잉여금을 100만 원만큼 감소시키므로 자본 수치는 그대로 400만 원이다.

이처럼 자본금을 건드리지 않고 자기주식 소각에 대응해 이익 잉여금을 감소시키는 방법을 사용하는 경우 '이익소각'이라고 부른다.

정리하면, 자사주 매입 후에 자본은 감소한다. 부채 비율은 올라간다. 만약 자사주 매입 금액이 크다면 회사의 현금이 뚜렷하게 감소하고, 부채 비율이 의미 있는 수준으로까지 올라가게 된다. 하지만 부채 비율이 심하게 증가할 정도로 자사주를 매입하는 경우는 드물다. 자사주 소각 단계에서 자본 수치는 변화가 없다. 만약 회사가 자사주를 소각해 자본이 감소하고 부채 비율이 증가한다고 이야기하면 틀

기업이 이익 잉여금으로 자사주를 취득해 소각하면 자본이 증가하는 효과가 생기지만, 자본 안에 쌓여 있는 이익 잉여금을 그만큼 감소시키므로 자본 수치는 그대로다.

린 말이 된다.

그렇다면, 다음의 두 가지 사례에서 자본이 어떻게 변할지 한번
생각해보자.

> **| 사례 1 |** A사가 2014년 중에 자사주 200억 원어치를 매입했다. 그리
> 고 이 자사주를 2016년 중에 이익소각했다. 그렇다면 A사의 2016년도
> 말 재무제표의 자본총계에는 어떤 변화가 있을까?

답은 아무런 변화가 없다는 것이다. A사가 자사주를 매입한
2014년에는 자본에서 200억 원이 감소한다. 2014년도 자본변동
표에는 이 내용이 기록된다. 앞에서 설명한 대로 2016년 중에 이
자사주를 소각해도 자본 수치에는 변화가 없다.

> **| 사례 2 |** B사가 2016년 중에 자사주 200억 원어치를 매입했다. 그리
> 고 이 자사주를 2016년 중에 소각(이익소각 또는 감자소각)하면, 연말 재
> 무제표 상 자본 수치에는 어떤 변화가 있을까?

답은 '200억 원 감소한다'이다. 가령 2016년 5월에 자사주를
매입하고, 10월에 소각했다고 가정해 보자. 자사주를 매입한
2016년 5월에 자본은 일단 200억 원만큼 감소했을 것이다. 그러
나 10월 자사주 소각 단계에서는 자본 수치에 아무런 변화가 없
다. 따라서 2016년 말 최종 자본은 200억 원 감소한 상태가 되는
셈이다.

Chapter 21

자사주를
사들이는 회사, 내다 파는 회사

LG유플러스와 (주)두산, 동일기연, 삼성카드 등 네 곳의 자사주 소각 사례를 보자. 네 곳 모두 소각 목적을 '주주 가치 제고'라고 밝혔다. 그러나 소각 방식이 다르기 때문에 공시의 제목과 그 세부 내용에는 조금씩 차이가 있다.

105 제 손으로 자사주를 백지로 만든 LG유플러스

LG유플러스는 2012년 8월 31일 '이익소각 결정'이라는 제목의 공시를 냈다(지금은 이익소각의 경우 '주식소각'이라는 제목으로 공시한다). 핵심 내용은 다음과 같다.

- 보통주 7818만여 주가 소각 대상이다. 자사주를 새로 취득해 소각하는 게 아니라 이미 취득해 놓은 주식을 소각한다는 것을 알 수 있다. 이익소각이라고 밝힌 것으로 봐서 이익 잉여금을 소각 재원으로 활용한다.

- '기타 투자 판단에 참고할 사항'을 보면 이 번에 소각하는 주식은 합병 시 취득한 자기 주식이라는 것을 알 수 있다. 합병 당시 LG 유플러스가 취득한 자사주는 총 8229만여 주였다. 이를 기초자산으로 교환사채(EB)를 발행하였고, EB 교환대상이 되는 자기주식 을 제외한 7818만 주가 소각 대상이다.

2010년 LG텔레콤·데이콤·파워콤 3사의 합병으로 탄생한 LG유플러스는, 합병에 반대하는 주주들이 주식 매수 청구권을 행사해 많은 자사주를 보유하고 있었다. 2012년 8월 31일 LG유플러스는 이익 잉여금을 재원으로 자사주 7818만 주를 소각했다.

▶▶ LG유플러스 이익소각 결정 공시   2012년 8월 31일

1 소각할 주식의 종류와 수	보통주식(주)	78,182,474
2 1주당 가액(원)		5,000
3 소각 예정 금액(원)		668,729,190,247
4 소각할 주식의 취득 방법		기취득 자기주식
5 소각 예정일		2012년 8월 31일
6 이사회 결의일(결정일)		2012년 8월 30일

7 기타 투자 판단에 참고할 사항

- 본 이익소각 건은 합병 시 취득한 자기주식 소각이다.
- 이익소각의 근거 : 당사 정관 제13조(주식 소각) 당 회사는 주주에게 배당할 이익의 범위 내에서 관계 법령이 정하는 한도로 이사회의 결의에 의해 주식을 소각할 수 있다.
- 소각 예정 금액은 전체 자기 주식(82,291,883주, 총 발행 주식 수의 15.99%) 중 교환사채 발행에 따라 교환대상이 되는 주식을 제외한 자기 주식(78,182,474주, 총 발행 주식 수의 15.19%)의 2011년 말 기준 장부가이다.

LG유플러스 자사주 소각, CJ대한통운은?

LG유플러스는 보유 중인 자사주 7818만여 주를 소각하기로 이사회에서 결의했다고 31일 공시했다. 이익소각 규모는 작년 말 장부가 기준 6687억 원에 이른다.

이 회사가 대규모 자사주 소각에 나선 것은, 자사주를 처분해야 하는 시기가 다가오는데도 불구하고 팔기가 쉽지 않았기 때문이다. LG유플러스는 2010년 LG텔레콤·데이콤·파워콤 3사가 합병해 탄생한 회사다. 합병에 반대하는 주주들 주식을 회사가 되사주면서 막대한 자사주를 보유하게 됐다. 「자본시장법」상 이렇게 취득한 자사주는 3년 이내에 처분해야 하는데, 처분 시한이 올 연말까지다.

LG유플러스는 당초 이 자사주를 교환사채(EB)를 통해 일부 처리하려 했다. 2010년 9월 LG유플러스는 자사주를 기반으로 3억 달러 규모의 EB를 해외에서 발행했다. 주가가 오르면 이 EB를 자사주로 바꿔줄 계획이었다. 하지만 EB 발행 이후 주가가 교환가격(8813원)을 계속 밑돌자, 지난 3월 상당수 EB 투자자들이 교환 대신 조기 상환을 요구했다. 블록딜*로 처리하기도 쉽지 않았다는 게 증권 업계의 분석이다. 주가가 자사주 취득 단가(8748원)에 턱없이 못 미쳐 회사도 손해를 감수해야 했기 때문이다.

결국 LG유플러스는 자사주 소각을 결정했다. 증권 전문가들은 "헐값에 파느니 차라리 주주들에 이익을 돌려주자고 통 크게 결단한 것으로 본다"고 말했다.

LG유플러스의 자사주 소각으로 비슷한 상황에 놓인 CJ대한통운에 이목이 쏠리고 있다. CJ대한통운도 합병으로 대규모 자사주를 보유 중이나 이미 처분 시한을 넘겼기 때문이다.

CJ대한통운은 금호렌터카의 렌터카 사업 부문을 양수하는 과정에서 이에 반대하는 주주들 주식을 사주느라 떠안은 4000억 원 상당의 자사주 433만 125주(19.41%)를 지난 2월까지 처분했어야 했다. 최근 주가가 자사주 취득단가(8만 9205원)를 웃돌면서 블록딜이 유력한 방안으로 떠올랐다. 하지만 매각 규모가 크고 수요가 많지 않아 매각이 난항을 겪고 있다.

---

* 블록딜(block deal) 일정한 수의 주식을 정해진 가격에 묶어 한꺼번에 파는 기법이다. 대개 기관 투자자나 기업이 보유한 주식을 대량으로 팔 때 사용한다. 블록딜은 할인된 가격에 이뤄지는 경우가 많아 투자자들에게 현재 해당 주식이 비싸다는 인식을 주기도 한다.

(주)두산은 2012년 3월 8일에는 '감자 결정'이라는 제목의 공시를 냈다. 과거에 주가 안정 목적으로 매입해 보유하고 있던 자사주를 소각하는데, 자본금 감소(감자)가 수반되기 때문에 감자 결정으로 공시했다. 소각 대상 자사주는 보통주 407만여 주, 우선주 37만여 주다. 감자 사유는 주주 가치 제고다. 주주총회는 3월 30일(감자는 주주총회 의결을 거쳐야 한다)이다.

(주)두산의 감자 공시에서 나타난 자사주 소각은 이익소각이 아니기 때문에 '소각 주식 수 × 액면가' 만큼의 자본금 감소가 일어난다. 감자를 하는 기업의 감자 사유 중 대다수는 '재무 구조 개선'인데 반해, 두산은 '주주 가치 제고'로 돼 있다.

▶▶ (주)두산 감자 결정 공시		2012년 3월 8일
1 감자 주식의 종류와 수	보통주(주)	4,072,978
	우선주(주)	373,055
2 1주당 액면가액(원)		5,000
3 감자 비율	보통주(%)	16.4
	우선주(%)	6.5
4 감자 기준일		2012년 5월 2일
5 감자 방법		자기주식 소각
6 감자 사유		주주 가치 제고
7 감자 일정		주주총회 예정일 : 2012년 3월 30일

결손 해소를 위한 감자는 주주에게 무상으로 주식을 제공받아 소각하는 방식으로 진행된다. 감자 결과 자본금이 줄어들고, 줄어든 자본금만큼 결손금을 해소해 재무 구조가 개선된다. (주)두산은 이와 달리, 회사가 시장에서 매입해 보유 중이던 자사주를 아예 소각해 버리는 것이므로 주주 가치 제고 효과가 발생한다.

앞으로 시장에 나올 가능성이 있는 자사주 물량을 원천적으로 없애버린다는 측면에서 자사주 소각을 통해 주가 부양 의지를 천명할 수 있다. 또 총 발행 주식 수를 줄임으로써 주당 가치를 높이는 효과가 있다. 주주로부터 주식을 걷는 방식이 아니라 기존 매입분을 소각하는 것이므로 명의개서 정지나 구주 제출, 매매 거래 정지 등의 절차가 필요 없다.

두산 '통 큰' 자사주 소각은 일석이조 카드

(주)두산이 '통 큰' 자사주 소각에 나섰다. (주)두산은 5월 2일을 기준으로 보통주 16.4%(407만 주)와 우선주 6.5%(37만 주)에 대해 소각을 통한 감자를 실시한다고 공시했다.

증권 업계는 이번 감자에 대해 오버행(대량 물량 출회) 우려를 불식시키는 동시에 현금 유동성이 충분하다는 점을 입증하는 '일석이조'의 카드라고 해석한다. 시장 전문가들은 두산인프라코어, 두산건설, 밥캣 등 두산그룹 계열사들의 유동성이 부족해지면 (주)두산이 자사주를 매각해 이들 계열사에게 현금을 수혈할 가능성이 크다고 예상해왔다.

그러나 (주)두산은 "자사주를 주주 친화 정책을 위해 사용하겠다"고 누차 밝혀왔다. 이번에 공식적으로 자사주를 소각하면서 약속을 현실화한 셈이다.

(주)두산은 또 감자를 통해 현금 유동성이 충분함을 대외적으로 과시할 수

있게 됐다. 유동성이 부족하다면 자사주를 외부에 매각하려 했을 것이다. (주)두산은 이번 자사주 소각으로 총 7000여억 원의 잠정 가치를 포기하게 됐다. 이훈 한국투자증권 연구원은 "실제로 현금이 급하다면 자사주 소각을 단행하기 어렵다"고 말했다.

대우증권은 (주)두산의 자사주 소각으로 주당 가치가 약 17% 높아지는 효과가 있다고 분석했다.

107 잉여금이 너무 많아 자사주를 소각한 삼성카드

2012년 8월 31일 삼성카드도 '이익소각 결정'이라는 제목의 공시를 냈다. 2012년 9월 3일~11월 30일까지 보통주 710만 주(총 발행 주식 수의 5.8%)를 장내 매입하고, 취득이 끝나면 지체 없이 이익소각하겠다고 밝혔다.

▶▶ 삼성카드 이익소각 결정 공시   2012년 8월 31일

1 소각할 주식의 종류와 수	보통주식(주)	7,100,000
2 1주당 가액(원)		5,000
3 소각 예정 금액(원)		249,565,000,000
4 소각을 위한 자기주식 취득 예정 기간	시작일	2012년 9월 3일
	종료일	2012년 11월 30일
5 소각할 주식의 취득 방법		장내 매수
6 기타 투자 판단에 참고할 사항		• 소각 예정 금액 : 이사회결의일 전일 종가 (2012년 8월 30일 종가 35,150원)로 산출됐으며, 실제 매입가에 따라 변동될 수 있다. • 소각 예정일 : 취득 완료 후 지체 없다.

소각 예정 금액은 2500억 원 정도다. 삼성카드가 이익소각을 하는 이유는 이익소각을 하면 자기자본이 줄어 자기자본이익률 (ROE = 당기 순이익/자기자본)이 개선되기 때문이다. 삼성카드가 자사주를 소각하는 데는 자본 효율성 제고 외에도 주가 관리의 목적이 있는 것으로 분석된다.

경제기사로 공시 읽기   2012년 9월 3일

고맙다! 자사주 소각 삼성카드 함박웃음

삼성카드가 대규모 자사주 매입과 소각을 발표한 후 급등세를 타면서 앞으로 주가 움직임에 투자자들의 관심이 집중되고 있다. 전문가들은 삼성카드가 자본 과잉을 해소한다는 점에서 단기적으로 긍정적인 주가 흐름을 보여 줄 것으로 예상하고 있다.

삼성카드는 3일 유가증권 시장에서 전 거래일보다 14.60%(5250원) 상승한 4만 1200원에 거래를 마치며 나흘 연속 상승했다. 삼성카드의 주가가 14% 이상 뛴 것은 이번이 처음이며 4만 원을 넘어선 것도 지난 4월 3일 이후 5개월 만이다.

삼성카드가 이날 급등세를 보인 것은 자사주 소각으로 수급 여건이 개선될 수 있다는 기대감 때문으로 풀이된다. 또 이번 조치로 자기자본이익률(ROE) 개선, 주당 순이익(EPS) 개선 등의 효과가 클 것으로 평가됐다.

증권 업계에서는 삼성카드의 자사주 소각으로 내년 기준 ROE가 0.2~0.25% 포인트, EPS는 4.1~6.1%, 주당 순자산가치(BPS)도 2~5.9%가량 증가할 것으로 평가됐다.

현재 삼성카드의 ROE는 5~6% 수준에 불과해 카드 업계 평균(11~12%)보다 6% 가량 낮은 상태다. 이 때문에 삼성카드는 자본 효율성이 떨어진다는 평가를 받아왔다.

전문가들은 자사주 소각 방식으로 자본 과잉 문제를 해소하면서 단기적으로 삼성카드의 수급 여건이 개선된 것으로 분석하고 있다. 또 소각할 주식을 장내에서 매수하는 만큼 주가 상승의 촉매제 역할을 톡톡히 할 것이라고 평가했다. 그러나 주가가 장기적으로 상승세를 유지하려면 실적 부문의 회복세가 뚜렷이 나타나야 할 것이라고 분석했다.

동일기연의 수상한 자사주 매입과 소각

동일기연은 2012년 4월 26일 '자기주식 처분 결정'이라는 제목의 공시에서, 자사주 350만 주(약 336억 원)를 소각할 것이라고 밝혔다. 기존에 회사가 보유하고 있던 자사주로, 총 발행 주식 수의 41%에 달하는 규모다. 즉, 동일기연은 총 발행 주식 수의 41%에 해당하는 자사주를 매입해서 그동안 계속 보유하고 있었다는 말이 된다.

▶▶ 동일기연 자기주식 처분 결정		2012년 4월 26일
1 처분 예정 주식(주)	보통주	3,500,000
2 처분 예정 금액(원)	보통주	33,636,155,000
3 처분 목적	자기주식 소각	
4 기타 투자 판단에 참고할 사항	• 배당 가능 이익을 재원으로 취득한 자기주식의 소각으로 자본금의 감소는 없다. • 소각 예정일 : 2012년 4월 27일	

동일기연은 배당 가능 이익을 재원으로 자사주를 소각하기 때문에 자본금 감소는 없다고 밝혔다. 이익소각 형식의 자사주 소각이지만 '자기주식 처분 결정'이라는 제목으로 공시를 하고 세부 내용 설명에서 이익소각임을 밝혔다.

자사주 소각 공시를 내기 전에도 동일기연은 자사주를 꾸준히 매입했다. 2011년에만 열 차례에 걸쳐 290만 주를 사들였다. 특이한 것은 동일기연이 자사주를 매입할 때마다 대주주가 보유 지

분을 내다 팔았다는 점이다. 동일기연은 주가를 부양하기 위해 자
사주를 사들였다고 설명했지만, 대주주가 회사와의 핑퐁 거래를
통해 회사 이익을 지속적으로 현금화했다는 의심을 받았다. 아래
기사는 자사주 매입과 관련한 내용이다.

한편 동일기연은 이렇게 매입한 자사주를 2012년 4월에 소각
한다고 공시했다. 그러자 주가가 상승하고, 지분 매각으로 지분율

경제기사로 공시 읽기   2011년 10월 23일

동일기연 '이상한' 자사주 매입

매출액이 500억 원에 불과한 동일기연이 자사주 매입 결정을 내리고 보통주 20만 주(24억 원어치)를 사들였다. 그런데 동일기연이 자사주 취득을 시작하면서 최대주주인 손동준 대표가 보유 주식을 내다팔기 시작했다. 손동준 대표가 장내 매도한 물량은 8만 6450주로, 동일기연이 취득한 자사주 물량(20만 주)의 43%에 달한다. 동일기연은 2011년 들어 자사주 179만여 주를 매입했다. 총 투입 금액은 226억 원이다. 자사주 비중은 총 발행 주식 수의 44.3%(369만 주)까지 확대됐다. 동일기연은 이것도 부족해 이번에는 자사주 20만 주에 대한 추가 매입을 결정했다. 동일기연 관계자는 "자사주 매입은 주가 안정을 위한 선택"이라고 말했다.

하지만 이러한 설명은 설득력이 떨어진다는 게 전문가들의 평가다. 동일기연의 손동준 대표 등 최대주주 지분은 52.3%에 달한다. 여기다 자사주 비율이 44%이기 때문에 결국 유통 물량은 전체의 2%에 불과하다.

자사주 매입이 유통 물량을 줄여 오히려 주가 상승에 역효과를 낼 수 있는데도 이를 강행하는 것은 이해하기 힘들다는 반응이다.

특이한 것은 동일기연이 자사주를 매입할 때마다 손동준 대표가 보유 주식을 내다팔며 지속적으로 지분율을 낮췄다는 점이다. 대주주가 지분을 팔면 회사가 자사주를 매입하는 '핑퐁 거래'가 이뤄진 것 아니냐는 의혹의 시선이 쏠리는 이유다.

이 떨어졌던 대주주의 지분율도 70%까지 높아졌다. 언론에는 자사주 매입 및 소각과 관련한 문제점을 지적한 기사들이 나왔다. 다음은 관련 기사들이다.

경제기사로 공시 읽기   2012년 5월 2일

동일기연 자사주 소각 왜?

동일기연이 자사주 소각 효과로 연속 상한가를 기록하고 있다.

동일기연 지분은 소각 전 기준으로 자사주(56.35%)와 대주주(40.02%) 외에 소액주주 보유량이 3.6에 그친다. 대규모 자사주 소각으로 동일기연의 대주주 지분은 70%에 이르게 됐다. 아직 자사주 약 130만 주가 남아있지만 추가 소각이 이뤄질 경우 상장폐지도 배제할 수 없다.

일각에서는 이번에 소각한 자사주가 대주주에게서 사들인 지분이라는 점에서 결국 대주주의 이익만 불린 결정이 아니냐는 지적이 나온다.

동일기연 관계자는 "자사주 보유분이 과도하게 많아 어떤 형태로든 해소해야 할 상황이었다"며 "시장에 내놓을 경우 주가에 부정적인 영향을 미칠 수 있어서, 소각을 결정했다"고 설명했다. 이번 소각이 주주 이익 제고 차원이라는 것이다. 소각 공시 이후 주가는 7거래일 동안 네 차례 상한가를 기록했다.

하지만 일각에서는 동일기연의 과거 지분 매매 흐름으로 볼 때 회사 측 설명을 그대로 받아들이기 어렵다고 지적한다. 동일기연은 지난 몇 년 동안 꾸준히 자사주를 매입해 왔다. 지난해에만 열 차례에 걸쳐 290만 주를 사들였다. 회사가 사들이는 지분은 손동준 동일기연 대표 등 최대주주 측과 회사 임원 김세중이 보유한 물량이었다. 소액주주 지분은 3.6%에 불과해 사실상 290만 주가 나올 출구는 최대주주 측 밖에 없다. 이후 동일기연은 기존 주식 1주당 0.05주의 주식배당을 실시했다. 최대주주에게 주식을 사들인 후 다시 최대주주 측에 주식을 나눠준 셈이다. 자사주는 배당에서 제외되고 소액주주 지분율은 3~4%대에 불과해 주식배당의 수혜는 고스란히 최대주주 측이 받았다.

동일기연은 이런 방식으로 회사 이익을 지속적으로 '현금화'했다. 지난해 말 주

109 자사주, 언제 팔고 언제 살까?

2012년 5~8월까지 37개 기업이 자사주 '취득' 결정을 공시했다. 이유는 대부분 주가 안정이었다. 반면 이 기간 자사주 '처분' 결정을 공시한 기업은 130개 사나 됐다. 처분 이유는 신규 설비 투자를 위한 유동성 확보, 주식 매수 선택권(스톡 옵션) 행사에 의한 자기주식 교부, 신규 사업 자금 확보, 우리사주조합 무상 출연, 사회 공헌 재단 기부, 재무 구조 개선 및 유통 주식 수 확대, 임직원 성과급 지급, 타법인 주식 취득 대금 지급용 등 다양했다.

▩ 한샘 자사주 취득 결정

- 취득 예정 주식은 보통주 25만 주, 취득 예정 금액은 43억 5천만 원이다. 취득 목적은 주가 안정이다.
- 자사주는 2012년 8월 10일~11월 9일까지 장내에서 사들일 예정이다.
- 1일 매수 주문 수량은 2만 5000주로 제한돼 있으며, 취득 예정 금액 43억은 8월 8일 종가(1만 7400원)를 기준으로 책정됐다.

- 한샘은 2012년 들어 세 번째 자사주 취득을 공시했다. 회사는 이때마다 주가 상승 효과를 봤다.

▶▶ 한샘 자사주 취득 결정 공시		2012년 8월 9일
1 취득 예정 주식(주)	보통주	250,000
2 취득 예정 금액(원)	보통주	4,350,000,000
3 취득 기간	시작일	2012년 8월 10일
	종료일	2012년 11월 9일
4 취득 목적	자기주식의 가격 안정	
5 취득 방법	장내 매수	
6 취득 전 자기주식 보유 현황	보통주식	5,259,160
	비율(%)	22.35
7 기타 투자 판단에 참고할 사항	• 1일 매수 주문 수량 한도 : 25,000주 • 취득 예정 금액은 8월 8일 종가(17,400원) 기준으로 산정	

■ 바이로메드 자사주 처분 결정

- 처분 예정 주식 수는 44만 2593주, 처분 예정 총 금액은 113억 원 정도다.
- 자사주를 처분하는 목적은 합병 시 취득한 자기주식에 대한 상법 상 처분 기간 준수다(상법 상 기업 합병 시 주주의 주식 매수 청구권 행사로 사들이게 된 자사주는 3년 이내에 처분해야 한다).
- 바이로메드는 자사주 처분을 통해 113억 원 정도의 자금이 유입되면, 유전자 치료제 임상 실험 비용에 대한 부담이 해소될 것으로 보인다.

▶▶ 바이로메드 자사주 처분 결정 공시　　　　　2010년 8월 20일

1	취득 예정 주식(주)	보통주	442,593
2	취득 예정 금액(원)	보통주	11,286,121,500
3	취득 기간	시작일	2012년 8월 21일
		종료일	2012년 8월 22일
4	취득 목적	합병 시 취득한 자기주식으로 상법의 처분 기한 준수에 의한 재무 건전성 강화	
5	처분 방법	장내 처분(주)	442,593
		시간외 대량 매매(주)	442,593

경제기사로 공시 읽기　　　　　2012년 7월 23일

상법 개정 이후 처음, 우진 자사주 중간 배당

원전용 계측기 제조업체인 우진이 상법 개정 이후 처음으로 보유 중인 자사주로 중간 배당을 실시한다.

우진은 지난달 30일 기준 주주 명부에 기재된 주주에게 소유 주식 1주당 0.02주의 비율로 자사주를 배당한다고 23일 공시했다.

상장 기업이 보유 자사주로 현물배당을 실시한 것은 이번이 처음이다. 이전까지는 보유 자사주를 현물배당으로 나눠 주는 것이 불가능했지만, 지난 4월 개정 상법 시행으로 현물배당 제도가 신설되면서 가능해졌다.

한국거래소의 한 관계자는 "상법 개정 전에는 현금배당과 주식배당만 가능했고 주식을 배당하더라도 신주로만 배당이 가능했다"며 "앞으로 최대주주 지분율이 높으면서 자사주를 많이 가지고 있는 기업이 주주 가치 제고와 유통 주식 수 확대를 위해 자사주 배당 제도를 활용할 것"이라고 전망했다.

회사가 자사주를 직접 사고팔기도 하지만, 은행이나 증권사 등에 자사주 거래 자금을 주고 자사주 매입 매각 거래를 대행시키기도 한다. 이를 '자사주 신탁 계약'이라고 한다.

회사가 은행 증권사 등과 자사주 신탁 계약을 체결한다는 것은 통상 그 기업이 주가 관리에 나선 것으로 해석돼 주가에 호재로 받아들여진다.

그러나 신탁한 금액만큼 일정한 기한 내에 자사주를 반드시 매입해야 하는 것은 아니다. 신탁 계약만 맺고 자사주를 한 주도 사지 않아도 된다. 그래서 투자자 입장에서는 자사주 신탁 계약 체결을 호재로만 받아들이기 어려운 측면이 있다.

주가 관리용 계약인줄 알았는데, 나중에 보니 증권사를 통해 자사주를 사고팔아 차익을 내는 경우도 있을 수 있다. 회사 내부 사정을 빤히 아는 당사자인 기업이 증권사나 은행에 매입 매도 시점을 지시함으로써 차익 획득을 시도하는 일은 현실적으로 얼마든지 가능하다. 신탁 계약에 따라 은행 증권사가 언제 자사주를 얼마나 사고팔았는지는 '신탁 계약에 의한 취득 상황 보고서' 공시를 통해 알 수 있다.

휴대폰 카메라 렌즈 전문 업체인 세코닉스의 자사주 신탁 계약과 계약 해지, 그리고 자사주 처분 과정을 시간 흐름대로 쫓아가보자.

① 2011년 10월 18일 : 자사주 신탁 계약 공시

세코닉스는 삼성증권과 20억 원의 자기주식 취득 신탁 계약을 체결했다. 계약 기간은 2011년 10월 19일부터 2012년 10월 18일까지 1년간이다. 목적은 주가 안정 및 주주 가치 제고다. 회사는 현재 자사주 53만 6785주를 보유하고 있다.

② 2012년 1월 20일 : 신탁 계약에 의한 취득 상황 보고서 공시

2011년 10월 26일부터 12월 9일까지 27회에 걸쳐 주당 7000~8000원 대에 12만 1008주(지분 1.74%, 9억 9500여만 원)를 매입했다.

③ 2012년 8월 31일 : 자기주식 취득 신탁 계약 해지 공시

계약 기간이 2012년 10월 18일까지였는데 8월 31일 계약해지 했으니, 중도 해지를 한 셈이다. 해지 목적은 신규 설비 투자를 위한 유동성 확보다. 자사주를 팔아 설비 투자 자금을 마련한다는 것이다. 해지를 하면 증권사가 매입했던 주식들은 회사명의 증권 계좌로 입고된다. 회사는 공시에서 이를 장내 처분할 것이라고 밝혔다. 자사주 신탁 계약금(20억 원) 중 자사주 매입에 사용하지 않은 잔여 금액은 현금으로 반환된다.

④ 2012년 8월 31일 : 자기주식 처분 결정 공시

신탁 계약 해지와 같은 날, 자기주식 처분 결정 공시를 통해 27만 8000주를 시간외 대량 매매로 처분할 예정이라고 밝혔다. 이번 자사주 신탁 계약으로 매입한 물량(12만 1008주)에다 기존에 갖고 있었던 자사주 물량(53만 6785주) 중 일부를 합해서 모두 27만 8000주를 처분하겠다는 내용이다.

⑤ 2012년 9월 4일 : 자기주식 처분 결과 보고서 공시

자사주 27만 8000주를 주당 1만 1950원에 처분했다. 이번 자사주 신탁 계약으로 매입한 물량의 처분 이익만 계산해 보자. 12만 1008주 매입에 9억 9500여만 원이 투입됐고, 주당 1만 1950원에 팔았으니(14억 4600여만 원), 4억 5000여만 원(14억 4600여만 원 - 9억 9500여만 원)의 차익을 얻었다.

결과적으로 보면 세코닉스는 자사주 신탁 계약 금액인 20억 원의 절반 정도만 자사주 매입에 투입했다. 그리고 이번 자사주 신탁 계약 물량을 처분해 약간의 시세 차익을 냈다.

세코닉스는 남은 자사주 잔여 물량(신탁 계약 이전 보유분) 37만 9793주를 주당 1만 2065원에 9월 5일 다 처분했다. 세코닉스가 보유한 자사주는 0이 됐다.

흔하지는 않지만 신탁 계약 금액의 20~30%에도 미치지 못하는 금액을 자사주 매입에 투입하는 경우도 있다. 신진에스엠은 2011년 12월 2일 공시를 통해 한화증권과 15억 원의 자기주식 신탁 계약을 체결했다고 밝혔다.

계약 기간은 2011년 12월~2012년 6월까지 6개월이다. 2012년 3월 6일 '취득 상황 보고서' 공시에 따르면, 총 3회에 걸쳐 2만 7817주(3억 7200여만 원)의 주식을 매입했다. 그리고 6월에 만기가

되면서 매입 주식을 회사에 입고하는 한편, 현금 11억 4153만 원
(15억 원-3억 7200여 만 원)을 돌려받았다. 계약금 대비 25% 정도
만 자기주식 매입에 투입됐다.

　기업이 자사주를 직접 취득하면 취득 후 6개월 동안 처분이 금
지된다. 또 처분 후 3개월간은 자사주를 취득할 수 없다. 하지만
신탁 계약일 경우에는 자사주 처분 금지 기간이 취득 후 1개월 이
내이며, 재취득 금지 기간도 처분 후 1개월 이내다. 자사주 처분과
재취득이 자사주를 직접 취득할 때보다 자유로운 편이다. 기업 입
장에서 보면 신탁으로 자사주를 취득할 경우 자사주를 현금화하
거나 시세 차익을 얻는데 더 유리할 수 있다는 이야기다.

잘 쓰면 약, 잘못 쓰면 독
'5% 룰' 지분 공시

111 안랩으로 대박 터트린 슈퍼개미는
왜 검찰 조사를 받았나?

2012년 12월 대통령 선거를 앞두고 안철수 후보는 자신이 대주 주인 안랩(옛 안철수연구소)에 대한 새누리당 박근혜 후보 측의 공격에 시달렸다. 새누리당은 처음에는 안랩이 과거에 발행한 BW 차익 문제를 집중적으로 물고 늘어졌다. 그러다가 안랩 2대 주주로 떠오른 한 개인 투자자의 시세 차익 문제로 화살을 돌렸다. 이 개인 투자자는 오래전부터 안랩 주식을 매입해 보유하고 있었는데, 안랩이 이른바 '대선 테마주'로 부각되면서 주가가 출렁일 때 주식을 집중적으로 사고팔아 큰 차익을 봤다.

그런데 새누리당은 안철수 후보의 정치 활동이 안랩 주가를 출렁이게 했고 이 바람에 개미 투자자들은 손실을 입은 반면, 일부 슈퍼개미들은 큰돈을 벌게 됐다는 식으로 비판했다.

안랩 주가의 출렁임이 안철수 후보가 책임지거나 비난받아야 할 사안인지는 일단 제쳐두자.

안철수 후보에 대한 관심이 집중되자, 세간의 시선은 안랩 2대 주주인 원종호 씨에게 쏠렸다. 자영업자로 알려진 원종호 씨는 이른바 '슈퍼개미'다. 원종호 씨는 4년 전부터 7000원~1만 원대에 안랩 주식을 사모았으며, 안랩 주가가 급등해 고공 행진을 하던 2012년 초 지분을 팔아 막대한 차익을 실현했다.

2011년 말 기준 10%가 넘는 안랩 지분을 보유하고 있던 원종호 씨는 2012년 1월 하순에 1.6% 지분을 매각해 약 200억 원의 매각 차익을 실현했다. 이후 2~3월에도 지분을 순차적으로 매각해 지분율을 4.99%로 낮추는 과정에서, 추가로 400억 원가량의 평가차익을 올린 것으로 알려졌다.

금융당국은 원종호 씨의 안랩 지분 매입 매수 과정에 대해 조사를 벌였고, 그 뒤 검찰이 수사에 나섰다. 주식을 쌀 때 사서 비쌀 때 파는 건 투자자가 당연히 할 수 있는 행동인데, 왜 검찰은 그를 조사했을까?

서울중앙지검 금융조세조사2부는 원종호 씨가 지분 변동 공시 의무를 위반한 혐의가 있다고 밝혔다. 상장 회사 지분을 5% 이상 확보하게 될 때와, 그리고 이후 1% 이상의 지분 변화가 있을 때는 금융당국에 신고하고 공시해야 한다.

원종호 씨는 2011년 11월 안랩 지분이 9.2%(91만 8681주)에서 10.83%(108만 4994주)로 1.63%포인트 늘었다고 공시했다. 즉 5% 이상의 주주였던 원종호 씨의 지분에 1% 이상의 변화가 생긴 것이다. 그런데 그의 실제 지분 변동은 공시 시점보다 훨씬 앞선 2009년 6월에 이뤄진 것으로 확인됐다. 지분 변화 시점보다 무려 1년 이상 늦게 공시를 한 것이다. 한 차례 검찰 조사를 받은 원종호 씨는 공시 의무 위반에 고의성은 없다고 주장한 것으로 전해졌다. 검찰은 2012년 11월 원종호 씨에 대해 지분 내용을 공시하지 않은 혐의로 벌금 1억 원에 약식기소했다.

112 적대적 M&A를 방어하기 위해 탄생한 '5% 룰'

상장 기업의 지분을 5% 이상 보유하게 된 자는 지분 변동 사항을 금융위원회와 한국거래소에 보고하고 공시해야 한다. 기한은 5일 이내다. 그리고 5% 이상의 지분을 보유하게 된 상태에서, 추가로 지분을 매입하거나 매각해 1% 이상의 지분율 변동이 생기면 5일 이내에 신고 공시를 해야 한다. 이를 '5% 룰'이라고 한다.

보유 지분이 5%를 넘어섰기 때문에 하는 보고를 '최초 보고'라고 한다. 최초 보고를 하고 난 후 지분 거래로 지분율이 1% 이상 증가하거나 감소하는 등 지분에 변동이 생겼을 때 하는 보고를 '변동 보고'라고 한다.

만약 박우동이 8월 A사 지분을 사모아 4.8%를 보유하고 있다가 9월 0.4%를 더 사들여, 보유한 A사 지분이 5%를 넘게 됐다면 이날로부터 5일 이내에 신고하고 공시를 해야 한다.

신고 지분은 특수관계인이나 공동 보유자 지분을 합산한다. 예컨대 ① 박우동과 박만두가 부자(父子)관계이고 두 사람이 모두 A

사 지분을 보유하고 있다든가(특수관계인), ② 박우동과 박우동이 대주주로 있는 B사가 모두 A사 지분을 보유하고 있다든가(박우동과 B사는 특수관계인), ③ 박우동과 사업 파트너인 정국수가 서로 합의 계약을 맺고 A사 지분을 샀을 경우다(박우동과 정국수는 공동 보유자). 이들 특수관계인이나 공동 보유자들의 지분은 5% 룰에 합산해 적용된다.

특수관계인(특별관계인 등)이란 6촌 이내 부계혈족 등 친인척과 30% 이상 출자 법인을 말한다. 공동 보유자는 서로가 합의 계약에 따라 공동으로 지분을 취득 처분하기로 약정을 맺었거나, 의결권을 행사하기로 약속한 관계자들을 말한다.

5% 룰의 적용을 받는 유가증권은 우리가 흔히 말하는 '주식' 뿐 아니라, 신주인수권부사채(BW), 신주인수권증권(워런트), 전환사채(CB), 교환사채(EB) 등 미래에 주식으로 바뀔 가능성이 있는 모든 증권을 다 포함한다.

예를 들어 보통주 4%를 보유하고 있는 상태에서 지분 3%를 인수할 수 있는 워런트를 매입했다면, 5% 룰에 따라서 신고 공시를 해야 한다. 공시는 '주식 등의 대량 보유 상황 보고서'라는 제목으로 하게 된다.

그런데 이 공시를 열어보면, '주식 등'이라는 말이 있고 '주권'이라는 말이 있다. '주권'이라고 하면 일반적으로 말하는 주식을 뜻한다. 의결권이 있는 주식(주로 보통주)이나 앞으로 보통주로 바뀔 우선주가 이에 해당한다고 보면 된다. '주식 등'이라고 하면 이같은 주식 외에 BW, 워런트, CB, EB 등을 다 합산한 것을 말한다.

홍순대가 보통주 지분 4%와 BW(지분 3%에 해당하는 워런트 포함), CB(지분 1%에 해당하는 전환권)를 갖고 있다고 하자.

➡ '주권 비율' : 4%, '주식 등의 비율' : 8%

① 만약 홍순대가 보통주를 2% 추가로 샀다면,

➡ 홍순대의 주권 비율은 6%, 주식 등의 비율은 10%가 된다.

② 그러나 홍순대가 산 것이 2%에 해당하는 워런트라면,

➡ 주권 비율은 4% 그대로다. 주식 등의 비율은 10%가 된다.

③ 홍순대가 갖고 있던 BW의 워런트를 실제로 행사해 주식 3%를 확보했다면,

➡ 주권 비율은 7%가 된다. 주식 등의 비율은 8% 그대로다.

④ 홍순대가 주식 연계 증권은 일체 보유하지 않고, 오로지 보통주만 5%를 보유하고 있다고 하자.

➡ 홍순대의 '대량 보유 상황 보고서'에 나타난 '주식 등의 비율'이나 '주권의 비율'이 모두 5%로 똑같다. 즉, 주권 비율과 주식 등의 비율이 같다면 주식 연계 증권이나 워런트를 보유하고 있지 않다는 것이다.

⑤ '주식 등의 대량 보유 상황 보고서'에서 주식 등의 비율과 주권 비율의 수치가 다르다면, BW나 워런트 또는 CB나 EB 등 주식 연계 증권을 보유하고 있다고 짐작할 수 있다(이러한 내용은 공시에서 확인할 수 있다).

113 자금 여력 있는 슈퍼개미의 일반 개미 뒤통수치기

'주식 등의 대량 보유 상황 보고서'에는 지분 취득 및 변동 사유와 목적이 들어가야 한다. 이때 취득 목적이 '경영 참여'로 공시되는 경우, 개미 투자자들의 매수세가 몰리면서 주가가 급등하는 사례가 많다.

이미 경영권 분쟁이 있는 기업에 어떤 개인 투자자(슈퍼개미)가 지분 5% 이상을 매입하고 주식 매입 목적을 경영 참여라고 밝히면 갑자기 일반 개인 투자자들의 매수세가 몰려 주가가 단기에 폭등한다. 기존 주요 주주들 간의 지분 경쟁에 따른 주가 상승 등에 대한 기대감이 작용하기 때문이다. 때로는 경영권 분쟁이 붙은 기업이 아닌데도 특정 개인 투자자가 주식을 대량으로 사면서 매입 목적을 경영 참여라고 밝히기만 해도, 주가가 급등하기도 한다.

특히 매입 목적을 경영 참여라고 밝히면서 간혹 해당 기업의 현재 경영 상황에 대한 투자자의 견해 등을 공시에 덧붙여 놓는 경우가 있다. 이런 내용을 본 일반 개인 투자자들이 기업가치 상승에 대한 기대 또는 경영권 분

5% 룰의 적용을 받는 일부 슈퍼개미 중에서 공시 의무를 악용해 적대적 M&A에 대한 기대감을 높여 주가를 올린 뒤 차익을 챙기는 사례가 발생하고 있다. 슈퍼개미의 장난에 휘둘려 주가를 올리는 데 동참한 개미 투자자들에게 남는 건 손실뿐이다.

쟁 가능성에 대한 기대 등을 안고 추가로 지분을 매입하면서 주가가 급등하기도 한다.

5% 룰에 따라 신고 의무가 있는 슈퍼개미들 중 상당수는 일단 경영 참여가 목적이라고 공시한다. 그러고는 일반 개미 투자자들이 몰려들어 주가가 오르면 주식을 팔아치우는 식의 치고 빠지기 전략으로 시세 차익을 챙기는 경우가 허다하다.

5% 룰이 슈퍼개미들의 일반 개미 후리기에 활용되는 것이다. 5% 룰은 분명히 증권 시장에 필요한 제도이기는 하지만, 때로는 이렇게 악용될 수도 있다. 잘 쓰면 약인데, 잘못 쓰면 독이나 진배없다.

경제기사로 공시 읽기　　　　　　　　　　　　2012년 1월 29일

사우디중앙銀, DGB 최대주주 등극, 공시 안 해 '5% 룰' 위반

사우디아라비아 중앙은행(SAMA)이 아무 공시 없이 대구은행의 지주회사인 DGB금융지주의 최대주주로 올라서 금융당국이 조사에 나섰다. 대량 보유 공시와 관련한 '5% 룰'을 위반하고 최대주주에 오른 사실조차 알리지 않아 의결권이 제한되고 추가 제재 조치가 취해질 전망이다.

29일 금융감독원에 따르면 DGB금융은 주주총회를 앞두고 주주 명부를 확인한 결과 최대주주가 삼성생명(7.25%)에서 SAMA(8.96%)로 변경됐다고 신고했다. 지난해 5월 SAMA는 DGB금융 지분 2.89%를 보유하고 있었다. 이후 작년 말까지 지분 6.07%를 추가 매수한 것으로 나타났다.

최대주주에 오를 정도로 주식을 집중 매수했지만 SAMA는 아무 신고도 하지 않았다. 상장 기업의 의결권 있는 지분을 5% 넘게 보유하면 지분 취득 목적과 상세 내역 등을 반드시 보고해야 한다.

114 가족 관계, 자금 출처까지 알 수 있는
　　　지분 공시

■ 네패스신소재 지분 공시 사례

▶▶ **네패스신소재 주식 등의 대량 보유 상황 보고서 공시**　　　　2012년 9월 6일

1. 네패스신소재 대량 보유자에 관한 사항

① 보고자 개요

성명(명칭)	직업(사업 내용)	발행 회사와의 관계
김점래	무직	주주

② 특별관계자 개요

성명	보고자와의 구체적 관계	생년월일
정창은	친인척	480912
정유진	친인척	801009
정성훈	친인척	790106

2. 보유 주식 등의 수 및 보유 비율

	보고서 작성 기준일	보고자		주식 등		주권	
		본인 성명	특별관 계자 수	주식 등의 수 (주)	비율 (%)	주식 수 (주)	비율 (%)
직전 보고서	-	-	-	-	-	-	-
이번 보고서	2012년 9월 5일	김점래	3	176,530	6.17	176,530	6.17
증감				176,530	6.17	176,530	6.17

3. 변동(변경) 사유

변동 방법	변동 사유
장내 매수	단순 투자 목적

4. 보고자 및 특별관계자의 주식 등의 종류별 보유 내역

관계	성명 (명칭)	주권			신주인 수권표 시증서	전환 사채권	신주인 수권부 사채권	교환 사채권	증권 예탁 증권	기 타	합계	
		의결권 있는 주식	의결권 있는 주식으로 상환될 주식	의결권 있는 주식으로 전환될 주식							주식 수 (주)	비율 (%)
보고자	김점래	25,422	–	–	–	–	–	–	–	–	25,422	0.89
특별 관계자	정창은	3,218	–	–	–	–	–	–	–	–	3,218	0.11
	정유진	3,925	–	–	–	–	–	–	–	–	3,925	0.14
	정성훈	143,965	–	–	–	–	–	–	–	–	143,965	5.03

5. 세부 변동 내역

성명 (명칭)	변동일	취득/처분 방법	주식 등의 종류	변동 내역			취득/처분 단가
				변동 전	증감	변동 후	
김점래	2012년 9월 5일	장내 매수 (+)	의결권 있는 주식	–	25,422	25,422	(4,180)
정창은	2012년 9월 5일	장내 매수 (+)	의결권 있는 주식	–	3,218	3,218	(5,060)
정유진	2012년 9월 5일	장내 매수 (+)	의결권 있는 주식	–	3,925	3,925	(5,229)
정성훈	2012년 9월 5일	장내 매수 (+)	의결권 있는 주식	–	143,965	143,965	(4,723)

- '① 보고자 개요'를 보면 대량 보유자는 1952년생 김점래로, 발행 회사와 관계는 주주다. 짐작컨대 일반 개인 투자자로 보인다.
- 김점래 외 정창은, 정유진, 정성훈 세 명의 특별관계자가 네패스 신소재 지분을 보유하고 있다. 김점래가 대표 보고자인 것으로 봐서, 이 중 김점래의 지분이 가장 많다는 점을 짐작할 수 있다.
- 김점래와 이들 특별관계자와 관계는 친인척이라고 돼 있다. 정창

은이 48년생, 정유진이 80년생, 정성훈이 79년생인 점에 비추어, 김점래와 정창은은 부부관계이고 정유진과 정성훈은 그 자녀들일 가능성을 짐작할 수 있다(공시를 통해 이렇게 추정할 수 있다는 것이다. 이런 추정은 확인된 것이 아니므로 사실이 아닐 수 있다).

• 9월 5일을 기준으로 김점래 외 세 명이 보유한 주식 등의 비율은 6.17%(17만 6530주)다. 주권의 비율도 똑같다. 즉, 주식 연계 증권은 보유하고 있지 않다는 말이다.

• 지분 변경(변동) 사유는 단순 투자 목적이다. 만약 투자 목적을 단순 투자에서 경영 참여로 바꾼다면 그 내용 역시 공시 대상이다.

• '4. 보고자 및 특별관계자의 주식 등의 종류별 보유 내역'에는 네 사람의 개인별 보유량과 구성(의결권 주식, 워런트, BW, CB, EB 등) 내역이 자세히 나와 있다.

• '5. 세부 변동 내역'에는 언제 어떤 방법으로 주식을 취득(또는 처분)했는지, 취득(처분) 단가 등이 자세히 나와 있다.

■ 로만손(현 제이에스티나) 지분 공시 사례

로만손의 2012년 3월 29일 '주식 등의 대량 보유 상황 보고 공시'를 보면 보고자(제출인)를 정성훈으로 해서 5% 룰에 따른 최초 보고가 있다.

• 정성훈과 특별관계자 두 명이 로만손 주식 8.57%(127만 3312주)를 3월 29일부로 취득했다는 내용이다. 보유 목적은 경영 참여다.

1. 대량 보유자에 관한 사항

① 보고자 개요

성명(명칭)	직업(사업 내용)	발행 회사와의 관계
정성훈	개인 투자자	주요주주

② 특별관계자 개요

성명(명칭)	보고자와의 구체적 관계
김점래	친인척
정유진	친인척

2. 보유 주식 등의 수 및 보유 비율

	보고서 작성 기준일	보고자 본인 성명	특별관계자 수	주식 등 주식 등의 수 (주)	비율 (%)	주권 주식 수 (주)	비율 (%)
직전 보고서	–	–	–	–	–	–	–
이번 보고서	2012년 3월 29일	정성훈	2	1,273,312	8.57	1,273,312	8.57
증감				1,273,312	8.57	1,273,312	8.57

3. 보유 목적 : 경영 참여

4. 보고자 및 특별관계자의 주식 등의 종류별 보유 내역

관계	성명 (명칭)	주권 의결권 있는 주식	의결권 있는 주식으로 상환될 주식	주식으로 전환될 주식	신주인 수권표 시증서	전환 사채권	신주인 수권부 사채권	교환 사채권	증권 예탁 증권	기타	합계 주식 수 (주)	비율 (%)
보고자	정성훈	959,487	–	–	–	–	–	–	–	–	959,487	6.46
특별 관계자	김점래	275,501	–	–	–	–	–	–	–	–	275,501	1.85
	정유진	38,324	–	–	–	–	–	–	–	–	38,324	0.25

5. 세부 변동 내역

성명 (명칭)	변동일	취득/처분 방법	주식 등의 종류	변동 내역			취득/ 처분 단가
				변동 전	증감	변동 후	
정성훈	2012년 3월 29일	장내 매수 (+)	보통주	–	959,487	959,487	(3,715)
김점래	2012년 3월 29일	장내 매수 (+)	보통주	–	275,501	275,501	(3,313)
정유진	2012년 3월 27일	장내 매수 (+)	보통주	–	38,324	38,324	(3,843)

- '5. 세부 변동 내역'을 보면 3월 27일 특별관계자인 정유진이 3만 8324주를 장내 매수로 취득했다. 이어 3월 29일 보고자 본인인 정성훈과 또 다른 특별관계인인 김점래가 각각 장내 매수로 95만 9487주와 27만 5501주를 취득해 합계 127만 3312주에 이르러 5%를 넘겼다는 최초 보고 내용이다.

▶▶ **로만손의 주식 등의 대량 보유 상황 보고 공시(제출인 : 정성훈)** 2012년 4월 25일
3부. 직전 보고일 이후 대량 변동 내역

1. 보유 주식 등의 수 및 보유 비율

	보고서 작성 기준일	보고자		주식 등		주권	
		본인 성명	특별 관계자 수	주식 등의 수 (주)	비율 (%)	주식 수 (주)	비율 (%)
직전 보고서	2012년 3월 29일	정성훈	2	1,273,312	8.57	1,273,312	8.57
이번 보고서	2012년 4월 25일	정성훈	3	1,470,422	9.65	1,470,422	9.65
증감				197,110	1.08	197,110	1.08

2. 세부 변동 내역

성명 (명칭)	변동일	취득/처분 방법	변동 내역			취득/ 처분 단가
			변동 전	증감	변동 후	
정성훈	2012년 4월 5일	장내매수(+)	959,487	44,643	1,004,130	(4,807)
정성훈	2012년 4월 6일	장내매수(+)	1,004,130	27,790	1,031,920	(4,954)
정성훈	2012년 4월 12일	장내매수(+)	1,031,920	230	1,032,150	(4,260)
정성훈	2012년 4월 17일	장내매수(+)	1,032,150	13,500	1,045,650	(4,559)
정성훈	2012년 4월 18일	장내매수(+)	1,045,650	21,343	1,066,993	(4,759)
정성훈	2012년 4월 25일	장내매수(+)	1,066,993	65,915	1,132,908	(5,350)
김점래	2012년 4월 5일	장내매수(+)	275,501	12,286	287,787	(4,807)
정창은	2012년 4월 13일	장내매수(+)	0	11,403	11,403	(4,488)

- 정성훈은 보고에서 취득 자금 중 33억여 원은 자기자금이며, 13억 원은 증권사에서 6개월 기한으로 차입했다고 밝혔다. 이 과정에서 크라운제과 6315주와 로만손 주식 42만 7607주를 담보로 맡겼다고 밝혔다.
- 4월 25일 정성훈은 다시 '주식 등의 대량 보유 상황 보고 공시'를 제출한다. 이 내용을 보면 정성훈과 특별관계자 세 명이 로만손 주식을 추가로 취득해 지분율이 8.57%에서 9.65%로 1.08%포인트 늘어났다는 내용이다. 최초 5% 보고 이후 1% 이상의 변동이 발생했기 때문에 변동 공시를 한 것이다.
- 특별관계자도 최초 보고서의 두 명에서 한 명이 더 늘어 총세 명이 됐다.
- '직전 보고일 이후의 세부 변동 내역'을 보면 최초 보고가 있었던 3월 29일 이후 정성훈 본인과 특별관계자 김점래, 새로

운 특별관계자 정창은이 지속적으로 주식을 장내 매수해왔다는 것을 알 수 있다.

- 정성훈과 특별관계자들은 장내에서 보통주만을 취득해왔다. 그래서 '보유 주권 비율'과 '보유 주식 등의 비율'이 같다. 만약에 보통주 외에 워런트나 BW, CB 등을 함께 보유하고 있다면, '대량 보유 상황 보고서' 상에 나타난 주권 비율과 주식 등의 비율에 차이가 났을 것이다.

▦ 선도소프트(현 녹원씨아이) 지분 공시 사례

- 2012년 5월 24일 선도소프트의 '대량 보유 상황 보고 공시'를 보면 윤재준 대표이사와 특별관계자 네 명의 주권 비율이 18.65%다. 그런데 주식 등의 비율은 28.72%다.
- 주권 비율과 주식 등의 비율이 이렇게 차이가 나는 이유는, 윤재준 대표가 보통주 말고도 워런트로 129만 8701주에 해당하

▶▶ 선도소프트 주식 등의 대량 보유 상황 보고서 　　　2012년 5월 24일

1. 보유 주식 등의 수 및 보유 비율

	보고서 작성 기준일	보고자		주식 등		주권	
		본인 성명	특별 관계자 수	주식 등의 수 (주)	비율 (%)	주식 수 (주)	비율 (%)
직전 보고서	2012년 5월 24일	윤재준	4	3,014,169	28.72	1,715,468	18.65
이번 보고서	2012년 6월 1일	윤재준	3	3,014,159	28.72	1,715,458	18.65
증감				-10	-0.00	-10	-0.00

는 잠재 지분을 보유하고 있기 때문이다.

이러한 내용은 '윤재준 본인과 특별관계자의 세부 보유 내역'을 보면 알 수 있다.

115 임원과 주요 주주도 피해갈 수 없는 지분 공시 의무

회사 임원들은 내부 정보를 얻기가 쉽다. 지분율이 높은 주요 주주들도 마찬가지다. 그래서 임원이나 주요 주주들에 대해서는 내부자 거래 등 불공정 거래를 차단하기 위해 지분 공시 의무를 부여하고 있다(임원 주요 주주 주식 보유 상황 보고서).

임원이 된 자는 보유하고 있는 지분을 5일 이내에 신고 공시해야 한다. 등기임원이거나, 비등기임원이거나 상관없다. 그리고 이후 단 한 주라도 변동이 있을 경우에는 5일 이내 신고 공시해야 한다.

주요 주주란 10% 이상의 지분을 보유하게 된 자나 중요한 경영 사안에 대해 사실 상의 영향력을 행사하는 주주를 뜻한다. 지분 공시 의무는 임원에게 적용되는 것과 마찬가지다.

116 내 돈으로 산 주식, 왜 보고해야 하나?

5% 룰은 본래 적대적 M&A 시도 등에 대해 방어할 수 있는 시간이나 기회 등을 부여하기 위해 만든 제도다. 기업 경영권에 대한 투명하고 공정한 경쟁과 투자자 보호를 위한 조치이기도 하다.

그래서 5% 룰에서는 특수관계인 등과 합쳐 지분 5%가 넘으면 공시하도록 할 뿐 아니라, 지분 투자 목적을 애초 '단순 투자'로 했다가 '경영 참여'로 바꿀 때도(반대의 경우에도) 그 내용을 공시하도록 했다.

5% 룰을 어기면 5%를 초과해 보유한 지분에 대해 의결권 제한이 가해진다. 또 초과 지분에 대해서는 처분 명령을 받을 수도 있고 사법 처리가 될 수도 있다.

임원과 주요 주주 보고는 앞서 언급했듯 회사 정보에 밝은 사람들이 자기 이익을 취하기 위한 주식 거래를 할 가능성을 차단하기 위한 조치다. 그래서 단 한 주만 변동이 있어도 공시하도록 한 것이다. 임원과 주요 주주 보고 공시를 어기면 사법 처리나 퇴임 대상이 될 수 있다. 5% 룰에서는 본인과 특별관계자 주식을 합산하는데 반해, 임원이나 주요 주주는 합산하지 않고 개개인별로 보고한다. 이 규정은 소액주주들을 위한 규정으로 볼 수 있다.

상법과 「자본시장과 금융투자업 등에 관한 법률」에는 '단기 매매차익 반환 제도'가 있다. 상장사 임직원이나 주요 주주가 속해 있는 회사의 주식을 매수한 뒤 6개월 이내에 매도하거나, 반대로 주식을 매도했다가 6개월 이내에 다시 매수해 얻은 시세 차익이 있을 경우 이를 회사에 반납하도록 하는 제도다. 이 제도 역시 내부 정보를 취득할 수 있는 사람이 이를 이용해 부당 이득을 취하는 것을 금지하기 위해 마련됐다.

Chapter 23

과하면 아니 한만 못하다, 배당

117 63년 만의 무배당 굴욕,
파나소닉 vs. 17년 만의 첫 배당, 애플

2012년 11월 일본 전자업계에 '날개 없는 추락'을 상징하는 사건이 일어났다. 파나소닉의 주가가 2012년 11월 1일, 37년 만에 최저 수준으로 떨어졌다. 도쿄증권거래소에서 이날 파나소닉 주가는 장중 한때 19% 떨어진 주당 414엔까지 추락했다. 정확하게 1975년 2월 19일(416엔) 이후 37년 8개월여 만에 가장 낮은 수준이었다. 회사가 부정적인 실적 전망을 내놓자 투자자들의 매도가 이어졌다.

파나소닉은 2012 회계연도(2012년 4월~2013년 3월) 순이익 전망치로 애초 500억 엔(6700억 원) '흑자'를 제시했다. 그러나 상반기 결산이 끝난 뒤에는 7650억 엔(약 10조 2500원) '적자'를 낼 것이라며 기존 전망치를 완전히 뒤집었다. TV와 스마트폰 등 주력 사업의 적자, 태양전지와 리튬이온 배터리 등의 구조 조정, 2009년 인수한 산요의 자산가치 감소 등이 반영된 수치였다. 파나소닉은 2012 회계연도 상반기(4~9월)에만 이미 6851억 엔(9조 2000억 원)의 적자를 기록했다.

일본 빅3 전자 기업으로서의 위상은 땅에 떨어졌다. 파나소닉은 최근 2년 동안 1조 5000억 엔(20조 원) 이상의 적자를 냈다. 그런 파나소닉에게 더 굴욕적인 상황이 기다리고 있었다. 재무 구조 개선을 위해 2013년에 주주들에게 배당금을 주지 않기로 결정한 것이다. 파나소닉의 무배당은 1950년 이후 63년 만에 처음이다.

반면 애플은 2012년 3월, 주당 2.65달러의 배당을 실시하기로 했다고 밝혔다. 애플의 배당은 1995년 이후 17년 만에 처음이다. 애플은 앞으로 매년 주당 10.6달러의 배당금을 지급할 것이라고 말했다. 전 최고경영자(CEO)였던 고(故) 스티브 잡스의 영향으로 애플은 그동안 무배당 정책을 고수해왔다. 잡스가 CEO로 복귀한 1997년 애플은 부도 직전이었다. 애플 금고에는 석 달 치 운영 자금 뿐이었다. 부도 직전까지 가본 잡스는 '현금 편집증'에 시달렸다. 현금이 들어오는 대로 비축했다.

애플은 아이폰과 아이패드 판매 호조에 따라 엄청난 이익을 내면서 보유 현금 규모가 900억 달러(2012년 3월 말 기준)를 넘어서자, 주주 등 투자자들로부터 거센 배당 압력을 받아왔다. 잡스 사후(死後) CEO가 된 팀 쿡

아이폰과 아이패드 판매 호조로 현금을 다량 보유하고 있던 애플은 1995년 이후 처음으로 배당을 실시했다.

은 배당 정책에 대해 유연한 자세를 보였다. 그는 "지금까지는 늘 어나는 연구개발비와 M&A, 부품 납품 업체에 대한 전략적인 선 급금 지급, 인프라 구축 등에 보유 현금을 사용해 왔다"며 "향후 에도 이 같은 투자는 계속될 것"이라고 말했다. 그는 그러면서 "이 같은 투자를 위한 자금 정도는 계속 유지할 수 있기 때문에, 주주들을 위한 배당과 자사주 매입 프로그램을 실시하기로 했다" 고 설명했다.

애플의 17년 만의 배당 정책 변화에 대해 증권 시장은 대체로 환영했지만, 일부에서는 기대 수준에는 다소 미치지 못했다는 평 가를 내놓기도 했다.

118 배당주를 사는 데도 적당한 '쇼핑 타이밍'이 있다!

배당이란 회사가 1년 동안 번 돈(당기 순이익) 가운데 일부를 주주들에게 돌려주는 것이다. 올해 당기손실을 냈다고 해도 누적 된 이익 잉여금이 충분히 있고 현금에 여력이 있다면 배당을 시행 할 수도 있다. 배당은 현금으로 지급하기도 하고 주식으로 지급하 기도 한다. 또 현금과 주식을 섞어서 주기도 한다. 주식으로 줄 때 는 과거에는 무조건 신주를 발행해야 했지만, 2012년 4월부터 시 행된 개정 상법은 회사가 보유하고 있던 자사주를 지급할 수 있도 록 했다.

배당 횟수는 회사마다 다르다. 연말결산 뒤 한 번만 하기도 하고, 분기 또는 반기결산이 끝난 뒤 중간 배당을 하고 연말에 연말 배당을 따로 또 하기도 한다.

기업들은 연간결산일로부터 90일 이내에 주주총회를 열어 배당을 최종 결정한다. 12월 결산법인들은 결산일이 12월 31일이므로 다음해 3월 말까지 주주총회를 열어 주주들로부터 배당안을 승인받는다. 대개

배당을 받기 위해 주식을 매입한다면 배당 기준일과 매매 체결일, 매매 결제 완료일을 꼼꼼히 따져봐야 한다.

현금배당은 연말결산 뒤 다음해 2월~3월 초 사이 이사회에서 배당금을 결정하고, 3월 중 주주총회 승인을 거쳐, 4월중에 배당금을 지급한다.

그런데 주식배당의 경우에는 연말결산 전에 미리 공시해야 한다. 상장 회사가 주식배당을 하려고 할 때는 당해 사업연도 종료 전에 공시해야 한다. 따라서 주식배당 공시는 대부분 12월 달에 나온다. 이를 '주식배당 사전 예고제'라고 한다.

배당을 받으려면 배당 기준일 전에 주식을 취득해야 한다.

12월 결산법인의 예를 보자. 12월 결산법인의 배당 기준일은 무조건 맨 마지막 날인 12월 31일이라고 생각하면 된다. 그런데 기업이 12월 31일을 배당 기준일로 정해놓건 말건 한국거래소는 12월 31일 휴장한다. 그래서 대개의 경우 연말 마지막 거래 가능일(폐장일)은 12월 30일이다. 즉, 12월 30일까지 주식 결제가 이뤄져야 배당을 받을 수 있는 자격이 생긴다. 12월 30일이 결제일이 되려면 12월 28일까지 주식 거래를 체결해야 한다.

377

2018년 12월을 예로 살펴보자.

12 December						
Sun	Mon	Tue	Wed	Thu	Fri	Sat
23	24	25	26 매매 체결일	27 배당락일	28 매매 결제 완료일 (마지막 거래 가능일/증시 폐장일)	29 주말 휴장일
30 주말 휴장일	31 증시 휴장일					

2018년은 12월 29일이 토요일, 30일이 일요일, 31일이 월요일이다.
12월 결산법인 배당 기준일은 12월 31일이지만 이날은 증시 휴장일
이다. 그래서 12월 30일이 폐장일(마지막 거래 가능일)이 돼야 하는데,
30일과 그 앞날인 29일은 주말 휴장일이다.
그래서 연말 마지막 거래일은 28일(금요일)이 된다. 사실상의 배당 기준
일인 28일까지 매매 결제를 완료하려면 26일(수요일)까지는 주식 거래
가 체결돼야 한다. 그래야 배당을 받을 자격이 생긴다.

현금배당을 노린 주식 매입은 회사가 얼마를 배당할지 모르는
상태에서 주식을 사야 한다. 왜냐하면 현금배당은 12월까지 주주
명부에 등록된 주식을 대상으로 하는데, 얼마를 현금배당할지 결
정하는 이사회는 다음해 1~2월에 열리고 배당금은 이후에 공시
되기 때문이다.
신주를 발행해 주식배당을 하면 주식 수가 늘어나기 때문에 주

식가치에도 영향을 미친다. 그래서 신주를 통한 주식배당은 당해 사업연도 결산일 10일 전(12월 결산법인의 경우 12월 21일까지)까지 공시해야 한다. 따라서 주식배당의 경우 12월에 공시하기 때문에 그 내용을 보고 주식을 매입할지 말지를 결정할 수 있다.

현금배당을 많이 하는 회사는 대개 해마다 비슷한 배당률을 보이기 때문에 당해 연도에 경영 실적 자체가 크게 악화되지 않았다면 평소의 배당률을 유지할 가능성이 높다. 그래서 어떤 주식들이 고배당주인지 짐작할 수 있다. 기업들의 과거 배당 사례를 찾아보는 것도 연말 고배당주에 투자하는데 도움이 된다.

119 같은 듯 다른 주식배당과 무상증자

주식배당은 회사가 이익 잉여금을 현금으로 배당하지 않고 주식으로 배당하는 것이다. 주식배당을 하려면 주식배당 금액만큼의 배당 가능 이익이 있어야 한다. 무상증자는 이사회 결의로 연중 언제나 가능한 반면, 주식배당은 이익 잉여금을 배당으로 처리하는 사안이라 정기 주주총회를 거쳐야 가능하다.

주식배당은 당장 현금이 유출되지 않고 배당할 수 있기 때문에 현금이 부족한 회사들이 선택할 수 있다. 주주 입장에서는 배당받은 주식을 시장에서 팔면 현금화할 수 있기 때문에 현금으로 배당받는 것과 별 차이가 없다. 그러나 주식배당은 발행 주식 수를 늘리는 것이므로, 배당 물량이 많으면 주당 순이익 등 주식가치를 떨어뜨린다.

배당락(配當落)은 배당금을 받을 권리가 없어진다는 뜻이다. 예를 들어 12월 30일(수요일)이 배당 기준일이라면 28일(월요일)까지는 주식 매매를 체결해야 한다. 29일(화요일)에는 주식을 사봐야 배당 자격이 안 붙기 때문에 배당락이 발생한다.

배당을 현금으로 할 때와 주식으로 할 때의 배당락 개념은 좀 다르다. 현금으로 배당을 한다면 배당락은 배당금을 받을 권리가 없어진 주식이라고 말할 수 있다. 그런데 주식으로 배당할 때의 배당락은 '주식배당으로 주식 수가 늘어나는 것을 고려해, 기준주가를 인위적으로 떨어뜨리는 것'을 의미한다.

주식배당에서 배당락

- 김말복은 A사 주식 10주를 가지고 있다.
- A사는 주당 0.2주의 주식배당을 하기로 했다.

① 배당락 전
➡ 김말복이 보유한 주식가치는 12만 원(배당락 전일 종가 1만 2000원
× 10주)

② 배당락일
- 김말복은 기존 주식 10주에 앞으로 배당 신주 2주를 받게 됨(총 12주)

- 배당락일 아침 A사의 기준주가는 1만 원이 됨(배당락 전날 종가 1만

  2000원에서 2000원 하향 조정)

  ➡ 김말복이 보유할 주식가치는 12만 원(12주 × 1만 원)

  ※ 배당락 전후 가치가 똑같다.

  이 내용을 공식으로 나타내면

  $$배당락\ 후\ 기준주가(보통주) = \frac{보통주\ 종가 \times 보통주\ 주식\ 수}{배당\ 후\ 보통주\ 주식\ 수}$$

  $$= \frac{보통주\ 종가}{(1 + 배당률)}$$

  ➡ 배당락 전일의 종가를 (1 + 배당률)로 나누면 주식배당으로 주식
  수가 늘어날 만큼 주당 가격이 하향 조정 된다.

  배당락 당일 기준주가는 1만 원이지만, 당일 개장 이후 매수매
도에 따라 주가는 오를 수도 내릴 수도 있다. 배당락 발생으로 주
가를 인위적으로 낮추기는 했지만 기업의 본질적 가치가 좋아서
주가가 금세 회복된다면 보유한 주식의 총 가치는 배당락 전보다
크게 오를 수 있다.

  현금배당은 기준주가를 인위적으로 조정하지 않는다. 주식배당
처럼 발행 주식 수가 늘어나 주당 가치가 떨어지는 게 아니기 때
문이다. 그런데 현금배당일 경우에도 배당 권리를 확보한 일부 투
자자들이 배당락일에 주식을 팔아 주가가 떨어지기도 한다(배당
권리가 확보된 주식은 배당 대상 주주 명부에 올라가기 때문에, 다음날 주

식을 팔아도 배당받는데 문제가 없다).

배당과 관련한 지표에는 '배당률'과 '배당성향'이 있다.

배당률에는 시가배당률과 액면배당률이 있다. 액면가 5000원인 주식에 2000원이 배당된다면 액면배당률은 40%다. 그러나 이 기업의 주식시가가 10만 원 이라면 시가배당률은 2%밖에 안 된다.

배당액(배당총액)은 전체 배당금이 얼마냐 하는 것이므로, '주당 배당금 × 발행 주식 수'로 구할 수 있다. 이것만으로는 그 기업이 주주들에게 어느 정도나 배당을 고려하는지 짐작할 수 없다. 이 경우 배당성향을 봐야 한다. 배당성향(배당액/당기 순이익)은 당기 순이익 중 얼마나 배당을 하는지 나타내는 지표다.

121 주주들은 어떤 배당 공시에 웃었을까?

▒ 삼성전기 현금배당 결정 공시 (2012년 1월 19일)

• 이사회 결의로 주당 보통주 750원, 우선주 800원을 배당한다.
• 시가배당률은 보통주는 0.9%, 우선주는 3.0%이다.

 (이런 내용은 외부 감사인의 회계 감사와 정기 주주총회 승인 과정에 서 변경될 수 있고, 배당금 지급은 주주총회일로부터 1개월 이내로 예 정돼 있다.)

▒ 포스코 중간(분기) 배당 공시 (2012년 8월 10일)

• 주당 보통주 2000원의 현금배당을 한다.
• 배당 기준일은 6월 30일이다.

- 배당금 지급 예정일은 8월 23일이다.
- 주주총회는 개최하지 않는다.

▓ 백광산업 주식배당 공시 (2011년 12월 16일)

- 1주당 배당 주식 수는 보통주 0.05주다. 100주를 보유하고 있다면 5주를 배당받을 수 있다.
- 배당 기준일은 12월 31일이다.
- 배당락은 12월 28일이다. 2011년에는 12월 30일이 폐장일(연말 마지막 거래일)인데 토요일이었으므로, 12월 29일이 폐장일이 됐다. 따라서 12월 27일까지 주식을 사야 배당 자격이 생긴다. 다음날인 12월 28일 주식을 사봐야 12월 30일에는 결제가 안 되고 다음해로 넘어간다. 즉, 12월 28일에 주식을 사면 배당 자격을 얻을 수 없다. 따라서 배당락일은 12월 28일이다.
- 백광산업은 다음해인 2012년 2월 24일에는 보통주 1주당 250원의 현금배당 공시를 했다. 주식배당을 하는 회사도 현금배당을 병행하는 경우가 많다.

▓ 대원제약 주식배당 공시 (2011년 12월 21일)

- 보통주 1주당 0.1주를 배당한다.
- 주식배당 결정 공시가 나오던 날 대원제약은 12월 21일 오후 2시 40분~12월 22일 오전 9시까지 매매 거래가 정지됐다. 유가증권 시장본부는 "배당 비율 10% 이상의 주식배당 결정

이라는 중요한 내용을 회사 측이 공시했으므로, 주식 거래를
일단 정지시켰다가 그 다음날 오전 9시에 거래를 재개시킨
다"고 밝혔다.

경제기사로 공시 읽기   2012년 9월 26일

배당株 10~11월 강세, 미리 잡아야 수익 본다

수은주가 내려갈수록 주가가 꿈틀대는 종목이 있다. 이른바 '배당주'라고 불리는 주식이다. 연말이 가까워지면 배당을 노린 투자자들이 관심을 갖기 때문이다. 전문가들이 8~10월 배당주 투자를 권하는 이유는 고(高)배당주가 해마다 10~11월에 큰 폭으로 상승하는 경향이 있기 때문이다.

대표적인 고배당주 SK텔레콤 KT KT&G 한전KPS의 최근 5년 월별 주가 등락률을 보면, 개별 배당주의 상승률도 9~11월에 높은 편이다.

변준호 교보증권 연구원은 "대개 8월이면 2분기 결산이 끝나 기업별로 그해 이익 수준에 대한 윤곽이 나오는 시기다. 상반기에 실적이 좋았던 종목의 주가는 이미 많이 상승해 있다"며 "이 때문에 상대적으로 주가가 덜 올랐거나 배당금 같은 추가 수익이 있는 배당주가 관심을 받는 것"이라고 분석했다.

배당주는 투자 목적에 따라 보유 기간도 달라진다.

투자 전문가들은 배당금을 받기 위한 경우라면 배당락일 전까지 주식을 갖고 있어야 하지만, 단순히 주가 상승에 따른 차익을 노리는 경우에는 12월 초에서 중순에 파는 편이 낫다고 설명한다. 배당을 포기하고 주가 차익만 얻는 방법이다.

정재현 KTB투자증권 연구원은 "주가 등락률에 신경 쓰지 않고 해마다 배당금을 받기 위해 투자한다면 장기 보유하는 편이 낫고, 시세 차익을 노린다면 배당락이 생기기 전에 팔아야 한다"며 "8월쯤 사서 12월 초, 최소한 배당락일 일주일 전까지 파는 게 좋다"고 말했다.

연말 배당 막차 타볼까? 27일까지 주식 사야

배당주 투자를 위해 반드시 알아야 할 포인트가 있다.

첫째, 올해는(2011년) 배당을 받으려면 주식을 27일까지는 사야 한다. 27일에 사야 올해의 마지막 주식 거래일인 29일에 실제로 주식을 보유하게 되기 때문이다. 27일에 주식을 샀으면 28일에 팔아도 배당금은 받을 수 있다는 얘기다.

둘째, 배당금보다 배당락으로 인한 주가 하락이 더 클 수도 있다. 28일이 되면 주식은 배당 권리를 잃어버린다. 이를 배당락이라고 한다. 이렇게 되면 이미 배당받을 권리를 가진 투자자들 중 많은 이들이 주식을 팔아버린다. 12월이 되면 배당금을 많이 주는 회사들의 주가가 강세를 보이는 이유도 배당을 노리고 미리 사는 투자자들이 많기 때문이다. 이런 이유로 28일이 되면 많은 기업의 주가가 떨어진다.

문제는 배당 투자로 받는 배당금보다 배당락으로 떨어지는 손실이 클 수 있다는 얘기다. 한 주당 배당금을 현재 주가로 나눈 것을 배당수익률이라고 하는데, 1만 원짜리 주식을 사서 500원의 배당금을 받았다면 배당수익률은 5%

다. 하지만 배당락으로 주가가 9000원까지 떨어졌다면 5% 수익이 아니라 오히려 손실이 된다.

셋째, 현금배당과 주식배당의 차이를 알아야 한다. 재무적으로 봤을 때 주식배당은 기업의 자본이 늘어나는 것이므로 현금이 밖으로 빠져나가는 현금배당보다 기업과 주주들에게 유리하다.

배당락에도 차이가 있다. 현금배당은 배당락 당일 주가가 수급에 따라 결정되지만, 주식배당은 증권거래소가 일부 기준가를 조정한다.

넷째, 얼마나 배당할지는 뚜껑을 열어봐야 안다. 대부분 구체적인 배당금을 미리 아는 것은 불가능하다. 이럴 때 필요한 것이 배당성향과 애널리스트들이 예측한 예상 배당수익률이다. 배당성향은 기업이 벌어들인 돈의 얼마만큼을 배당금으로 줬는지를 계산한 것이다.

다섯째, 배당금은 3월 이후에 받을 수 있다. 배당금은 주주총회에서 최종적으로 확정해야 지급된다. 그러므로 주주총회가 몰려 있는 3월 이후부터 본인 계좌로 배당금이 입금된다.

385

보통주(common stock)는 글자 그대로 보통의 일반 주식으로, 의결권을 행사하고 배당을 받는 등 주주로서 일반적 권리를 행사할 수 있는 주식을 말한다. 우선주(preferred stock)는 의결권을 없앤 대신 배당이나 회사의 잔여 재산 분배 등에서 우선권이 보장되는 주식을 말한다. 대개 보통주보다 액면가 대비 배당률이 1% 정도 더 높은 것이 일반적이다. 기업은 우선주를 발행해 기존 대주주의 경영권을 보호하면서 자금 조달을 쉽게 할 수 있다. 투자자는 배당을 통해 안정된 수익을 얻을 수 있다.

일반적으로 보통주에 대한 배당이 없을 때는 우선주에 대해서도 배당하지 않는다. 그러다보니 우선주에 대한 투자자들의 선호도가 별로 높지 않은 편이다.

그래서 일반적인 우선주에 몇 가지 매력도를 높인 우선주들이 등장했다. 이들 신형 우선주 중에는 일정 기간이 지나면 보통주와 1대 1로 교환해주는 전환우선주나, 최저 배당률을 적용해 높은 배당을 보장해주는 우선주 등이 있다. 최저 배당률이 적용되는 우선주는 당해 연도에 배당을 받지 못하면 그만큼 배당금이 누적돼 다음 회계연도로 넘어가는 경우가 많다.

연말이 다가오면 배당 공시가 줄을 잇는다. '주식 배당 결정'이라는 제목의 공시가 있는가 하면 '현금 현물 배당 결정'이라는 제목의 공시도 있다. 배당 공시가 집중적으로 쏟아지는 것은 보통 연초(2~3월 사이)인데, 연말에 나오는 배당 공시들은 주의 깊게 볼 필요가 있다.

배당은 주식 투자자들의 큰 관심 사안이다. 배당을 많이 해 온 기업들의 경우 이른바 '고배당주'라고 해 11월부터 주가가 조금씩 오름세를 타기도 한다.

12월 결산법인의 연말 배당 기준일은 원칙적으로 12월 31일이다. 이 시점까지 주식을 보유해야 배당 자격이 있는 주주 명부에 이름을 올릴 수 있다. 그러나 현실적으로 12월 31일이 배당 기준일이 되기는 어렵다. 증시 맨 마지막 영업일은 휴장일이기 때문이다.

2017년의 경우 언제까지 주식을 사야 주주명부에 이름을 올릴 수 있었을까? 2017년은 12월 30일~31일이 주말이기 때문에, 29일이 휴장일이다. 하루 전인 28일 거래를 마치면 증시는 폐장한다. 따라서 28일이 사실상의 배당 기준일이 되며, 28일까지 결제가 되려면 26일까지는 주식을 사야한다.

12 December						
Sun	Mon	Tue	Wed	Thu	Fri	Sat
24	24	26 배당 기준일	27 배당락	28 폐장일	29 휴장	30 휴장
31 휴장						

대개 배당이라고 하면 현금을 생각한다. 일반적으로 현금배당

은 결산을 마친 뒤 이사회에서 배당금액을 결정해 공시하고, 주주총회 의결을 거쳐 지급하는 과정을 밟는다. 회사가 자체적으로 연간결산을 마친 뒤 배당액을 결정하기 때문에 12월 결산법인의 경우 대개 그다음 해 2~3월 사이 현금배당 공시를 집중적으로 쏟아낸다. 그리고 3월에 주주총회를 열어 배당액을 확정 짓고, 4월에 주주들 계좌로 입금하는 과정을 따른다.

주식배당은 좀 다르다. 주식으로 배당하는 경우에는 결산기 말 (12월 31일)로부터 10일 전까지는 주식배당 내용을 공시해야 한다. 주식배당을 하는 회사들은 12월 21일까지는 배당 내용을 미리 공시해야 한다는 이야기다.

회사가 현금배당을 배당 기준일 전에 공시할 의무는 없으므로, 현금배당을 기대하는 투자자들은 회사가 얼마를 배당할지 모르고 주식을 매수한다. 그러나 이른바 '배당주'로 꼽히는 회사들은 꾸준히 일관되게 배당을 하는 경우가 많아 어느 정도 예측이 가능하다.

어떤 회사들은 결산을 마친 연초에 현금배당 공시를 하지 않고, 아예 추정 실적을 기준으로 연말에 미리 현금배당 공시를 하는 경우도 있다. 이런 경우에는 투자자들이 회사의 현금배당 수준을 알고 투자할 수 있다.

주식배당의 경우 제도 규정으로 공시 시한을 못 박아 놓았기 때문에 이를 어기면 안 된다. 그래서 배당 기준일 전에 배당 내용을 알 수 있다. 주식배당을 하는 경우에는 배당 기준일 바로 전날에는 이른바 배당락이 적용된다. 배당락일에는 개장 전에 인위적으로 기준주가를 낮춘 다음 거래를 시작한다. 배당락일 매수하는 주식은 배당받을 권리가 떨어져 나간 상태다.

그리고 앞으로 주식배당이 실행되면 발행 주식 수가 증가해 주당 가치가 하락하므로, 인위적으로 주가를 낮춰 거래를 시작한다. 배당락일 적용하는 기준주가는 개장 전에 공시된다.

12월 초에 일찌감치 배당 관련 공시를 내놓은 몇 개 회사의 사례를 통해, 배당 공시를 볼 때 유의해야 할 점을 생각해보자.

배당 기준일 바로 전날은 주식을 배당받을 권리가 사라지는 배당락일이다. 배당락일에는 인위적으로 기준주가를 낮춘 다음 거래한다.

▶▶ 2017년 12월 초 기업들의 배당 공시

공시 대상 회사	보고서명	제출일
금비	현금·현물배당 결정	2017년 12월 4일
파트론	현금·현물배당 결정	2017년 12월 4일
시큐브	주식배당 결정	2017년 12월 5일
시큐브	현금·현물배당 결정	2017년 12월 5일
방림	현금·현물배당 결정	2017년 12월 5일
다날	주식배당 결정	2017년 12월 7일

(주)금비의 경우는 잘 봐야 한다. 이 회사는 9월 말 결산법인이다. 따라서 회계연도(2016년 10월 1일~2017년 9월 30일) 결산을 종료

한 뒤 12월쯤에 현금배당 공시를 하고, 내년 1월에 주주총회에서 배당을 확정 짓는 일정을 밟는다.

배당 기준일은 결산기말인 9월 30일이므로, 12월 초에 이 공시를 보고 주식을 사봐야 배당 대상이 안 된다. 금비의 공시 내용을 잘 들여다보면 이를 파악할 수 있다.

▶▶ (주)금비 현금 · 현물배당 결정 공시		2017년 12월 4일
1 배당 구분		결산배당
2 배당 종류		현금배당
3 1주당 배당금(원)	보통주식	1,000
4 시가 배당율(%)	보통주식	1.3
5 배당 기준일		2017년 9월 30일
6 배당금 지급 예정일자		2018년 1월 8일
7 주주총회 예정 일자		2017년 12월 19일
8 이사회결의일(결정일)		2017년 12월 4일

(주)방림도 마찬가지다. 이 회사 역시 9월 말 결산법인이다. 12월에 공시가 나온 시점에서 보면 배당 기준일이 지났다. 자칫 공시에서 현금배당액이나 시가배당률만 보고 배당을 기대하고서 매수하면 안 된다.

(주)파트론은 12월 결산법인이라 현금배당의 경우 내년 초에 공시를 해도 되지만 12월 초에 미리 했다.

	▶▶ (주)파트론 현금 · 현물배당 결정 공시		2017년 12월 4일
1	배당 구분		결산배당
2	배당 종류		현금배당
3	1주당 배당금(원)	보통주식	175
4	시가 배당율(%)	보통주식	1.94
5	배당 기준일		2017년 12월 31일

(주)시큐브(12월 결산)는 현금배당과 주식배당을 병행한다. 이 두 가지 배당 공시가 동시에 나왔다. 주식배당은 12월 21일까지 공시하면 되는데, 조금 당겨서 했다. 현금배당 역시 주식배당 공시를 하는 김에 동시에 한 것으로 보인다.

(주)다날(12월 결산)은 주식배당을 한다고 공시했다. 이렇게 주식배당 공시만 하는 기업들이 다음 해 2~3월 사이 현금배당 공시를 추가로 하는 경우도 있다. 다날의 경우는 지금까지 주식배당만 해왔기 때문에 현금배당을 추가로 할 가능성은 적어 보인다.

쪼개거나 합치거나,
액면 변경

124 '황제주'에서 '국민주'로,
삼성전자의 액면분할

2018년 1월 31일은 삼성전자의 2017년 4분기와 연간 실적 발표가 예정된 날이었다. 이날 오전 9시 증권시장 개장 전 삼성전자는 실적을 공시하면서 연말결산 현금배당 공시도 같이 내놓았다.

2017년 삼성전자의 매출(연결 기준)은 239조 5800억 원, 영업이익은 53조 6500억 원으로 집계됐다. 우리나라 기업으로는 사상 처음으로 연간 영업이익 50조 원 시대를 열었다. 실적은 시장 예상치와 부합하는 수준이었다.

그런데 오전 9시를 조금 넘어 삼성전자는 한 건의 깜짝 공시를 냈다. 주식의 액면가를 5000원에서 100원으로 낮춘다는 내용이었다. 삼성전자 주가가 250만 원 선임을 감안해 50대 1의 액면분할을 적용하면 삼성전자 주가는 5만 원 선으로 하향조정된다. 이른바 '황제주'에서 '국민주'로 자리매김할 가능성이 높아지는 셈이다.

▶▶ 삼성전자 주식분할 결정 공시   2018년 1월 31일

주식분할 내용	구분		분할 전	분할 후
	1주당 가액(원)		5,000	100
	발행 주식 총수	보통주식(주)	128,386,494	6,419,324,700
		종류 주식(주)	18,072,580	903,629,000
주식분할 일정	주주총회 예정일		2018년 3월 23일	
	신주권 상장 예정일		2018년 5월 16일	
주식분할 목적			유통 주식 수 확대	

액면분할은 2018년 3월 주주총회를 통과하면 5월 중순 시행된다. 삼성전자 측은 "2017년 실적 개선과 주주 환원 확대 발표 등으로 주가가 크게 오르면서 일반 소액주주들이 삼성전자 주식을 매입하는 데 부담을 느낀다는 의견이 계속 제기됐다"며 "이번 액면분할로 더 많은 개인 소액주주들이 삼성전자 주식을 보유할 수 있을 것으로 본다"고 말했다.

증권가 전문가들도 "삼성전자 주식이 그동안 외국인과 기관투자자의 전유물처럼 여겨져 왔으나, 액면분할 이후에는 국민주로 변신하게 될 것"이라며 "낮아진 주가와 유통 주식 수 확대에 따른 활발한 매매, 실적 개선세 지속 등이 결합하면 중장기적으로 양호한 주가 흐름을 보일 것"이라고 내다봤다.

삼성전자는 앞서 2017년 10월 대대적인 주주 환원 정책을 발

393

표하면서 2017년 총 배당금을 전년 대비 20% 증가한 5조 8000억 원 수준으로 끌어올리겠다고 발표했다. 아울러 2018~2020년까지 회사가 창출하는 잉여 현금 흐름의 50%를 주주들에게 지급함으로써 매년 9조 6000억 원 이상을 배당하겠다고 밝혔다.

이후 일각에서는 일반 주주들이 삼성전자 주식을 매입해 이 같은 배당 확대의 기회를 얻기에는 주가 수준이 부담스럽기 때문에 액면분할을 검토해야 한다는 주장이 제기되기도 했다.

2017년 말 기준으로 삼성전자 주주는 14만 4363명이다. 이 가운데 개인 소액주주는 13만 8000명 정도다. 주주 수를 놓고 보면 개인 소액주주 비중이 95%가 넘는다. 하지만 이들이 보유한 삼성전자 주식은 563만 주 가량으로 전체의 4.4%에 불과하다. 삼성전자는 결국 주주 가치 제고 차원에서 액면분할 결정을 내린 것으로 보인다.

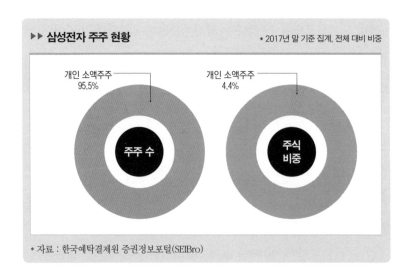

▶▶ **삼성전자 주주 현황** * 2017년 말 기준 집계, 전체 대비 비중

개인 소액주주
95.5%

개인 소액주주
4.4%

주주 수

주식
비중

* 자료 : 한국예탁결제원 증권정보포털(SEIBro)

단순 액면분할은 주식 수를 늘릴 뿐 기업가치에 영향을 주는 것은 아니다. 그러나 분할 비율만큼 주가를 낮춰 거래를 시작하기 때문에 주가가 싸 보이는 효과가 있고, 유통 주식 수 확대에 따른 거래 활성화로 주식의 유동성도 커진다.

삼성전자의 경우 배당 확대 발표 이후 3개월 만에 전격적인 액면분할을 발표함으로써, 일반 소액주주들에게 주주 환원 수혜를 받을 기회를 넓혀줬다는 측면에서 긍정적인 평가를 받았다.

125 주식을 쪼갰다가 합쳤다가, 어울림정보기술의 꼼수

2012년 9월 상장폐지된 어울림정보기술이라는 회사가 있다.

어울림정보기술은 2012년 6월 두 개의 공시를 냈다. 하나는 액면분할(주식분할)이고, 다른 하나는 감자결정이었다.

어울림정보기술은 주식 액면가를 500원에서 100원으로 바꾼다고 했다. 이렇게 되면 발행 주식 수가 다섯 배 늘어난다. 이 회사의 주식 수는 액면분할을 하면 4697만 주에서 무려 2억 3488만 주로 늘어난다. 주식 수가 늘어나는 비율(다섯 배)의 역수 (5분의 1)만큼 주가는 떨어진다. 회사는 액면분할 목적이 유통 주식 수 확대를 통한 거래 활성화라고 밝혔다.

액면가 5000원짜리 주식을 액면가 500원짜리 주식 10주로 나누는 것처럼, 주식의 액면가를 나눠 주식 수를 늘리는 것을 액면분할이라고 한다.

주식분할 내용	구분		분할 전	분할 후
	한 주당 가액(원)		500	100
	총 발행 주식 수	보통주(주)	46,977,463	234,887,315
주식분할 목적			유통 주식 수 확대	

감자 주식의 종류와 수	보통주(주)	211,398,584	
한 주당 액면가액(원)		100	
감자 전후 자본금		감자 전(원)	감자 후(원)
		23,488,731,500	2,348,873,100
감자 비율	보통주(%)	90	
감자 방법		액면가 100원의 기명식 보통주 10주를 같은 액면주식 1주로 병합	
감자 사유		재무 구조 개선	

그런데 이 회사는 곧바로 감자를 하겠다고 밝혔다. 보통주 10주를 1주로 병합하겠다는 것이다. 발행 주식 수는 다시 2억 3499만 주의 10분의 1인, 2348만 주로 줄어든다.

액면분할을 통해 유통 주식 수를 늘려 거래를 활성화한다고 하더니, 감자를 거친 뒤 주식 수를 보면 액면분할하기 전(4697만 주)의 2분의 1밖에 안 된다. 액면분할로 주식 수를 다섯 배로 늘려놓고 감자를 통해 10분의 1로 줄였기 때문에 나타난 결과다.

앞에서 살펴봤듯이 감자를 하게 되면 감자차익이 발생해 재무 구조를 개선할 수 있다. 이 회사의 감자 전 자본금은 234억 원이었는데, 감자 후에는 23억 원이다. 줄어든 자본금(211억 원)만큼을 결손금 해소에 사용할 수 있다.

이 회사가 액면분할을 한 실제 목적은 거래 활성화보다는 재무구조 개선에 있었다고 볼 수 있다. 그래서 일단 액면분할로 주식을 늘린 뒤 감자로 결손금을 해소하는 수순을 동원한 것으로 해석된다. 하지만 이 회사는 결국 퇴출을 피하지 못했다.

126 액면분할을 하면 주가가 오를까?

액면가 5000원짜리 주식을 액면가 500원짜리 주식 열 장으로 나누는 것, 또는 액면가 5000원짜리 주식을 액면가 2500원짜리 두 장으로 나누는 것과 같이 주식의 액면가를 나눠 주식 수를 늘리는 것을 '액면분할(주식분할)'이라고 한다.

(주)붕어빵

액면가 : 5000원, 발행 주식 수 : 100주, 주가 : 2만 원

- 액면가를 10분의 1(5000원 → 500원)로 낮춤
- 회사는 기존 주주들의 구주를 회수한 뒤 구주 1주당 신주 10주를 나눠줘야 한다.
① 발행 주식 수는 1000주로 열 배 증가

397

② 주가는 2000원에서 다시 시작(액면분할 결정 이후 매매 거래 정지 기간을 거쳐 거래가 재개될 때, 이날 아침 장시작 '기준주가'는 2000원이 됨)

③ 시가총액(발행 주식 수 × 주가)은 200만 원으로 액면분할 전후 변화 없음
   액면분할 전 2만 원 × 100주 = 액면분할 뒤 2000원 × 1000주

④ 자본금(발행 주식 수 × 액면가)도 변화 없음
   액면분할 전 5000원 × 100주 = 액면분할 뒤 500원 × 1000주

기업들이 액면분할에 나서는 이유는 대부분 유통 주식 수를 늘려 활발한 시장 매매를 유도해 주가를 끌어올리기 위해서다. 액면분할을 하면 분할 비율만큼 주가가 떨어지기 때문에 아무래도 이전보다 주식이 훨씬 싸 보이기 마련이다. 투자자들 입장에서 주식을 살만한 유인 효과가 생긴다.

유통 주식 수를 늘리는 것은 매매를 자극해 주가를 받쳐주는 역할을 하기도 하지만, 때로는 대량의 주식 투매를 유발해 주가를 떨어뜨리는 역할을 하기도 한다. 특히 주가가 좀 오를만할 때마다 대량 매도가 발생해 턱을 넘지 못하는 현상이 발생한다면 과다한 유통 주식 수 때문일 수 있다. 기업들은 이런 현상 때문에 유통 주식 수를 줄이기 위해 액면병합을 하기도 한다.

액면분할 공시가 나오면 공시 당일이나 그 다음날까지 하루이틀 정도 주가가 오르기도 하지만, 반짝 상승으로 그치는 경우가 많다. 이후에는 주가가 통상 빠졌다가 다시 오르내리길 반복하는 등 원래 기업의 펀더멘털 수준으로 회귀하려는 경향을 보이기 마련이다.

127 13만 9000원에서 1만 3000원으로, 싸진 걸까?

- 녹십자홀딩스

녹십자홀딩스의 2012년 2월 14일 주식분할(액면분할) 결정 공시를 보자.

▶▶ 녹십자홀딩스 주식분할 결정 공시			2012년 2월 14일	
주식분할 내용	구분		분할 전	분할 후
	1주당 가액(원)		5,000	500
	총 발행 주식 수	보통주(주)	4,702,821	47,028,210
		우선주(주)	251,486	2,514,860
주식분할 일정	주주총회 예정일		2011년 3월 18일	
	매매 거래 정지 기간		2011년 4월 18일~신주권 변경 상장일 전일까지	
	명의개서 정지 기간		2011년 4월 20일~5월 2일	
	신주권 상장 예정일		2011년 5월 4일	
주식분할 목적			유통 주식 수 확대를 통한 거래 활성화	

- 한 주당 액면가를 5000원에서 500원으로 낮춘다고 했다. 주식분할 목적은 유통 주식 수 확대를 통한 거래 활성화다.
- 주주총회는 3월 18일이다. 매매 거래 정지는 4월 18일~5월 3일까지, 명의개서 정지는 4월 20일~5월 2일까지다. 신주 상장은 5월 4일이다.
- 매매 거래 정지 전날(4월 17일) 종가가 13만 9000원이던 주식이 매매 거래 재개일(5월 4일)에는 1만 4500원이 됐다. 이후

주가는 대략 1만 3000원~1만 4000원 사이에서 움직였다. 액면분할 이후 주가가 싸게 느껴지겠지만, 액면분할 전 기준으로 보면 13만~14만 원대다.

128 액면분할과 감자로 두 마리 토끼 잡기
- 보루네오가구, (주)국동

앞서 살펴본 어울림정보기술처럼 회사들이 액면분할과 감자를 병행하는 경우가 있다. 대개 액면분할을 먼저 한 뒤 감자를 한다.

액면분할을 하면 주식 수가 늘어난 비율만큼 주가가 떨어진다. 여기서 다시 감자를 하면 주식 수가 줄어들면서 감자 비율만큼 주가가 오른다. 그리고 무엇보다 감자차익이 발생해 재무 구조 개선 효과를 볼 수 있다. 따라서 액면분할 후 감자를 실시하는 주목적은 재무 구조 개선에 있다고 볼 수 있다.

▦ 보루네오가구 주식분할과 감자 사례

지금은 상장폐지된 보루네오가구의 2012년 6월 13일 공시를 보자.

주식분할 후 감자를 했다. 일단 액면분할(액면가 5000원→액면가 500원)로 발행 주식 수가 961만 주에서 9613만 주로 늘어난다. 그리고 액면가 500원짜리 3주를 같은 액면가 1주로 병합하는 3대 1 감자를 한다. 감자 사유는 재무 구조 개선이다. 이렇게 해서 발행 주식 수는 9613만 주에서 3204만 주로 줄어든다(그래도 액면분할과 감자를 하기 전 보다 발행 주식 수가 세 배 이상 늘어난 수치다).

감자 과정에서 줄어든 자본금 320억 원(480억 원→160억 원)은 재무 구조 개선(결손금 해소)에 쓰인다.

▶▶ 보루네오가구 주식분할 결정 공시   2012년 6월 13일

주식분할 내용	구분		분할 전	분할 후
	1주당 가액(원)		5,000	500
	총 발행 주식 수	보통주(주)	9,613,891	96,138,910
주식분할 목적			유통 주식 수 확대	

▶▶ 보루네오가구 감자 결정 공지   2012년 6월 13일

감자 주식의 종류와 수	보통주(주)	64,092,607	
한 주당 액면가액(원)		500	
감자 전후 자본금		감자 전(원)	감자 후(원)
		48,069,455,000	16,023,151,500
감자 비율	보통주(%)	66.67	
감자 방법		기명식 보통주 3주를 동일한 액면주식 1주로 병합	
감자 사유		재무 구조 개선	

■ (주)국동 주식분할과 감자 사례

- (주)국동은 액면가 1000원 짜리 주식을 액면가 500원으로 액면분할한다. 발행 주식 수가 2004만여 주에서 4008만여 주로 두 배 늘어났다.
- (주)국동은 여기서 10대 1의 감자를 한다. 주식 수는 400만여

주로 줄어들었다.

- 결과적으로 발행 주식 수는 분할과 감자 전 2004만여 주에서 5분의 1 수준인 400만여 주로 줄어들었다(액면분할로 주식 수가 두 배로 늘었다가 감자로 10분의 1로 줄었으니, 결국은 5분의 1 수준으로 줄어든 것이다).

- 감자 전후의 자본금 차이(200억 원-20억 원 = 180억 원)만큼 결손금을 해소할 수 있다.

▶▶ (주)국동 주식분할 결정 공시　　　　　　　　　　　2011년 8월 31일

주식분할 내용	구분		분할 전	분할 후
	1주당 가액(원)		1,000	500
	총 발행 주식 수	보통주(주)	20,045,774	40,091,548
주식분할 목적	유통 주식 수 증가를 통한 주식 거래 활성화			

▶▶ (주)국동 감자 결정 공지　　　　　　　　　　　　2011년 8월 31일

감자 주식의 종류와 수	보통주(주)	36,082,394	
한 주당 액면가액(원)		500	
감자 전후 자본금		감자 전(원)	감자 후(원)
		20,045,774,000	2,004,577,400
감자 비율	보통주(%)	90	
감자 방법		기명식 보통주 10주를 동일한 액면주식 1주로 병합	
감자 사유		재무 구조 개선 및 자본금 규모 적정화	

129 싸구려 티 감추는 액면병합

액면병합은 액면분할의 반대말이다. 예를 들어 액면가 500원짜리 주식 열 장을 액면가 5000원짜리 주식 한 장으로 만들고 주식 수가 줄어든 만큼 기준주가를 올리는 것이 '액면병합'이다. 100원짜리 주식을 합쳐 500원짜리로, 500원짜리 주식을 합쳐 2500원짜리나 5000원짜리로 만들 수도 있다.

액면병합을 하면 그 비율만큼 주가가 상향 조정된다. 액면가 500원짜리 주식의 주가가 1000원이라면, 10주를 병합해 액면가 5000원짜리 1주로 만들면 주가가 1만원으로 올라간다. 액면병합은 기업들이 싸구려 주식이라는 이미지에서 탈피하고자 선택하는 경우가 많다.

유통 주식 수가 너무 많아 주가가 낮을 뿐 아니라, 투매 현상 때문에 주가가 계속 발목이 잡혀있거나, 싸구려 이미지 때문에 투자자들이 잘 손을 대지 않는 주식 등이 주로 액면병합을 단행한다.

"주식을 병합한다"는 말은 '감자'와 '액면병합'에 다 해당할 수 있다. 문제는 액면가를 어떻게 변화시키느냐 따라 감자가 될 수도, 액면병합이 될 수도 있다.

(주)붕어빵(액면가 500원)의 보통주 5주를 같은 액면가의 1주로 병합하면 이것은 5대 1 감자가 된다. 반면 보통주 5주를 1주로 주

액면가 500원짜리 주식 10장을 액면가 5000원짜리 주식 한 장으로 만들고 줄어든 주식 수만큼 기준주가를 올리는 것이 액면병합이다.

식병합하되, 액면가를 다섯 배로 올리면 액면병합이다. 액면병합을 하면 당연히 주식병합 전후 자본금에는 변화가 없다.

주식병합 전 자본금
500원 × 100주 = 5만 원

=

주식병합 후 자본금
2500원 × 20주 = 5만 원

일반적으로 공시에서 주식병합이라고 하면 액면병합을 뜻한다. 그래서 주식병합 결정 공시가 나오면 액면병합으로 이해하면 된다. 감자의 경우에는 '감자 결정'이라는 제목으로 공시를 한다. 감자를 하거나 액면병합을 하면 주식 수가 줄어드는 만큼 인위적으로 기준주가를 상향 조정해 거래를 재개한다.

130 기업은 액면가를 합치는 것보다 나누는 걸 더 좋아한다

한국예탁결제원에 따르면 상장회사 중 2017년에 주식 액면을 변경한 회사는 44개로, 전년(42개) 대비 5% 증가했다.

액면 변경 유형별로 보면, 38개사가 주식 거래의 유동성 증가 등을 위해 액면분할을 실시했다. 기업 이미지 제고 등을 위해 액면병합(액면증액)을 한 회사는 6개사였다.

코스피시장(유가증권 시장) 기업 중 액면분할을 실시하는 곳은

2014~2017년 동안 3개, 13개, 14개, 16개로 증가 추세다. 코스닥 시장 기업도 같은 기간 3개, 18개, 23개, 22개로 증가 흐름을 보이고 있다.

이에 비해 액변병합 기업은 유가증권 시장에서는 해마다 1개 정도에 불과하며, 코스닥 시장에서는 같은 기간 1개, 2개, 4개, 5개로 증가세에 있다.

액면분할 금액으로 보면 주당 액면금액을 500원에서 100원으로 분할하는 회사가 14개(37%)로 가장 많았다. 액면병합의 경우에는 100원에서 500원으로의 병합이 전체 6건 중 5건을 차지했다.

한편, 2017년 12월 말 현재 주식의 액면가 비중을 보면, 유가증권 시장에서는 500원(47%)이 가장 많았고, 그 다음은 5000원(38%)이었다. 코스닥 시장에서도 액면가 500원 기업이 압도적으로 많았다(82.5%). 그다음은 100원(11%)이었다.

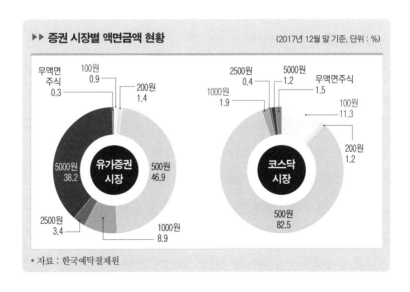

▶▶ **증권 시장별 액면금액 현황**　　　　(2017년 12월 말 기준, 단위 : %)

무액면주식 0.3
100원 0.9
200원 1.4
5000원 38.2
유가증권 시장
500원 46.9
2500원 3.4
1000원 8.9

2500원 0.4
5000원 1.2
1000원 1.9
무액면주식 1.5
100원 11.3
코스닥 시장
200원 1.2
500원 82.5

* 자료 : 한국예탁결제원

자본 시장으로 향하는 뒷문

131 개미를 울린 정부 선정 우수 기업, 네오세미테크

2010년 8월 당시로서는 증시에 상당히 충격적인 사건이 발생한다. 시가총액이 4000억 원을 웃돌던 코스닥 기업 네오세미테크가 상장폐지됐다.

딱 1년 전인 2009년 8월, 당시 비상장 회사였던 네오세미테크는 코스닥 상장 기업 모노솔라와 합병하면서 우회상장했다. 모노솔라가 태양광과 화합물 반도체 기업이었던 네오세미테크를 흡수합병한 뒤, 회사 이름을 네오세미테크로 바꾸는 방법이었다.

일단 모노솔라 주식을 2.5대 1 비율로 감자한 다음, 모노솔라와 네오세미테크를 1대 2 비율로 합병했다. 즉, 모노솔라의 주당 가치를 1로 봤을 때 네오세미테크 주당 가치를 2로 보고 합병을 단행했다.

네오세미테크는 우회상장 뒤 코스닥 시장의 최대 기대주로 꼽했다. 지식경제부가 '차세대 세계 일류 제품 기업'으로 지정할 정도로 뛰어난 기술력, 양호한 경영 실적, 주력 사업인 태양광 잉곳과 웨이퍼 등에서 경쟁사들보다 월등히 빠른 생산 능력, 갈륨 비소 반도체 사업의 성장 가능성 등이 알려지면서 투자자들이 몰려들었다. 주가는 고공 행진을 지속해 코스닥 시가총액 20위권까지 진입했다.

그러나 네오세미테크는 우회상장한지 1년도 채 못돼, 증시에서 퇴출되는 운명을 맞았다. 숨겨진 부실과 분식, 횡령, 배임 혐의 등이 드러났기 때문이었다. 2010년 3월 네오세미테크의 외부 감사를 맡았던 회계법인은 '의견 거절*'이라는 충격적 감사 결과를 내놓았다. 상장폐지를 앞두고 2010년 8월 정리매매에 들어갈 당시 네오세미테크 주가는 350원이었다. 한때 4000억 원이 넘던 시가총액은 순식간에 168억 원으로 쪼그라들었다. 개인 투자자들은 날벼락을 맞았다. 네오세미테크의 소액주주는 7287명으로, 이들은 1인당 평균 3500만 원 가량을 날렸다.

네오세미테크 사건은 2010년 국회 국정감사장에서도 이슈가 됐다. 지식경제부가 네오세미테크를 우수 기업으로 표창했던 사실 때문이다. 한국거래소와 금융감독당국은 이 사건을 계기로 우회상장 요건을 강화하는 제도 개선안을 발표했다.

---

* **의견 거절** 감사인(공인회계사)은 기업의 재무제표를 감사하여 그 내용이 회계 정보로서 적절한 가치를 지니는지에 관한 의견을 표명하게 되는데, 이를 '감사 의견'이라고 한다. 감사 의견에는 적정 의견, 한정 의견, 부적정 의견, 의견 거절 등이 있다. 한정 의견 이하를 받으면 회사가 부실이 늘어날 가능성이 크다는 의미로, 상장폐지 위험이 있다.
이 중 ① 감사인이 감사 보고서를 만드는데 필요한 증거를 얻지 못해 재무제표 전체에 대한 의견 표명이 불가능하거나 ② 기업의 존립에 의문이 들 때, ③ 감사인의 독립성이 결여된 경우에 '의견 거절'이란 감사 의견을 제시한다.

132 앞문 놔두고 굳이 뒷문으로 들어가려는 까닭은?

우회상장은 비상장 기업이 상장 기업(유가증권 시장과 코스닥)과의 합병을 통해 상장 심사나 공모주 청약 등 복잡한 절차나 비용 없이 곧바로 증권 시장에 상장하는 것을 말한다. 정상적인 기업공개(IPO)를 통해 정문으로 들어가는 것이 아니라고 해서 '백도어리스팅(backdoor listing, 뒷문상장)'이라고 한다.

자금에 여유가 있으며 성장 가능성이 높은 비상장 기업이, 껍데기나 다름없는 상장 기업을 합병 대상으로 이용한다고 해서 비상장 기업은 '펄(pearl) 기업', 상장 기업은 '쉘(shell) 기업'이라고 표현하기도 한다. 그러나 항상 쉘 기업이 비우량, 펄 기업이 우량기업인 것은 아니다. 시간이 지난 뒤 펄 기업이 불량기업이었던 것으로 밝혀지는 사례도 많다.

성장 가능성이 높은 비상장 기업은 증시에 상장돼 자금 조달이 좀 더 쉬워지면 성장에 탄력을 받을 수 있다. 그러나 지금 당장 상장 요건을 충족하기가 어렵다면, 실적이 부진하거나 재무 상황이

우회상장에서 자금에 여유가 있으면서 성장 가능성이 높은 비상장 기업을 '펄 기업', 합병의 대상이 되는 껍데기나 다름없는 상장 기업을 '쉘 기업'이라고 부른다.

어려운 상장 기업을 선택해 합병을 통한 우회상장을 추진해 볼 수 있다. 이렇게 되면 비상장 기업이나 쉘 역할을 하는 상장 기업 모두에게 좋은 우회상장의 순기능이 나타날 수 있다. 그러나 우회상장 이후 머니게임 즉, 시세 차익을 노린 주가 조작이나 횡령 배임 등이 발

생해 시장에 파문을 일으키는 경우를 드물지 않게 볼 수 있다.

133 껍데기뿐인 상장사를 통해
자본 시장에 진입하는 법

우회상장 방법에는 M&A가 가장 많이 사용된다.

우회상장 과정

상장 기업 (주)막국수 총 발행 주식 수 100주, 최대주주는 30주를 가진 박우동	**비상장 기업 (주)붕어빵** 총 발행 주식 수 200주, 최대주주는 80주를 가진 김만두

① (주)막국수가 (주)붕어빵을 흡수합병한다.
   (주)막국수의 주당 합병가격은 5000원, (주)붕어빵의 주당 합병가격은 네 배 높은 2만 원이다.
② (주)막국수는 모두 800주(200주 × 4)의 신주를 발행해 (주)붕어빵 주주들에게 나눠줘야 한다.
③ (주)막국수의 총 발행 주식 수는 900주(기존 100주 + 신주 800주)가 된다. 소멸되는 비상장 기업 (주)붕어빵의 최대주주였던 김만두는 합병 후 (주)막국수 주식 320주(80주 × 4)를 확보한다.
➡ 김만두는 상장 기업 (주)막국수의 지분율 35.5%를 보유한 최대주주가 된다. 이렇게 되면 사실상 (주)붕어빵이 (주)막국수를 업고 증시에 상장한 것이나 다름없다.

이밖에 상장 기업과 비상장 기업 간 포괄적 주식교환, 상장 기업이 비상장 기업을 대상으로 한 제3자 배정 유상증자, 비상장 기업의 영업을 상장 기업에 넘겨주고 대신 상장 기업의 주식을 받는 영업 양도(수) 등의 방법이 우회상장에 사용된다.

비상장 기업 (주)붕어빵이 지분을 모두 상장 기업 (주)막국수에 넘긴다고 하자. 그리고 (주)막국수는 넘겨받은 (주)붕어빵 지분에 대해 주식교환 비율에 따라 (주)막국수 지분으로 바꿔준다. 이렇게 포괄적 주식교환을 하면 비상장 기업 (주)붕어빵은 상장 기업 (주)막국수의 100% 완전 자회사가 된다.

그런데 이렇게 주식을 교환하는 과정에서 (주)붕어빵의 최대주주 김만두는 교환받은 (주)막국수 주식으로 (주)막국수의 최대주주가 되는 경우가 있을 수 있다.

비상장 기업이 상장 기업의 완전한 자회사가 됐지만, 비상장 기업의 최대주주가 상장 기업의 최대주주가 되는 식으로 주식교환이 이루어진다면 이 방법 역시 우회상장의 한 형태라고 할 수 있다.

이러한 포괄적 주식교환 방식은 우회상장 뿐 아니라 다른 목적으로 사용될 수도 있다. (주)아모레퍼시픽그룹이 어떤 목적으로 자회사(지분 60.7% 보유)인 태평양제약과 주식교환을 했는지 살펴보자.

(주)아모레퍼시픽그룹은 2012년 12월 4일 '포괄적 주식교환과 이전', '자사주 처분'과 관련한 세 개의 공시를 냈다. 태평양제약의 주주들이 보유한 주식 전량을 아모레퍼시픽그룹이 받고, 그 댓가로 아모레퍼시픽그룹의 자사주를 나누어주겠다는 내용이다. 보통주 교환 비율은 1(아모레퍼시픽그룹) 대 0.06387(태평양제약)이다.

우선주 교환 비율은 1대 0.1196이다. 보통주 100주를 가진 태평양제약 주주라면 아모레퍼시픽그룹 주식을 약 6.4주 정도, 우선주 100주에 대해서는 약 12주가량 받을 수 있다는 이야기다.

아모레퍼시픽그룹은 이런 주식교환을 통해 태평양제약을 100% 완전 자회사로 만들어 상장폐지할 계획이다. 제약 산업의 업황이 좋지 않기 때문에 태평양제약이 아모레퍼시픽그룹의 완전 자회사가 되면 경영 효율성이 높아질 뿐 아니라 R&D 비용 확보와 시너지 효과가 기대된다는 것이 회사 측이 밝힌 주식교환 이유다.

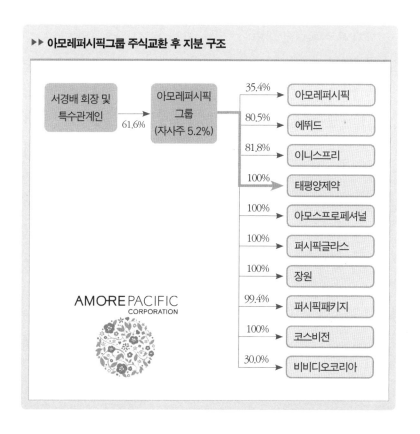

▶▶ 아모레퍼시픽그룹 주식교환 후 지분 구조

한편 이 같은 주식교환에 반대하는 두 회사의 주주들은 주식 매수 청구권을 행사할 수 있다. 만약 아모레퍼시픽그룹의 주주 중에서 이번 결정에 반대하는 주주들의 지분율이 20%가 넘을 경우 주식교환이 취소된다.

영업 양도(수) 방식은 비상장 기업이 그들의 영업 관련 자산과 부채를 모두 상장 기업에 넘겨주고 영업 양도 대가로 상장 기업의 주식을 받아 우회상장하는 경우다.

과거에는 우회상장의 문턱이 낮아서 대충 형식 요건만 갖추면 우회상장이 가능했다. 그러나 네오세미테크 사건 이후 우회상장 심사가 아주 까다로워졌다.

네오세미테크 같은 사례가 있는 반면 셀트리온처럼 우회상장 뒤 기업가치가 크게 오르고 시장에서 지속적으로 인정받는 기업도 있다. 셀트리온은 코스닥 시장 정식 상장을 시도하다가 실패한 뒤, 2008년 5월 오알켐을 통해 우회상장했다. 이후 바이오시밀러(복제약) 개발에 매진하면서 코스닥 시가총액 1위 기업에 올랐다.

금융감독당국은 네오세미테크 사건 이후 우회상장을 할 때도 신규 상장과 비슷한 수준의 심사를 진행하기 위해 질적 심사를 크게 강화했다. 우회상장 예비심사, 상장위원회 심의 등을 거쳐 우회상장 기업의 적격성이 확인돼야만 기업 결합 절차로 넘어갈 수 있다. 이런 적격성 심사만 최대 2개월 정도가 걸린다.

우회상장 이후 비상장 법인의 최대주주 등에게 교부되는 합병 신주에 대해서는 코스닥 1년, 코스피 6개월의 보호예수가 적용된다.

우회상장은 부실 기업의 자금 마련 통로?

우회상장이 뭇매를 맞고 있다. 우회상장한 뒤 자본 시장에서 개인 투자자들의 돈을 빨아들이고 이른바 '먹튀'하는 기업들이 쏟아지고 있기 때문이다. 뒷문으로 입성해 슬쩍 투자자들의 돈을 챙겨 뒷문으로 사라지는 모습이다.

29일 한국거래소에 따르면 우회상장한 기업 가운데 상장폐지된 기업은 지난 2009년 여덟 개 기업에서 2010년에는 열한 개로 늘어났다. 2010년에는 시가총액 4000억 원이던 우회상장 업체 네오세미테크가 순식간에 상장폐지돼 충격을 줬다. 올해는 유니텍전자, 뉴젠아이씨티 등 일곱 개 기업이 상장폐지 위험에 있다.

2006년 6월 우회상장 제도가 도입된 후 150개 기업이 우회상장해 지난 3년간 약 17%가 상장폐지됐다. 금액으로 치면 천문학적인 자본이 자본 시장에서 증발돼 투자자들의 추머니를 갉아먹었다.

특히 우회상장 종목은 비상장 기업일 때 감당하기 어려운 자본을 끌어 쓴 뒤 우회상장을 통해 시장에 입성해 그동안 부실을 털어내는 모습을 보이고 있다. 상황이 이렇다 보니 우회상장 기업 대부분이 신주인수권부사채(BW), 전환사채(CB) 등 빚더미에 빠져 있는 경우가 많다.

명화네트를 통해 우회상장했던 네오퍼플은 우회상장 당시 3000원대 주가에서 잔뜩 발행해놓은 저가 BW 물량이 시장에 쏟아지면서 주가가 하락했다. 현재 주가는 우회상장 때에 비해 10분의 1 수준인 400원대로 전락했다.

또 우회상장 종목들은 우회상장 초기 각종 실적이나 미래 성장성 등을 부풀리고, 우회상장 당시 뜨고 있는 각종 테마에 편승해 개인 투자자들의 자금을 앗아가고 있다.

매년 3월이면 우회상장을 통해 시장에 상장한 기업들의 감사 의견 거절, 전·현직 대표이사 배임 및 횡령, 분식회계 등 사건이 끊이지 않고 있다.

동양텔레콤 우회상장 2년도 못 채우고 증시서 퇴출

경인전자가 우회상장한 동양텔레콤이 결국 코스닥 시장에서 퇴출된다.

31일 전자 공시에 따르면 동양텔레콤은 2회 연속 자본잠식률 50% 이상 사유로 상장폐지가 결정됐다. 정리매매는 이날부터 오는 9월 10일까지다.

경인전자는 지난 2010년 12월 동양텔레콤과 합병하며 우회상장에 성공했다. 당시 애플 아이폰에 공급되는 마이크의 50%를 경인전자가 납품하고 있다는 소식이 알려지며 시장의 기대를 받기도 했다. 그러나 자본잠식 등 재무 구조 개선이 이뤄지지 않으면서 어려움을 겪었다.

이후 줄기세포 관련 연구소 지분을 취득하는 등 기존 사업과 연관이 없는 신사업 부분을 무리하게 추진하면서 경영이 악화됐고, 올해 3월에는 감사 의견 거절 풍문으로 주권 매매가 정지되기도 했다.

투자 위험을 알리는 사이렌

134 '카메룬 다이아몬드 사건'의 주인공,
슬그머니 관리종목 지정 공시를 낸 까닭은?

지금은 상장폐지된 씨앤케이인터내셔널(이하 씨앤케이)은 2011년 코스닥 시장을 떠들썩하게 만든 이른바 '카메룬 다이아몬드 사건'의 장본인이다. 2009년 씨앤케이이라는 회사는 카메룬의 다이아몬드 광산 개발권을 확보했다고 알렸다. 외교통상부가 관련 내용을 자원 외교의 성공 사례로 홍보하면서 회사 주가는 폭등했다. 2010년 12월 초 3000원 안팎에 머물렀던 씨앤케이 주가는 2011년 1월 17일에는 1만 4000원으로 뛰었다.

그런데 알고 보니 씨앤케이가 밝힌 광산 매장량 등은 허위에 가까웠다. 유엔 산하기구 유엔개발계획은 보고서를 통해 카메룬에서 다이아몬드 매장 징후가 거의 보이지 않는다고 평가했다. 결국 감사원은 감사 결과 외교부 내부 관련자와 회사 관계자 등이 연루

된 주가 조작 사건으로 판명됐다고 밝혔다.

씨앤케이인터내셔널은 사람들의 관심에서 좀 멀어질 무렵인 2012년 3월, '내부 결산 시점 관리종목 지정 또는 상장폐지 사유 발생'이라는 제목의 공시를 냈다. 최근 4개 연도 연속 영업손실 발생이 관리종목 지정 사유였다. 공시 내용을 보면 이 회사는 2008~2011년까지 각각 38억 원, 44억 원, 15억 원, 5억 원 등 계속해서 영업손실을 낸 것으로 나타났다.

씨앤케이는 2015년 상장폐지됐고, 회사 관계자들은 재판에 넘겨졌다. 2016년 2심에서 재판부는 '합리적 근거 없이 산출한 매장량을 발표해 투자자들에게 혼란을 줬고 자본 시장의 신뢰를 해쳤다'며 오덕균 대표의 주가 조작 혐의에 대해 유죄 판결을 내렸다.

▶▶ 씨앤케이인터내셔널 관리종목 지정 공시				(단위 : 원)
* 최근 4사업연도의 영업손실				
구분	당해 사업연도	직전 사업연도	전전 사업연도	전전전 사업연도
영업손실	480,496,641	1,515,595,510	4,433,590,941	3,812,968,458

한편, 금호산업은 2012년 12월 7대 1 수준의 감자를 결정했다. 재무 구조가 악화돼, 2013년 3월 관리종목으로 지정될 위기에 놓였기 때문이다. 금호산업이 관리종목으로 지정되면 신용 등급 추락과 함께 신규 수주가 끊길 가능성이 높아진다.

금호산업은 2012년 9월 말 기준으로 자본잠식률이 80%가 넘었다. 2012년 9월 말 금호산업의 자본금은 8626억 원이었다. 반면 자본은 1403억 원에 불과했다. 7223억 원(8626억 원-1403억 원)만큼의 자본잠식이 발생해 있는 셈이니, 자본잠식률은 84%(7223억 원/8626억 원)에 달했다. 2013년 3월 말까지 자본잠식률을 50% 아래로 떨어뜨리지 못하면 바로 관리종목에 편입되는 상황이었다.

이익을 많이 내야 재무 구조를 개선할 수 있다. 하지만 자본잠식률이 80%가 넘는 상황에서 몇 개월 만에 대규모 이익을 내는 것은 현실적으로 불가능하다. 그래서 회사와 채권단은 무상으로 자본금을 줄이고 그만큼의 결손금을 상쇄시키는 방식의 감자를 해서 관리종목 지정 위기에서 탈출하려 했다.

씨앤케이와 금호산업의 사례처럼 상장 회사가 자본잠식 등 재무 상태가 불량하거나 거래량 부족 등 주식 유동성이 불량한 경우 또는 기업 회생 절차(법정관리)를 신청하면 '관리종목'에 지정된다. 관리종목 지정은 앞으로 상장폐지될 가능성이 있으니 주의가 필요하다고 투자자들에게 보내는 신호다.

관리종목 지정 기준은 형식적 요건, 실질적 요건, 기타 요건 등으로 나눠볼 수 있다. 형식적 요건은 분기나 반기 사업 보고서를 제출하지 않거나, 회계법인 감사에서 '한정 의견*'을 받은 경우 등에 해당한다.

* 한정 의견 감사인(공인회계사)이 수행할 수 있는 감사의 범위가 부분적으로 제한됐거나, 감사를 실시한 결과 몇 가지 사항이 기업회계 준칙을 따르지 않았지만 그 사항이 재무제표에 큰 영향을 미치지 않는다고 판단했을 때 제시하는 의견이다.

실질적 요건은 ① 매출액 미달, ② 자본잠식, ③ 주식 분포 미달, ④ 거래량 미달, ⑤ 시가총액 미달, ⑥ 최근 4개 연도 연속 영업손실 등의 경우다. 기타 요건으로는 공시 의무 위반(2년간 불성실 공시를 한 법인으로 벌점 15점 이상) 등이 해당한다.

관리종목 지정 사유가 반복되면 상장폐지될 수 있다. 관리종목으로 지정되면 신용 거래를 할 수 없으며, 코스닥 시장의 경우 단일가 매매* 방식으로 거래가 된다.

* 단일가 매매 투자자들의 주문을 일정 시간 동안 모아서 가격 및 시간 우선 원칙에 따라 우선하는 호가로 한꺼번에 매매를 체결하는 방식이다. 현재는 장 시작하기 10분 전인 8시 50분~9시, 장 마감하기 10분 전인 3시 20~30분까지 단일가 매매를 통해 시초가와 종가를 결정한다.

135 상장폐지되는 기업들이 보이는 징후들

상장폐지는 주식시장에서 매매 거래를 할 만한 자격 요건을 갖추지 못해 시장에서 퇴출시키는 것을 말한다. 상장 회사의 자발적 신청에 따른 경우도 있고 거래소가 직권으로 단행하는 경우도 있다.

거래소 직권 상장폐지의 경우 코스닥 시장 퇴출 요건을 중심으로 살펴보면 ① 매출액 30억 원 미만 2년 연속, ② 연말 자본금 전액 잠식, ③ 관리종목 지정 뒤 시가총액 부족 상태 지속, ④ 감사인이 감사 의견을 부적정 의견, 한정 의견, 의견 거절로 표명한 경우, ⑤ 분기 월 평균 거래량이 유동 주식 수의 1% 미만 상태가 2분기 연속 지속될 경우, ⑥ 소액주주 수 200인 미만(또는 지분 20% 미만)이 2년 연속될 경우, ⑦ 최종 부도, 횡령, 배임이 발생한 경우 ⑧ 분기 별 사업 보고서 제출 기한 후 10일내 미제출 등이다.

한국거래소는 '상장폐지 실질 심사'라는 제도를 운영하고 있다. 부실 기업을 조기에 시장에서 퇴출시켜 투자자들의 피해를 방지하

기 위한 목적으로 기업의 회생 가능성 등을 판단하는 절차다. 객관
적으로 부실이 확실히 드러난 기업(예를 들어 자본잠식이나 시가총액
미달 등)에 대해서는 실질 심사 없이 바로 상장폐지가 가능하다.

실질 심사의 대상이 됐다고 해서 반드시 상장폐지가 되는 것은
아니다. 심사를 거쳐 다시 한 번 기회를 부여받는 기업들도 많다.

상장폐지 기업(자진 상장폐지 제외)은 2008년 19개 사에서
2009년 70개 사, 2010년 79개 사, 2011년 71개 사, 2012년 65개
사, 2013년 47개 사, 2014년 24개 사, 2015년 30개 사에 이른다.

금융감독원이 2011년 7월~2012년 6월까지 상장폐지된 47개
사(유가증권 시장 6개 사, 코스닥 시장 41개 사)를 대상으로 조사한 상
장폐지 전 2년간 주요 특징은 다음과 같다.

① **잦은 경영권 변동** : 최대주주가 2회 이상 변경된 기업이 43%,
대표이사가 2회 이상 변경된 기업이 60%다. 이들 기업은 경
영진의 안정적이고 지속적인 경영이 곤란한 상황이었다. 또
한 횡령, 배임 혐의 기업 12개 사 가운데 11개 사에서 경영권
변동이 발생했다.

② **목적 사업 수시 변경** : 47%가 목적 사업을 변경했으며 이 중
16개 사는 기존 사업과 연관성이 떨어지는 사업을 추가했다.
일반적으로 고유 수익 모델 기반이 미흡한 상태에서 신규 사
업을 통한 재무 및 영업 실적 개선 효과는 기대하기 어렵다.

③ **타법인 출자 및 손실 처리** : 49%가 자기자본의 평균 61%를 타
법인에 출자했고, 출자 후 조기 손실 처리 등으로 부실을 초

419

래했다. 횡령, 배임 기업 12개 사 가운데 8개 사는 타법인에 출자한 기업이었다.

④ **공급 계약 공시 빈번, 추후 정정 공시** : 26개 사가 거래처와 단일 판매 계약 또는 공급 계약 체결 공시를 했다. 이들의 계약 체결액 합계는 매출액의 104%에 달했다. 그러나 공시 후 계약 규모 축소와 해지 등 정정 공시를 냈으며, 계약 규모는 평균 22% 줄었다.

⑤ **소액 공모로 자금 조달** : 25개 사(53%)가 상장폐지 전 소액 공모로 각각 388억 원, 406억 원을 조달했다(연평균 2회).「자본 시장법」시행령에 따르면 10억 원 미만 공모는 증권 신고서 제출 없이도 가능하다.

⑥ **감사 보고서에 특기 사항 기재** : 상장폐지 전전년 사업 연도의 감사 보고서에 '특기 사항'이 기재된 기업이 81%에 달했다. 특기 사항이라고 하면 예컨대 '계속 기업 가정의 불확실성(기업이 계속 유지될 수 있을지 확실하지 않다)'과 같은 기술이다.

감사 의견 '적정'은 그 기업의 재무 구조가 안정적이라는 뜻이 아니다. 회계 처리 기준에 맞춰 재무제표를 작성했다는 뜻일 뿐이다. 따라서 부실 기업의 경우 감사 의견은 '적정'이지만, 회사의 재무 구조는 상당히 망가진 경우가 있을 수 있다. 이런 기업은 감사 의견이 적정이라 하더라도 감사 보고서에 혹시 특기 사항이 없는지를 살펴봐야 한다.

한편 특기 사항이 기재된 38개 사 가운데, 상장폐지 직전 사업 연도의 감사 의견이 '의견 거절'이었던 기업이 21개 사였다.

136 감사 보고서 공시가 늦어진다면 매도를 고민하라!

상장 회사는 사업 보고서와 분기 보고서, 반기 보고서를 정기적으로 공시해야 한다.

사업 보고서에는 1년간의 경영 실적이 담겨있다. 회사의 개요나 사업 내용에서부터 재무 상태와 지배 구조 등 회사 전반을 다 일람할 수 있다. 특히 사업 보고서 공시를 보면 첨부 자료에 '감사 보고서'가 들어있다.

사업 보고서는 사업 연도가 끝난 뒤 90일 이내에 금융위원회와 한국거래소에 제출하고 공시해야 한다. 상장 회사는 정기 주주총회 일주일 전까지 사업 보고서에 첨부될 감사 보고서를 공시해야 한다. 만약 법정 기한이 지났는데도 감사 보고서를 공시하지 않고 있다면 일단 상장폐지 가능성을 의심해 볼 필요가 있다.

감사 보고서가 공시되지 않는 이유는 회사와 외부 감사인(회계법인)간 의견 충돌로 감사 일정이 지연됐기 때문일 수 있다. 또 감사 의견이 나왔는데도 회사가 이를 공시하지 않고 지연시키고 있을 수도 있다. 대개 감사 의견이 좋지 않게 나왔을 때 회사가 의도적으로 공시를 피한다.

한국거래소에 따르면 지난 2011~2015년까지 감사 의견과 관련해 상장폐지된 기업 수는 총 63개다. 이 기간 중 상장폐지된 모든 기업의 수가 111개 사이니 감사 의견 때문에 상장폐지된 기업 비중이 57%에 달한다.

특히 유가증권 시장보다는 재무 구조가 취약한 코스닥 기업에 감사 의견 상장폐지 기업이 집중돼 있다(총 63개 사 중 54개 사가 코스닥 기업).

감사 의견 때문에 상장폐지된 기업들에 공통적으로 나타나는 주요 특징이 있다.

① **감사 보고서 늑장 제출** : 외부 감사인은 주주총회 일주일 전까지 감사 보고서를 회사에 제출해야 하고, 회사는 수령 당일 한국거래소에 이를 공시할 의무가 있다. 감사 의견 관련 상장폐지 기업 중 대다수(74%)가 감사 보고서 제출 시한을 준수하지 않은 것으로 나타났다. 따라서 회사가 시한 내 감사 보고서를 제출하지 않고 있다면, 감사 의견 비적정 판정을 받았을 가능성이 높다. 이 경우 회사가 차일피일 감사 보고서 공개를 기피한다.

② **자금과 관련한 악재성 징후** : 감사 의견 관련 상장폐지 기업 중 과반수 이상(66%)이 상장폐지 전 횡령, 배임 등 기업 자금과 관련한 악재성 징후가 있었다. 이런 현상은 코스닥 기업에서 두드러진다.

악재성 징후는 횡령 배임, 회생 절차(법정관리) 신청, 부도, 워크아웃, 회계 처리 기준 위반, 파산 순으로 많이 나타난다.

회사가 감사 보고서 제출 시한을 어기면 대부분 주가가 하락하고 거래량이 증가하는 경향이 있다. 특히 코스닥 시장이 유가증권 시장에 비해 감사 보고서 제출 미준수에 대해 민감하게 반응한다.

그래서 투자자들은 투자 기업의 주주총회일이나 감사 보고서 제출 일정 등을 잘 확인해 감사 보고서의 기한 내 고시 여부와 감사 결과 등을 잘 살펴봐야 한다.

137 마지막 떨이판매, 정리매매

거래소는 상장폐지가 결정된 기업에 대해 폐지 전 7일 동안 정리매매 기간을 부여한다. 상장폐지 종목 주주들이나 상장폐지 종목의 향후 회생 가능성을 보고 투자할 의사를 가진 투자자들에게 마지막 매도 매수 기회를 부여하는 것이다.

헐값에라도 주식을 팔 수 있도록 하기 위한 조치이므로 아래위로 가격제한폭이 없다. 정리매매의 경우 급격한 가격 변동을 최소화하기 위해 30분 단위의 단일가 매매 방식을 적용한다. 장중 30분 단위로 한 번씩 매수 매도 호가를 모아 같은 시간에 매매를 체결하기 때문에 '장중 단일가 일괄 매매'라고도 한다.

138 러시안 룰렛보다 더 위험한 '폭탄 돌리기'

정리매매 종목들은 대부분 자본이 전액 잠식된 기업들이다. 실질 투자가치도 거의 없다고 봐야 한다. 그런데 정리매매 종목에 대해 인터넷 주식 카페나 게시판 등에 이런 문구들이 뜬다. '○○종목 법원 회생판결 결정!', '△△종목, 향후 타 업체로 M&A 예정'. 대개가 일부 투자자들이 보유 물량을 털어내기 위한 목적으로 루머를 퍼뜨리는 경우다. 정리매매에 들어가면 대개 주가는 폭락한다. 그런데 급락하던 주가가 갑자기 폭등하는 경우가 심심찮게 발생한다. 이른바 '폭탄 돌리기' 현상이다. 정리매매에 들어간 주식을 대량으로 사면 주가가 오르고, 이를 보고 추종 매수하는 사람들이 나타나게 된다. 이때 대량 매입 물량을 털어내는 방식으로 단타이익을 추구하는 사람들 때문에 나타나는 현상이 폭탄 돌리기다. 폭탄 돌리기라는 것을 뻔히 알면서도 '나만 안 걸리면 된다'는 마음으로 매매를 하는 경우다. 또 회생 기대감에 정리매매 주식을 사는 경우다. 회사의 재상장 가능성을 보거나 상장폐지 회사가 다른 회사에 M&A 될 때 차익을 얻을 수 있다고 생각해서다.

경제기사로 공시 읽기   2012년 9월 19일

SSCP 최종 부도 처리, 정리매매 후 29일 상장폐지

전자재료 중견기업 SSCP가 17일 외환은행 반월공단지점에 돌아온 만기어음 11억 9500만 원을 결제하지 못해 최종 부도 처리됐다. 한국거래소는 부도 처리된 SSCP의 상장폐지를 결정하고, 오는 20일부터 28일까지 정리매매를 거쳐 29일 상장폐지시킬 방침이다.

SSCP는 2011년 매출 1731억 원, 영업이익 58억 원, 당기 순이익 60억 원을 기록했다. 소액주주 지분은 전체의 51% 수준이며 전일 종가 기준 시가총액이 518억 원인 점을 감안하면 개인 투자자들의 피해는 약 260억 원 수준이 될 것으로 보인다.

정리매매 유아이에너지, 시가총액 548억 원 증발

정리매매 시작과 함께 유아이에너지의 시가총액 548억 원이 증발했다. 유아이에너지는 상장폐지 정리매매 첫날인 17일 개장과 동시에 92.31% 폭락하면서 110원으로 떨어졌다. 시가총액은 594억 원에서 46억 원으로 내려앉았다. 한국거래소 상장위원회는 지난 13일 상장위원회를 열어 유아이에너지를 상장폐지하기로 최종 결정했다. 회계법인은 같은 날 감사 의견 '적정'을 줬으나, 자본 완전잠식으로 형식 요건에 따라 상장폐지가 결정됐다.

유아이에너지는 17일부터 25일까지 정리매매를 거친 뒤 26일 퇴출될 예정이다.

정리매매는 기회? 추격 매수 주의

상장폐지를 앞두고 주식 시장에서 정리매매가 진행 중인 가운데 해당하는 종목 주가가 널뛰기하고 있다.

한국거래소로부터 상장폐지 결정을 받아 정리매매에 들어간 종목은 아이스테이션을 비롯해 미성포리테크, 미리넷, 대국, 엘앤씨피, 평산 등 여섯 개 사다. 정리매매 이틀째인 4일 코스닥 시장에서 대국은 전날보다 39.02% 상승했다. 전날 89.21% 폭락한 후 주가가 다시 폭등하는 기현상이 나타났다. 아이스테이션은 305만 주 넘게 거래됐지만, 결국 종가는 전날과 같은 20원으로 거래를 마쳤다.

엘앤씨피, 미성포리테크, 미리넷, 평산 등도 종가 기준으로 하락하기는 했지만, 장중 급등과 급락을 반복했다. 엘앤씨피의 경우 장중 고가와 저가의 차이가 53%에 달하기도 했다.

금강제강, 정리매매서 폭탄 돌리기

상장폐지가 확정돼 오는 13일까지 정리매매 중인 금강제강이 상승세로 돌아섰다. 9일 오후 1시 30분 현재 금강제강은 전일 대비 20.24% 오른 101원을 기록 중이다. 시장에서는 상장폐지 종목이 이상 급등하는 경우 '폭탄 돌리기'로 의심하고 있다.

정리매매 기간 중에는 상하낙폭이 제한되지 않는 점을 이용해 정리매매꾼들이 입성, 주가를 인위적으로 끌어올려 차익을 남길 때 개인 투자자들이 함께 매매에 나서는 것이다. 개인들의 경우 타이밍만 잘 맞추면 단기투자로 수익을 낼 수 있다는 기대감으로 정리매매 종목에 투자하는 경우가 있다.

공·시·독·해

상장폐지까지 논스톱 처리도 가능한 외부 감사인의 감사 의견

외부 감사인(공인회계사)이 표명하
는 감사 의견은 '적정', '한정', '부
적정', '의견 거절' 등 크게 네 가지
로 구분할 수 있다.

① **적정** : 회사가 기업회계 기준에 맞게 재무제표를 작성했으며, 감사에 필요한
자료를 회사로부터 충분히 제공받았다는 뜻이다.

주의할 점은 적정이라고 해서 반드시 회사의 재무 상태가 양호하다는 뜻은 아
니라는 점이다.

② **한정** : 감사 범위가 제한되고 회계 기준 위반 사항은 있었지만, '부적정'이나
'의견 거절'까지 갈 수준은 아니라는 뜻이다.

③ **부적정** : 중요한 사안에 대해 기업회계 기준을 위배해 재무제표를 작성한 경
우다.

④ **의견 거절** : 아예 회계 감사가 불가능한 상황이다.

부적정이나 의견 거절로 감사 의견이 나오면 즉시 상장폐지 사유가 될 수 있다.
코스닥 시장에서는 '감사 범위 제한으로 인한 한정'도 상장폐지 사유가 된다.

이 정도는 알고 보자,
재무제표 공시

이번 장에서는 재무제표 공시와 관련한 회계 이야기를 좀 하려
고 한다. 책의 앞부분에서 증자·감자와 관련한 회사 자본의 변
화, 그리고 재무 상태에 미치는 영향 등을 다뤘다(42쪽 '재무 구조
개선에 필요한 회계를 말하다'). 전자 공시 시스템에서 흔하게 볼 수
있는 공시 중 하나가 '감자 결정'이다. 무상감자의 목적은 거의 대
부분 재무 개선 또는 결손금 해소라고 기재되어 있다. 그런데도
투자자나 공시 이용자들은 감자와 결손금 해소 간의 관계를 잘 모
르는 경우가 많다. 심지어 저자가 본 어떤 언론사 기사들은 "회사
가 무상감자를 하면 현금이 유입되므로, 앞으로 차입금을 갚아 재
무 구조를 개선할 수 있다"고 보도하기도 했다. 무상감자는 현금
흐름과 전혀 관련이 없다.

저자는 투자자들을 만나는 과정에서 '자본잠식'이라는 단어는 흔

하게 사용하면서, 정작 회사 재무상태표를 보고도 회사가 자본잠식 상태인지 아닌지를 모르는 이들도 많다는 사실을 알게 되었다. 자본(총계)과 자본금, 잉여금을 구별하지 못하는 이들 또한 많았다.

그래서 이와 관련한 내용부터 독자들이 이해해야 계속 이어지는 각종 공시 해설들을 더 잘 이해할 수 있으리라는 생각으로 책 앞부분에 자본의 회계 처리 문제를 담았다. 그리고 지금까지 공부한 내용을 정리하는 차원에서, 재무제표 공시와 관련한 몇몇 회계 문제들을 다루려 한다.

보통 학습목적으로 회계를 가르칠 때 재무상태표는 오른쪽처럼 그린다. 왼쪽에 자산을 놓고, 오른쪽에 부채와 자본을 놓는다.

▶▶ 재무상태표

| 자산 | 부채 |
| | 자본 |

그러나 실제 기업이 공시하는 재무상태표는 위에서부터 아래로 자산, 부채, 자본을 배치한다. 다음은 SKC코오롱PI라는 회사의 2016년도(제9기) 재무상태표를 요약·편집한 것이다(430쪽).

SKC코오롱PI가 자본잠식 상태인지 아닌지 한눈에 파악하는 방법이 있다. 자본(총계) 수치(①)와 자본금 수치(②)를 비교해 보는 것이다. 자본이 자본금보다 적으면 자본잠식 상태다. 이 회사의 경우 자본(2285억 원)(①)이 자본금(146억 원)(②)보다 압도적으로 많다. 잉여금이 엄청나게 많기 때문이다. 자본 잉여금(③)이 1875억 원, 이익 잉여금(④)이 1044억 원이다.

회사가 정상적이라면 해마다 이익을 내고, 이익 중 배당금을 지급한 금액을 제외하고는 이익 잉여금으로 쌓아가야 한다. 바이오

(단위 : 원)

구분	제 9기 12월 31일 현재
자산총계	307,540,030,126
유동자산	94,988,726,789
현금 및 현금성 자산	43,575,859,929
매출채권	25,467,171,503
재고자산	24,100,682,110
비유동자산	212,551,303,337
유형자산	204,795,518,716
무형자산	2,230,271,253
부채총계	78,988,847,655
유동부채	30,708,084,363
매입채무	6,805,984,195
단기 차입금	7,035,790,540
비유동부채	48,280,763,292
장기차입금	35,278,690,000
자본총계 ①	228,551,182,471
자본금 ②	14,683,161,000
자본 잉여금 ③	187,504,923,733
이익 잉여금 ④	104,459,199,738
기타 자본 구성 요소	(78,096,102,000)
자본 및 부채 총계	307,540,030,126

기업의 경우 초기에는 투자가 많이 들어가고 오랜 시간이 지난 뒤 결실을 보기 때문에 수년 동안 당기 순손실을 내는 경우가 대부분이다. 즉 마이너스 이익 잉여금(결손금)이 누적되어있다. 하지만 이 경우 유상증자를 해서 자본 잉여금을 많이 발생시키기 때문에

자본잠식을 면하는 경우가 많다.

어찌 됐건 자본금에 잉여금이 더해져 자본을 구성하기 때문에, 자본금보다는 자본이 더 커야 정상이라고 할 수 있다. 자본이 자본금보다 적다면 누적 결손금이 많은 경우가 대부분이다.

다음은 와이오엠이라는 코스닥 상장회사의 2016년도 연결재무상태표의 자본 항목을 발췌한 것이다.

▶▶ 와이오엠 2016년 연결재무상태표 자본 항목	(단위 : 원)
자본총계 ①	9,227,913,312
자본금 ②	15,689,445,500
자본 잉여금 ③	26,519,178,601
기타 자본 구성 요소	(676,989,385)
이익 잉여금(결손금) ④	(32,303,721,404)

자본금(②)은 156억 원인데, 자본총계(①)는 92억 원밖에 안 된다. '자본잠식' 상태라는 이야기다. 자본 잉여금(③)이 제법 있지만, 누적 결손금(④)이 323억 원이나 되다 보니 이러한 자본 구조가 되었다. 자본잠식률은 얼마나 될까? 자본총계와 자본금의 차이가 64억 원이다. '64억 원(차액)/156억 원(자본금)'을 계산하면 41%다. 자본이 잠식된 회사는 감자를 해 결손금을 해소하는 방식으로 자본잠식 상태에서 벗어나는 경우가 대부분이다(136쪽 참조).

한때 스타벅스를 위협할 정도로 사업이 급성장했던 토종 커피 전문점 카페베네는 무리한 출점 전략과 해외 진출 실패로 2016년 자본 완전 잠식 상태에 빠졌다.

그럼 '자본 완전잠식' 상태는 어떤 경우일까? 자본 총계가 마이너스로 가면 자본 완전잠식이다.

카페베네의 2016년도 연결재무상태표의 자본 항목을 보자. 자본총계가 −148억 원으로 자본 완전잠식 상태다.

▶▶ 카페베네 2016년도 연결재무상태표 자본 항목	(단위 : 원)
자본총계	(14,816,259,534)
자본금	43,159,500,000
자본 잉여금	−
기타 자본 구성 요소	(1,301,197,276)
이익 잉여금(결손금)	(55,801,042,258)

에어서울과 관련해 2017년 11월에 다음과 같은 기사가 나왔다.

2017년 11월 16일

'완전 자본잠식' 에어서울 250억 원 유상증자 추진

아시아나항공이 자본 완전잠식에 빠진 에어서울의 250억 원 규모 유상증자에 참여한다. 에어서울은 아시아나항공의 제2 저비용항공사로, 아시아나항공이 지분 100%를 보유하고 있다.

에어서울은 2016년 11월 국제선 첫 취항 이후 오랫동안 적자를 냈다. 이 때문에 3분기 말 기준으로 자본총계가 마이너스(−) 108억 원이 됐다. 국토교통부는 올해 말부터 자본금이 2분의 1 이상 잠식된 상태가 3년 이상 지속하거나, 자본 완전잠식 상태에 빠진 항공사에는 개선명령을 내리기로 했다. 따라서 에어서울로서는 연내 자본 완전잠식 상태에서 벗어나야 하는 상황이다.

에어서울은 비상장사다. 비상장사도 분기·반기 재무제표를 다 공시하는 경우가 있지만, 대개는 연간 감사보고서(결산 연도 다음 해 4월 초까지 공시)만을 공시하기 때문에 1년에 한 번 재무제표를 대외적으로 알린다. 에어서울의 2017년도 재무제표는 2018년 3월 말에서 4월 초 사이 쯤 공시될 예정이다. 그렇다면 에어서울이 2017년 3분기 말 기준으로 자본 완전잠식 상태라는 것을 어떻게 외부에서 미리 알 수 있었을까?

답은 상장사인 아시아나항공의 3분기 재무제표 공시에서 찾을 수 있다. 아시아나항공이 에어서울의 100% 주주이므로, 에어서울은 아시아나항공의 종속기업이다. 종속기업의 자산, 부채, 자본이나 매출, 이익 등 기본적인 재무 수치는 지배기업(아시아나항공)의 재무제표 주석을 보면 알 수 있다.

다음 표는 아시아나항공의 2017년 3분기 연결재무제표 주석에 나타난 종속기업 부분을 요약·발췌한 것이다.

▶▶ 아시아나항공 2017년 3분기 연결재무제표 주석 중 종속기업 부분(단위 : 천 원)

종속 기업명	자산	부채	자본	매출액	순손익
아시아나IDT	176,478,555	51,532,989	124,945,566	197,573,287	14,020,226
금호리조트	571,571,622	446,822,925	124,748,697	67,178,739	1,279,521
에어서울	34,482,300	45,295,279	(10,812,979)	71,274,587	(21,639,524)

표에서 보면 에어서울의 자본총계는 마이너스다. 즉 자본 완전잠식 상태다.

자본잠식 상태에서 벗어나려면 일반적으로 감자를 한다. 아니면 에어서울처럼 유상증자를 해도 된다. 액면가 이상으로 유상증자를 하면 주식 발행 초과금이라는 자본 잉여금이 생기기 때문이다. 에어서울의 경우 일단 감자를 해 결손금을 상당 부분 해소한 다음, 유상증자를 하는 단계를 밟기로 했다.

유상증자만으로 자본잠식 상태에서 벗어나려면 모기업인 아시아나항공의 유상증자 참여액이 상당히 커야 한다. 그만큼 아시아나항공에 자금 부담이 생긴다. 그래서 에어서울은 감자와 증자를 병행한 것으로 보인다.

에어서울의 감자 결정 공시를 보면 감자액 즉 자본금 감소액은 200억 원이다. 자본금 감소액은 곧 감자차익이며, 감자차익은 자본 잉여금의 일종이다.

▶▶ 에어서울 감자 결정 공시

감자 전후 자본금	감자 전(원)	감자 후(원)
	35,000,000,000	15,000,000,000

유상증자 공시를 보면 신주를 50만 주 발행하는데, 주당 발행 가격이 5만 원이나 된다. 액면가(5000원) 대비 할증율이 900%다. 유상증자 방식은 주주 배정 증자이지만, 어차피 모기업인 아시아나항공이 단일주주이기 때문에 할증율이 얼마이건 문제는 없다.

▶▶ 에어서울 유상증자 공시 중		
1 신주의 종류와 수	보통주(주)	500,000
2 1주당 액면가액(원)		5,000
3 신주 발행가액	보통주(원)	50,000
4 주당 액면가 대비 할인율 또는 할증율(%)		900

5만 원에 50만 주를 발행(액면가는 5000원)하기 때문에 자본 잉여금의 일종인 주식 발행 초과금이 225억 원(4만 5000원 × 50만주) 생긴다. 감자에 따른 자본 잉여금(감자차익) 200억 원과 유상증자에 따른 자본 잉여금(주식 발행 초과금) 225억 원을 합하면 총 425억 원의 잉여금이 생긴다.

이렇게 잉여금을 많이 발생시켜야 하는 이유는 에어서울의 기존 자본금만 해도 350억 원이나 되기 때문이다. 일부 자본잠식이 아니라 자본총계가 마이너스 100억 원인 자본 완전잠식 상태에서 자본총계 규모를 자본금 이상으로 증가시키려면, 그만한 잉여금이 필요하다.

140 이 보다 명쾌할 수 없는 재무제표 종류 구별법

한국채택국제회계기준(K-IFRS)이 도입·적용되면서 재무제표 구별부터 헷갈리는 사람들이 있다. K-IFRS에 따른 재무제표는 크게 연결재무제표, 별도재무제표, 개별재무제표 등 세 가지다.

삼성전자를 예로 들어 설명해보자.

삼성전자가 지분을 보유하고 있는 회사 중에는 삼성디스플레이가 있다(지분율 84.8%). 보유 지분율이 50%를 초과하는 경우 일반적으로 지배력이 있다고 본다. 삼성전자는 지배기업, 삼성디스플레이는 종속기업이 된다.

그리고 지배기업 삼성전자는 종속기업 삼성디스플레이의 자산 및 부채, 수익 및 비용 등을 합산한 연결재무제표를 작성한다. 두 회사를 한 회사처럼 생각하고 재무제표를 작성한다고 보면 된다.

삼성전자는 연결재무제표 외에 삼성전자만의 단독 재무제표도 만들어 공시해야 하는데, 이것이 별도재무제표다.

이제 정리해보자. 종속기업이 있으면 연결재무제표를 작성해야 할 의무가 있다. 그리고 연결재무제표 작성 의무가 있는 기업이 연결 회계를 적용하지 않고 만드는 자기만의 단독 재무제표가 별도재무제표다.

그렇다면 지배하는 종속기업이 아예 없는 기업은 어떻게 될까? 당연히 연결재무제표 작성 의무가 없다. 연결할 대상 자체가 없기 때문이다. 이런 기업이 만들어 공시하는 재무제표를 개별재무제표라고 한다. 그런데 '별도'니 '개별'이니 하는 단어가 헷갈리기 때문에 보통은 별도와 개별을 구분하지 않고 '개별'이라고 통칭하기도 한다.

포스코처럼 굵직한 종속기업이 많은 경우 연결재무제표 수치와 별도재무제표 수치 간에 차이가 제법 크다. 포스코의 해외 법인들은 포스코가 지분 50% 초과 보유한 곳이 대부분이라 모두 종속기업들이다. 이 외 종속기업으로 철강업과 직접 관련이 없는 포스코건설, 포스코에너지, 포스코ICT, 포스코대우(옛 대우인터내셔널), 포스코켐텍, 포스코엔지니어링 등이 있다. 이들 모두 매출이 수천억 원에서 수조 원짜리 회사들이다. 그러다 보니 연결재무제표와 개별(별도)재무제표 간 수치 차이가 큰 편이다.

▶▶ 포스코 2017년 1~9월 실적(자산은 9월 말 기준)

구분	연결 실적	별도 실적
자산	79조 9800억 원	53조 940억 원
매출	45조 580억 원	21조 4570억 원
영업이익	3조 4700억 원	2조 1020억 원
당기 순이익	2조 4140억 원	2조 790억 원

앞서 A사가 B사 지분을 50% 초과해서 보유하면 지배력을 가진 것으로 보아 B사를 종속기업으로 분류한다고 했다. 보유 지분율 50% 초과는 지배-종속 관계를 결정하는 절대적인 기준은 아니다. A사의 B사 보유 지분이 50% 이하여도 A사가 지배기업이 될 수 있다. 예를 들어 SK그룹의 지주회사인 SK(주)는 지분 25.22%를 보유한 SK텔레콤을 종속기업으로 분류하고 연결 회계를 하고 있다. SK텔레콤의 주주들이 광범위하게 분산되어 있기 때문에, SK(주)가 SK텔레콤 지분을 50% 미만으로 보유해도 SK텔레콤의 주요 경영 의사 결정에 대해 지배적

A사의 B사 지분율이 50% 이하여도 A사가 B사의 주요 경영 의사 결정에 지배적 영향을 미칠 수 있다고 보면 B사를 A사의 종속기업으로 분류한다.

영향을 미칠 수 있다고 보기 때문이다.

141 효자 집안, 불효자 집안 알 수 있는 지분법
– 유한양행, 신세계아이앤씨

기업실적이 공시된 뒤 "지분법 이익이 많이 반영되어 당기 순이익이 크게 증가했다"든가 "영업실적은 좋았는데 지분법 손실 때문에 당기 순손실이 났다"는 등의 이야기를 듣는 경우들이 있을 것이다.

아울러 "지분법 주식 손상 반영으로 비용이 크게 증가했다"거나 "지분법 주식 손상차손 규모가 크다" 식의 이야기도 간혹 들어봤을 것이다.

A사가 B사 지분을 20% 이상~50% 이하 보유한 경우에는 B사에 대해 A사가 유의적인 영향력을 보유하고 있다고 해 '관계기업'으로 분류한다. 관계기업에 대해서는 연결재무제표를 만들 때 이른바 '지분법' 회계를 적용한다. A사가 B사의 재무제표를 가져와 연결·합산하지는 않지만, B사 손익을 지분율만큼 A사 실적에 반영한다는 이야기다. 지분법은 손익만 반영하는 것은 아니다. 이에 대해서는 뒤에서 조금 더 자세히 설명한다.

보유 지분율 20% 이상이 유의적인 영향력을 판단하는 절대적 기준은 아니다. 보유 지분율이 20% 미만이어도 관계기업으로 분류하고 지분법을 적용하는 경우도 있다.

예를 들어 A사가 가진 B사 지분율은 10%밖에 안 되지만 A사의 최대주주가 B사에 대해 15% 지분을 보유하고 있다면, A사는 B사에 대해 사실상 직간접으로 유의적 영향력을 행사할 수 있다고 봐야 한다. 이런 경우 A사는 B사를 관계기업으로 분류할 수 있다.

유한양행은 유한킴벌리 지분을 30% 보유하고 있다. 일반적인 기준에 따라 유한킴벌리를 관계기업으로 분류해 놓았다. 이해를 돕기 위해 간단하게 설명하자면, 관계기업인 유한킴벌리의 손익을 지분율만큼 유한양행 손익에도 반영하는 것이 지분법 회계라고 할 수 있다.

예컨대 유한킴벌리가 2015년도 결산에서 100억 원의 당기 순이익을 냈다고 하자. 그럼, 유한양행이 보유한 유한킴벌리 지분 30%에 해당하는 30억 원만큼을 지분법 이익으로 해, 유한양행이 자기 손익계산서에 반영하는 식이다. 영업 활동의 결과물이 아니기 때문에 당연히 '영업외이익'으로 반영한다. 만약 유한킴벌리가 100억 원의 당기 순손실을 냈다면, 마찬가지로 유한양행은 30억 원만큼을 지분법 손실로 반영하면 된다.

지분법에 대해 조금 더 알아보자. 지분법은 유한양행이 관계기업 유한킴벌리의 순자산(자본) 변동액을 지분율만큼 반영하는 것이라고 말할 수 있다. 2015년도 초에 유한양행이 유한킴벌리 주식 30%를 50억 원에 매입했다고 하자. 그럼 유한양행은 자산 항목에 관계기업 주식(유한킴벌리 지분) 장부가격을 50억 원으로 기재할 것이다.

2015년 말 결산에서 유한킴벌리가 당기 순이익을 100억 원을 냈다면, 이 100억 원은 유한킴벌리의 자본 내 이익 잉여금 계정으로 전입된다. 즉 순자산(자본)이 100억 원만큼 변동(증가)하는 것이다. 유한킴벌리의 순자산 변동액(100억 원)에 대해 지분율 30%(30억 원)만큼을 유한양행은 유한킴벌리 지분 장부가액(50억 원)에다 더해준다.

그래서 2015년 말 유한양행의 자산 항목에서 유한킴벌리(관계기업) 장부가액은 애초 취득금액 50억 원에다 30억 원을 더하여 80억 원이 된다. 동시에 손익계산서에는 지분법 이익으로 30억 원을 반영한다.

유한킴벌리의 순자산액 변동 요인으로는 당기 순이익 또는 당기 순손실밖에 없을까? 예를 들어 유한킴벌리가 '기타 포괄이익'을 내는 경우에도 순자산에 변동이 생긴다. 기타 포괄이익은 당기 손익에는 반영되지 않고, 곧바로 자본 항목에 반영된다.

예를 들어 유한킴벌리가 2015년 초 코스닥기업 (주)참좋은여행의 지분 5%를 가지고 있었다고 해보자. 유한킴벌리는 이 지분을 '매도가능증권'으로 분류했다. 지분의 장부가격은 15억 원이다. 그런데 2015년 말 주가를 따져보니 이 지분의 장부가격이 25억 원으로 올랐다.

그럼 유한킴벌리는 매도가능증권 평가이익으로 10억 원(25억 원-15억 원)이 생긴다. 유한킴벌리는 이것을 당기 순이익에 반영하지 않는다. 자본 내 항목 가운데 '기타 포괄이익'이라는 계정으로 전입시킨다.

이 기타 포괄이익 때문에 유한킴벌리의 순자산(자본)이 10억 원 변동(증가)한다. 유한킴벌리의 순자산 증가액 10억 원 가운데

30%(유한양행이 가진 유한킴벌리 지분)인 3억 원을 유한양행이 자기 재무제표에 반영해야 한다. 그럼 이것도 지분법 이익으로 당겨올까? 그것은 아니다.

관계기업인 유한킴벌리가 자신의 자본 항목에 기타 포괄이익으로 반영한 것이기 때문에 유한양행 역시 자신의 자본 항목에 기타 포괄이익 3억 원으로 반영할 뿐이다. 즉 유한양행의 당기 순이익이 증가하는데 기여하지 않는다는 이야기다. 기타 포괄이익이 지분법 손익에 미치는 영향은 대개 크지 않기 때문에, 지분법은 관계기업의 당기 순이익(또는 당기 순손실)을 지분율만큼 당겨와서 반영하는 것으로 생각해도 무방하다.

▶▶ **2016년 유한양행 연결재무제표 손익계산서 일부** (단위 : 원)

구분	제94기 (2016년 1월 1일~12월 31일)
매출액	1,320,797,335,286
영업이익 ①	97,793,027,286
기타수익	45,284,261,182
기타비용	12,535,416,248
금융수익	19,071,417,647
금융비용	9,866,375,283
지분법 투자손익 ②	65,145,487,533
법인세 비용 차감 전 순이익	204,892,402,117
당기 순이익 ③	161,248,743,738
기타 포괄손익	(6,931,733,792)
총포괄이익	154,317,009,946

유한양행은 똑똑한 관계기업들이 많아 지분법 이익 규모가 상당히 큰 회사 가운데 하나다. 441쪽 표는 2016년도 유한양행의 연결재무제표 손익계산서를 요약·편집한 것이다. 영업이익(①)이 977억 원인데, 영업 외의 영역으로 가보면 지분법 이익(②)이 651억 원이다. 그래서 영업이익 대비 당기 순이익③이 크게 늘어났다(1612억 원).

유한양행의 관계기업으로는 어떤 회사들이 있으며 이들은 어느 정도 실적을 냈는지 한번 보자. 유한양행의 2016년도 재무제표 주석을 보면 된다. 유한킴벌리로부터 인식한 지분법 이익만 567억 원에 이르는 등 대부분 관계기업이 지분법 이익 증가에 기여했으며, 두 개 회사 정도만 지분법 손실로 반영되었다.

▶▶ 2016년 유한양행 관계기업 지분법 손익

회사명	지분법 손익(천 원)	지분율(%)
유한킴벌리(주)	56,731,071	30
(주)유한크로락스	7,116,703	50
(주)한국얀센	1,264,469	30
(주)유칼릭스	226,571	40
(주)엠지	672,442	38
한올바이오파마(주)	101,116	4
(주)테라젠이텍스	187,265	9.2
(주)바이오니아	(1,325,217)	8.7
(주)이뮨온시아	(168,932)	51
합계	65,145,488	

반면 신세계아이앤씨의 경우 지분법 손실이 큰 회사다. 2016년 연결재무제표 손익계산서를 보면 지분법 손실(②)이 영업 외에서 54억 원 반영되었다. 영업이익(①)이 87억 원이지만, 지분법 손실이 크다 보니 당기 순이익(③)은 25억 원 수준으로 쪼그라들었다.

▶▶ 2016년 신세계아이앤씨 연결재무제표 손익계산서 일부 (단위 : 원)

구분	제 20기 (2016년 1월 1일~12월 31일)
매출액	296,339,095,587
영업이익 ①	8,723,826,010
금융수익	1,520,392,896
금융원가	39,604,035
기타 영업외수익	711,012,441
기타 영업외비용	659,647,197
지분법 손익 ②	(5,433,088,432)
법인세 비용 차감 전 순이익	4,822,891,683
당기 순이익 ③	2,546,300,945
기타 포괄손익	(618,422,111)
총포괄이익	1,927,878,834

회사가 보유하고 있는 관계기업 주식을 지분법 적용주식, 지분법 투자주식, 관계기업 투자주식 등 다양하게 표현한다. 그런데 한 가지 유의할 점이 있다. 연결재무제표를 작성할 때 관계기업 주식은 지분법으로 평가한다고 했다. 그러니 지분법 적용주식이나 지분법 투자주식으로 불러도 무방하다.

그럼 별도재무제표를 작성할 때는 어떨까? 이때는 관계기업 주식을 세 가지 중 하나로 평가한다. 첫 번째는 원가법이다. 유한킴 벌리 지분에 대해 원가법을 적용한다면 당기이익을 얼마 내든 손실을 얼마 내든 상관없이 유한양행은 취득금액을 그대로 매년 장부에 기재한다. 그러니 지분법 손익으로 반영할 것이 없다.

두 번째는 금융 상품 평가 방법에 따른 회계 처리다. 이 책은 회계서가 아니므로 두 번째 방법에 대한 설명은 생략한다.

세 번째는 지분법이다. 원래 별도재무제표에서는 관계기업에 대해 지분법 적용을 허용하지 않았다. 그러나 2014년 국제회계기준 개정으로 지분법 적용이 허용됐고, K-IFRS에서도 2016년부터 가능해졌다. 그런데 아직도 많은 회사가 별도재무제표를 작성할 때 관계기업 지분에 대해서는 원가법을 채택해 적용하고 있다. 유한양행도 마찬가지다. 연결할 종속기업이 없어 개별재무제표만 작성하는 회사는 관계기업 지분에 대해 당연히 지분법 회계를 적용한다.

142 툭하면 어닝쇼크 주범으로 꼽히는 관계기업 주식손상

실적 발표 시즌에 어닝쇼크(시장 예상치에 크게 못 미치는 실적 발표)를 보이는 기업들 가운데는 "일회성 비용 대거 발생이 원인"이라고 설명하는 경우가 있다. 그리고 이 일회성 비용의 성격에 대해 물어보면 "관계기업 주식에서 발생한 손상차손"이라고 답하는 경우가 흔히 있다.

회계에서 '손상'은 여러 형태의 자산에서 발생한다. 매출채권도 회수가 어려운 것으로 판단하면 손상을 반영한다. 예를 들어 10억 원짜리 매출채권인데, 4억 원은 회수가 어려울 것으로 판단했다. 그래서 4억 원의 대손충당금*을 설정한다면, 매출채권의 가치는 6억 원이 된다. 손익계산서에는 4억 원의 대손상각비라는 비용이 잡힐 것이다. 이것은 매출채권의 손상을 반영하는 방법이다.

* 대손충당금(貸損充當金) 대손(貸損)은 매출채권(아직 받지 못한 돈으로, 돈을 받을 권리) 등을 회수하지 못해 손해를 보는 일이다. 대손충당금은 자산 건전성을 확보하기 위해 회수할 수 없을 것(대손 발생)으로 추산되는 금액을 비용 처리하기 위해 사용하는 계정이다.

감가상각을 반영한 이후 기계 설비의 장부가격이 200억 원으로 잡혀있다고 하자. 설비 같은 유형자산을 감가상각해 장부가격을 해마다 하락 조정하는 것은 정상적인 과정이다. 그런데 감가상각을 반영한 후 장부가격이 200억 원으로 결정된 설비의 가치를 측정했더니 140억 원으로 평가되었다고 하자. 그러면 60억 원의 가치손상을 반영해야 한다. 장부가격을 다시 140억 원으로 조정해야 하고 손익계산서에는 60억 원의 가치손상비용(유형자산 손상차손)을 반영해야 한다.

설비에서 손상차손이 발생하는 이유에는 여러 가지가 있을 수 있다. 설비가 워낙 급속하게 진부화해 애초 예상했던 것만큼 원활하게 가동할 수 없게 되거나, 불량률이 너무 높아 생각했던 것만큼 돈을 벌 수 없다는 판단이 서는 경우 등이다. 이 설비에서 앞으로 벌어들일 수 있는 현금 흐름과 이 설비를 당장 시장에 내다 팔 경우 받을 수 있는 가격 등을 종합적으로 비교해 가치 평가를 한다.

설비를 가동해 벌 수 있는 현금 흐름의 현재 가치를 뽑아봤더니

140억 원이라고 하자. 이를 '사용가치'라고 한다. 이 설비를 당장 내다 팔 경우 받을 수 있는 가격은 100억 원밖에 안 된다고 하자. 이를 '공정가치'라고 한다. 그러면 이 설비에서 회수할 수 있는 금액(회수 가능액)은 사용가치와 공정가치 가운데 높은 값인 140억 원이 된다. 이렇게 해도 현재 장부가격인 200억 원에는 60억 원이 못 미친다. 손상이 발생한 것이다.

관계기업 지분도 마찬가지다. A사가 상장회사 B사 지분 30%를 300억 원에 취득해 관계기업으로 분류했다고 하자. 앞으로 A사의 연결재무제표 자산 항목에서 B사 지분의 장부가격은 지분법에 따라 B사의 손익이 반영된 수치로 결정된다. 예를 들어 B사가 당기 순이익 50억 원 냈다면 A사는 장부가격을 '300억 원 + 15억 원(50억 원 × 30%) = 315억 원'으로 조정할 것이다. 이렇게 시간이 흐르면서 해마다 B사의 손익에 따라 A사 장부에 기재된 B사 지분의 장부가격은 계속 변할 것이다.

B사의 주가와 장부가격 간에는 상관관계가 없다. 단적으로 말해 B사 주가가 아무리 하락세에 있어도 B사의 실적이 좋다면 A사 재무제표상 장부가격에는 영향이 없다.

지분법은 주가 변화를 반영하는 것이 아니라 B사의 순자산 변동액을 반영하는 것이고, 순자산 변동에 가장 큰 영향을 미치는 것은 손익이기 때문이다. 주가가 오르거나 내린다고 해서 순자산액에 변동이 생기지는 않는다. 그런데 실제 현실에서 주가가 폭락하거나 지속해서 하락하는 이유는 실적이 계속 망가지고 재무 구조가 나빠지거나 유동성 위기에 시달리기 때문인 경우가 많다.

따라서 관계회사의 수익성이 계속 악화하고 재무 구조에 큰 문제가 생기면 손상평가를 해야 한다. 지분법 회계를 해 현재 B사 지분의 장부가격이 200억 원으로 결정됐다고 하자. B사의 상황이 좋지 않아 손상평가를 해야 할 시점이다. B사의 주가를 기준으로 지분 30%를 시장에서 매각할 경우 80억 원을 받을 수 있다고 하자. B사의 영업 활동에 따른 미래 현금 흐름을 측정했더니 100억 원이다. 그럼 B사 지분 30%를 가진 A사 몫은 30억 원 밖에 안된다. 80억 원은 공정가치라 할 수 있고, 30억 원은 사용가치라 할 수 있다. 따라서 회수 가능액은 80억 원이 된다. 그런데 이마저도 현재 장부가격인 200억 원과는 120억 원의 차이가 난다. 따라서 최종 장부가격은 80억 원으로 조정되고, 손익계산서에 120억 원의 관계기업 주식 손상차손을 반영해야 한다.

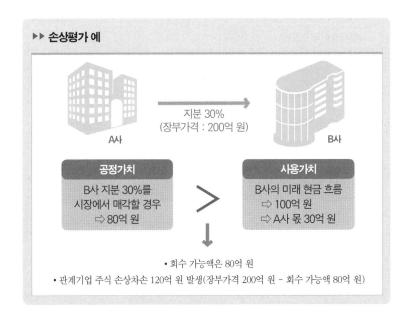

▶▶ 손상평가 예

지분 30%
(장부가격 : 200억 원)

A사   B사

공정가치
B사 지분 30%를
시장에서 매각할 경우
⇨ 80억 원

>

사용가치
B사의 미래 현금 흐름
⇨ 100억 원
⇨ A사 몫 30억 원

• 회수 가능액은 80억 원
• 관계기업 주식 손상차손 120억 원 발생(장부가격 200억 원 - 회수 가능액 80억 원)

2016년 한진중공업홀딩스는 관계기업인 한진중공업 지분에서 1620억 원의 손상차손을 인식했다고 밝혔다.

다음은 한진중공업홀딩스의 2016년 연결손익계산서를 축약한 것이다. 977억 원의 영업손실(①)을 냈는데, 당기 순손실(③)은 4572억 원으로 확대됐다. 영업 외에서 기타손실(②) 규모가 상당히 크다는 것을 알 수 있다.

▶▶ 2016년 한진중공업홀딩스 연결손익계산서	(단위 : 백만 원)
영업이익(손실) ①	(97,799)
기타이익	3,187
기타손실 ②	165,546
금융수익	2,224
금융비용	5,591
법인세 비용 차감 전 순이익	(263,525)
법인세 비용	2,205
당기 순이익(손실) ③	(457,246)

기타손실의 구성 내용을 재무제표 주석에서 찾아 요약하면 다음과 같다. 관계기업 주식 손상차손으로 1620억 원이 반영되어있다.

▶▶ 2016년 한진중공업홀딩스 연결재무제표 주석	(단위 : 백만 원)
기타손실	
관계기업 투자주식 손상차손	162,005
관계회사 주식 처분손실	3,115
당기손익 인신 금융자산 평가손실	293

다음 표에 나타난 한진중공업홀딩스의 관계회사 주식 증감 내역을
보면 1620억 원의 손상차손이 어떻게 발생했는지 짐작할 수 있다.

▶▶ **한진중공업홀딩스 관계회사 주식 증감 내역**   (단위 : 백만 원)

회사명	기초 (2016년 초)	지분법 이익	기타	손상차손	기말 (2016년 말)
한진중공업	373,721	(107,691)	6,543	(162,005)	110,568

2016년 초 한진중공업홀딩스 재무제표에 기록되어 있는 한
진중공업 지분의 장부가격은 3737억 원이었다. 한진중공업이
2016년에 당기 순손실을 냄에 따라 지분법 손실로 1077억 원이
반영돼, 장부가격은 그만큼 감소한다.

기타 항목으로 65억 원이 반영돼, 장부가격은 다시 그만큼 증
가한다. 이걸 다 반영하면 '3737억 원 − 1077억 원 + 65억 원 =
2725억 원'이 잠정적인 장부가격이 될 것이다. 그런데 그동안 한
진중공업의 실적 악화와 주가 하락, 재무 구조 악화 등이 지속했
기 때문에 한진중공업홀딩스는 한진중공업 지분에 대한 손상평가
를 시행했다.

2016년 말 시장가격(주가)으로 한진중공업 지분을 처분할 경우
1105억 원을 받을 수 있는 것으로 계산되었다. 한진중공업이 영
업 활동으로 미래에 창출할 수 있는 현금 흐름에 대한 한진중공
업홀딩스의 몫(지분율 32%)을 산출해, 1105억 원과 비교해 보았을
것이다. 그 금액이 1105원보다는 작았기 때문에 한진중공업 지분
에 대한 회수 가능액은 1105억 원으로 결정됐다.

지분법 회계를 적용하면 한진중공업 주식의 장부가격이 2725억 원이 되어야 하는데, 회수 가능액이 1105억 원 밖에 안된다. 그 차이인 1620억 원(2725억 원 - 1105억 원)은 그만큼 지분가치가 손상된 것으로 보고 손상차손을 반영한 셈이다.

143 분할 후 재상장한 기업의 주가 흐름 예측하기

288쪽 '현대로보틱스가 발행 주식 수는 적게, 시가총액은 많이 배분받은 비결'에서 기업분할 뒤 시가총액을 나누는 원리에 대해 간단하게 설명했다. 여기서는 분할 뒤 재상장한 기업들의 주가 움직임에 대해 조금 더 상세히 살펴보자. 사실 분할 후 재상장한 기업의 주가가 어떤 방향으로 흘러갈지 예측하는 건 쉽지 않고, 또 예측이 틀리는 경우도 많다.

그러나 일부 분할 사례의 경우 분할 비율이나 시가총액 배분 등이 존속회사나 신설회사 어느 한쪽으로 치우치는 바람에 재상장한 이후 두 회사의 주가 흐름이 어떻게 될지 예상할 수 있을 만큼 뻔한 경우가 있다.

상장회사 A사가 인적 분할해 A2라는 신설회사를 만들었다고 하자. 그리고 존속회사 A는 회사 이름을 A1으로 바꿨다. A1와 A2는 일정 기간 매매정지를 거쳐 주식 시장에 다시 상장해 거래된다.(정확하게 말하면 A1은 '변경 상장'이라 하고, A2는 '재상장'이라 한다. 이를 구별하지 않고 통틀어 재상장이라고 하기도 한다. 여기에서도 재상장으로 부르기로 한다.)

매매 거래 정지 직전 A의 시가총액이 500억 원이었다. A1과 A2는 재상장되어 거래가 개시될 예정이므로 일단 이 500억 원의 시가총액을 잠정적으로 나눠 받아야 한다. 시가총액 분배는 '분할 기일'의 두 회사 순자산(자본) 금액 비율에 따라 분배된다.

예를 들어 분할 기일 재무제표상 'A1의 순자산 금액 대 A2의 순자산 금액' 비율이 3대 2라고 하자. A1(발행 주식 수 20만 주로 가정)은 잠정적으로 시가총액 300억 원의 회사, A2(발행 주식 수 40만 주로 가정)는 시가총액 200억 원의 회사가 된다는 이야기다. 왜 잠정적이라고 할까?

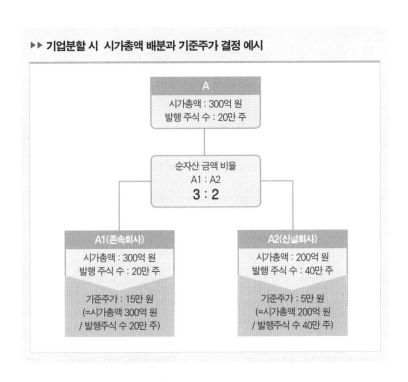

▶▶ 기업분할 시 시가총액 배분과 기준주가 결정 예시

A
시가총액 : 300억 원
발행 주식 수 : 20만 주

순자산 금액 비율
A1 : A2
3 : 2

A1(존속회사)
시가총액 : 300억 원
발행 주식 수 : 20만 주

기준주가 : 15만 원
(=시가총액 300억 원
/ 발행주식 수 20만 주)

A2(신설회사)
시가총액 : 200억 원
발행 주식 수 : 40만 주

기준주가 : 5만 원
(=시가총액 200억 원
/ 발행주식 수 40만 주)

재상장 첫날 증시가 개장되기 전 '동시호가'에 들어갈 때 A1의 기준주가는 '시가총액 300억 원/발행 주식 수 20만 주 = 15만 원' 이고, A2의 기준주가는 '시가총액 200억 원/발행 주식 수 40만 주 = 5만 원'이 된다.

A1은 15만 원을 기준주가로 해 재상장 첫날 아침 8~9시 사이 동시호가 시간에 기준주가의 50~200% 범위에서 투자자들이 매수 매도 주문을 낼 수 있다. 즉 아침 9시 출발하는 시초가가 7만 5천 원(50%)~30만 원(200%) 사이에서 정해지는 셈이다. 예를 들어 동시호가를 거쳐 시초가가 20만 원에서 출발했다면 그 날의 주가는 상하한가 30% 범위(상한가 26만 원, 하한가 14만 원) 내에서 움직인다.

앞에서 언급한 시가총액이나 기준주가는 A1과 A2의 재상장 첫날 증권시장 거래를 위해 잠정적으로 결정한 수치다. 거래 재개 이후에는 시장에서의 매수·매도에 따라 주가 흐름이 결정된다.

그런데 A2의 기준주가가 5만 원인데 비해 A1의 기준주가가 15만 원으로 결정되다 보니, A1이 고평가된 것 같은 느낌을 받는다. 재상장되면 A1 주가는 내려가고 저평가된 느낌을 주는 A2 주가가 상승할 것 같다.

그러나 기준주가와 잠정 시가총액의 고평가·저평가는 A1과 A2의 미래 예상 이익 등 수익성이나 동종 업계와의 비교 등을 통해 판단할 부분이지 절대적 수치만 보고 판단할 문제는 아니다. 예컨대 A1의 예상 연간 이익이 60억 원이고, A2는 20억 원이라고 하자. PER(주가수익비율)로 따져보면 A1은 5, A2는 10이니 오히려 A1이 저평가됐다고 말할 수도 있다. 그러나 A1의 유사 기업 평균 PER이 5 정도이고, A2의 유사 기업 평균 PER이 15라면, 오히려 A2가 저평가됐다고 말할 여지도 있다.

144 주가 흐름이 뻔히 보이는 노골적인 시가총액 몰아주기! – AP시스템

실제 사례를 한번 보자.

2017년 4월 AP시스템이라는 반도체 장비 제조사가 존속 투자 회사(앞으로 지주회사가 될 회사)와 신설 사업회사(장비 제조 사업 부문을 떼어내 만든 회사)로 인적분할을 했다. 당시 증권시장 애널리스트는 물론 언론사 기자들과 주식투자를 좀 한다는 사람들은 두 회사가 재상장 했을 때 모두가 사업회사 주가가 오를 것으로 예상했다. 당시 AP시스템의 분할 재상장 이후 주가 흐름은 어떻게 삼척동자도 알 만큼 뻔한 것이 되었을까?

AP홀딩스가 분할 결정을 공시한 것은 2016년 10월 14일이다. 반도체 장비 제조와 판매를 담당하는 장비 사업 부문을 분할 신설 회사(사명 AP시스템)로 만들고 존속회사는 자회사 지분 관리 및 투자를 목적으로 하는 지주회사(사명 APS홀딩스)로 만들 계획이라고 밝혔다.

분할 비율은 존속 0.466 대 신설 0.534였다. 예를 들어 분할 전 AP시스템의 자본금이 10억 원(발행 주식 수 20만 주)이라고 가정하면, 존속회사 자본금은 4억 6600만 원 발행 주식 수는 9만 3200주

(20만 주 × 0.466)가 된다. 당연히 신설회사 자본금은 5억 3400만 원이고 발행 주식 수는 10만 6800주(20만 주 × 0.534)가 될 것이다.

분할 비율은 자본금을 나누는 비율이다. 그렇다면 이 분할 비율은 어떻게 구할까? 분할 전 AP시스템의 순자산이 400억 원이고, 신설회사에 속할 순자산이 100억 원이라면 100/400 = 0.25가 된다. 존속회사 대 신설회사 분할 비율이 0.75 대 0.25로 결정된다는 말이다(경우에 따라 분할 비율을 구할 때 자기주식을 포함하는 경우도 있다). AP시스템이 2016년 10월 이사회에서 기업분할을 결정하고 분할 비율을 구할 때 사용한 재무제표는 2016년 반기 재무제표(6월 말 기준)다.

그런데 이 회사의 시가총액 배분은 분할 기일인 2017년 3월 1일의 재무상태표에 나타난 순자산액을 기준으로 한다. 분할 비율을 구할 때 사용했던 재무제표와 8개월 정도의 시차(2016년 6월 30일~2017년 3월 1일)가 발생하기 때문에, 그 기간에 어떤 특별한 사정이 발생하면 순자산액도 크게 변하기 마련이다.

분할 기일(2017년 3월 1일) 기준 순자산액을 보면, 존속회사 APS홀딩스가 1483억 원, 신설회사 AP시스템이 697억 원이 됐다. 비율로 계산하면 0.68 대 0. 32쯤 된다. 분할 전 시가총액(7140억 원)이 이 비율에 따라 분할 후 두 회사로 분배된다. 분할 후 재상장 직전 APS홀딩스의 잠정 시가총액은 4945억 원, AP시스템은 2195억 원으로 나누어진다.

정리해 보자. 2016년 반기 재무제표의 순자산액을 기준으로 2016년 10월 이사회에서 자본금 분할 비율을 결정할 때는 존속 대 신설이 0.466 대 0.534였다. 신설회사 비중이 더 컸다. 분할 전 AP시스템의 발행 주식 수(2561만 주)는 이 비율에 따라 나뉜다. 분할 후 APS홀딩스(존속)는 1193만 1000주, AP시스템(신설)은 1367만 9000주를 갖기로 했다. AP시스템이 발행 주식을 더 많이 보유하게 된 셈이다.

그런데 시가총액을 분배하기 위한 2017년 3월 1일 자 재무제표에서는 순자산액 비율이 뒤집혔다. APS홀딩스 0.68 대 AP시스템 0.32가 되었다. 그래서 시가총액은 APS홀딩스가 더 많이 분배받았다.

APS홀딩스로서는 발행 주식 수는 적은데 시가총액은 많이 분배받았으니 재상장일 개장 전 기준주가가 4만 1450원으로 결정되었다. AP시스템은 발행 주식 수는 많은데 시가총액을 적게 분배받았기 때문에 기준주가가 1만 6050원으로 정해졌다.

당시 증권사들은 사업회사인 AP시스템이 극심한 저평가를 받았다고 분석했다. 분할 후 AP시스템의 2017년 연간 영업이익은 850억~900억 원 사이로 예상됐다. 이 이익수준을 기준으로 PER 11배를 적용하면, 목표 주가는 대략 6만 원 안팎으로 산출된다. 그런데 재상장일 동시호가 시간에 적용될 기준주가가 1만 6050원이고, 이에 따라 개장 시초가는 8030원(기준주가의 50%)~3만 2100원(200%)에서 출발할 것이다. 목표주가가 6만 원이 넘는데, 재상장일 시초가가 아무리 높아봐야 3만 2100원에서 출발하므로 거래 개시와 함께 AP시스템의 주가가 오르리라는 것은 충분히 예상 가능한 일이었다.

▶▶ AP시스템 분할 결정에서 재상장까지의 과정

2016년 10월 14일
➡ 기업분할 결정

AP시스템

존속 투자회사	신설 사업회사
APS홀딩스	AP시스템

• 분할 비율   존속 0.466 : 신설 0.534

(2016년 반기 재무제표 기준)

⬇

발행 주식 수 결정

APS홀딩스(존속)		AP시스템(신설)
1193만 1000주	<	1367만 9000주

2017년 3월 1일
➡ 분할 기일

• 시가총액 분배   존속 0.68 : 신설 0.32

(2017년 3월 1일 재무상태표의 순자산액 기준)

⬇

시가총액 분배

APS홀딩스(존속)		AP시스템(신설)
4945억 원	>	2195억 원

2017년 3월 1일
➡ 재상장일 개장 전 기준주가 결정

APS홀딩스(존속)		AP시스템(신설)
발행 주식 수는 적고, 시가총액은 많고		발행 주식 수는 많고, 시가총액은 적고
4만 1450원	>	1만 6050원

2017년 4월 7일
➡ 재상장일

APS홀딩스(존속)	AP시스템(신설)
고평가	저평가
주가 하락	주가 상승

반면 APS홀딩스는 고평가되었으니 주가 하락이 예상되는 상황이었다. 2017년 2월 24일~4월 6일까지의 매매 거래 정지를 거쳐 4월 7일 재상장되었을 때 AP시스템은 3만 2100원 즉 기준주가의 200% 최대치에서 시작해 장중 내내 주가가 올라 종가 4만 1700원으로 마감했다. 반면 2만 750원 즉 기준주가의 최소치(50%)에서 출발한 APS홀딩스는 주가가 계속 하락해 종가 1만 6400원을 기록했다.

AP시스템처럼 누가 봐도 뚜렷하게 고평가·저평가를 분석할 수 있는 사례는 그리 많지 않다. 어지간한 사람들은 APS홀딩스와 AP시스템이 재상장 후에 엇갈린 주가 흐름을 보일 것을 예측했다. 분할 이후 주가 흐름을 전망하는 데 무슨 특별한 비법이나 선견이 있어서가 아니었다. 두 회사의 분할 비율과 시가총액 분배 비율 자체가 너무 노골적이었기 때문에 충분히 향후 주가를 전망할 수 있었다.

Index

미래 유망 투자처 전격 해부 리포트
4차산업 투자지도
| 한국비즈니스정보 지음 | 336쪽 | 25,000원 |

4차산업혁명 시대에
가장 뜨는 업종과 기업은 어디인가?

사물인터넷(IoT), 인공지능(AI), 5세대이동통신(5G), 3D프린터,
가상 · 증강현실, 자율주행차, 블록체인, 생체인식, 드론(무인항공
시스템) 등 4차 산업혁명을 주도하는 34개 업종을 선별해
각 업종마다 투자가치가 높은 유망기업들을 찾아 핵심 투자
포인트를 분석했다.

당신이 원하는 채용에 관한 모든 정보
대한민국 취업지도
| 취업포털 커리어, 한국비즈니스정보 지음 | 404쪽 | 25,000원 |

부족한 스펙은 정보력으로 채워라!
취업과 이직을 위한 모든 채용 정보를 한 권으로 꿰뚫는다!

국내 최고의 취업 컨설턴트와 기업분석팀이 공동으로 집대성한
채용 정보 해부도! 7000여 개 기업의 직급별 연봉 정보와 승진 연한,
채용 인원 및 시기, 스펙과 더불어 대기업들의 인적성검사,
국내 3000여 개 공공기관의 신입사원 연봉 및 연간 채용 인원까지
취업에 필요한 모든 정보를 담았다.

유망 창업과 투자처, 시장의 흐름을 포착하는 나침반
대한민국 유통지도
| 한국비즈니스정보 지음 | 296쪽 | 22,000원 |

대한민국 1,000만 예비창업자와 600만 자영업자
그리고 각계 비즈니스맨들이 꼭 알아야 할 산업별 유통 혈맥

시장의 가격은 수요와 공급이 아닌 유통이 결정한다. 유통은 시장
의 흐름을 포착하는 나침반이자 사업의 성패를 좌우하는 열쇠이다.
이 책은 농 · 축 · 수산물, 가공식품, 의약품 · 패션, 가전, 휴대폰,
자동차, 에너지에 이르기까지 우리 생활에 밀접한 56가지 아이템
을 선정하여 생산에서 판매, 소비에 이르는 유통의 모든 과정을
그림으로 일목요연하게 풀어냈다.